학교 상담자를 위한

진로상담의 이론과 실제

김지연 · 고홍월 · 김영화 · 이혜은 · 인효연 공저

학지사

머리말

사회의 급격한 변화에 따라 그에 대한 적응 역량이 중요해지고, 우리는 각자 자신의 삶을 잘 살아 내야 하는 책무성을 깊이 인식하게 되었다. 그리고 이러한 상황에서 '진로'는 한 생애를 살아가는 모든 개인에게 화두가 되었다. 아동 · 청소년을 대상으로 교육을 실시하는 학교 공간 역시 마찬가지이다. 최근 학교 교육 영역에서 진로의 중요성이 부각되고, 진로전담교사와 전문상담교사뿐만 아니라 모든 교사에게 진로상담자 및 진로교육자로서의 역할이 강화되고 있다.

이러한 요구에 비해 학교 진로상담을 수행하는 전문가가 갖추어야 하는 역량은 무엇이며, 진로상담 역량을 어떻게 함양해 나가야 하는가에 대한 답을 찾기에는 어려움이 있었다. 어려움의 다양한 원인 중에서 학교 상담자를 양성 및 재교육하는 교육의 과정을 연관 지어 살펴보면, 진로상담을 배우고 학습할 기회가 충분하지 않다는 생각을 하게 된다. 일반적으로 '진로상담' 교과는 대학원의 학위 과정 중에서 2~3학점의 1과목으로 학습하는 경우가 많다. 학습자의 관점에서 '진로상담이라는 것은 이런 것이구나.' 하고 깨닫고 나면 해당 학기가 끝나게 된다. 진로상담의 이론 또는 실제를 연결시키는 경험이나 실제적인 진로상담을 수행할 수 있는 기회는 충분히 제공되지 못하는 것 같다. 이를 교수자의 관점에서 생각해 보면, '진로상담' 과목은 '대학원 과정에서 이론을 탄탄하게 다지는 일에 집중할 것인가?' 또는 '기법을 다룬다면 어느 정도로 다루어야 할 것인가?' '이론과 실제의 연결은 어떻게 안내할 수 있는가?' 그리고 '진로상담의 실제를 경험하게 하려면 어떠한 과정이 필요한가?' 등에 대해 늘 고민하게 했던 과목이었다.

이 책은 이러한 고민의 결과로 기획되었다. 이 책의 저자들은 대학 또는 대학원 과정에서 진로상담 교과목을 가르치며 경험했던 과정을 되돌아보고, 이론과 실제의 연결에 대한 숙고의 결과를 담아내기로 하였다. 이를 위해 다음과 같은 세 가지 특징을 고려하여 책을 기획하였다.

• 학령기의 아동 · 청소년을 초점 내담자 집단으로 설정하고, 그들을 지원하는 전문

가들을 학교 상담자라는 명명하에 포함한다.

- 아동 · 청소년을 대상으로 진로상담을 수행할 때 기반이 될 수 있는 이론을 선별하고 이를 보다 쉽게 이해할 수 있도록 설명한다.
- 진로상담의 이론과 실제를 연결하기 위해 초보 진로상담자들이 모델링할 수 있는 모의상담 사례를 구성 및 제시한다.

이러한 기획 의도에 따라 이 책은 총 3부 12장으로 구성하였다. 고홍월 교수가 제2, 5, 10장을 집필하였으며, 인효연 교수가 제4, 9장을, 이혜은 교수가 제6, 11장을, 김영화 교수가 제7, 12장을 그리고 김지연 교수가 제1, 3, 8장을 집필하였다. 그리고 집필이 진행되는 동안 수차례의 회의 및 조율을 해 나가며 '학교 진로상담의 이론과 실제'를 잘 담아내려는 공동의 노력을 기울였다. 이 과정은 말 그대로 '구성(construction)'이었다. 특히 제2부의 각 이론과 연결된 제3부의 실제 장을 통하여 모의상담의 장면을 보여 주는 것은 쉽지 않았으며, 책을 출판하는 시점에서도 여전히 '저자들이 작성한 이 내용이 학교 현장에 얼마나 접목될 수 있을까?' '일반적으로 정답을 찾기 어려운 진로상담에 이러한 실제를 제시하는 것이 오히려 각 상담자의 관점을 제한하지 않을까?' 하는 염려가 가득하다. 그럼에도 불구하고 각 이론을 적용한 상담의 실제를 구현함으로써 아동 · 청소년을 대상으로 하는 진로상담에 작은 디딤돌이 될 수 있기를 기대한다.

이 책을 발간하는 데에는 많은 분의 도움이 있었다. 수업의 질을 고민하던 교수자의 아이디어를 서적으로 발간할 수 있도록 지원을 아끼지 않으신 학지사의 김진환 사장님과 한승희 부장님 그리고 세심하게 작업해 주신 편집부 관계자 선생님들에게 감사의 마음을 전한다. 또한 오랜 집필 과정에서 행정적인 도움과 소중한 피드백을 제공해 준 경기대학교 일반대학원 상담학과 석사수료 송명진 선생에게 고마움을 표한다.

시간이 지날수록, 저작물을 세상에 내놓는다는 것이 얼마나 어렵고도 조심스러운 일인가를 생각하게 된다. 이 책 역시 그러하다. 그럼에도 불구하고 여러 독자의 피드백을 통해 깊이 있는 논의가 확대되고, 우리 모두가 한 걸음 더 성장할 수 있는 기회를 마주하기를 기대한다.

2022년

모든 저자의 마음을 담아

대표저자 김지연 씀

이 책의 구성 및 활용법

이 책은 총 3부 12장으로 구성하였다.

제1부(제1~2장)는 '학교 진로상담 들어가기'이다. 학교 진로상담에 대한 기본적인 이해를 돕는 내용으로 구성하였다. 제1장에서는 학교 진로상담의 기초적인 개념과 진로교육의 역사적 흐름, 학교 진로상담자의 역할을 제시하였다. 이는 이 책의 배경이 되는 학교 진로상담의 맥락이 된다. 이 장에서 한 가지 아쉬운 부분은 2022 개정 교육과정의 주안점과 특징을 적극적으로 반영하지 못한 것이다. 개정 교육과정의 실행이 학교 진로상담에 미치는 영향력을 성찰하고 이를 다시 진로상담의 개선에 활용하는 것은 독자의 몫으로 남겨 둔다.

제2장에서는 상담 사례개념화, 학교상담 과정에 대한 내용과 함께 이 책에서 논의할 초등학생(준서), 중학생(보미), 고등학생(선우) 모의사례를 제시하였다. 특히 해당 학교급의 예시 사례로 선정된 준서, 보미, 선우는 제3부(제8~12장)에서 진로상담의 실제를 제시할 때 모의상담의 내담자가 된다. 독자의 관점에서는 제2장에 제시된 준서, 보미, 선우의 사례를 머릿속으로 그려 보고 '내가 진로상담자라면 어떻게 상담할 것인가'에 먼저 답해 본다면, 이후에 제시될 제3부의 내용을 더 관심 있게 살펴볼 수 있을 것이다.

제2부(제3~7장)는 '진로상담 이론'이다. 학교 진로상담의 맥락을 고려하여 선택적 · 발달적 · 인지적 · 관계적 관점과 최신 이론의 내용을 담았다. 제3부(제8~12장)는 '학교 진로상담의 실제'로서 제2장에서 제시한 준서, 보미, 선우의 사례에 대해 '이론적 관점을 적용한 모의상담'을 담고 있다. 여기서 제2부의 각 장과 제3부의 각 장은 '제3장과 제8장' '제4장과 제9장' 등의 방식으로 서로 짝을 이루고 있다. 이러한 구성은 이 책의 가장 큰 특징이다. 예를 들어, 제3장의 선택적 관점을 학습한 학습자는 제8장에서 선택적 관점

을 적용한 진로상담 사례를 함께 살펴보며 이론과 실제의 연결을 이해할 수 있다. 이때 제8장에서는 선우의 사례를 선택하여 다루고 있는데, 이는 선우의 상담 사례에 여러 이론적 관점을 적용하여 상담을 하는 것이 가능하지만, 대학 진학의 의사결정을 앞두고 있는 내담자의 호소문제를 고려하여 선택적 관점이 '상대적으로' 적합할 것으로 가정한 것이다. 그리고 선우의 사례는 제12장의 진로구성주의 관점에서 한 번 더 전개된다. 독자의 관점에서는 선우(제8, 12장), 보미(제9, 10장)의 사례를 서로 다른 이론적 관점에 따라 상담할 때의 특징을 살펴보는 것도 흥미로운 과정일 것이다.

이 책은 장의 순서에 따라 순차적으로 학습하는 방식으로 활용할 수 있다. 또는 제1, 2장을 학습한 이후에 이론과 실제의 짝을 고려하여 '제3장과 제8장' '제4장과 제9장' '제5장과 제10장' 등의 순으로 학습하는 방식이 있을 수 있다. 물론 학교 진로상담의 실제를 담은 제3부의 내용을 먼저 살펴보고 이론을 학습하거나, 원하는 이론적 관점을 먼저 살펴보고 실제를 학습하는 것도 가능할 것이다.

이 책의 활용에 대한 기타 자유로운 논의는 독자에게 맡긴다.

차례

제2부 진로상담 이론

제1부

학교 진로상담 들어가기

제 1 장

학교 진로상담의 기초

들어가기

제1장에서는 학교 진로상담에 대한 기본적인 이해를 도모하고자 한다. 이를 위해, 첫째, 진로 및 상담의 개념을 살펴보고, 진로상담, 진로교육, 진로지도의 의미를 정리해 본다. 둘째, 학교 진로상담의 특징과 「진로교육법」상에 나타난 진로교육 기본방향, 학교급별 진로상담 특징을 살펴본다. 셋째, 국내 진로교육의 발전과정을 통해 현재까지의 흐름을 이해하고 향후 진로교육의 방향을 예상해 본다. 넷째, 학교 진로상담자의 역할 및 직무를 살펴본다.

학습목표

1. 학교 진로상담의 개념, 특징, 기본방향을 이해할 수 있다.
2. 국내 학교 진로교육의 발전과정을 통해 변화 흐름을 파악할 수 있다.
3. 학교 진로상담자의 역할 및 직무를 이해할 수 있다.

1. 진로상담의 이해

1) 진로

진로(進路)란 '앞으로 나아갈 길'(표준국어대사전)을 일컫는다. 이 용어는 진학(進學), 직업(職業, vocation), 커리어(career) 등과 함께 사용된다. 그중에서 진학이란 '학문의 길에 나아가 배움' '상급 학교에 감'(표준국어대사전)의 의미이다. 그리고 직업이란 '생계를 유지하기 위하여 자신의 적성과 능력에 따라 일정한 기간 동안 계속하여 종사하는 일'(표준국어대사전)을 일컫는다. 한편, 커리어란 '어떤 분야에서 겪어 온 일이나 쌓아 온 경험'(고려대 한국어대사전)으로 '경력'이라는 말과 같은 의미로 사용된다. 이와 같이 진로와 연관된 용어가 많다는 것은 각 개인의 이해에 따라 '진로'에 대한 해석 역시 다양할 수 있으며, 각 개인이 진로라는 말을 어떤 의미로 받아들이느냐에 따라서 그 범위와 초점이 달라질 수 있다는 것을 의미한다.

예를 들어, 진로를 사전적 의미 그대로 '앞으로 나아갈 길'로 해석한다면, 한 개인이 살아가는 모든 삶의 순간이 다 진로라는 말로 표현될 수 있다. 그리고 '진로'를 다루거나, '진로'에 개입하거나, '진로'를 주제로 이야기를 나누는 것은 한 개인의 모든 삶의 순간을 함께한다는 과정적 의미를 포괄하게 된다. 하지만 진로를 진학의 의미로 받아들이게 되는 경우, 학업의 영역에서 발달하거나 상급 학교에 가는 일련의 행동만을 포함하게 된다. 이 경우에는 고등학교 입시, 대학 입시 등과 같은 특정 의사결정 시점이 중시되고, 합격/불합격과 같은 입시 결과가 진학지도의 성과로서 중요하게 평가된다. 한편, 진로를 직업의 결정과 같은 것으로 생각하는 것은 진로가 학문적으로 성립되던 초창기부터 관심을 받아 왔던 관점이다. 이 관점에서는 일정한 배움을 통해 지식이나 기술을 연마한 이후에 한 사회의 구성원으로 경제적인 활동을 하게 되는 것, 즉 직업의 성립 조건을 갖추어서 의사결정을 하는 것을 중시하게 된다. 이 경우에는 주요한 개입의 대상이 직업을 가질 수 있는 연령, 즉 성인이 되는 경우가 많다.

앞서 살펴본 바와 같이 진로라는 말은 다양한 의미로 해석 및 활용될 수 있다. 이 책에서는 아동 · 청소년에 대한 진로지원에 관심을 두고 있다는 면을 고려하여 '앞으로 나아갈 길'이라는 폭넓은 사전적 정의를 통해 진학, 직업, 커리어 등의 용어를 포괄하고자 한다.

2) 상담

상담이란 무엇인가? 상담(相談)에 대한 사전적 의미는 '문제를 해결하거나 궁금증을 풀기 위하여 서로 의논함'(표준국어대사전)이다. 여기서 문제를 경험하거나 해결하고 싶은 것이 있어서 도움을 구하는 사람을 내담자라고 하고, 도움을 주는 사람을 상담자라고 한다. 그리고 이러한 내담자와 상담자의 관계를 상담관계라고 한다.

이러한 상담의 사전적 정의 이외에 교육상담, 상담학, 상담심리 영역에서 자주 혼용되는 심리치료, 상담, 심리상담의 의미를 권석만(2012)에 기초하여 정리해 보면 다음과 같다. 먼저, 심리치료는 '병원과 같은 임상 장면에서 비교적 심각한 문제(심리장애나 정신질환)를 지닌 사람을 치료하는 활동'이다. 이와 다르게 상담은 '학교나 기업과 같은 비임상 장면에서 비교적 심각성이 경미한 심리적 문제나 적응 과제를 돕는 활동'이다. 그리고 후자에 언급된 상담이 일상생활의 여러 주제 영역과 관련되어 있다는 모호함에 대한 대안으로 심리상담(psychological counseling)이 제안되었는데, 이는 '심리적 문제나 장애를 극복하도록 돕는 전문적인 상담 활동'을 의미한다.

이 외에 학교 장면에서 주로 사용되는 용어로 생활지도, 교육을 들 수 있다. 그중에서 생활지도(生活指導)는 '인간 개개인의 인지적 · 정의적 · 신체적 특성과 잠재 가능성을 바르게 이해하고 발달시켜서 개인이 교육적 · 직업적 · 사회적 · 심리적 발달을 가능성의 최고 수준까지 도달할 수 있도록 원조하는, 즉 자아실현을 원조하는 봉사활동'(박성수, 1999; 김계현 외, 2020에서 재인용)이다. 이러한 생활지도의 정의는 앞서 이야기한 상담의 일반적 정의를 포괄하는 것이라고 평가할 수 있으나, 상담 또는 심리치료에서 초점을 두는 문제나 어려움에서 벗어나 한 개인의 자아실현적 관점까지를 다룬다는 특징이 있다. 즉, 교과지도 이외의 모든 교육활동을 생활지도로 지칭할 수 있다(김계현 외, 2020). 이를 반영하듯, 생활지도의 사전적 의미는 '학생들의 일상생활 활동을 지도하여 좋은 습관이나 태도를 기르는 일'(표준국어대사전)이라고 정의된다. 따라서 이러한 생활지도라는 용어는 아동 · 청소년을 대상으로 하는 발달적이고 교육적인 관점에서 상담을 대체할 수 있는 용어라고 간주할 수 있다. 마지막으로, 교육이란 '인간 행동의 계획적인 변화'(정범모, 1968)라고 정의할 수 있으며, 사전적인 정의로는 '지식과 기술 따위를 가르치며 인격을 길러 준다'(표준국어대사전)라고 제시되어 있다. 이러한 개념 구분에 따르면 학교에서 이루어지는 상담의 의미가 생활지도 및 교육과 중첩되어 있고, 특히 아동 · 청소년의 시기가 가소성을 지닌 시기로서 지도하고 가르치는 과정을 통해 전 인격적 발달을 도모하는 시기라는 대상 특성을 고려할 때, 상담을 생활지도, 교육의 관점과 연관시켜 이해하는 것은 당연할 수밖에 없다.

따라서 이 책에서 다루는 '상담'은 내담자의 문제를 해결하거나 궁금증을 해결하기 위해 서로 의논하는 과정으로 상정하고, 여기에 심리치료, 생활지도 및 교육의 관점을 포괄하여 아동 · 청소년을 대상으로 하는 교육적이고 발달적인 관점의 개입을 포괄하고자 한다.

3) 진로상담, 진로교육, 진로지도

진로상담(career counseling)이란 진로를 주제로 하는 전문적인 조력과정이다. 이와 관련하여 임은미(2017)는 진로상담을 '자신이 당면한 진로문제를 해결하고, 성장을 이루고자 하는 내담자와 상담자가 만나 상호작용하는 전문적인 도움의 과정'이라고 하였다. 또한 김봉환, 정철영, 김병석(2006)은 '개인의 진로발달을 촉진하거나 진로계획, 진로 · 직업의 선택과 결정, 실천, 직업적응, 진로변경 등의 과정을 돕기 위한 활동'이라 정의하였다. 그리고 2015년에 제정된 「진로교육법」에서는 '학생에게 진로정보를 제공하고 진로에 관한 조언과 지도 등을 하는 활동(온라인으로 하는 활동을 포함한다)'이라고 설명하고 있다.

「진로교육법」[1]에서 진로교육(career education)이라는 용어는 진로수업, 진로심리검사, 진로상담, 진로정보 제공, 진로체험, 취업지원 등의 활동을 포괄하고 있다. 즉, 진로교육을 진로상담보다 더 포괄적인 상위 개념으로 제시하고 있다.

「진로교육법」

제1조(목적) 이 법은 학생에게 다양한 진로교육 기회를 제공함으로써 변화하는 직업세계에 능동적으로 대처하고 학생의 소질과 적성을 최대한 실현하여 국민의 행복한 삶과 경제 사회 발전에 기여함을 목적으로 한다.

제2조(정의) 이 법에서 사용하는 용어의 뜻은 다음과 같다. 〈개정 2021. 3. 23.〉

---

1) 「진로교육법」은 학생을 위한 진로교육 지원 체계를 확립함으로써 평생에 걸친 진로개발역량을 배양하는 토대를 마련하려는 목적으로 2015년에 제정되었다.

1. **"진로교육"**이란 국가 및 지방자치단체 등이 학생에게 자신의 소질과 적성을 바탕으로 직업세계를 이해하고 자신의 진로를 탐색 · 설계할 수 있도록 학교와 지역사회의 협력을 통하여 진로수업, 진로심리검사, 진로상담, 진로정보 제공, 진로체험, 취업지원 등을 제공하는 활동을 말한다.
2. **"진로상담"**이란 학생에게 진로정보를 제공하고 진로에 관한 조언과 지도 등을 하는 활동(온라인으로 하는 활동을 포함한다)을 말한다.
3. **"진로체험"**이란 학생이 직업 현장을 방문하여 직업인과의 대화, 견학 및 체험을 하는 직업체험과, 진로캠프 · 진로특강 등 학교 내외의 진로교육 프로그램에 참여하는 활동을 말한다.
4. **"진로정보"**란 학생이 진로를 선택할 때 필요한 정보로 개인에 대한 정보, 직업에 대한 정보, 노동시장을 포함한 사회환경에 대한 정보 등을 말한다.
5. **"수업"**이란 「초 · 중등교육법」 제24조에 따른 수업을 말한다.

이와 같이 진로교육을 진로상담보다 상위개념으로 바라보는 관점을 반영했다고 간주할 수 있는 몇 가지 정의를 살펴보면 다음과 같다. 먼저, 김충기(1995: 26)는 '진로교육은 삶의 질 개선을 위하고 자기성장의 합리적 접근을 위한 방법으로, 넓은 의미의 직업교육이며 직업적성교육이다. 이를 통해 개인들은 자신의 진로를 합리적으로 선택하여 진로에 들어가 만족하고 행복한 삶을 누리는 계기가 되고 자기실현의 이념을 이룩하게 된다.'라고 하였다. 또한 한국진로교육학회(2011: 17)에서는 진로교육이란 '현명한 진로선택과 진로발달을 통하여 생산적인 사회 구성원으로서, 그리고 행복한 개인으로서 삶을 살 수 있도록 성장을 돕는 교육의 과정'이라고 제시하였다. 이와 같은 정의에서 의미하는 진로교육은 학교에서 학생들을 대상으로 하는 모든 활동 및 그 과정을 포괄하는 광의의 개념이라 할 수 있다.

다음으로, 진로상담, 진로교육과 견주어 볼 수 있는 용어로 **진로지도**(career guidance)의 내용을 살펴보고자 한다. 이에 대해 김봉환 등(2006)은 진로지도란 '사람들이 활동하는 생애 동안 그들의 진로발달을 자극하고 촉진하기 위해서 전문상담자나 교사 등과 같은 전문인이 여러 다양한 장면에서 수행하는 활동으로 진로계획, 의사결정, 적응문제 등에 조력하는 것'이라고 하였다. 그리고 김봉환 등(2006)은 진로상담을 진로지도를 위한 수단 중에서 한 가지라고 설명한 바 있다.

여기까지 살펴본 바와 같이 진로상담, 진로교육, 진로지도는 사용되는 맥락에 따라서 그 설명 범위와 정의가 달라질 수 있으나, 진로상담은 진로교육 또는 진로지도의 하위 활동 중 하나로 설명하는 경우가 많다. 하지만 이 책에서는 '진로상담'을 내담자의 진로를 주제로 하는 전문적인 조력의 의미이며, 상담 및 교육의 과정을 포함하는 용어로 사용하고자 한다. 다만, 학교 교육의 맥락을 강조하여 학교 진로교육을 직접적으로 설명하거나, 「진로교육법」에 기초한 내용을 설명하는 등의 내용에서는 진로상담이라는 용어 대신 '진로교육'이라는 용어를 사용한다.

2. 학교 진로상담의 특징 및 기본방향

1) 학교 진로상담의 특징

학교 진로상담에 대해 이현림(2001)은 학교상담 영역에서 보면 진로상담의 원리나 방법 자체는 일반상담과 크게 다를 바 없으나, 직업, 여가, 진학 등의 측면이 정서문제와 관련하여 구체적으로 다루어진다는 차별성이 있다고 설명하였다. 학교 진로상담은 진로상담이 이루어지는 장면으로서 '학교'를 고려한 용어이다. 하지만 이 책에서는 학령기 아동 · 청소년을 대상으로 하는 진로상담의 의미를 포함하여 이 용어를 사용한다.

학교 진로상담의 특징을 살펴보면 다음과 같다.

- 진로상담의 내담자는 초 · 중 · 고등학교에 속해 있거나 아동 · 청소년기에 속하는 학교 밖의 아동 · 청소년을 대상으로 한다.
- 진로상담을 실시하는 상담자는 학교에 근무하는 진로전담교사, 전문상담교사, 담임교사, 상담자 등 상담 및 교육 영역에 전문성을 지닌 교사 집단, 아동 · 청소년을 대상으로 진로개입을 실시하는 전문적인 상담자 집단을 포함할 수 있다.
- 내담자 개인을 대상으로 하는 개인 진로상담과 함께 소집단, 학급 및 학교 등 조직을 기본 단위로 하는 집단 진로상담의 방식을 포함할 수 있다.
- 내담자의 생애 주요 역할과 관련된 진로 · 진학, 학업, 인지 · 정서 · 행동, 구체적으

로 관계 특성과 같은 전반적인 발달과 여가, 직업 의사결정 등의 주제를 포괄할 수 있다.

- 학교 진로상담은 발달적이고 교육적인 측면이 강하다. 이는 아동 · 청소년이 지속적으로 성장하고 있는, 가소성이 있는 대상이라는 특성과 연관되어 있다.

이를 종합하면, 이 책에서 관심을 두고 있는 학교 진로상담이란 초 · 중 · 고의 학교급에 속하는 연령의 아동 · 청소년을 대상으로, 학교의 상담 및 교육 전문가 또는 상담자가 교육적이고 발달적인 관점에서 개인 또는 집단 단위의 상담 및 교육을 실시하는 것을 일컫는다.

2) 「진로교육법」에 나타난 진로교육 기본방향

국내에서 학교 진로상담의 법적 근거로 활용되고 있는 「진로교육법」에 명시된 내용을 통해 학교 진로상담의 기본방향을 확인해 보면 다음과 같다. 다만, 해당 부분에서는 '상담'이라는 용어 대신 「진로교육법」상에서 포괄적으로 제시한 '진로교육'이라는 용어를 활용하여 내용을 설명한다.

「진로교육법」에서는 진로교육의 기본방향을 다음과 같이 제시하였다.

「진로교육법」

제4조(진로교육의 기본방향)

① 진로교육은 변화하는 직업세계와 평생학습사회에 적극적으로 대응할 수 있도록 스스로 진로를 개척하고 지속적으로 개발해 나갈 수 있는 진로개발역량의 함양을 목표로 한다.

② 모든 학생은 발달 단계 및 개인의 소질과 적성에 맞는 진로교육을 받을 권리를 가진다.

③ 진로교육은 학생의 참여와 직업에 대한 체험을 바탕으로 이루어져야 한다.

④ 진로교육은 국가 및 지역사회의 협력과 참여 속에 다양한 사회적 기반을 활용하여 이루어져야 한다. 〈개정 2021. 3. 23.〉

3) 진로교육 목표와 성취기준

「진로교육법」에서는 진로교육 목표와 성취기준의 기본 사항을 정하고, 이를 지역의 실정에 맞게 설정 및 활용할 수 있는 법적 근거를 제시하였다. 자세한 내용은 다음과 같다.

> 「진로교육법」
>
> 제8조(진로교육의 목표와 성취기준)
>
> ① 국가교육위원회는 「초 · 중등교육법」 제2조에 따른 학교(이하 "초 · 중등학교"라 한다) 학생의 발달 단계 및 학교의 종류에 따른 진로교육의 목표와 성취기준의 기본적인 사항을 정하고, 교육감은 국가교육위원회가 정한 범위에서 지역의 실정에 맞는 진로교육의 목표와 성취기준을 정할 수 있다. 〈개정 2021. 7. 20.〉
>
> ② 국가교육위원회와 교육감은 제1항에 따른 진로교육의 목표와 성취기준을 교육과정에 반영하여야 한다. 〈개정 2021. 7. 20.〉
>
> ③ 제1항 및 제2항에 따른 진로교육의 목표와 성취기준의 수립 · 시행에 필요한 사항은 대통령령으로 정한다. [시행일: 2022. 7. 21.]

2015 개정 교육과정에 기초하여 학교 진로교육의 목표를 제시하면 〈표 1-1〉과 같다.

〈표 1-1〉 2015 학교 진로교육 목표

구분	내용
학교 진로교육의 목표	학생 자신의 진로를 창의적으로 개발하고 지속적으로 발전시켜 성숙한 민주시민으로서 행복한 삶을 살아갈 수 있는 역량을 기른다.
초등학교 진로교육의 목표	자신과 일에 대한 이해와 긍정적 가치를 형성하고 다양한 진로탐색과 체험을 바탕으로 자신의 꿈을 찾고 진로를 설계할 수 있는 진로개발역량의 기초를 배양한다.
중학교 진로교육의 목표	초등학교에서 함양한 진로개발역량의 기초를 발전시키고, 다양한 직업세계와 교육기회를 탐색하여 중학교 생활 및 이후의 진로를 설계하고 준비한다.
일반 고등학교 진로교육의 목표	미래 직업세계 변화에 대한 이해를 바탕으로 자신의 진로목표를 세우고 구체적인 정보 탐색을 통해 고등학교 이후의 진로계획을 수립하고 실천하기 위한 역량을 개발한다.
특성화 고등학교 진로교육의 목표	산업수요와 미래 직업세계 변화에 대한 이해를 바탕으로 자신의 진로목표를 세우고 구체적인 정보 탐색을 통해 고등학교 이후의 진로계획을 수립하고 실천하기 위한 역량을 개발한다.

출처: 교육부(2016a).

이와 같은 진로교육의 목표는 학교의 '진로와 직업' 교과, 일반교과 및 창의적 체험활동 등을 통해 구현된다. 특히 초 · 중 · 고의 학교급 중에서 중학교와 고등학교 단계에서는 진로와 직업 교과목을 활용하여 학생들의 진로 역량을 강화하기 위해 노력한다. 2015 개정 교육과정에 설명된 진로와 직업 교과목의 성격은 다음과 같다.

중학교 '진로와 직업' 교과목의 성격

중학교 '진로와 직업'은 중학생이 앞으로의 삶에서 진로와 직업이 얼마나 중요한지를 인식하고 이를 준비하기 위해 배울 필요가 있는 과목이다.

'진로와 직업'을 통해 자신과 변화하는 직업 및 교육 세계에 대한 이해를 확장하게 되고, 이를 바탕으로 자신의 진로를 탐색해 합리적으로 결정하며, 결정한 진로를 계획하고 준비할 수 있는 능력을 함양할 수 있다. 또한, 나아가 보람되고 성공적인 직업생활을 통하여 행복한 삶을 준비할 수 있다. 이에 따라 '진로와 직업'은 학생의 실제적인 경험을 중시하며, 학생이 스스로 자신의 진로를 탐색하고 결정하며 계획하도록 한다는 점에서 학생의 자기주도적 학습을 지향하는 특성이 있다. (후략)

출처: 국가교육과정정보센터(2015b).

고등학교 '진로와 직업' 교과목의 성격

고등학교 '진로와 직업'은 학생이 고등학교 졸업 전 선택해야 할 진로 · 진학의 문제를 앞서 생각하고 준비함으로써 대학진학이나 졸업 후 취업뿐 아니라 앞으로 평생의 삶에서 자신의 진로를 준비하고 대응하기 위해 배울 필요가 있는 교과이다.

본 교과를 통해 자신과 변화하는 직업 및 교육 세계에 대한 이해를 바탕으로 자신의 진로를 탐색해 합리적으로 결정하고, 결정한 진로를 계획하고 준비할 수 있는 능력을 함양하여, 궁극적으로 보람되고 성공적인 직업생활을 통하여 행복한 삶을 영위하도록 하기 위한 내용을 다루도록 한다. 이에 따라 '진로와 직업'은 학생들의 실제적인 경험을 중시하며, 학생들이 스스로 자신의 진로를 탐색하고 결정하며 계획하도록 한다는 점에서 학생의 자기주도적 학습을 지향하는 특성이 있다. (후략)

출처: 국가교육과정정보센터(2015a).

2015 개정 교육과정에 나타난 내용을 기초로 학교 진로교육 목표와 초·중등 교육과정 총론의 여섯 가지 역량을 관련시킨 내용은 [그림 1-1]과 같다. 해당 내용을 살펴보면, 학교 진로교육 목표 및 성취기준의 역량은 총론에서 제시하는 역량과 밀접한 관련이 있다. 이를 고려할 때, 진로교육을 통해 학생들의 역량을 강화하는 것이 학교 교육이 지향하는 교육 목표를 달성하는 길이라고 평가할 수 있을 것이다.

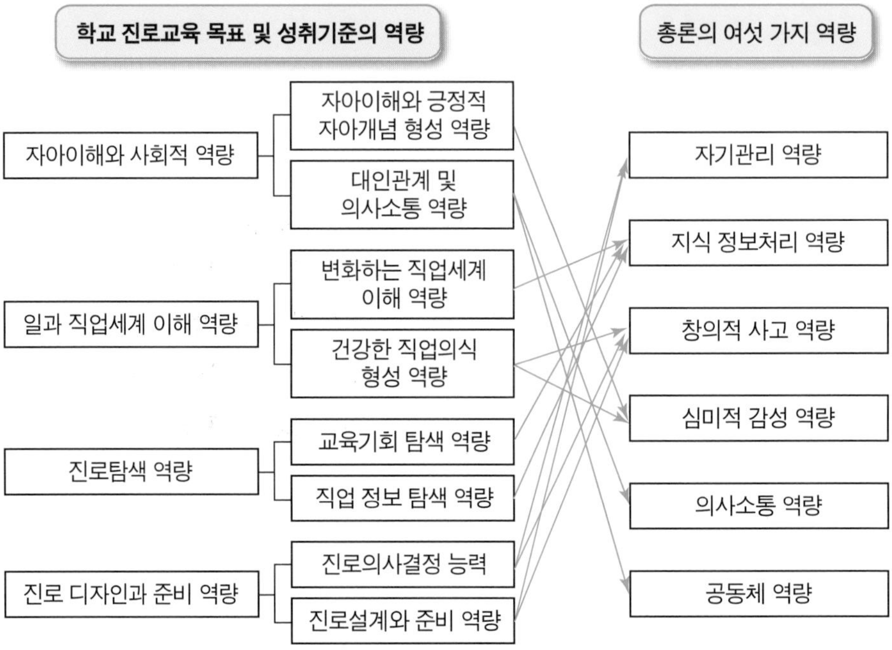

[그림 1-1] 학교 진로교육 목표 및 성취기준의 역량과 총론의 역량 관계도

출처: 교육부(2016a).

한편, 각 시기별 교육과정에서는 학교급별 진로교육 세부목표와 성취기준을 제시하고 있다. 다만, 이러한 내용은 교육과정의 개정[2]에 따라 개편될 가능성이 있음에 유의해야 한다.

4) 학교급별 진로상담의 특징

대한민국의 진로교육은 학생들이 변화하는 직업세계와 평생학습사회에 적극적으로

2) 교육과정에 대한 자세한 정보는 국가교육과정정보센터(http://ncic.re.kr)를 참고하기 바란다.

대응할 수 있도록 스스로 진로를 개척하고 지속적으로 개발해 나갈 수 있는 진로개발역량의 함양을 목표로 한다(「진로교육법」). 따라서 아동 · 청소년이 성장해 나가는 일련의 과정을 조망하는 관점에서 이들의 역량을 강화할 필요성이 있다. 이를 학교급에 따라 초등학교, 중학교, 고등학교 시기로 구분하고 각 학교급별 특징을 살펴봄으로써 각 시기에 보다 중점을 두어야 할 사항을 살펴보겠다.

(1) 초등학교

초등학교 단계는 진로인식 단계로서 다음과 같은 목표를 지닌다.

초등학교 진로교육 목표

자신과 일에 대한 이해와 긍정적 가치를 형성하고 다양한 진로탐색과 체험을 바탕으로 자신의 꿈을 찾고 진로를 설계할 수 있는 진로개발역량의 기초를 배양한다.

출처: 교육부(2016a).

진로개발역량의 기초를 배양한다는 목표를 지닌 초등 진로교육은 다음과 같은 특징을 갖는다. 첫째, 담임교사 중심의 진로상담 · 진로교육을 기초로 한다. 2020년 진로교육 현황조사(교육부, 2021b)에 따르면, 초등학교에 진로전담교사가 배치된 경우는 8.4%에 불과하였다. 초등학교에도 중 · 고등학교와 같은 독립성을 지닌 진로전담교사의 배치가 확대되어야 한다는 의견도 제기되고 있지만, 여전히 초등교육에서는 담임교사의 역할이 중요하다. 둘째, 초등학교 시기의 진로교육은 일반 교과목을 기초로 하여 이루어지거나 창의적 체험활동을 통해 진로 주제를 탐색하는 방식으로 이루어진다. 초등학교 단계에서는 담임교사가 일부 교과를 제외한 전과목을 가르치는 경우가 많기 때문에 교과연계형 진로교육을 실시한다는 것은 결국 담임교사 중심의 학급운영 및 비교과활동과 연계하여 유연하고 통합적인 교육이 이루어진다는 것을 의미한다. 한편, 교과목 중에서는 특히 실과 과목에서 진로의 주제를 다루기도 한다. 셋째, 수퍼(Super, 1990)의 발달적 관점에 따르면 이 시기는 성장기에 해당한다. 따라서 학교 진로교육을 통해 성장기의 발달 과업을 획득할 수 있도록 조력해야 한다. 일례로 가정, 학교, 또래관계 환경 속에서 자신 및 직업을 탐색하고 자신이 좋아하는 일, 잘할 수 있는 일의 목록을 생각해 볼 수 있는 기회를 제공해야 한다. 넷째, 자신에 대한 이해를 촉진하기 위한 다양한 체험 중심 활동이 중시된다. 특히 초등학교 저학년 시기는 피아제(Piaget)의 발달 단계 구분에 따르면 구체적 조작기에 해당한다. 따라서 실제 자료에 근거하여 개념을 이해하고, 활동을 통해 직접 체험하는 교육 방식이 적용될 때 진정한 학습이 가능하다. 그리고 초등학교 고학년 시기는 초기 청소년기로서 이들의 발달적 특징을 고려한 진로교육이 이루어져야 한다(김지연, 박알뜨리, 강지현, 2021). 즉, 초기 청소년기의 심리적 특성, 관계적 특성을 고려하여 자신에 대한 탐색을 심화시킬 수 있는 기회를 제공하고, 다음의 학업 단계인 중학교로의 전환을 돕는 전환기 진로교육이 중요하다. 결론적으로, 이러한 초등학교 시기는 중학교 시기에 운영되고 있는 자유학기제를 실시하는 예비 단계로서, 다양한 진로체험을 통해 학생의 진로 흥미를 개발하고 자기이해를 촉진하는 것이 중요하다.

(2) 중학교

중학교 단계는 진로탐색 단계로서 다음과 같은 목표를 지닌다.

> 중학교 진로교육 목표
>
> 초등학교에서 함양한 진로개발역량의 기초를 발전시키고, 다양한 직업세계와 교육 기회를 탐색하여 중학교 생활 및 이후의 진로를 설계하고 준비한다.
>
> 출처: 교육부(2016a).

중학교 단계는 초등학교 시기에 함양한 기초적인 역량을 바탕으로 진로개발역량을 발전시키고 구체적인 탐색을 본격화하게 된다. 중학교 단계의 진로교육은 다음과 같은 특징을 갖는다. 첫째, 중학교 선택과목인 진로와 직업, 일반 교과 및 창의적 체험활동의 진로활동과 범교과 학습 주제인 '진로교육'을 통해 이루어진다(국가교육과정정보센터, 2015b). 즉, 교과, 교과연계, 창의적 체험활동을 통한 다각적인 진로 교육과정이 운영된다. 이는 중학교에 진로전담교사가 배치되어 전문적인 수업을 진행하고, 일반교사들 역시 '교과연계 진로교육'을 통해 각 교과의 성취기준에 '학교 진로교육 목표와 성취기준'을 융합하여 운영하려는 노력(커리어넷, 2021)과 관련된다. 둘째, 수퍼(1990)의 발달적 관점에 따르면 이 시기는 성장기와 탐색기에 걸쳐 있다. 초등학교 고학년의 시기부터 시작되는 능력기(성장기의 하위 단계) 시기에는 자신이 지닌 능력에 대한 견해가 발달하고, 어떤 일을 하려면 그에 상응하는 능력이 필요하다는 것을 인식하게 된다. 이러한 능력기의 특성을 지속하며 이후에 탐색기의 초기에 결정화(crystallizing)의 과업을 마주한다. 그리고 이 시기에는 자신이 하고 싶은 일에 대한 선호가 보다 명확해진다. 셋째, 중학교 시기는 초등학교 시기와 고등학교 시기의 가교 역할을 하는 시기로서 이 시기의 충분한 진로탐색을 통해 자신에 대한 이해가 공고화되고, 향후 진로의사결정을 위한 준비를 하게 된다. 넷째, 중학교 단계에서 가장 대표적인 진로교육 활동은 '자유학기(학년)제'이다. 특히 자유학기(학년)제는 학생들이 다양한 직업세계와 교육기회를 탐색할 수 있는 제도적 발판을 제공하고 있다. 특히 이 시기에 자유학기(학년)제도가 운영되는 것은 이 시기의 학생들이 '진로체험'에 대한 요구가 높고 이 시기에 집중적인 진로탐색을 통해 향후 진학 및 취업을 위한 준비가 가능하기 때문이다.

(3) 고등학교

고등학교 단계는 진로설계 단계로서 다음과 같은 목표를 지닌다. 고등학교는 일반 고등학교와 특성화 고등학교로 분리하여 목표를 제시하였다.

일반 고등학교 진로교육 목표

미래 직업세계 변화에 대한 이해를 바탕으로 자신의 진로목표를 세우고 구체적인 정보 탐색을 통해 고등학교 이후의 진로계획을 수립하고 실천하기 위한 역량을 개발한다.

출처: 교육부(2016a).

특성화 고등학교 진로교육 목표

산업수요와 미래 직업세계 변화에 대한 이해를 바탕으로 자신의 진로목표를 세우고 구체적인 정보 탐색을 통해 고등학교 이후의 진로계획을 수립하고 실천하기 위한 역량을 개발한다.

출처: 교육부(2016a).

고등학교 단계는 다음과 같은 특징을 지닌다. 첫째, 일반고 또는 특성화고에 따라 중점으로 하는 진로교육이 달라질 수 있다. 대표적으로, 일반고의 경우에는 대학 입시와 연결된 교육 및 체험활동을 안내하는 '진학'의 관점이 더 중시될 수 있고, 특성화고의 경우에는 취업과 연계될 수 있는 직업교육과 인턴십(현장 실습), 특성화고 졸업 이후의 선취업 · 후진학을 지원할 가능성이 높다. 둘째, 교과, 교과연계, 창의적 체험활동을 통한 다각적인 진로 교육과정이 운영된다. 중학교 단계와 마찬가지로 고등학교에 진로전담교사가 배치되어 교과수업을 실시하고, 일반 교과교사의 '교과연계 진로교육', 창의적 체험활동을 통한 진로 교육과정이 운영된다. 셋째, 수퍼(1990)의 발달적 관점에 따르면 이 시기는 탐색기에 해당하며, 결정화와 구체화(specifying)의 발달 과업을 다룬다. 즉, 자신의 선호를 바탕으로 진로선택의 폭을 좁혀 나가고, 선호 직업에 대한 의사결정을 준비하게 된다. 이때 일반 고등학교 학생들은 이러한 구체화의 발달 과업이 대학생으로 유예될 수 있지만, 특성화 고등학교 학생들의 경우에는 곧바로 취업을 하는 경우가 더 많은 편이어서 구체화-실행의 과업까지 달성하는 경우가 상대적으로 많은 편이다. 넷째, 고등학교 시기의 대표적인 진로교육 활동으로 '고교학점제'를 들 수 있다. 고교학점제는 '학생이 기초 소양과 기본 학력을 바탕으로 진로 · 적성에 따라 과목을 선택하고, 이수기준에 도달한 과목에 대해 학점을 취득 · 누적하여 졸업하는 제도'(교육부, 2021a)이다. 다섯째, 고등학교 진로교육은 고등학교 이후의 진로계획을 수립하고 준비하는 단계로서 학생 개개인에 대한 개인별 맞춤형 진로설계를 지원할 수 있는 '진로상담'이 더욱 중요한 시기이다.

3. 국내 진로교육 발전과정

국내 진로교육 발전과정에서는 국내 진로교육 도입기, 진로교육 정착기, 교육과정 도입 및 안정화기, 진로 교육과정 확대 운영기라는 구분하에 진로교육의 주요 흐름을 기술한다. 여기에서 1995년까지의 내용은 김충기(1996)의 시기 구분 및 설명에 기초하여 제시하며, 그 이후의 내용은 국내 교육과정의 개정 흐름에 따르되 학교 진로교육의 변화에 초점을 두고 정리한다.

1) 진로교육 도입기(1960년대~1981년)

우리나라 진로교육의 시작점을 명확히 파악하기 어려우나, 김충기(1996)에 의하면 1964년경 주세환(朱世煥)의 『진학진로지도의 기술』, 1966년 이종설(李鐘卨) 등의 『진학지도론』 출판이 '진학'을 중심으로 하는 진로지도에 관심을 두기 시작한 시점이라고 평가할 수 있다. 그리고 1964년 처음 시행된 교도교사 자격증제도를 통해 생활지도와 상담에 관심이 있는 많은 교사가 법적인 기준하에 교사활동을 시작하였다(김계현 외, 2020: 47). 이 시기의 진로교육은 말 그대로 진학, 입시 지도 중심으로 이루어져 대학입시 준비를 위한 교육적 측면이 주요하였다.

이후 「생애교육의 이론적 접근」(김충기, 1978)이라는 논문이 발표되었다. 김충기(1996)는 이 시기인 1978년을 교육의 문제점을 제시하고 시정할 수 있는 방향을 제시한 시점이라고 평가하였다. 또한 1980년 '한국직업교육학회'가 창설되고, 문교부[3] 장관의 문교시책 대담을 통해 '진로지도교육' 강화 방안이 제시된 것은 우리나라 진로교육의 학술적 · 제도적 기틀을 다지는 과정이었다고 평가된다.

2) 진로교육 정착기(1982~1995년)[4]

1982년부터 1986년의 기간에는 한국교육개발원, 문교부 주관의 연구사업이 이루어졌다. 그리고 이 시기에 진로교육 연구 시범학교가 운영되고 초 · 중 · 고등학교에서 활용 가능한 진로교육 자료가 개발되었다. 따라서 이 시기는 진로교육에 대한 연구가 시작되고 진로교육이 활성화되기 시작한 시점이라고 평가할 수 있다.

한편, 1980년대 후반부터 대학에 진학하지 않는 청소년 집단이 증가하는 동시에 기능직 인력은 부족한 불일치 문제가 발생하였는데, 이에 대한 해결 방안으로 진로교육의 중요성이 더욱 강조되었다(김충기, 1996).

진로교육의 체제를 안정화 및 활성화하는 데 기여한 것은 1990년대 교육정책이다. 각 시 · 도 교육연구원에 '진로교육부'라는 연구부서를 설치하고 연구 인력을 배치하였다. 이를 통해 많은 진로교육 자료가 개발되었고, 이를 교육하기 위한 연수 운영이 제도화

3) 교육 · 과학에 관한 업무 및 교과용 도서에 관한 사무를 관장하던 중앙행정기관으로, 교육부의 이전 명칭이다.

4) 정착기의 기간을 1982~1995년으로 설정한 것은 김충기(1995)에 기초한 것으로, 이후에 제시되는 교육과정 도입 및 안정화기와 일정 기간이 중복되는 시기 구분이다.

되었다. 또한 1994년을 기점으로 전국 중등학교 상담실은 '진로상담실'로, 교도교사주임은 '진로상담주임'으로 명칭을 변경하여, 각 학교 차원에서 진로교육을 실천할 수 있는 제도적 기반을 마련하였다. 그 외에도 1992년에 일선 학교의 교사들을 통한 전문적인 연구회로서 '서울진로교육연구회'가 발족되고, 1993년에 '한국진로교육학회'가 창립된 것은 연구에 기반을 둔 진로교육이 이루어질 수 있는 기틀이 된 것으로 평가할 수 있다.

3) 교육과정 도입 및 안정화기(6차 교육과정기~2009 개정 교육과정기)

국내 교육과정에 진로 관련 교과목이 독립 과목으로 처음 등장한 것은 6차 교육과정(1992~1997) 시기이다. 이때, 고등학교 보통교과 중 실업 · 가정 교과의 선택과목 중 한 가지로 진로 · 직업 교과를 도입하였다. 이러한 6차 교육과정기를 학교 교육을 통해 진로교육 및 진로지도가 이루어질 수 있는 기틀 마련의 시기로 평가할 수 있다. 이 시기의 교과목은 '이론 및 지식 전달 위주의 교과 체계를 갖추고 있다'고 평가되었다(국가교육과정정보센터, 2003).

이후 7차 교육과정에서는 국가교육과정에 진로교육과정을 반영하였다. 일부 학년과 일부 과목의 단원(초등학교 5 · 6학년 실과, 중학교 3학년 기술 · 가정)에 진로 주제를 포함하였다. 하지만 이러한 운영 방식은 진로교육 시수 확보가 어렵고 진로교육 비전담 교사(실과, 기술 · 가정)가 진로를 가르쳐야 하는 어려움의 문제로 비판을 받았다(정윤경, 2017). 그리고 고등학교에서는 진로 · 직업 과목을 '교양선택 과목'으로 설정하고 '진로 및 직업세계에 대한 이해와 준비가 일정한 시기의 일정 집단들만을 대상으로 하는 것이 아니라, 사회 구성원 전체가 삶을 이해하고 생애를 설계하는 데 있어서 공통적으로 요구되는 과제'라는 점을 강조하였다(국가교육과정정보센터, 2003). 하지만 고등학교 단계에서 선택과목으로 운영되는 진로와 직업 교과 역시 가르치는 교사의 전문성 문제로 인해 각 학교에서의 채택률이 낮고 수업의 질이 낮다는 지적을 받기도 하였다(정윤경, 2017). 하지만 「2007 개정 교육과정 해설서」에서는 진로와 직업 과목의 활용 빈도가 점차 증가하면서 다양한 요구가 증가하고 있는 것에 착안하여 연속성, 실천성, 자기주도성, 완결성, 균형성, 생애성, 현실성, 연계성을 고려한 교육과정 개정을 진행하였다고 밝힌 바 있다(국가교육과정정보센터, 2007).

2007 개정 교육과정 시기에는 기존의 교육과정에서 진술된 교과의 성격을 유지하면

서 내용 체계가 일부 개정되었다(교육과학기술부, 2008). 이 시기에는 급변하는 사회 환경에 따른 '진로개발역량'의 중요성이 부각되고, 국가 수준의 교육과정에서 진로교육이 강조되었다는 특징이 있다(교육과학기술부, 2009).

2009 개정 교육과정 시기에는 고등학교뿐만 아니라 중학교에서도 진로와 직업선택과목이 신설되었다. 또한 초 · 중 · 고 창의적 체험활동(4개 영역 중에 진로활동 포함)을 통해 시수를 확보하였으며, 진로진학상담교사 도입으로 교육의 질을 개선하고자 노력하였다. 이 시기의 진로와 직업 교과목은 자신의 특성에 대한 이해, 직업세계 이해, 잠정적인 진로계획 수립 및 생애기초능력 준비 등 자신의 진로에 관한 다양한 탐색을 바탕으로 한 종합적이고 자기성찰적인 과목으로 성격을 규정하고, 전 생애의 관점에서 평생에 걸친 진로개발 과정을 조력하려는 관점을 반영하고 있다(국가교육과정정보센터, 2009a). 2009 개정 교육과정 해설서에 나타난 진로개발역량에 대한 설명은 다음과 같다.

진로개발역량

'진로개발역량(career development competencies)'은 '진로개발'이라는 상황 또는 목적을 위하여 어떠한 역량이 요구되는가에 관한 논의로, 한 개인의 적극적인 진로개발을 위하여 요구되는 지식, 태도, 기능으로 설명된다.

구체적으로 진로개발역량은 진로와 관련된 자아이해(self-knowledge), 교육과 직업의 탐색(educational and occupational exploration), 그리고 진로를 계획(career planning)하는 활동 수행에 필요한 지식, 기술, 태도, 습관의 총체적 능력(이지연, 2001: 15)을 의미하는데, 진로교육 활동의 주요한 목표 또는 내용요소로 활용될 수 있다.

출처: 국가교육과정정보센터(2009b).

이러한 교육과정의 변화와 함께 이 시기에 나타난 주요한 제도적 특징은 다음과 같다. 먼저, 2004년에는 진로지도가 사교육비 경감 대책으로 논의되고, 진로교육을 적극적으로 실천할 협의체로 '전국진로지도협의회'가 구성되어 범정부적 진로교육 지원 체제가 구축되었다(정철영 외, 2018). 그리고 이를 근거로 2006년 인적자원개발회의 산하 '국가진로교육 전문위원회'를 구성하고 9개 정부부처가 진로교육을 함께 논할 수 있는 장을 마련하였다. 이러한 노력의 결과로 '평생진로개발 활성화 계획'(2006)이 발표되었다.

그 이후 국내의 진로교육 정책은 교육부를 중심으로 인적 인프라, 진로체험 지원, 진로교육 지원 체제 발전의 방향으로 전개되었다. 먼저, 인적 인프라의 맥락에서는 2011년 진로진학상담교사가 배치되었으며, 진로체험 지원의 맥락에서는 체험을 통한 진로교육의 예로 2012년 교육기부 사업, 2013년 중학교 자유학기제 도입 계획 수립 등의 성과가 나타났다. 그리고 제1차 진로교육 종합계획(2010~2013)을 통해 교육과학기술부, 노동부, 보건복지가족부의 합동 계획이 발표된 것 역시 진로교육의 안정화를 위한 중요한 기점이 되었다.

4) 진로 교육과정 확대 운영기(2015 개정 교육과정기~현재)

진로 교육과정 확대 운영기의 주요 내용은 2015 개정 교육과정, 제2차 진로교육 5개년 기본계획(2016~2020), 그리고 2022 개정 교육과정 준비를 위한 협의 내용을 중심으로 정리한다.

특히 이 시기에 제정된 「진로교육법」(2015)은 국내 진로교육의 법적 기틀을 마련하는 중요한 기반이 되었다. 「진로교육법」 제정의 의의를 서우석(2015)에 기초하여 제시하면 다음과 같다. 첫째, 진로교육을 받을 권리를 학생의 기본권으로 강조하게 되었다. 둘째, 국가(교육부)의 진로교육 지원을 위한 법적 근거를 마련하였다. 셋째, 지방자치단체가 지역의 진로교육을 지원할 수 있는 법적 근거를 갖추게 되었다. 넷째, 학교의 진로교육을 위한 법적 근거를 마련하였다. 결과적으로 「진로교육법」의 제정은 진로교육과 관련된 행위들이 법적 바탕 위에 설 수 있고 이에 기대어 질적인 도약을 할 수 있는 계기를 마련한 것으로 평가되고 있다(서우석, 2015).

2015 개정 교육과정은 '미래 사회가 요구하는 창의융합형 인재 양성'과 '학습 경험의 질 개선을 통한 행복한 학습의 구현'이라는 비전을 갖고 있다(국가교육과정정보센터, 2015c). 2015 개정 교육과정이 추구하는 목표는 앞서 진로교육 목표와 성취기준의 내용에서 제시한 바 있다. 이러한 2015 개정 교육과정에서는 학교 진로교육 목표(2015 개정)와 선택교과 진로와 직업(중 · 고) 교육과정(2015 개정)의 성취기준을 연계하고, 타 교과와 연계한 진로교육, 2016년 중학교 자유학기제 전면 시행, 초 · 중 · 고 진로교육 집중학년 · 학기제 등 진로교육과정에 관한 여러 가지 정책과 제도 추진으로 진로교육을 확대하였다.

제2차 진로교육 5개년 기본계획(교육부, 2016b)은 '꿈과 끼를 살리는 행복한 진로설계'라는 비전 아래 [그림 1-2]와 같은 체계를 제시하고 있다. 각 학교급별 진로교육 체계를 살펴보면 학교급에 따른 '진로인식-진로탐색-진로설계-진로선택'의 일련의 과정을 제시하고, 각 단계별 중점 교육 방향을 제시하였다.

비전	꿈과 끼를 살리는 행복한 진로설계
목표	(학습자) 자기주도적 진로개발역량 신장 (학교) 내실 있는 맞춤형 진로교육 체계 확립 (사회) 국민의 행복한 삶과 평생학습사회 구현
4대 영역	**8개 추진과제**
1. 초·중등학교 진로교육 역량 강화	1 진로교육이 강화된 학교 교육과정 운영 정착 2 교원 및 지원인력의 진로교육 전문성 제고
2. 진로교육 대상 확대	1 사회적 배려대상자를 위한 진로교육 지원 강화 2 대학생 진로교육 지원
3. 진로체험 활성화	1 양질의 진로체험처 확보 및 내실화 2 진로체험 프로그램 확대
4. 진로교육 인프라 확충	1 진로교육 지원체계 구축 2 진로정보망 개편 및 학부모 진로교육 강화

학교급별 진로교육 체계

초등학교[진로인식]	중학교[진로탐색]	고등학교[진로설계]	대학교[진로선택]
• 교과연계형 진로교육 - 실과, 일반 교과목과 연계한 진로교육	• '진로탐색' 중심 창·체 운영 • 일반교과연계 진로교육	일반고 • 진로·진학 교육 • 대학·학과 관련 진로체험 실시	• 진로교육을 대학 정규 교육과정으로 권장 • 학생중심 원스톱 서비스
자유학기제 예비 →	자유학기제 →	자유학기제 발전 →	취·창업과 연계
• 현장 견학형, 강연·대화형 등 진로체험	• 양질의 진로체험 프로그램 • 도·농 간 진로체험 격차 해소	특성화고 • 진로·직업 교육 • 인턴십(현장실습 운영) • 선취업·후진학 지원	• 인턴십(현장실습) 강화 • 지도교수제 운영 권장

[그림 1-2] 자유학기제 안착과 확산을 위한 제2차 진로교육 5개년(2016~2020) 기본계획(안)의 추진방향

출처: 교육부(2016b).

이와 같은 5개년 단위의 계획 이외에 교육부에서 당해 연도에 발간하는 계획안에는 진로교육에 대한 연차별 중점 등이 반영되어 있다. 예를 들어, 2021년 진로교육 활성화 지원 계획(교육부, 2020)에는 다음과 같은 '학교 진로교육 만족도 제고'라는 목표하에 다음 [그림 1-3]과 같은 추진방향을 제시하였다. 주요 추진과제는 '진로수업 및 상담 활성화' '진로체험 내실화' '창업가정신 함양 교육 확대' 등이다.

추진목표	학교 진로교육 만족도 제고
추진과제	
진로수업 및 상담 활성화	① 학생 흥미·적성 및 수준을 고려한 진로수업 활성화 ② 진로수업 활성화를 위한 여건 지속 정비 ③ 교원의 진로교육 전문성 제고 지원 ④ 진로상담 질 제고 ⑤ 진로·진학정보 제공 강화
진로체험 내실화	① 학생 수준·요구를 반영한 진로체험 프로그램 운영 ② 진로체험지원센터 역량 강화 지원 ③ 진로체험 생태계 지속 확대
창업가정신 함양 교육 확대	① 학교 창업가정신 교육과정 운영 지원 ② 창업가정신 함양 교육 생태계 조성
진로교육 사각지대 해소	① 소외계층 진로교육 활성화 ② 지역 간 진로체험 기회격차 해소 ③ 교육기부 진로체험 인증기관 부족 지역 집중지원
진로정보망 편의성 제고 및 유관기관 협력 강화	① 진로정보망 커리어넷 운영 활성화 ② 꿈길 이용 편의성 제고 ③ 부처 및 유관기관과의 협력체제 구축

[그림 1-3] 2021년 진로교육 활성화 지원 계획의 추진방향

출처: 교육부(2020a).

다음으로, 교육과정 개정 준비 단계에서의 논의 내용을 통해 2022 개정 교육과정의 방향을 예상해 볼 수 있다. 2022 개정 교육과정 정책 자료실(국가교육과정정보센터, 2021)

에 안내된 주요 토의 주제는 〈표 1-2〉와 같다.

〈표 1-2〉 2022 개정 교육과정을 위한 학생 · 학부모 공감과 소통 콘서트 토의 주제

구분	주제	토의 질문
공통	미래 사회변화에 대비한 학교 교육	4차 산업 혁명 시대의 도래, 저출산으로 인한 학생 수 감소, 기후 및 생태계의 변화, 사회적 불평등 심화 등 미래 사회의 변화를 대비하여 우리 학교 교육은 어떻게 달라져야 할까요?
초 · 중학교 분과 주제	기초 능력에 바탕을 둔 학생의 성장과 발달	초등학교와 중학교 학생들이 학교 공부에 흥미를 느끼며 적극적으로 배우기 위해서 학교 교육은 어떻게 달라져야 할까요?
고등학교 분과 주제	학생의 진로와 적성에 따른 맞춤형 교육	고등학교에서 진로와 적성에 따라 과목을 선택해서 배울 수 있다면, 학교에서 어떠한 교육을 받고 싶나요?

출처: 국가교육과정정보센터(2021).

또한 2021년 11월에 발표된 2022 개정 교육과정 총론의 주요 사항(교육부, 2021c)을 살펴보면 '더 나은 미래, 모두를 위한 교육'이라는 방향 아래 다음과 같은 내용을 확인할 수 있다.

더 나은 미래, 모두를 위한 교육

- **미래 변화에 대응하는 역량 및 기초소양 함양 강화**
  - 지속 가능한 사회를 위한 생태전환교육 및 민주시민교육을 전 교과에 반영
  - 미래 세대 핵심 역량으로 디지털 기초 소양 강화 및 정보교육 확대
- 학습자의 성장을 지원하는 **고교학점제 등 학생 맞춤형 교육 강화**
  - 학생들의 탐구 역량 강화를 위한 교과 재구조화 및 과목 선택권 확대
  - 학교급 전환 시기의 진로 연계 및 학교생활 적응을 위한 진로 연계학기 도입
- 현장의 자율적인 혁신을 지원 · 촉진하는 **학교 교육과정 자율성 강화**
  - 학교 자율시간 도입, 시 · 도별 지역 교육과정 근거 마련 등 교육과정 자율성 확대
  - 초등학교 놀이 및 신체활동 강화, 중학교 자유학기 운영 방안 개선
- 학생의 삶과 연계한 **깊이 있는 학습을 위한 교과 교육과정 개발 방향 제시**
  - 학습량 적정화, 비판적 사고 함양 및 탐구 중심으로 교수 · 학습과 평가 개선
  - 2022년 하반기까지 총론과 연계한 역량 함양 교과 교육과정 확정 · 고시

즉, 개정 교육과정을 위한 주요 논의의 내용은 사회의 변화, 기초 역량, 진로 및 적성과 같은 주제로 진로교육 영역에서 오랫동안 강조되었던 내용이라 평가할 수 있다. 이러한 흐름은 전체 교육과정의 변화 흐름에서 진로교육의 관점이 기저가 되고 있으며, 모든 교과에서 사회의 변화, 학생들의 기초능력과 진로 · 적성을 고려한 맞춤형 교육, 즉 진로교육의 주안점을 고려해야 하는 것의 당위성을 반영한다고 할 수 있다.

4. 학교 진로상담자의 역할 및 직무

학교 진로상담을 수행하는 주체가 누구인가에 대한 관점에서는 대표적으로 2011년 도입된 진로전담교사[5)]를 들 수 있다. 또한 진로전담교사 이외의 인력으로 전문상담교사, 담임교사, 교과교사 등의 일반교사, 그리고 학교 내에서 '상담자' 역할을 함께하고 있는 상담자 집단이 해당될 수 있을 것이다. 이러한 여러 집단 중에서 진로전담교사는 그 고유한 역할에 진로상담 및 진로교육이 우선되는 것이 당연하나, 학교에서 상담 및 교육을 실시하는 전문상담교사와 학생들의 생활지도자로서 역할을 수행하는 담임교사 역시 진로상담의 주체임을 고려해야 한다. 이는 한 개인의 진로문제는 심리적인 문제와 분리될 수 없고, 앞서 살펴본 바와 같이 학교 교육의 목표가 진로교육의 목표와 맞닿아 있으며, 교육과정의 변화 흐름에 진로교육의 주요한 패러다임이 반영되어 있음을 통해서도 짐작해 볼 수 있다. 즉, 아동 · 청소년을 만나서 교육적이고 발달적인 지원을 수행하거나 심리상담의 지원을 하는 모든 주체는 학교 진로상담자로 간주할 수 있다. 다만, 각 집단이 수행하는 역할의 주안점은 무엇이고 역할 수행에서 고려해야 할 부분이 무엇인지에 대해 조금 더 구체적인 이해가 필요할 것이다.

1) 진로전담교사

학교 진로상담을 수행하는 인력의 범위를 떠올려 보면, 가장 우선적으로 2011년부터 배치되어 활동하고 있는 진로전담교사를 들 수 있다. 「진로교육법」에서는 진로전담교사

5) 진로전담교사라는 명칭은 2015년 제정된 「진로교육법」에 명시되었다. 따라서 해당 시점 이전에 논의될 내용에서는 진로진학상담교사라는 명칭을 그대로 활용하였다.

를 초 · 중등학교에서 "학생의 진로교육을 전담하는 교사"라고 설명하고 있다. 진로전담교사의 배치율은 2020년을 기준으로 할 때 97.08%에 이른다(교육부, 2020b).

「진로교육법」

제9조(진로전담교사)

① 교육부장관과 교육감은 초 · 중등학교에 학생의 진로교육을 전담하는 교사(이하 "진로전담교사"라 한다)를 둔다.

② 교육부장관과 교육감은 초 · 중등학교에 진로전담교사를 지원하는 전문인력을 둘 수 있다.

③ 진로전담교사는 해당 담당교사와 협의를 거쳐 수업시간에 진로상담을 제공할 수 있으며, 이 경우 진로상담시간은 수업시간으로 본다.

④ 진로전담교사의 배치 기준, 제2항에 따른 전문인력의 자격 및 운영 등에 필요한 사항은 대통령령으로 정한다.

진로전담교사 직무 지침은 2011년 제정된 이후로 2016년에 이르기까지 수차례 개정되었다. 그리고 2018년에 이르러 초 · 중등 진로전담교사 배치 및 운영지침이 폐지되면서, 여러 지자체(예: 경기, 강원, 세종, 인천, 광주, 제주 등)에서 별도 지침을 운영하거나(박창언 외, 2020), 일부 지역(예: 대구)에서는 지침 대신 '진로교육 운영'이라는 이름으로 직무를 설명하기도 하였다(대구광역시 교육청, 2018).

지침의 구체적인 예를 살펴보면, 교육부(2012a, 2012b, 2012c)의 「진로진학상담교사 활동 매뉴얼」에서는 '진로교육 기획 및 총괄 업무' '진로진학 관련 학생 지도 및 상담 업무' '진로교육 제반 여건 조성 업무'의 세 가지 범주하에 열다섯 가지 내외의 직무 내용을 제시하였다. 그리고 서울특별시교육청(2016)에서는 교육부에서 안내한 지침을 수용하여 〈표 1-3〉과 같은 열다섯 가지의 직무 목록을 활용하고 있다. 하지만 지역별 별도의 지침을 활용하는 경기도교육청(2020)의 경우에는 다섯 가지의 직무 범주를 제시하고 각 학교의 여건에 맞게 상세직무와 기준을 정할 것을 안내하였다. 또한 강원도교육청(2022)[6]의 경우에는 일곱 가지의 중등학교 공통직무를 제시하고 이에 더해 중학교(자유

6) 경기도교육청(2020), 강원도교육청(2022)에서 제시하는 직무 설명은 서울시교육청(2016)의 직무 설명과 그 용어가 정

학년제 '진로탐색활동' 지원, 진로 및 고교진학 상담), 일반계 고등학교(진로와 연계한 학업설계 및 이수지도 지원, 진로 및 대학진학 상담), 직업계 고등학교[선취업 · 후진학 학생의 진로설계 지원, 진로(취업 · 진학 포함)상담] 각각에 두 가지의 직무 목록을 제공하는 등 그 내용이 재구조화되었다.

〈표 1-3〉 중등학교 진로전담교사의 직무

서울특별시교육청(2016)의 직무 지침	경기도교육청(2020)의 직무 지침	강원도교육청(2022)의 공통직무 지침
1. 진로진학상담부장 등으로서 학교 진로교육 총괄	진로진학상담부장 등으로서 학교 진로교육 기획 및 운영	
2. 학교 진로교육과정 운영계획 수립 및 프로그램 운영(진로교육 집중 학년 · 학기제 및 진로체험 교육과정 편성 · 운영 지원)	진로교육 중심 학교 교육과정 운영 계획 수립 · 운영 지원	학교 진로교육계획 수립 및 운영
3. '진로와 직업' 과목 수업, 창의적 체험활동 중 '진로활동' 지도(주당 10시간 이내)	'진로와 직업' 과목 및 창의적 체험활동 중 '진로활동' 수업(주당 10시간 이내), 학생 진로상담(주당 평균 8시간 이상)	'진로와 직업' 과목 수업 창의적 체험활동 중 '진로활동' 지도 및 지원
4. 진로 · 진학 관련 학생 진로상담(주당 평균 8시간 이상)		
5. 창의적 체험활동 중 진로활동 운영계획 수립 및 운영		
6. 학교급에 따른 개인 맞춤형 진로지도 및 진학지도(학교생활기록부 초 · 중 · 고 진로 관련 정보연계 기반 개인별 맞춤형 진로지도)		진로 및 진학정보 제공
7. 선취업 후진학 학생의 진로설계 지원		
8. 진로 및 학습 계획서 작성 지원		
9. 진로 포트폴리오 지도		
10. 커리어넷 등의 진로교육 관련 심리검사의 활용 및 컨설팅		진로심리검사 실시 및 활용
11. 교내 · 외 진로탐색 활동 기획 · 운영		교내 · 외 진로탐색활동 기획 · 운영

확하게 일치하지 않아서 명확한 일대일 비교는 어려운 실정이다. 하지만 독자의 이해를 돕기 위해 내용상으로 유사도가 높은 위치에 배치하였다.

12. 교내 교원 대상 진로교육 역량 강화 연수 총괄	진로교육 역량강화	교원 및 학부모 대상 진로교육 연수 운영
13. 학부모 대상 진로교육 연수 및 컨설팅		
14. 진로교육 관련 교육기부 등 지역사회 및 유관기관과의 네트워크 관리	진로교육 관련 지역사회, 유관기관, 인적 자원 정보 관리	
15. 기타 학교장이 정한 진로교육 관련 업무		

출처: 서울특별시교육청(2016); 경기도교육청(2020); 강원도교육청(2022).

이러한 일련의 변화는 진로전담교사의 직무와 역할을 이해하는 것이 학교 진로교육을 안정화하는 최우선 과제라는 인식에 기초한 것이라고 평가할 수 있다. 또한 각 지자체와 학교의 자율성을 부여하고 있는 최근의 변화 흐름은 진로전담교사가 각 지역 및 학교의 맥락을 고려하여 진로교육을 구성 및 재구성하는 역량이 필요함을 강조하는 것이라 간주할 수 있다.

따라서 각 진로전담교사는 자신이 수행할 직무 및 역할을 이해하고 직업적 정체성을 형성할 필요성이 있다. 이를 진로전담교사가 갖추어 나가야 할 역량의 관점에서 정의한 예는 〈표 1-4〉와 같다.

〈표 1-4〉 진로진학상담교사 역량 정의

역량	정의
진로 관련 이론	진로개발, 심리검사, 발달 및 선택과 같은 진로 관련 이론 및 지식을 이해하고 활용하는 역량
진로심리검사	진로검사 관련 지식을 바탕으로 진로검사를 실시하고 그 결과를 해석 및 전달하는 역량
진로진학상담 및 의사소통	상담이론을 이해하고 상담기법을 활용하여 개인/집단 진로상담을 실행하는 역량
프로그램 개발 및 운영	요구분석을 바탕으로 진로 교육과정 및 프로그램을 기획 · 개발 · 운영 · 관리하는 데 요구되는 역량
교수-학습	교수 전략을 이해 및 활용하여 개인/집단에게 진로 관련 학습 기회를 제공하고 효과를 극대화하도록 조언하는 역량
평가	개인/집단의 진로검사 및 진로 관련 활동, 진로교육 프로그램을 평가하는 역량
윤리성	진로진학상담을 실행하는 데 필요한 윤리적인 가치 및 태도에 대해 이해하고 이를 준수하는 역량

다양성	개인차 및 다양한 특성을 지닌 개인(학생)/집단을 이해하고 관계를 형성하며 공평하게 서비스를 제공하는 역량
전문성	동료들의 조언 수용, 자신의 문제인식, 연구수행 및 발표 등 전문가로서의 능력을 증대하기 위해 요구되는 역량
노동시장의 이해	노동시장과 고용동향, 직업세계를 파악하고 이와 관련된 정보를 진로교육에 활용할 수 있는 역량
진로진학 정보 분석과 활용 및 관리	진로와 직업 관련 데이터베이스를 개발 및 유지하여 자원과 정보를 수집 · 제공하고 정보를 활용하도록 돕는 역량
유관기관 협력	진로 관련 사항을 홍보하고 내 · 외부의 다양한 주체들과 지속적이고 효과적으로 연계할 수 있는 역량
테크놀로지 이해 및 활용	교수-학습과 개인의 경력개발을 도와주기 위해 테크놀로지를 이해하고 활용하는 역량
진로진학연구	진로상담 및 개발과 관련된 연구의 동향을 파악하고 실제로 연구를 수행할 수 있는 역량
진로 관련 교육과정 분석 및 지도	학생들의 꿈과 끼, 적성, 진로를 발전시키기 위해 개별 학생들에게 적합한 맞춤형 교육과정(특히 교과목)을 추론하고 기획하며, 학생상담을 통해 이를 안내 · 지도할 수 있는 역량

출처: 박은솔 외(2018).

일부의 예에서 살펴본 바와 같이 진로전담교사의 직무에 대한 논의가 변화함에도 불구하고, 진로전담교사는 여전히 학교 진로교육의 기획 및 총괄, 학생 지도 및 상담, 제반 여건 조성에 이르는 거시적이면서 동시에 미시적인 범위의 일을 모두 수행하기를 기대받는다. 그리고 이에 더해 각 학교의 고유한 맥락을 고려하여 역할의 우선순위를 설정하며, 각 역할을 수행할 때 역시 그 영역의 전문가로 성장할 것에 대한 요구가 높아지는 실정이다.

하지만 이들이 전문가로 성장하는 과정은 혼자서만 해 나갈 수 없는 것으로, 교내 · 외 교육공동체와의 소통과 협력이 중요하다. 이와 관련하여 학교 현장에서 우수하다는 평가를 받고 있는 진로전담교사의 전문성 발달과정을 연구한 김지연(2021)에서는 이들이 전문성을 발달시켜 나가는 가운데 자신의 역량 강화를 위해 노력하는 것에 더해, 공동체의 성장을 조력하며 정체성을 심화해 나간 것이 주요한 내용으로 도출된 바 있다. 이러한 결과는 학교 진로상담/교육의 궁극적 목적을 달성하기 위해서 학교의 구성원 전체가 합력하여야 할 필연성을 반영하는 것이라고 평가할 수 있다.

2) 전문상담교사

전문상담교사는 '초 · 중 · 고등학교에서 학생들의 학업, 진로, 정서 문제 등과 관련된 상담 업무를 담당하는 교사로, 수업을 맡지 않고 상담과 생활지도만을 전담하는 교사'이다(정진철, 양난미, 2018). 전문상담교사의 경우, 우선적으로는 학생들의 심리적인 영역에 대한 지원자 역할이 주요하다. 하지만 학생들의 심리적인 문제와 진로의 문제를 명확히 구분하기에는 어려움이 있다. 일례로 진로문제를 호소하는 많은 학생의 이야기를 듣다 보면 진로를 탐색해 가는 어려움 가운데 심리적인 문제가 연관되는 경우가 많고, 심리적인 문제로 어려움을 경험하는 학생들의 이야기를 듣다 보면 이들이 어느 정도의 일상을 회복하고 난 이후에 진로문제로 관심이 전환되는 경우들을 만날 수 있기 때문이다. 즉, 진로문제와 심리문제는 분리될 수 없다. 따라서 학생들을 만나는 모든 학교 상담자에게 진로상담 역량이 필요하다.

이를 뒷받침하는 내용으로 전문상담교사 양성을 목적으로 하는 교육대학원 교육과정에 진로상담 과목이 전공필수 과목으로 설정되어 있으며, 이들에 대한 직무 기대에 진로 관련 내용이 강조된 것을 들 수 있다(김현숙, 심혜숙, 2008; 유순화, 류남애, 2006). 또한 위(Wee) 클래스 운영 가이드북(교육부, 2019)에는 구체적인 상담 영역으로 가족, 비행, 성격, 학업/진로, 성, 인터넷 스마트폰 사용, 학교폭력, 대인관계, 정신건강 등의 구분이 있으며, 보호자 자문의 내용 및 학업중단 숙려 학생 대상으로 실시할 수 있는 심리검사에 진로전환, 진로갈등의 내용이 구체적으로 제시되는 등 전문상담교사의 역할 수행에서 진로 주제에 대한 중요성은 계속해서 강조되고 있다.

3) 담임교사 및 교과교사

일반 담임교사 및 교과교사의 관점에서도 진로교육의 중요성은 점차 확대되고 있다. 특히 2015 개정 교육과정 총론에서 강조한 역량과 학교 진로교육에서의 성취역량이 밀접하게 관련되고, 2022 개정 교육과정에 대한 논의에서 역시 교육의 전체적인 흐름이 진로교육의 패러다임과 밀접하게 관련되어 있음을 파악할 수 있다. 이러한 흐름을 고려한다면, 일선 학교의 교육자들에게 진로교육은 교과 및 비교과 교육의 기본적인 바탕이 될 것이라 예상할 수 있다.

한편, 일반교사들의 직무를 설명하는 내용에서도 교원의 진로교육 역량은 크게 강조된다. 일례로, 엄미리와 권정언(2017)의 연구에서는 일반교원의 진로지도 및 상담 활동에서의 8대 직무(주요 책임 영역, Key Responsibility Areas: KRAs)를 제시하였다(〈표 1-5〉 참조). 해당 내용은 교과 및 비교과 영역에서의 진로교육 활동, 학생별 진로특성 진단 및 해석, 학부모상담, 관련 정보 제공 및 진로설계 그리고 학습의 촉진에 이르기까지 다양하다.

또한 중학교 단계의 자유학기(학년)제, 고등학교 단계의 고교학점제 등의 사례에서 알 수 있듯이, 최근 중 · 고등학교 교육 현장에서 진로교육의 비중이 증대되고 일반교사들이 진로를 깊이 있게 다루어야 할 필요성, 개인 맞춤형 진로상담의 중요성이 더욱 커지는 실정이다. 이와 관련하여 김희규(2018)의 연구 결과, 진로지도는 '입직기-성장기-발

〈표 1-5〉 진로지도 및 상담 활동에서의 일반교원 8대 직무

주요 책임 영역	수행 모습
1. 진로특성 진단 및 해석	심리검사의 전문성을 바탕으로 학생별 특성을 진단하고, 그 결과를 진로와 연계시켜 해석하며, 학생 눈높이에 맞게 전달한다.
2. 일과 직업세계에 대한 정보 제공	직업 정보를 여러 출처로 탐색, 수집하고 지속적인 축적을 바탕으로 학생의 진로탐색을 지원하도록 가공하여 전달한다.
3. 교과통합 진로교육 실시	자신의 담당 교과에서 진로교육 요소를 추출하여 수업 시 교과와 진로교육을 통합하여 실시한다.
4. 진로 관련 비교과 활동 운영 · 지원	동아리, 봉사, 프로그램, 체험 등 다양한 진로 관련 비교과활동을 기획하거나 직접 운영 또는 지원하여 학생들의 진로개발을 돕는다.
5. 진로 연계 학습 촉진	학생의 진로목표 구체화, 교과적성의 발견 및 피드백으로 진로 연계지원 등을 통해 학습동기를 유발하고 학습코칭을 실시한다.
6. 진로 경로 설계 조력	학생이 주체적으로 진로 경로를 설계하고 실행하도록 의사결정 과정을 점검하고 필요한 적절한 개입(진로정보 제공, 대안적 진로 경로 제안, 상황 변화에 따른 조정 등)을 제공한다.
7. 학부모 진로상담	학부모가 학생 진로실현의 지원자가 되도록 학생 진로 관련 정보(학업 성취도, 진로개발 이력 등)를 정기적으로 공유하고 발전적 방향을 제안한다. 만약 진로갈등이 있을 경우 조정한다.
8. 진학/취업 준비 지원	상급학교/취업처별 전형요소를 분석하고, 진학 결과/취업 결과를 데이터베이스로 구축하여 학생의 최적 지원을 위해 전문적 자문을 제공한다.

출처: 엄미리, 권정언(2017).

전기-심화기'의 발달 단계에 있는 모든 교사에게 '집중 영역', 즉 중요도는 전반적으로 높지만 수행도가 낮은 영역으로서 개선에 대한 집중이 요구된다고 분석하였다. 또한 해당 연구에서 교사들이 발달함에 따라 진로지도 역량의 수행도가 점차 높아지고 중요도에 대한 인식 역시 높아지는 것으로 나타났다.

이상에서 살펴본 바와 같이 일반 담임교사 및 교과교사의 관점에서도 진로상담 및 진로교육의 중요도와 책무성에 대한 논의는 지속적으로 강조될 것으로 예상할 수 있다.

4) 상담자

진로상담을 심리상담과 인위적으로 구분하는 데에는 한계가 있다. 즉, 일반적인 상담자들은 내담자의 진로문제를 자연스럽게 접하고 다루게 된다. 상담자 집단에서 진로상담을 수행하는 것에 대한 논의는 상담자 자격 훈련 요구 그리고 진로상담 경험에 대한 몇 가지 연구를 통해 그 내용을 예상할 수 있다.

먼저, '상담자'의 자격 훈련 규정에 따르면, 진로상담은 중요한 훈련 요소로 설정되어 있다. 일례로, 한국상담학회 2급 전문상담사 필기시험 과목,[7] 한국상담심리학회 자격 획득 준비자 이수 과목[8]에 모두 진로상담이 명시되어 있음을 알 수 있다.

다음으로, 상담자의 진로상담 역량, 진로상담자 역할 수행과 관련된 연구를 통해 그 내용을 살펴볼 수 있다. 이와 관련하여 김민선(2018)의 연구에서는 상담자들을 대상으로 진로상담 사례개념화 역량을 자가평가할 수 있는 척도를 개발하였다. 해당 척도에서 측정하는 하위 요인은 '진로선택 관련 내담자의 특성에 대한 이해' '부모의 기대와 갈등요인 탐색' '직업세계에 대한 정보와 경험 파악' '진로상담 목표 설정 및 개입'의 네 가지이다. 한편, 상담자들이 진로상담을 수행하게 될 때 진로상담자로서 경험하는 일련의 어려움을 예상할 수 있다. 일례로, 황부순과 이제경(2021)의 연구에서는 대학상담자가 진로상담을 수행하며 적응해 나가는 과정을 연구하였는데, 이들이 경험하는 중심현상은 '진로상담에 대한 막연한 두려움과 한계를 느낌'인 것으로 나타났다. 해당 연구에서 제

---

7) 한국상담학회 2급 전문상담사 필기시험 과목: 상담 이론과 실제, 심리검사와 상담, 집단상담 이론과 실제, 상담윤리, 상담연구방법론, 진로상담, 가족상담의 7과목 중 6과목 선택 응시 (2022. 1. 25. 검색 기준)

8) 한국상담심리학회 상담심리사 1급 자격 획득을 위한 이수 과목 중 상담 관련 과목: 심리치료이론, 집단상담, 상담방법, 상담면접, 상담사례실습 및 지도, 정신병리, 심리평가, 가족상담, 청소년상담, 진로상담, 아동상담, 상담윤리 중 4과목 이상 이수 (2022. 1. 25. 검색 기준)

안한 해결 방안은 동료 수퍼비전, 공개 수퍼비전, 기관 차원의 지원 체계, 재교육의 기회 등이다. 즉, 일반적인 심리상담을 주로 수행하는 상담자에게 진로상담 역량은 필수적이며, 심리적인 문제와 분리불가한 진로 주제를 다루기 위한 전문성 개발 노력을 지속해야 할 것이다.

이상에서 살펴본 바와 같이 전문적인 진로상담 수행의 책무성은 '진로'라는 구체적인 키워드가 부여된 진로전담교사에 국한되지 않고, 전문상담교사, 담임교사 및 교과교사, 전문상담사, 심리상담사에도 해당되며, 여러 제도의 확대[자유학기(학년)제, 진로교육 집중학년 · 학기제, 고교학점제 등] 및 교육과정의 개정 흐름(2022 개정 교육과정 토의)에 따라 이러한 역할 수행의 중요성은 점차 강조될 것이라 기대할 수 있다.

생각해 보기

1. 각 학교에서 이루어지는 구체적인 진로상담(진로교육) 활동 목록을 파악하고 동료 학습자들과 공유해 봅시다.
2. 학교 진로상담자로서 자신이 우선적으로 갖추어야 할 역량은 무엇이며, 역량을 강화하기 위해 노력해야 할 실천사항은 무엇인지 생각해 봅시다.

◆ 참고문헌

강원도교육청(2022). 2022 강원도 중등학교 진로전담교사제 운영 지침.

경기도교육청(2020). 경기도 중등 진로전담교사 배치 및 운영 지침.

교육과학기술부(2008). 2007 개정 교육과정.

교육과학기술부(2009). 개정 교육과정 일부 개정.

교육과학기술부(2012a). 진로진학상담교사 활동 매뉴얼: 일반고.

교육과학기술부(2012b). 진로진학상담교사 활동 매뉴얼: 중학교.

교육과학기술부(2012c). 진로진학상담교사 활동 매뉴얼: 특성화고.

교육부(2016a). 2015 학교 진로교육 목표와 성취기준.

교육부(2016b). 자유학기제 안착과 확산을 위한 제2차 진로교육 5개년(2016~2020) 기본계획(안).

교육부(2019). 위(Wee) 클래스 운영 가이드. 교육부 · 한국교육개발원 위(Wee)프로젝트연구특임

센터.
교육부(2020a). 2021년 진로교육 활성화 지원 계획.
교육부(2020b). 진로상담교사 현황. https://www.data.go.kr/data/15071005/fileData.do (2021. 7. 15. 인출)
교육부(2021a). 포용과 성장의 고교교육 구현을 위한 고교학점제 종합 추진계획.
교육부(2021b). 2020 초 · 중등 진로교육 현황조사 결과 발표 보도자료.
교육부(2021c). '2022 개정 교육과정' 총론 주요사항 발표 보도자료.
국가교육과정정보센터(2003). 7차 교육과정 고등학교 교양 해설서. (2022. 1. 25. 인출)
국가교육과정정보센터(2007). 2007 개정 교육과정 고등학교 교양 해설서. (2022. 1. 25. 인출)
국가교육과정정보센터(2009a). 2009 개정 교육과정 중학교 진로와 직업 해설서. (2022. 1. 25. 인출)
국가교육과정정보센터(2009b). 2009 개정 교육과정 해설서. (2022. 1. 25. 인출)
국가교육과정정보센터(2015a). 2015 개정 교육과정 고등학교 진로와 직업 해설서. (2022. 1. 25. 인출)
국가교육과정정보센터(2015b). 2015 개정 교육과정 중학교 진로와 직업 해설서. (2022. 1. 25. 인출)
국가교육과정정보센터(2015c). 2015 개정 교육과정 총론 해설. (2022. 1. 25. 인출)
국가교육과정정보센터(2021). 2022 개정 교육과정을 위한 학생 · 학부모 공감과 소통 콘서트 토의 주제. (2022. 1. 25. 인출)
국가법령정보센터(2021). 진로교육법(2021. 3. 23. 타법 개정).
권석만(2012). 현대 심리치료와 상담 이론. 서울: 학지사.
김계현, 김동일, 김봉환, 김창대, 김혜숙, 남상인, 천성문(2020). 학교상담과 생활지도(3판). 서울: 학지사.
김민선(2018). 진로상담 사례개념화 역량 자가평가 척도 개발 및 타당화 연구. 한국심리학회지: 상담 및 심리치료, 30(4), 1101-1124.
김봉환, 정철영, 김병석(2006). 학교진로상담(2판). 서울: 학지사.
김지연(2021). 진로전담교사의 전문성 발달과정 연구: 근거이론적 접근. 진로교육연구, 34(4), 1-35.
김지연, 박알뜨리, 강지현(2021). 질적 종단 연구 전문가가 인식한 초기 청소년기 성장과정에서의 어려움과 극복 역량 탐색. 교육문화연구, 27(5), 463-498.
김충기(1995). 미래를 위한 진로교육. 서울: 양서원.
김충기(1996). 한국 진로교육의 발달 과정에 관한 연구. 진로교육연구, 5(1), 135-155.
김현숙, 심혜숙(2008). 저소득 지역과 일반 지역 중학생의 전문상담교사의 역할에 대한 요구 비교. 상담학연구, 9(3), 1297-1311.
김희규(2018). 교사의 교직발달단계별 학생이해역량 분석. 홀리스틱융합교육연구, 22(3), 35-57.
대구광역시교육청(2018). 2018학년도 2학기 진로교육 운영 안내.

박은솔, 안선희, 조대연(2018). 진로진학상담교사 직무역량 요구분석. 한국교원교육연구, 35(1), 189-206.

박창언, 신서영, 강현숙, 김성종, 이효휘(2020). 진로전담교사 제도 운영 성과 평가 및 개선 방안 연구.

서우석(2015). 「진로교육법」, 진로교육의 새 지평을 열다. 직업과인력개발, 18(4), 2-6.

서울특별시교육청(2016). 중등학교 진로전담교사 배치 및 운영 지침.

엄미리, 권정언(2017). 일반 교원의 진로지도 및 상담 직무영역에서의 핵심역량 도출에 관한 연구. 직업능력개발연구, 20(2), 125-160.

유순화, 류남애(2006). 제1기 전문상담 순회교사의 직무기대 조사연구. 상담학연구, 7(3), 899-915.

이현림(2001). 진로상담. 경북: 영남대학교출판부.

임은미(2017). 진로진학상담 기법의 이론과 실제. 서울: 사회평론.

정범모(1968). 교육과 교육학. 서울: 배영사.

정윤경(2017). 진로교육과정과 학교진로교육 운영. 한국진로교육학회 학술대회지.

정진철, 양난미(2018). 전문상담교사의 전문성 발달에 대한 개관연구. 상담학연구, 19(4), 47-70.

정철영, 정진철, 이종범, 정동열, 임효신, 이서정, 임정훈(2018). 우리나라 진로교육 현황 및 발전 방향 연구. 진로교육연구, 28(3), 155-171.

커리어넷(2021). 교과연계 진로교육 자료. (2021. 11. 29. 인출)

한국진로교육학회(2011). 선진 패러다임을 위한 진로교육의 이론과 실제. 경기: 교육과학사.

황부순, 이제경(2021). 대학상담자의 진로상담 수행에 대한 적응과정. 근거이론 접근. 상담학연구, 22(4), 257-287.

Super, D. E. (1990). A life-span, life-space approach to career development. In D. Brown, L. Brooks, & Associates (Eds.), *Career choice and development* (2nd ed., pp. 197-261). San Francisco, CA: Jossey-Bass.

표준국어대사전. https://stdict.korean.go.kr

제 2 장

사례개념화와 상담과정의 이해

들어가기

이 장에서는 상담이라는 전문적 활동에 대한 이해를 돕고자 관련 주요 내용을 안내하고, 상담 실제에 대한 이해를 높이기 위해 가상 사례를 제시하여 사례 중심으로 설명하고자 한다. 그리고 사례개념화와 상담과정에 대해 구체적으로 설명한다. 상담이 어떻게 이루어지는지, 상담이라는 조력 활동에서는 무엇을 하는지 등에 대한 기본적인 이해를 돕기 위해 사례개념화와 상담의 과정을 설명한다. 상담 진행을 위한 전반적인 계획과 방향을 설정하는 것이 사례개념화의 목적이며, 따라서 상담을 진행하기 위해 사례개념화를 계획하고 상담과정을 잘 이끌어 가는 것이 상담 성과를 내는 과정이라고 할 수 있다. 이 장에서는 구체적으로 사례개념화의 개념, 구성 요소, 내담자 사례를 어떻게 사례개념화할 것인지에 관한 기초적인 내용을 안내하고자 한다. 또한 상담의 진행과정과 구체적으로 어떻게 상담이 이루어지는지를 이해할 수 있도록 상담과정을 소개할 것이다. 마지막으로, 이 책에서 소개하는 각 이론을 적용해서 상담 실제를 경험할 수 있도록 준서, 보미, 선우 3명의 모의사례를 소개한다. 이 사례들을 통해 제2부에서 소개하는 이론과 제3부에서 안내하는 상담 실제를 연계하여 모의사례를 통해 상담이론과 상담 실제에 대한 이해와 적용을 한층 더 높이고자 한다.

학습목표

1. 사례개념화의 개념, 구성 요소, 목적 등을 설명할 수 있다.
2. 상담과정을 이해하고 각 단계의 진행 초점과 목표를 설명할 수 있다.
3. 모의사례를 충분히 파악하고 이론별로 사례개념화를 적용할 수 있다.

1. 상담 사례개념화

1) 사례개념화의 개념

상담에서 사례개념화는 전체 방향을 의미하는 개념으로 상담 전체과정에서 중추적인 역할을 한다. 사례개념화는 내담자의 심리적 · 대인관계적 · 행동적 문제 그리고 이 문제와 관련된 원인 및 촉발 · 유지 요인들 및 내담자가 가진 강점을 파악하고, 이에 대한 종합적 이해에 근거하여 문제 해결의 방향과 전략, 기법을 계획하는 것이다(이윤주, 2001).

사례개념화의 개념을 보면 내담자의 어려움을 여러 측면에서 이해하고, 내담자의 특성을 파악하며, 내담자의 호소문제를 해결하기 위해 상담자가 방향, 목표, 전략을 설정하고, 구체적으로 어떤 기법을 적용할지까지 모두 포괄하는 인지적 · 조직적 과정이다. 이와 같이 상담자가 사례개념화를 잘하면 내담자를 충분히 이해하고 내담자의 호소문제를 해결하기 위해 상담자가 어떻게 전문성을 발휘해서 상담을 진행할 것인지에 관한 큰 그림을 제공할 수 있다. 그렇기에 상담자의 전문성은 사례개념화 능력에서 나온다고 해도 과언이 아니다. 상담자가 내담자와 일상적 수준의 대화로 상담을 진행하는 것처럼 보일 수는 있으나 상담자는 구조화 · 조직화된 내용을 염두에 두고 내담자와 상담을 진행한다. 언어를 사용해서 전문성을 발휘하는 활동이므로 언어 사용에서 그 내용과 전달 방식이 상담의 전문성을 내포하고 있어야 한다.

사례개념화는 상담 분야에서 매우 중요한 주제이며 상담 실무에서 중요한 가이드라인이다. 사례개념화의 개념은 좁은 의미와 넓은 의미로 이해할 수 있다. 좁은 의미의 사례개념화는 일반적으로 편의상 어떤 이론을 적용하는가에 관한 이해이다. 예를 들어, '홀랜드(Holland)의 이론을 적용해서 상담을 진행한다.' '인지치료이론으로 사례개념화를 한다.' 등과 같은 맥락에서 이론 선정에 초점화하는 경우이다. 그리고 앞에서 살펴본 바와 같이 상담 진행에 대한 전반적인 방향, 목표, 전략, 기법 활용까지 모두 포괄하는 방식이 넓은 의미의 개념이라고 할 수 있다. 이러한 맥락에서 사례개념화는 여러 구성 요소를 포함하고 있다. 이에 대해서는 다음 '사례개념화의 구성 요소'에서 구체적으로 살펴볼 것이다.

2) 사례개념화의 구성 요소

사례개념화는 상담 전반을 아우르는 개념으로 많은 내용을 포함하고 있다. 즉, 사례개념화는 많은 구성 요소로 구성된 포괄적인 개념이다. 그리고 학자에 따라 사례개념화의 구성 요소를 조금 다르게 제시하는 경우가 있다. 상담의 큰 범주를 심리상담과 진로상담으로 나눌 때, 내담자의 호소문제와 적용하는 주요 이론이 다르기 때문에 사례개념화를 위해 고려할 내용들은 다를 수밖에 없다. 그러나 학문 연구의 편이성 때문에 심리상담과 진로상담의 범주로 나눠 설명하지만, 실제 개인의 내적 특성이나 개인이 겪게 되는 어려움은 개별적으로 구분되어 나타나지 않고 복합적이면서 총체적으로 나타나기 때문에 심리상담과 진로상담을 종합해서 이해할 필요가 있다. 다만, 진로상담에서 사례에 따라 심리적 특성이 많은 영향을 미치는 경우와 그렇지 않은 경우가 있다. 다른 한편, 사례개념화는 상담의 전체 방향 설정이기 때문에 심리상담과 진로상담이 각각 완전히 다른 과정으로 진행되는 것은 아니다. 오히려 두 가지를 대조해서 본다면 과정적인 유사성과 내용적인 상이성이라고 할 수 있다. 여기에서 사례개념화의 구성 요소를 살펴볼 것이다.

(1) 사례개념화 구성 요소

사례개념화에 대해 구조적인 틀, 구성 요소 등 여러 표현이 있는데, 결국 사례개념화 작업에서 무엇을 하느냐, 어떻게 하느냐에 관한 내용을 설명하는 것이다. 여러 모델 및 연구(이명우, 2017; 이윤주, 2001; Holloway, 1995)를 종합하여 여기에서는 다음과 같이 네 가지 요소 중심으로 설명하고자 한다. ① 내담자의 주요 문제 파악하기, ② 내담자 문제의 인지적 · 정서적 · 행동적 특성 파악하기, ③ 내담자 문제와 관련된 주요 요인 파악하기, ④ 핵심요인들 간의 상호관계성에 대해 개념화하기이다.

① 내담자의 주요 문제 파악

내담자는 호소문제를 가지고 상담자를 찾아온다. 상담이라는 전문적 활동은 결국 내담자의 호소문제를 전문적으로 해결하기 위한 것이기에 여기에서 사례개념화의 시작 단계를 내담자의 주요 문제를 파악하는 데에서 시작한다. 그래서 내담자의 다양한 호소문제를 파악하고, 여러 호소문제를 통합적으로 이해해야 한다. 여기에서 내담자가 중요하고 시급하게 호소하는 문제부터 덜 중요하고 덜 시급한 문제까지 배치해 볼 수 있다. 다시 상담자의 관점으로 본다면 심각한 문제부터 단순하거나 경미한 문제로 구분하거나, 또는 영역별로 문제를 구분하는 것 등이 가능하다. 상담자는 내담자의 주요 호소문제에 대해 핵심 주제를 파악하고, 핵심 주제에 따라 여러 문제를 종합적으로 재배열할 필요가 있다. 예를 들어, 내담자는 진로의사결정이 가장 중요한 호소문제라고 하지만, 상담자는 내담자의 주요 문제를 종합적으로 살펴본 결과 부모님과의 관계 문제이거나 내담자의 낮은 자존감과 진로 준비의 동기 부재인 것으로 확인하였다. 이와 같은 경우 단순히 표면적인 부분이나 내담자의 호소에만 의존해서 파악하는 것보다는 상담자의 사례개념화 능력을 요구한다.

② 내담자의 인지적 · 정서적 · 행동적 특성 파악

내담자의 호소문제를 다양한 각도에서 이해하고 내담자의 주요 특성을 보다 심층적으로 정확하게 파악하는 노력이 필요하다. 사고, 행동, 감정 등 각각의 측면에서 내담자는 어떤 특성을 보이는가? 왜 그런 특성을 보이는가? 내담자의 정서적 특성, 상태, 감정을 느끼고 처리하는 방법 등에 관한 정보를 체계적으로 수집해야 한다. 이러한 정보를 통해 내담자를 깊이 이해하고, 내담자의 특정 사고나 행동이 왜 발생하게 되는지, 왜 상황에 대한 인식과 이해가 그럴 수밖에 없는지, 문제를 직면했을 때 왜 그렇게 바라보고 대처하는지 등에 관한 특성을 보다 잘 파악하고, 그 이유를 체계적으로 설명해야 한다.

내담자의 인지적 · 정서적 · 행동적 특성을 파악하기 위해 면담, 행동관찰, 내담자의 보고, 심리검사 등 다양한 방법이 활용될 수 있다. 또한 상담자가 어떤 방식으로 내담자의 특성을 파악하든 인간의 심리적 특성을 설명하는 이론적 지식이 충분해야 하기 때문에 상담자는 여러 측면에서 전문성을 갖춰야 한다. 특히 내담자의 호소문제, 내적 특성이 더욱 복잡할 경우 보다 정확한 설명이 가능해야 한다. 한 개인에게 심리상담에 해당하는 영역과 진로상담에 해당하는 영역은 경중의 차이와 선후의 차이가 있을 수 있지만 완전히 별개의 문제는 없다. 그렇기에 내담자의 특성을 설명하기 위해 여러 이론을 적용해서 설명해야 한다. 이론마다 효율적으로 설명하는 부분과 그렇지 못한 부분이 있기 때문에 여러 이론을 통합적으로 적용하여 내담자의 여러 특성을 정확히 이해하고 설명할 수 있어야 한다.

③ 내담자 문제의 주요 내적 · 외적 요인 파악

내담자의 주요 문제를 종합적으로 이해하는 데는 내담자가 호소한 문제와 상담자가 내린 종합적인 판단이 중요하다고 할 수 있다. 즉, 상담자가 내담자를 보다 구체적이면서 종합적으로 이해하기 위해 내담자가 겪고 있는 문제의 주요 내적 · 외적 요인을 파악하는 것이 중요하다. 내적 요인은 개인의 사고와 신념, 정서적 특성, 지적 능력이나 적성, 흥미, 가치관, 행동 양식 등과 같은 각 개인이 갖고 있는, 타인과 구분되는 내면적 특성이라고 할 수 있다. 이러한 내적 요인은 개인의 진로발달 과정의 산물이며 동시에 진로발달에 영향을 미치는 요인일 것이다. 고유한 유전적인 특성은 진로발달에 영향을 미칠 것이고, 일부 내적 특성은 진로발달 과정의 결과일 수 있다. 이러한 내적 특성은 상호작용을 통해 지속적으로 개인의 진로발달과 진로선택에 영향을 줄 수밖에 없다. 그렇기에 상담자는 내담자의 주요 내적 특성을 이해하고 그것이 내담자가 겪고 있는 문제와 어떻게 상호작용하는지를 파악해야 한다.

다른 한편, 외적 요인의 경우 개인을 둘러싼 환경적 요인이라고 할 수 있다. 환경은 개인의 전 생애 발달과정에 지속적으로, 그리고 중대한 영향을 미칠 수 있다. 외적 요인은 여러 측면에서 개인의 생각과 행동에 영향을 미치기 때문에 진로발달과 진로의사결정에도 당연히 영향을 미칠 수밖에 없다. 외적 요인이라면 거시적인 사회 환경적 요인부터 가족 관계와 같은 미시적 환경적 요인까지 매우 포괄적이다. 일반적으로 브론펜브레너(U. Bronfenbrenner)의 생태체계이론이 이러한 환경적 영향을 잘 설명해 주고 있다(임은미 외, 2017). 대표적인 미시체계인 가정, 학교, 또래 친구와 같은 가장 가까운 관계로부터 영향을 받을 수 있고, 중간체계, 외체계, 거시체계로부터도 어떤 형태로든 크게 작게 영향을 받을 수밖에 없다. 가정의 사회경제적 상황은 사회 환경의 영향을 많이 받기 때문에 개인과 밀접한 관련이 없는 것처럼 보이지만 사실은 그렇지 않다. 외체계나 거시체계는 그 시대, 그 사회의 조직, 집단, 구성원들에게 영향을 미쳐서 다시 미시체계나 중간체계에 주는 영향으로 개인에게 영향을 미칠 수 있다. 이러한 맥락에서 개인의 주요 문제에 어떤 외적 요인의 영향이 있는지를 파악하는 것이 중요하다. 그리고 진로상담 과정에서 외적 요인 영향의 중요성을 무시하고 내담자의 진로선택과 진학 등의 문제를 다룰 수는 없다. 특히 이러한 외적 요인은 지속적 특성이 강하기 때문에 반복적 · 지속적으로 내담자에게 영향을 줄 수 있다. 예를 들어, 가정 경제에 치명적 어려움이 있거나 사건 · 사고로 인해 어려운 상황에 처하게 될 때 등 장기화가 된다면 진로선택의 방향을 바꿔야 하는 상황이 발생할 수 있다. 이러한 맥락에서 개인의 주요 문제는 여러 외적 요인 측면에서도 검토되어야 한다.

④ 핵심 요인들 간의 상호관계성에 대한 개념화

내담자를 둘러싼 수많은 요인은 상호관계를 맺고 있다. 특히 내담자가 겪고 있는 문제와 관련된 중요한 요인일수록 더 많은 영향력을 행사하고, 여러 요인이 상호 영향을 주고받는다. 이들 간에 어떤 관계를 맺고 있는지, 요인 간 관계의 경로가 어떻게 만들어지고, 어떤 방식으로 작용하는지 등을 이해하고 설명할 수 있다면 내담자의 문제를 정확히 파악할 수 있을 것이다. 특히 여러 요인이 단순히 표면적으로 작용하는 것이 아니라 다른 내적 요인, 외적 요인의 기인이나 촉발로 인해 중요 요인 간의 상호작용이 발생한다. 여러 표면적인 부분보다 다양한 요인의 상호작용 결과가 더 복잡한 문제를 초래하므로 이에 대해 심층적으로 파악해야 하며, 그중에서도 숨어 있는 요인들의 영향을 예리하게 확인해야 한다. 때로는 표면적인 요인보다 잘 드러나지 않은 요인의 영향이 더 중요할 수 있다. 또한 내담자가 겪고 있는 문제는 여러 영역에 걸쳐 있을 수 있다. 각 문제 영역마다 관련된 요인들이 많고, 각 요인 간에는 상호 관련성을 맺고 있어서 요인들 간의 관계를 확인하는 것이 중요하다. 대부분의 경우 문제를 둘러싼 요인들 간에 역동적인 관계를 맺고 있는데, 요인들 간의 관계를 명확히 하는 것이 중요하다. 특히 통합적으로 이해하기 위해 요인 간 관계에 대한 이론적 가설을 설정하고, 관련 자료(정보)를 통해 가설을 확인하며, 변화를 이끌어 내기 위해 주요 요인을 개입하는 등의 방법으로 이어 가야 한다. 문제가 복잡하고 어려울수록 이면의 갈등이나 욕구 등을 깊이 이해하는 것이 중요하다. 이러한 여러 요인 간의 관계를 설명하고 개입의 초점을 정하는 등의 과정에서 여러 이론을 적절히 적용하는 것이 관건이라고 할 수 있다.

종합적으로 본다면 내담자의 호소문제, 내적 요인과 외적 요인, 개인의 인지적 · 정서적 · 행동적 특성, 문제를 발생시키는 핵심 요인 등 많은 관련 요인 간의 상호작용은 매우 복잡하다. 수많은 요인이 개별적으로 또는 서로 상호작용하면서 내담자의 문제를 더 지속시키거나 악화시키게 된다. 예컨대, 내담자의 내적 특성은 외부 요인의 영향을 받을 수 있고, 외부 요인의 영향으로 개인의 내적 사고나 신념, 정서, 행동의 변화가 이루어질 수 있다. 취약한 상태에 처해 있는 내담자가 문제 촉발 요인의 영향을 받고, 보호요인이 손상된 경우 쉽게 어려움을 경험하며 대처 능력이 떨어질 수 있다. 결국 어느 한 가지 측면만 고려하기보다 종합적으로 고려하고 상호작용을 이해하는 것이 중요하다. 이들 간의 관계를 총체적으로 조망할 수 있어야 내담자의 문제를 정확히 파악하고 효과적인 사례개념화를 할 수 있다.

(2) 진로상담 사례개념화 요소

여기에서는 내담자가 진로에 관한 호소문제로 상담을 신청할 때 상담자가 고려할 요소에 대해 추가적으로 더 알아보고자 한다. 앞에서 살펴본 바와 같이 사례개념화는 내담자가 겪고 있는 어려움, 발달적 특성, 개인의 내적 자원, 처해 있는 상황, 기타 환경적 요인 등을 종합해서 사례를 이해하는 것이라고 했다. 그런데 내담자를 종합적으로 이해하기 위해서는 추가적으로 진로와 관련된 이론적 지식이 더 필요하다. 진로상담과 심리상담을 분리해서 보는 관점이 있지만 한 개인에게 있어서 심리적 어려움과 진로선택에서의 어려움은 혼재할 수밖에 없다. 개인의 진로발달은 인지적 · 정서적 · 행동적 경험의 복잡체이며, 진로선택에 관한 경험 또한 개인의 내적 특성의 영향을 받기 때문에 한 개인에게 있어서 두 영역이 복합적으로 작용하는 것은 당연하다. 진로와 관련된 주제를 상담할 때 추가적으로 고려할 사항을 최윤정(2012)과 휘스턴(Whiston, 2001)의 연구 결과와 종합해 보면 다음과 같다.

① 진로 관련 지식과 기술

내담자의 진로 관련 문제를 이해하고 설명하기 위해서, 그리고 효과적인 진로상담을 이끌어 가기 위해서는 진로와 관련된 지식과 기술이 필요하다. 진로 관련 지식과 기술이라면 진로발달이론, 직업 정보 및 출처, 노동시장 정보, 교육 · 훈련 기회와 자원 활용 등이 주요 내용이다. 그 외에도 관련 제도 및 법규에 관한 지식, 조직 내 인적 자원 개발 이론, 직업세계 변화와 직업 전환 등에 관한 내용들이 있다.

기본적으로 여러 진로발달이론은 각각의 개념으로 개인의 진로와 관련된 경험을 설명하는 지식의 구조이다. 진로와 관련된 개인의 경험을 체계적으로 설명하는 이론을 잘 적용할 수 있다는 것은 내담자의 어려움을 총체적으로 이해하고 나아갈 방향을 조망할 수 있다는 것이다. 진로발달, 진로선택에서의 어려움을 보다 체계적으로 이해한다는 것은 내담자의 진로 호소문제의 구조를 파악하고 뒤얽힌 여러 요인의 관계를 이론적으로 설명할 수 있다는 것이다. 이러한 이해를 바탕으로 어떻게 개입할지에 대한 방향을 설정하게 된다.

진로 관련 지식을 활용해서 내담자에게 교육 · 훈련 기회와 자원 활용에 대해, 그리고 직업 정보 및 출처, 노동시장의 정보 등에 관한 자원을 제공할 수 있다. 이를 통해 진로발달을 촉진하고 직업선택과 적응, 지속적 역량 개발에 적극적 조력을 하게 된다. 이러한 부분은 진로상담의 고유 영역이라고 할 수 있으며, 내담자가 진로와 관련된 인지적 · 정서적 경험을 넘어 행동적 · 사회적 기능 측면에서 건설적으로 진로와 관련된 경험을 할 수 있게 돕는 것이다.

② 진로 관련 정서와 신념의 개선

개인의 정서와 신념은 그 사람의 고유한 특성으로 삶의 모든 영역이나 장면에 작용한다. 이러한 정서와 신념은 진로 영역에서도 마찬가지로 중요하게 작용하는데, 진로발달 과정, 진학이나 진로선택 상황, 진로와 관련된 문제를 직면했을 때, 미래의 사회 변화에 대응하기 위한 준비 및 적응 상황 등 매우 다양한 장면에서 중요한 영향을 미칠 것이다. 이러한 진로 관련 정서와 신념은 진로정체감의 확립, 진로 영역에서의 효능감 향상에 영향을 미친다. 더 나아가서 모호함이나 불안을 대처하거나 효과적인 문제 해결 등 진로와 관련된 여러 상황에 영향을 미칠 수 있다. 진로 관련 정서와 신념에서 낙관성, 긍정성이 강한 사람과 반대 성향을 가진 사람들은 비슷한 상황에 놓여 있어도 상황을 바라보는 태도와 관점의 차이가 있을 것이다. 그리고 문제를 해결할 수 있다고 확신하는 경우와 시도조차 하지 않고 포기하는 경우가 있을 것이다. 결과적으로 진로선택 및 의사결정, 적응 수준 등 많은 영역에서 차이가 있을 수 있다. 그렇기에 진로와 관련된 정서와 신념을 개입하고 긍정적으로 변화시키는 것을 중요하게 다뤄야 한다. 특히 진로 영역뿐만 아니라 기타 심리적 문제와 함께 다루어야 할 필요가 있다.

③ 진로 준비 행동의 향상

진로상담의 중요한 성과는 진로발달 과정에 필요한 다양한 준비 행동을 촉진하고, 이를 통해 무엇을 실제적으로 이루도록 돕는 것이다. 진로에 관한 준비 행동은 여러 측면에서 필요하다. 가장 기본적으로 학업 수행 행동이 미래 진로를 준비하기 위해 필요한 역량을 갖추는 행동이라고 할 수 있다. 그리고 진로발달 과정이나 진로탐색, 진로의사결정 과정에서 진로정보를 탐색하고 활용하는 것은 진로와 관련된 전 과정에서 필요한 행동이다. 특히 진학이나 학교에서 직업세계로 진입할 때, 이직이나 직업 전환을 할 때, 진로 준비 행동을 훨씬 다방면에서 하게 된다. 예를 들어, 상급학교 정보 수집 및 분석, 상급학교 지원 및 진학 준비, 구직 정보 수집 및 분석, 이력서 및 자기소개서의 작성, 추천자가 필요할 때 추천자를 선정하고 추천을 요청하기, 포트폴리오 준비, 발표나 면접 기술 향상, 실기 능력 향상 등 매우 다양한 구체적인 행동을 수행하게 된다. 이와 같이 진로상담에서 진로 준비 행동을 다양하게 수행하도록 촉진해야 하며, 이러한 행동의 결과로 진로발달을 단계적으로 성취하거나 진학, 취업과 같은 실질적인 결과로 이어지도록 돕는다.

2. 상담과정에 따른 상담 접근

1) 상담과정의 이해

일반적으로 상담과정은 내담자가 어려움을 갖고 상담에 임하는 시점부터 시작된다. 대부분의 상담은 단회에 끝나지 않고 일정 기간에 거쳐 여러 회기로 이루어진다. 내담자가 겪고 있는 어려움을 이해하고 내담자가 효과적으로 문제를 해결하거나 어떤 긍정적인 변화를 경험한 후 상담을 종결하게 된다. 조기 종결 사례도 있지만, 대부분의 효과적인 상담은 이러한 과정을 거쳐 간다. 여기에서 상담과정에 대해 보다 구체적으로 알아보기 위해 진로상담모형(Gysbers, Heppner, & Johnston, 1998)을 중심으로 살펴본다.

진로상담을 포함해서 일반적인 상담과정은 [그림 2-1]과 같다. 그림에서 볼 수 있듯이 상담협력관계가 전체과정의 중심에 있고, 상담협력관계가 충분히 형성되어야 전체 상담과정이 이루어질 수 있다는 것이다. 구체적으로 상담협력관계와 각 단계에서 이루어지는 과정을 구체적으로 살펴본다.

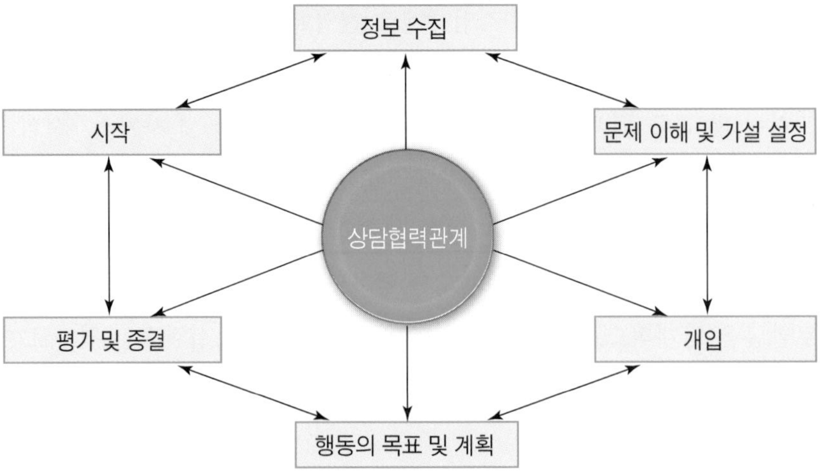

[그림 2-1] 기스버스, 헤프너와 존스턴의 진로상담모형

출처: Gysbers, Heppner, & Johnston (1998).

상담협력관계(work alliance)[1]는 상담 전체과정을 이끌어 가는 중요한 역할을 한다. 상담협력관계란 상담자와 내담자 간에 상담을 진행하기 위해 필요한 정서적 · 과업지향적 상호 협력관계이다. 보딘(Bordin, 1979)에 의하면 상담협력관계는 변화를 위한 협력으로, 세 가지 요소가 있다. 상담자와 내담자 간 상담목표에 대한 합의, 목표에 도달하기 위해 필요한 과제의 합의, 상담자와 내담자 간 형성되는 정서적 유대가 그것이다. 이러한 상담협력관계가 형성되어야 상담과정이 내담자의 긍정적인 변화를 촉진하고, 내담자는 이러한 관계 속에서 안전감을 느끼며, 자신의 문제와 삶의 이야기를 충분히 할 수 있다. 그리하여 상담자는 내담자를 더 잘 이해할 수 있고, 내담자는 스스로 더 안전하게 문제를 탐색하며 변화를 추구하게 된다. 따라서 상담 성과를 내기 위해 상담자와 내담자 간에 이러한 협력적 동맹관계가 형성되는 것이 중요하다.

시작 단계부터 본다면, 상담은 내담자의 자발적인 신청이나 의뢰에서 시작된다. 물론 비자발적인 내담자의 경우는 다른 형태로 시작할 수 있다. 시작 단계에서는 내담자의 호소문제를 파악하고, 내담자를 이해하기 위해 다양한 정보를 수집하여 호소문제에 대한 종합적인 평가를 진행한다. 면담, 심리검사, 행동관찰, 자기보고, 중요한 타인의 보고 등 여러 방식과 경로를 통해 정보를 수집하고 내담자에 대한 종합적인 이해를 시도한

1) work alliance를 작업동맹, 치료적 동맹 등의 용어로 번역하는 경우가 있다.

다. 이를 기반으로 이론에 근거하여 내담자 문제에 대한 가설을 세우며 다양한 요인 간의 관계를 설명하고 변화를 추구하기 위한 목표를 설정한다. 여기에서 내담자의 호소문제, 상담자가 이론에 근거하여 바라보는 문제에 대한 심층적 이해 등을 통해 합의된 상담의 목표와 상담 진행과정에서 필요한 과제를 설정할 수 있다. 이러한 핵심 내용들은 상담 구조화에도 유용하며 또한 내담자에게 전달할 필요가 있다. 이어서 상담의 목표와 향후 수행할 과제 등을 단계적으로 추진하고 실천하기 위해 구체적인 상담 개입을 제공해야 한다. 이 과정에서는 다양한 기법을 적용해서 내담자가 자신에 대한 이해, 통찰, 변화의 의지와 변화하기 위한 여러 방법 등을 학습하고 경험하도록 하는 것이 중요하다. 그리고 일정 기간의 상담을 통해 내담자의 변화를 확인했다면 적절한 종결 시기를 고려할 필요가 있다. 완벽하지는 않지만 내담자가 스스로 문제를 인식하고 개선할 수 있다고 판단하거나 상담받기 전과 비교해서 괜찮은 상황이거나 스스로 문제를 잘 대처할 수 있다는 평가를 하게 되면 종결을 고려할 수 있다. 상담 종결 단계에서는 성과 확인, 이별 감정 다루기 등 작업을 하면서 종결을 한다. 물론 추수상담이 필요할 수도 있고, 또한 다시 상담을 재신청할 수도 있다. 그리고 상담이 효과적이지 않을 때 다른 상담자나 상담기관에 의뢰하는 것과 같은 다른 방식으로 처리하고 종결할 필요가 있다.

2) 상담과정에 따른 상담 접근

상담자가 상담 초기 단계부터 상담 종결까지 내담자가 호소하는 문제에 대해 전반적으로 사례개념화를 하고 이에 따라 상담을 진행해야 한다. 여기에서는 상담 접근에서 상담과정에 따라 상담자가 고려할 주요 내용을 설명하고 특히 초기 단계에서 상담자가 고려할 점들을 위주로 설명하고자 한다. 상담 초기 단계에서 상담자는 이미 알고 있는 내담자 정보나 더 필요한 정보에 민감하게 반응할 필요가 있다. 이에 따라 상담자는 다음과 같은 몇 가지 내용을 고려하거나 확인할 확인할 필요가 있다.

(1) 내담자의 희망사항과 기대

내담자가 상담을 신청하거나 조언을 받고자 하는 경우, 내담자는 당면하고 있는 어려움이 있다는 것이다. 내담자는 상담을 받는 것에 대한 기대와 문제 해결을 위한 도움을 받고자 하는 욕구가 있을 것이다. 이에 따라 상담을 통해 무엇을 해결하고자 하는가? 무엇이 개선이 되었으면 좋겠는가? 지금과 다른 상황을 원한다면 그게 어떤 형태인가? 여러 가지가 있다면 그중 우선적인 것은 무엇인가? 이러한 질문을 가지고 내담자를 이해하고자 하고 이와 관련된 질문에 대한 답을 얻을 수 있다면 상담 초기에 내담자의 희망과 기대를 확인할 수 있을 것이다.

내담자의 희망사항과 기대를 확인하는 것은 왜 중요한가? 상담을 신청하는 사람에게는 해소하고자 하는 내적 욕구가 있을 것이다. 예를 들어, 진로목표를 명확하게 정하고 차근차근 준비하고 싶은데 혼란과 모호함이 있을 때, 이를 해소하고자 하는 욕구가 있을 것이다. 구체적으로 어떤 내용이든 심리적 불균형이 발생했고, 이를 해소하고자 하는 욕구가 있기에 상담을 신청했다고 볼 수 있다. 상담을 잘 진행하고 상담과정이 효과가 있으려면 내담자의 욕구를 먼저 파악해야 한다. 내담자의 욕구를 파악하지 못하면 상담의 초점을 설정하기 모호할 것이고 상담이 진행되는 방향이 내담자가 원하는 것과 다를 수 있기 때문이다. 그래서 상담 초기 단계에서 내담자의 욕구나 기대 등을 정확히 파악하는 것이 중요하다.

(2) 내담자 이해를 위한 정보의 조직화

내담자를 이해하기 위해 상담자는 다양한 경로를 통해 정보를 수집한다. 초기면담이나 관찰, 의뢰 단계에서 알게 된 정보, 보호자나 담임교사의 진술, 심리검사 결과(정보수집을 먼저하고 이를 기초로 필요한 검사를 실시할 수 있다), 생활기록부 등 여러 측면에서 내담자의 자료를 모으고 이를 조직화해야 한다. 내담자를 이해하고 내담자의 불편한 상황과 불균형을 충분히 설명하기 위해 필요한 정보가 무엇인가? 어떻게 그 정보들을 모을 수 있는지는 상담자가 초기 단계에서 매우 중요하게 고려할 사항들이다. 내담자를 이해하기 위한 기본 정보는 앞의 사례개념화를 설명한 부분을 참고하여 관련 정보를 조직화하는 것이 유용하다.

내담자를 이해하기 위해 다양한 탐색을 통해 정보를 수집해야 하는데, 이 부분이 상담 초기에는 매우 어려울 수 있다. 무엇을 탐색해야 하는지, 어떻게 탐색해야 하는지 등이 어려운 작업 중의 하나이다. 내담자의 호소문제에 관해 탐색을 할 때 다음 방식을 예로 들어 질문하거나 상담자가 안내해서 내담자가 자신을 탐색하도록 도울 수 있을 것이다.

- 진로 고민에서 가장 막막하다고 생각하는 부분은 무엇인가요?

- 흥미 있는 일인 것 같은데 정말 자신의 흥미인지 어떻게 알 수 있나요?
- 전공이나 진로를 선택하는 데 흥미가 제일 중요한가요? 다른 더 중요한 것은 뭐죠?
- 하고 싶은 일이 있는데 잘 안 될 것이라고 생각하는 이유는 무엇인가요?
- 어렵다고 생각하는 것 같은데, 혼자서도 충분히 잘하는 것 같아요. 어렵다고 생각하는 이유가 뭘까요? 아니면 할 수 있는 환경이 안 되어서 어렵다는 것인가요? 아니면 또 다른 이유가 있나요?
- 부모님이 반대하신다고 했는데 반대를 이겨 내는 것이 어려운가요? 아니면 반대하는 이유를 아는데 받아들이는 것이 어려운 것인가요?
- 지금까지 설명한 내용을 들어 보니 이런 생각이 들어요. 제가 ○○ 학생의 심정을 잘 이해했는지 이야기해 주세요. 하고 싶은 것은 있는데, 잘 안 될까 봐 조금 두려워하는 것 같아요. 노력한 것에 대한 결과가 안 좋으면 너무 힘들까 봐 도전을 안 하고 싶은 것 같아요. 다른 것을 하자니 하고 싶은 것은 아니어서 또 다른 것을 하지도 못하고 있는 것 같고요.

이와 같이 초점을 명료화하는 것이 내담자를 이해할 때 도움이 된다. 여기에서는 기초 정보부터 내담자의 심리 내적 갈등, 욕구 등에 대해 확인할 수 있다. 정보의 수준과 범위는 상담자가 필요에 따라 설정해야 한다. 이 또한 내담자를 이해하고, 내담자를 돕는 데 필요한 것이 무엇인지를 판단하고 진행하는 것이 좋다.

여기에서 주의할 것은 단순히 정보나 사실만 확인하고 그것을 내담자에 대한 이해로 연결시키지 않는 것이다. 예를 들어, 부모님이 이혼한 학생의 경우 부모님이 이혼했다는 사실을 확인하는 것에만 그치지 않고 그로 인해 내담자가 느끼는 감정, 심리적 어려움, 진로에 미치는 영향까지 이어 가야 한다. 그렇지 않으면 정보의 확인 목적이 개인의 가정사를 아는 것처럼 보일 수 있어서 적절하지 않다. 내담자의 정보를 확인하는 것이 이혼 가정의 고통을 인식하고 내담자를 충분히 이해하기 위한 것임을 전달하고, 또한 이것이 심리적 어려움이나 진로선택에 어떤 영향이 있는지, 내담자를 어떻게 도와주는 게 좋을지에 관한 정보로 활용해야 한다.

(3) 심리검사의 선정, 실시 및 해석

앞에서 살펴본 바와 같이 정보 수집 단계에서는 심리검사 결과를 정보로 간주하여 같이 종합한다. 심리검사 결과는 정보에 포함되지만, 여기에서는 심리검사의 선정, 실시 및 해석에 관한 내용을 소개하고자 한다. 심리검사의 선정, 실시 및 해석은 더 복잡하고 전문성을 요구하는 활동이다. 심리검사에 관해 상담자가 상담 초기나 상담 진행 중에 고려할 사항에 대해 간단히 소개한다.

상담 초기 단계에서 내담자의 특성을 파악하기 위해 상담자는 심리검사라는 효율적인 방법을 사용한다. 심리검사의 종류 및 특성이 매우 다양한데, 상담자는 상담의 목적 및 내담자의 특성에 맞게 검사를 선정하여 활용해야 한다. 예를 들어, 내담자의 적성을 파악하기 위해 상담자가 어떤 검사를 사용할 것인지를 고려할 때, 홀랜드 이론에 근거한 적성검사, 다중지능이론에 근거한 적성검사, 한국직업능력개발원에서 개발한 적성검사 등 다양한 검사가 있다. 물론 적성이라는 이론적 개념이 완전히 다르지 않지만, 상담자가 고려한 초점에 따라 선택할 검사가 달라질 수 있다. 예를 들어, 상담자는 다음과 같은 사항들을 고려할 수 있다.

- 내담자의 어떤 정보를 수집할 것인가?
- 내담자의 특성(연령, 독해력, 인지 능력 등)을 고려할 때 더 적절한 검사는 무엇인가?
- 내담자의 탐색을 돕기 위해 어떤 검사를 제안하는 것이 더 적절한가?
- 상담자가 전문성 있게 다룰 수 있는 검사는 무엇인가?
- 진로 관련 검사 이외에 더 필요한 성격검사 등은 무엇인가?

상담자는 자신이 전문성 있게 다룰 수 있는 검사와 내담자에게 필요한 검사를 선정하고 실시해야 한다. 검사에 대한 전문적 지식이 있어야 하며, 검사를 통해 얻은 정보 또한 전문성 있게 다뤄져야 한다. 각 검사의 목적, 구인, 측정 방식, 채점이나 결과 도출 방식, 결과 해석 등 각 단계에 대해 상담자가 관련 내용을 숙지하고 검사 진행 절차에 따라 실시해야 하며, 검사의 해석 또한 결과표에만 의존하지 않고 내담자 면담, 행동관찰, 내담자 진술 등을 종합해서 해야 한다. 전체과정에서 당연히 윤리적 부분도 중요하게 고려해야 한다.

(4) 사례개념화를 위한 이론 선정 및 적용

사례개념화는 상담의 전 과정을 관통하는 중심축이라고 할 수 있으며, 내담자에 대한 정확한 이해부터 상담목표 설정, 향후 상담 진행에 대한 전반적인 안내와 방향키 역할을 한다. 사례개념화 관점에서 내담자 사례를 볼 때 내담자가 겪고 있는 문제의 원인을 이론적으로 설명할 수 있어야 하고, 그 문제가 악화되거나 개선되는 데 영향을 주는 요인, 개선을 위해 개입할 수 있는 것, 문제를 악화시키는 요인에 대한 통제 및 제거 방법 등이 예상되고 다뤄질 수 있다. 그렇기 때문에 어떤 이론(들)으로 이 전체과정을 조망하고 상담을 계획할지가 매우 중요하고 결정적인 부분이라고 할 수 있다.

효과적인 상담과 사례개념화를 위해 어떤 이론을 선택하고 어떻게 적용할지를 구체적으로 살펴봐야 한다. 사례개념화를 할 때 여러 측면에서 이론의 선택을 고려해야 하는데, 내담자에게 영향을 미치는 여러 요소를 종합적으로 고려하고 긍정적인 방향으로 작용할 수 있도록 전체를 고려하는 것이 중요하다. 그렇기 때문에 어느 측면을 고려할지에 따라 이론의 선택과 적용이 달라지고 여러 이론을 적용할 때는 더욱 종합적으로 파악할 필요가 있다. 예를 들어, 청소년기의 진로탐색과 진학 준비로 진행하는 사례라면 진로발달이론과 학과 및 전공계열 이해 등 관련된 체계적인 접근이 필요할 것이다. 진로선택 과정에서 부모님과의 갈등이나 개인의 심리적 어려움이 주요 호소문제라면 진로발달 관련 부모-자녀 관계를 설명하는 이론이나 심리적 문제를 설명하는 이론, 가족상담 이론 등을 두루 고려해서 내담자의 호소문제를 정확히 이해해야 한다. 직업세계 진입이나 직업환경에서의 적응 문제 등을 다룬다면 개인과 직업환경 간의 매칭이나 조화로운 적응을 설명하는 이론들이 유용하다. 이러한 예에서 볼 수 있듯이 내담자 문제를 이해하고 상담을 진행하기 위해 주요 호소문제와 설정할 상담목표를 고려해서 명확하게 사례를 이끌어 갈 수 있는 이론을 선택하고 적용하는 것이 효과적이다.

(5) 상담 평가 및 종결

상담을 일정 기간 동안 진행하고 효과를 확인한 후 적절한 시점에서 상담을 종결하게 된다. 또 다른 경우는 일정 기간 동안 상담이 효과가 없었거나 진전이 없어서 더 이상 진행하는 것이 무의미할 때 상담 종결을 고려하게 된다. 즉, 두 가지 경우의 종결이 있다. 여기에서 두 가지 경우에 따른 종결 과정을 각각 살펴본다.

첫째, 상담이 효과가 있었고 일정 기간 상담을 받은 후 문제가 개선되어 종결해도 무방하다고 판단하는 경우이다. 상담을 진행하면서 내담자가 호소했던 문제가 어느 정도 개선되고 내담자 스스로 잘 대처할 수 있다는 판단을 하게 되면 상담자와 내담자는 합의해서 종결을 계획한다. 종결을 준비하기 위해 상담자와 내담자는 종결 시점을 논의한다. 예를 들어, 상담자는 "어느 정도 스스로 어려움을 잘 극복하고 있고, 상담을 종결해도 괜찮은지에 대해 이야기를 해 봅시다."라고 종결에 대한 준비를 서서히 할 필요가 있다. 그리고 상담의 성과를 어떻게 평가할 것인지, 평가지를 어느 시점에 실시하는 것이 적절한지, 무엇을 평가하고, 상담 성과의 지표와 성과 요인이 무엇인지, 어떤 과정과 노력이 성과로 이어졌는지 등에 대해 종결 시점에서 살펴보는 것은 간단해 보이지만 매우 중요하고 상담 종결 후에도 내담자에게 긍정적인 영향을 미칠 수 있다. 이 과정을 통해 내담자의 노력과 성과를 인정하고 격려할 수 있으며, 어려움을 용기 있게 잘 극복한 점 등이 내담자의 긍정적인 자원이 되고 앞으로도 그렇게 할 수 있도록 지지와 격려로 전달될 수 있다. 마지막으로, 이별을 앞두어 서운하고 아쉬운 감정을 잘 처리할 수 있도록 도우면서 상담자 또한 자신의 감정과 기대를 전달하며 마무리를 한다.

둘째, 상담을 진행하였지만 내담자가 겪고 있는 어려움을 효과적으로 다루지 못하고 있다는 판단에 따라 상담을 종결하는 경우이다. 이때 무책임하게 바로 종결하는 것보다 더 효과적으로 내담자를 도울 수 있는 상담자와 기관에 연계하거나 의뢰하는 것이 더 적절할 수 있다. 필요에 따라 연계하거나 의뢰하는 방식과 내담자가 스스로 다른 상담자나 기관을 찾는 경우 등이 가능하다. 내담자의 복지를 최우선으로 고려해서 이런 결정을 함께 내리고자 하는 설명을 충분히 하고, 내담자의 의견을 존중하고 종결을 하는 것이 적절하다.

3. 모의사례 소개: 준서, 보미, 선우의 이야기

1) 초등학생 준서의 사례

(1) 인적 사항 및 가족 정보

인적 사항: 준서(가명), 남, 지방 대도시 초등학교 5학년

가족 정보: 부: 정확한 정보는 모름

모: 40대 초반, 대졸, 학원 강사

형: 고등학교 1학년

가족 관계: 가족 간의 관계는 큰 갈등은 없지만 서로 친밀한 편도 아니다. 준서네 어머니는 준서네 동네 학원에서 영어 선생님으로 일하고 있는데 주로 저녁 시간에 수업이 이루어져, 준서가 학교와 학원을 갔다가 집에 돌아오면 외할머니와 시간을 보내는 일이 많다. 준서 어머니는 준서가 숙제는 다 끝냈는지 간단히 물어보는 것 외에는 준서의 학교생활에 대해 자세히 물어보는 경우는 많지 않다. 준서는 형이 1명 있는데 초등학생 때까지는 학교생활을 무난하게 잘했지만, 중학생 때부터는 학교생활 적응에 여러 어려움을 겪었고 현재는 기숙형 대안학교를 다니고 있다. 준서 부모님은 준서가 초등학교 2학년 때쯤에 이혼을 하셨고, 준서는 부모님의 이혼 후에 현재의 학교로 전학을 오게 되었다. 아버지는 한 달에 한 번쯤 비정기적으로 만나서 함께 점심 식사를 하는 정도로 연락을 하고 지내는 것 같다.

(2) 학교생활 및 또래관계

준서는 학급에서 평균 이상의 학업 성취도를 보이고 있고, 특히 지난 학기에 열린 영어 일기 쓰기 대회에서는 우수상을 타기도 하였다. 방과 후 수업은 과학 실험, 독서 논술반에 참여하고 있고, 영어 · 수학 학원을 다니고 있다. 학급 내 2~3명의 친구들과 같은 온라인 게임을 좋아해서 이 친구들과 잘 어울려 지내고, 크게 규칙을 어기거나 학급 내 갈등을 일으킨 적은 없다.

(3) 성격 특성 및 진로 특성

다소 내성적이고 낯가림도 있는 편이라 사람들과 친해지는 데 시간이 걸린다. 주어진 과제나 일들을 묵묵히 따라서 하는 편이기는 하지만 주도적으로 나서서 아이디어를 내거나 이끄는 일은 별로 없다. 다른 친구들은 장래희망이 다 있는 것 같은데 자신만 어떤 꿈을 갖고 싶은지 결정하지 못해서 고민을 조금 하고 있고, 자신에게 잘 맞는 직업이 무엇일지 궁금해한다.

(4) 상담 경위 및 호소문제

준서네 학급에서 '내가 꿈꾸는 나의 미래'라는 주제로 활동을 진행하였는데, 준서는 미래에 자신이 어떤 직업을 가지고 싶은지 생각해 내는 데 어려움을 보였다. 담임 선생님이 준서에게 지난번에 준서가 '약사'를 희망직업으로 적어 낸 일을 기억하고 약사는 어떠냐고 물어봤더니 준서는 약사는 어머니가 적어 준 것이었다며 자신은 약사가 되고 싶은지 잘 모르겠다고 했다. 결국 준서는 옆 모둠의 친구를 따라 '컴퓨터 프로그래머'라고 정해서 활동을 하긴 했지만 컴퓨터 프로그래머가 어떤 직업인지, 자신과 잘 맞을지에 대해서는 여전히 잘 모르는 눈치이다. 담임 선생님은 준서가 또래 집단에 비해 진로발달이 지연되었다고 판단하여 준서에게 진로상담을 받아 볼 것을 권하였다.

(5) 상담에 대한 기대

준서는 담임 선생님이 가라고 해서 왔다고 생각하는 것 같다. 어머니도 담임 선생님의 요청에 따라 준서가 진로상담을 받는다고 이해하고 진로상담에 참여하는 것에 동의했지만 어떠한 이유로 그러한 제안을 했는지 크게 관심을 가지는 것 같지는 않다.

(6) 행동관찰

키는 평균에 가깝지만 체구는 다소 왜소해 보인다. 처음에는 눈을 잘 맞추지 않았고, 상담교사의 질문에도 '잘 모르겠다'고 답하거나 다소 엉뚱한 대답을 하는 경우가 있었다. 준서가 친구들과 즐겨 하는 게임에 대해 물었을 때는 다소 집중해서 이야기하는 듯하였다.

2) 중학생 보미의 사례

(1) 인적 사항 및 가족 정보

인적 사항: 보미(가명), 여, 중소도시 중학교 2학년

가족 정보: 부: 47세, 대졸, 사무직 공무원

모: 43세, 대졸, 중소기업 사무직 회사원

남동생: 초등학교 5학년

가족 관계: 부모님, 남동생과 함께 생활하고 있다. 아버지는 일이 많은 곳으로 발령이 나서 많이 바쁘고 가족과 함께 보내는 시간이 줄어들었다. 어머니는 회사 상황에 따라 월초, 월말에는 바쁘고 늦게까지 야근을 한다. 보미와 동생은 학원에서 많은 시간을 보내고, 부모님이 모두 늦게 오실 때는 보미가 동생을 챙겨야

한다. 부모님이 늦게 퇴근하는 날이면 남동생을 챙겨서 간단하게 저녁 식사를 한 후, 숙제를 후딱 마치고 각자 시간을 보낸다. 전에는 집에 둘이 있을 때면 남동생 숙제를 봐 주기도 하고 함께 놀았는데, 남동생이 5학년이 되면서부터는 식사 후 자기 방에서 게임만 해서 좀 서운하다. 집에 먹을 것이 없을 때는 할머니께서 가끔 와서 챙겨 주시고 식사 후에 집으로 가신다. 보미는 학원에 가서 공부하는 것은 싫지만, 집에 혼자 있는 것보다는 학원에 가서 친구들을 만날 수 있는 것이 좋다. 부모님은 집에 있을 때는 늘 피곤해하고 보미와 동생에게 '숙제, 학원' 얘기만 해서 부모님과 같이 있는 것도 즐겁지 않다고 한다. 밖에서 사람을 만나고 노는 것이 좋은데 집에서 시간을 보내는 것이 너무 심심하고 답답하다고 한다. 가족과는 즐거운 대화보다 주로 훈계를 듣게 돼서 가족과의 대화가 즐겁지 않다고 한다.

부모님은 공부를 못하면 좋은 직업을 가질 수 없다고 하며, 좋은 직업을 가지지 않으면 살아가기 힘들다고 한다. 그러나 보미는 부모님이 직장 다니는 것을 힘들어하고 늦게 퇴근하는 모습을 자주 보니 직업을 가지기 싫다고 한다. 자유학기제에 다양한 체험활동을 하면서 즐거운 시간을 보내고 직업에 대한 호기심이 생겼는데 막상 직업을 가지는 것이 힘들어 보이고, 그렇다고 안 가질 수는 없고, 자신이 지금 할 수 있는 것이 무엇인지 등에 대해 막연할 뿐이다. 그리고 부모님은 학원을 다니는데 성적이 왜 그렇게 낮게 나오냐고 야단을 친다.

(2) 학교생활 및 또래관계

자유학기제 때 매우 즐겁고 재밌게 보냈다. 다양한 체험활동을 하는 것이 신기하고 그 직업에 대해 궁금해했다. 근데 부모님을 보면 일하는 것이 힘들고 피곤해 보여서 진로를 생각하거나 직업을 가지는 것은 싫은 일이라고 생각한다. 친구들은 자유학기제를 통해 꿈을 가지게 되었고, 공부를 열심히 해서 꿈을 이룰 것이라고 결심한 반면, 보미는 친구들의 모습을 보면서 자신이 이상한 것인가 생각을 하게 되었다. 그리고 자유학기제가 끝나 보미는 즐거운 시간이 다 갔다고 속상해한다.

자유학기제에 다양한 체험활동을 한 것이 재밌고 좋았지만 친구들과 같이 해 보는 것을 더 좋아하는 것 같다. 친구들과 무엇을 함께하는 것이 즐겁고, 친한 친구들이 생겨서 좋았다고 한다. 보미는 친구들을 좋아하고, 친구들과 함께하는 것을 좋아한다. 외향적이고 씩씩하며, 모둠활동과 단체활동 등을 좋아하는 편이다. 새로운 것을 해 보는 게 재밌고 지루한 것을 견디기 힘들어한다. 친구가 많은 편이지만 다 비슷비슷하게 친하고 특별히 더 친한 친구는 없다고 한다. 몇몇 친구가 홍미나 꿈이 비슷해서 더 친해지는 것을 보고 자신은 어느 집단에도 속하지 못한 점이 서운하다고 한다. 그러고 이제는 친구들이 공부한다고 잘 놀아 주지 않는다. 보미 입장에서 공부는 재미가 없고 친구들과 놀 수 있다는 생각으로 학교나 학원에 가지만 친구들은 점점 멀어지는 것 같다.

(3) 성격 특성 및 진로 특성

성격이 활발하고 새롭고 재밌는 것을 찾아 하는 것을 좋아한다. 새 학년에 올라갈 때마다 새로운 친구를 빨리 사귀고 친구가 많은 편이다. 특히 자유학기제 때 가장 신나고 즐거운 시간을 보냈다고 한다. 친구들과 놀기 위해 학원을 다니고, 주말에도 집에 있으면 부모님의 잔소리가 듣기 싫어서 학원에 가기를 원한다. 친구들과 삼삼오오 짝을 지어 게임을 하거나 문구, 액세서리 등을 쇼핑하는 것을 즐겨 한다.

초등학교 때는 학교에서 즐거운 생활을 보내면서 학교라는 곳에서 일하는 직업을 꿈꿔 왔다. 그래서 학교에서 가르치는 선생님이 되고 싶었다. 학교 선생님이 되기 위해 공부를 많이 해야 한다는 말을 듣고 학교 선생님이 될 수 없다는 생각이 들었다. 그리고 좀 더 학년이 높아지면서 학교에서 문제를 일으키는 학생들을 보면서 학교 선생님이라는 직업이 참 힘들다는 것을 알게 되었다. 자신도 공부 열심히 하고 엄청 말 잘 듣지는 않지만 말썽쟁이 아이들을 다루는 선생님들의 모습을 보면서 쉽지 않은 직업이라는 것을 알게 되었다. 그리고 공부를 열심히 해서 교대나 사범대를 입학하고, 임용시험을 통과한다는 것은 너무나 크고 어려운 산이라고 느낀다. 아버지는 학교에 학교 선생님만 있는 것은 아니고 행정직 공무원도 있다고 한다. 행정직 공무원이 되는 것은 학교 선생님만큼 힘들지 않고, 하는 일도 선생님보다 쉽다고 한다. 부모님은 행정직 공무원을 추천하는데 하는 일이 다르기 때문에 즐거운 학교생활을 하는 직업은 아닌 것 같다는 생각이 든다. 친구들은 웹디자이너, 쇼호스트, 모델, 방송 PD 등을 꿈꾸지만 자신은 그런 꿈이 없고 부모님 의견도 자신에게 맞는지 모르겠다고 한다. 친구들이 꿈 이야기를 할 때 멋있어 보이는데 자신도 꿈이 있으면 좋겠다고 한다. 그러면서도 직업을 가지는 것은 힘든 일이라고 생각해서 가능한 한 일을 안 하고 싶다고 한다.

(4) 상담 경위 및 호소문제

자유학기제가 끝나고 2학년이 시작되면서 친구관계가 소원해진 것 같다. 친구들은 희망하는 미래 직업에 대해서 얘기하고 관련된 동아리 활동에 열중하기도 하고, 성적에도 신경 쓰며 1학년 때보다 공부에 더 많은 시간을 쏟는다. 보미는 자신만 희망하는 직업이 없고 친구들과 노는 것 이외에는 딱히 관심 있는 것도, 열심히 하고 싶은 것도 없어서 친구들과 멀어진 것 같고 외롭다고 한다. 친구들을 보면서 자신도 진로를 준비해야 할 것 같은 생각이 들었다. 친구들처럼 진로를 준비하려면 공부도 많이 해야 하고 공부하는 것도, 진로를 준비하는 것도 다 싫다고 한다. 친구들은 좋은데 진로 준비 때문에 멀어지는 것 같아 외롭고 힘들다고 한다. 그리고 진로 준비는 고등학교 졸업할 때나 대학에 가서 해도 늦지 않을 것 같은데 이렇게 빨리해야 하나라는 고민도 생겼다고 한다. 빨리하면 좋겠지만 사실 정말 하기 싫고, 나중에도 직업을 가지기 싫다고 한다. 특히 친구들을 보면서 자신은 미래의 진로에 대해 특별히 흥미를 느끼는 일도 없고, 친구들에 비해 생각이 별로 없는 것 같아 자신이 무슨 문제가 있는지, 어떻게 해야 할지를 고민하게 되었다. 진로 준비를 하면 친구들과 다시 친해질까라는 기대가 있어서 진로 준비에 대해 선생님의 도움을 받고자 한다. 친구와 멀어진 것과 지금 진로를 준비해야 하는지, 또는 무엇을 어떻게 해야 할지에 대한 조언을 받고자 진로상담 선생님에게 상담을 신청했다.

(5) 상담에 대한 기대

친구들과 멀어지는 것 같은 느낌이 싫어서 친구들과 친해질 수 있다면 진로 준비를 하기 싫지만 그래도 해 보려고 한다. 친구들과 다시 예전처럼 친하게 지내고 같이 놀 수 있다면 진로를 준비하는 방법도 배워 보고 싶다. 그러면 부모님 잔소리도 듣지 않을 수 있고 일석이조가 될 것 같다고 한다. 한편, 진로 준비는 자신의 미래를 위해 해야 하는 것인데 이 부분은 정말 싫다고 한다. 진로상담을 받으면서 이런 마음도 없어질 수 있으면 좋겠다고 한다.

(6) 행동관찰

생기발랄한 모습으로 상담실을 들어서고 호기심 많은 얼굴로 상담실 여기저기를 둘러본다. 궁금한 것을 질문한 후 답해 주면 관련 질문들을 계속 이어서 한다. 수줍어하는 모습보다는 시원시원하게 말하고 행동하는 편이다. 처음 보는 상담자에게도 쉽게 말을 걸고 자신의 궁금증을 해결하고 상담자와 즐겁게 대화를 나눈다. 이런 모습 때문에 친구들을 쉽게 빨리 사귀는 것으로 보인다. 말이 빠르고 하고 싶은 말을 다 하는 편인데도 상대의 말을 듣고 적절한 반응을 하는 것으로 보인다. 타인과 대화하는 것을 좋아하고 다른 사람의 생각에 관심이 많은 것처럼 보인다.

상담실에 처음 왔을 때 상담자와 상담실에 대해 궁금한 것을 묻고 답을 들으면서 상담자와 상담실에 대해 호감을 느낀 것으로 보여 다행이지만 금방 싫증이 나서 상담을 이어 가기 어려울 수 있다는 생각에 걱정이 되기도 한다. 상담자와 상담실을 유심히 관찰하고 나름 생각과 느낌을 갖는 것으로 보인다. 처음 와 보니 어떠냐고 질문하자 신기하고 재밌을 것 같다고 대답하였다. 호기심을 자극하기 위해 앞으로 나눌 수 있는 대화의 주제나 활동들을 안내하니 기대하는 눈치를 보였다.

3) 고등학생 선우의 사례

(1) 인적 사항 및 가족 정보

인적 사항: 선우(가명), 남, 대도시 인문계 고등학교 3학년, 중상 정도의 학업 성취도

가족 정보: 부: 53세, 대졸, 기계 관련 회사 간부
모: 49세, 대졸, 전업주부
형: 22세, 대학에서 공과대 재학 중

가족 관계: 전반적으로 가족 간의 갈등이 없으며 화목한 가정이다. 단, 아버지의 권위와 의사결정을 모두 받아들이고 따르는 편이고, 이에 대한 반항이나 다른 의견을 내지 않으므로 갈등이 발생하지 않은 것으로 보인다. 다른 가족들은 아버지가 권위적이지만 비교적 합리적 주장과 의사결정을 하는 것으로 인식하고 있다. 아버지 또한 가족들의 생각을 완전히 무시하지 않은 방식으로 의사결정을 하려고 한다.

부모 정보: 아버지는 가부장적인 가정환경에서 성장한 장남이며, 공과대학을 졸업하고 기업에서 엔지니어로 오랫동안 자신의 분야에서 일해 왔다. 회사에서 꾸준히 인정받으면서 직장생활을 해 왔고, 사회적으로 여러 차례 경기 침체를 겪는 와중에도 다른 회사로 이직하면서 지속적으로 직업생활을 해 왔다. 이직하는 과정에서는 업무 내용이 조금 변경되어도 계속 자기계발을 하면서 관련 자격

증을 취득하고 새로운 직무를 수행하기 위해 노력을 해 왔다. 그렇기 때문에 사회적으로 공대 졸업생의 직업 지속 가능성을 누구보다 강조하는 사람이다. 특히 아들 2명이 모두 공대에 진학하기를 강력하게 희망하고 있다. 본인도 아직 해당 분야에서 어느 정도 직업생활을 유지할 수 있다는 것을 강조하고 내담자를 설득하는 편이다.

어머니는 대학교 졸업 이후 사무직으로 2~3년 정도 일을 하다가 결혼을 하면서 직장을 그만두었다. 양육을 전담하고 가정주부로서의 생활에만 충실하였다. 자녀에게 사랑과 애정이 많고, 모든 것을 수용하며 가족을 위해 즐겁게 헌신한다. 가정 이외에는 아들 친구의 어머니들과의 모임, 대학 친구 몇 명과의 모임이 외부 활동의 전부라고 할 수 있다. 남편의 안정적인 직장생활과 수입을 감사히 여기고 남편의 뜻이 옳다고 생각하는 편이다. 몇 년 전부터 친구 모임에서 실직, 명예퇴직, 창업 실패 등의 화두를 접하면서 더더욱 남편의 생각이 맞고 남편이 희망하는 아들들의 진로계획에 적극적으로 찬성한다.

(2) 학교생활 및 또래관계

선우는 학교생활을 조용히 잘하고 있다. 활발하거나 주도적으로 무엇을 하지는 않지만 주어진 역할과 학교에서 요구하는 것을 비교적 잘 해내고 있다. 눈에 띄는 학생은 아니고 선생님과 친구들에게 주목을 받지 못하지만, 학급에서 구성원으로 자신에게 주어진 일을 조용히 하는 편에 속한다. 친구가 많지는 않지만 친한 친구 몇 명과 어울리고 잘 지내는 편이다. 운동을 좋아하고, 운동을 좋아하는 친구들과 운동하면서 잘 지내고 있다.

(3) 성격 특성 및 진로 특성

스스로 내향적이고 조용한 편이라고 생각한다. 생각이 복잡하지 않고 비교적 간단하게 생각한다. 운동과 컴퓨터 게임 이외에 특별히 좋아하는 것이 없고, 일과 직업에 대한 생각을 진지하게 해 본 적이 없어서 친구들과 비교해 보면 진로에 대한 준비가 너무 안 되어 있다고 생각한다. 친구들은 고민도 많고 여러 가지 생각해 본 것 같은데 자신은 진로 관련 생각이 별로 없었다고 한다. 사실 현재 상태와 달리 어렸을 때는 야구부에서 매우 유망한 선수였다. 선우가 야구부 활동을 할 때는 스스로 자신의 목표를 설정하고, 힘든 훈련을 견뎌 낼 정도로 목표의식도 강하고 독립적인 학생이었지만 예기치 않은 부상 이후로 좌절 경험이 지속되자 자신이 뭘 좋아하는지, 운동 외에 무엇을 잘할 수 있는지, 누구에게 조언을 구할 수 있을지, 예기치 않은 일이 생겼을 때 잘 적응할 수 있을지에 대한 고민이 많아진 상태이다. 평소에 생각이 복잡하지 않고 자신의 의견을 별로 내세우지 않다 보니 의견이 다를 때 자신의 의견을 주장하는 것보다 다른 사람의 생각을 따르는 편이다. 어떤 결정이든 다 나쁘지 않다고 생각해서 주장하는 것을 하지 않는다. 그런데 어떤 일에서는 나중에 보면 이상한 방향으로 진행되어서 당황스러울 때가 있었다고 한다. 앞으로의 진로를 결정해야 할 시기인 만큼 의사결정에 대한 부분도 생각하게 되었다. 결정하는 것을 중요하게 생각하고 신중하게 하려고 하는데 어떻게 하는지 잘 모르겠다고 한다.

(4) 상담 경위 및 호소문제

개학하고 고등학교 3학년이라는 부담감을 느끼고 구체적인 진로목표가 없다는 것에 대해 불안해하고 어떻게 준비해야 할지에 대해 조언을 받으려고 한다.

선우는 고등학교 3학년으로 대학 및 전공 결정을 앞두고 있다. 선우의 호소문제를 정리해 보면, 초등학교 때부터 프로 야구선수라는 꿈을 가지고 야구부가 있는 중 · 고등학교에 진학하였고, 고등학교 1학년 때까지는 이러한 진로목표에 흔들림이 없었다. 그러나 1학년 겨울방학 훈련 중 예기치 않은 부상을 당한 뒤로 고민 끝에 야구선수라는 희망 직업을 포기하게 된 상황이다. 선우는 야구 훈련이 힘들었지만 자신이 성공할 수 있는 일이라는 믿음을 가지고 힘든 야구 훈련을 견뎌 왔는데 예기치 않은 상황으로 부상을 입고 기량이 떨어져 야구를 관두게 된 것에 대해서 아직도 복잡한 감정을 느끼고 있다. 부모님은 얼른 다른 진로를 정했으면 하는 눈치인데 선우는 무엇부터 시작해야 할지 막막하기도 하고 또 실패하지는 않을지 두려운 마음도 든다.

2학년 방학 때부터 진로에 대한 고민이 많아지고 부모님과 갈등이 생기면서 더 막연하고 진로를 결정하기 어려워한다. 선우는 운동을 잘하고 몸을 쓰는 활동을 좋아한다. 그래서 체육 분야, 경찰, 해양경찰, 군인, 경호학과 등에 대해 관심을 가지고 알아봤다. 고등학교 3학년이 되면서 관련 학과 진학을 조심스럽게 부모님께 이야기했지만 부모님은 모두 강력하게 반대한다. 성격이 소심해서 위험하고 격한 일을 하는 게 맞지 않다고 판단하여 반대한다. 심지어 아버지는 초등학교 때 선우가 야구를 한 것을 부정적으로 생각한다. 부모님은 의대에 갈 성적이 안 되면 공학 계열 또는 보건 · 의료 계열로 진학하라고 한다. 그중에서 공대는 취업이 제일 잘되고 선우의 성격에도 잘 맞을 것이라고 하는데, 아무래도 공과대학에 잘 적응해서 다니고 있는 형의 영향도 있는 것 같다. 선우는 기계나 시설 등에 대해 별로 생각해 보지도 않았고, 부모님을 설득할 자신도 없으며, 공대에 가서 잘 적응할 수 있을지와 같은 여러 가지 고민과 혼란, 걱정이 든다. 하고 싶은 것은 있지만 자신의 의지를 적극적으로 실천할 용기가 부족하다고 한다. 그리고 부모님과의 갈등을 잘 극복할 자신도 없어서 막연하다고만 한다. 친구들은 다 잘 알아서 하는데 자신은 무엇을 해야 할지 모르겠다고 한다.

(5) 상담에 대한 기대

선우는 답답하고 불안한 마음에 상담을 신청하였다고 한다. 평소에는 형과 이런저런 이야기를 나눴지만, 진학과 학과 선택에 대해서는 형이 부모님과 같은 의견이라 더 답답함을 느끼고 있다. 부모님과 형 이외에 주변에 친구들밖에 없는데, 친구들은 조언을 해 줄 정도는 아니라고 생각한다. 상담 선생님은 자신의 이야기를 들어 주고 진로에 대한 조언을 해 주지 않을까라는 기대를 하였다. 상담자가 보다 구체적인 기대를 확인하기 위해 지금과 달리 편안함을 느끼는 상황이 어떤 것인지 확인한 결과 선우는 마음이 답답하지 않은 것, 진로목표나 방향이 있으면 답답하지 않을 것이라고 한다. 진로를 선택하는 데 있어서 무엇을 어떻게 선택할지 알면 좋겠다고 한다. 또한 가족과 소통이 잘 되는 것, 가족이 반대하지 않고 지지하는 것이면 좋겠다고 한다.

(6) 행동관찰

키가 크고 체구가 좋은 남학생이며, 그러나 상담실에 들어올 때 체구에 비해 조용하고 가볍게 느껴지는 것이 인상적이다. 조용하고 느릿하게 말하고 행동하는 편이고, 말을 많이 하지는 않지만 질문을 하면 충분히 대답하려고 한다. 말하는 속도와 목소리도 크지 않고 소심함과 약간 자신감이 없는 모습으로 보인다. 특히 부모님의 반대를 이야기할 때 더 자신감 없는 모습을 보이고 약간의 무기력함과 자포자기의 느낌을 준다. 상담 초반에 일상적인 이야기를 하거나 학교생활에 대해서 이야기를 나눌 때에는 평범한 모습을 보였으나, 진로에 대한 이야기를 시작하면서부터는 말하는 속도와 목소리도 크지 않고 자신감이 없어 보인다. 특히 부모님의 의견과 자신의 의견이 다르다고 하면서 더 기운이 없고 그 이야기를 피하는 듯하다. 심지어 상담자의 시선을 피해 허공을 보면서 약한 한숨을 쉬는 것을 관찰할 수 있었다.

◆ 참고문헌

이명우(2017). **사례개념화의 실제: 통합적 사례개념화 모형**. 서울: 학지사.

이윤주(2001). 상담사례 개념화 요소목록 개발 및 타당성 검증 연구. 서울대학교 대학원 박사학위논문.

이지은, 이제경(2018). 진로상담 사례개념화 요소목록 개발. **상담학연구**, 19(1), 243-268.

임은미, 강혜영, 고홍월, 공윤정, 구자경, 김봉환, 손은령, 손진희, 이제경, 정진선, 황매향(2017). **진로진학상담 기법의 이론과 실제**. 서울: 사회평론.

최윤정(2012). 진로상담 수퍼비전 구성요소에 관한 고찰. **상담학연구**, 13(2), 455-477.

Bordin, E. S. (1979). The generalizability of the psychoanalytic concept of the working alliance. *Psychotherapy: Theory, Research & Practice, 16*(3), 252-260.

Gysbers, N. C., Heppner, M. J., & Johnston, J. A. (1998). *Career counseling: Process, issues, and techniques*. Boston, MA: Allyn & Bacon.

Haynes, R., Corey, G., & Moulton, P. (2006). **상담 및 조력전문가를 위한 수퍼비전의 실제**(*Clinical supervision in the helping professions: A practical guide*). (김창대, 유성경, 김형수, 최한나 역). 서울: 시그마프레스. (원저는 2006년에 출판).

Holloway, E. L. (1995). *Clinical supervision: A systems approach*. Newbury Park, CA: Sage Publications.

Sperry, L., & Sperry, J. (2015). **사례개념화의 이해와 실제**(*Case conceptualization: Mastering this competency with ease and confidence*). (이명우 역). 서울: 학지사. (원저는 2012년에 출판).

Swanson, J. L., & Fouad, N. A. (2005). **사례로 배우는 진로 및 직업상담**(*Career theory and practice: Learning through case studies*). (황매향 역). 서울: 학지사. (원저는 1999년에 출판).

Whiston, S. C. (2001). Selecting career outcome assessments: An organizational scheme. *Journal of Career Assessment, 9*(3), 215-228.

제2부

진로상담 이론

제 3 장

선택적 관점의 이론

들어가기

이 장에서는 개인과 환경의 특성을 파악하고 이들의 일치, 조화, 매칭의 관점을 고려하는 선택적 관점에 관심을 두고 있다. 대표 이론으로 특성-요인이론과 홀랜드의 성격이론, 직업적응이론을 다룬다. 먼저, 특성-요인이론은 파슨스에 의해 시작되었으며 진로이론의 기초가 되는 이론이라고 평가받는다. 이 이론은 개인의 특성, 직업의 특성을 '측정할 수 있다'는 관점을 반영하고 있다. 다음으로, 홀랜드의 성격이론은 개인의 흥미 특성을 '성격'이라 설명하고 있으며, RIASEC의 여섯 가지 유형에 따라 개인 및 직업의 성격을 설명하고 있다. 두 가지 이론은 다양한 검사 개발의 근간이 되었으며, 특히 홀랜드의 여섯 가지 성격 유형은 여러 진로 심리검사에서 개인 및 직업 특성을 구분하고 매칭하는 기준이 되었다. 마지막으로, 직업적응이론은 다위스와 롭퀴스트가 설명한 이론으로서 개인-환경 조화의 관점을 반영하고 있다. 이 이론에서는 개인이 직업환경과의 일치를 달성하고 유지하기 위한 역동적인 '직업적응' 과정을 강조한다. 직업적응이론은 성인기에 더 관심을 둔 이론일 수 있으나 이 책에서는 아동 · 청소년기에 있는 내담자들이 미래에 예견된 직업선택에서 고려할 점을 예상하고, 장기적인 생애 준비를 해 나갈 수 있도록 돕는 이론적 관점으로 활용하기를 기대하며 제시하였다.

학습목표

1. 특성-요인이론의 기본 관점, 특성, 기본 개념을 이해할 수 있다.
2. 홀랜드 성격이론의 기본 관점, 특성, 기본 개념을 이해할 수 있다.
3. 직업적응이론의 기본 관점, 특성, 기본 개념을 이해할 수 있다.

사례 A

중학교 3학년 민호는 고등학교 입시를 준비하면서 고민이 많다. 3학년이 되기 전까지는 '고등학교는 아무 곳이나 그냥 가면 될 것'이라고 생각했는데, 막상 3학년이 되고 나서 고등학교 종류도 다양하고 어느 학교에 가느냐에 따라 미래가 달라질 수 있을 것이라 생각하니 갑작스럽게 부담감이 크게 다가왔다. 그동안 관심이 있던 분야는 방송, 연예 관련 영역이었고, 평소에 '상상력이 풍부한 편이라는 말을 자주 들으니 무엇이건 새로운 것을 만드는 일을 하면 좋겠다'라는 막연한 생각만 해 왔다. 대학의 관련 학과에 진학하는 방법도 있지만 고등학교 중에서도 ○○영상고등학교, ○○아트고등학교, ○○미디어고등학교가 있다는데, 과연 내가 어떤 선택을 해야 하는지 도움을 받고 싶어 진로활동실을 찾아갔다.

사례 B

고등학교 2학년 여학생인 지수는 로봇공학 기술자를 꿈꾸고 있다. 특히 노인들이 필요로 하는 다양한 서비스를 제공할 수 있는 실버로봇을 만들어서 많은 노인이 생활하는데 도움을 주고 싶은 마음이 크다. 이러한 꿈을 꾸게 된 배경에는 어릴 적부터 지수를 돌봐 주시던 할머니께서 최근 거동을 잘 못하셔서 집에 종일 혼자 지내게 된 것을 볼 때마다 마음이 안타까운 까닭이 주요하다. 또한 평소에 동네에 사는 할아버지, 할머니들과 이야기도 잘 통하고 어른들이 지수를 예뻐해 주셨던 영향도 있는 것으로 보인다.

한편, 지수는 어릴 때부터 수학과 과학에 대한 관심 및 몰입도가 높은 편이었다. 교내·외의 다양한 경시대회에서 수상한 이력이 있고 고등학생이 된 지금도 가장 좋아하는 과목이 수학과 과학이다. 지수의 꿈을 알게 된 담임교사는 지수가 하고 싶은 일이 지수에게 적합한지 함께 생각해 보자고 하셨다.

1. 특성-요인이론

도입질문

- 특성-요인이론에서 설명하는 '특성'이란 무엇이라고 생각하는가?
- 개인 또는 직업의 특성을 어떻게 측정할 수 있다고 생각하는가?

1) 이론 개관

특성-요인이론은 개인과 환경의 조화(person-environment fit)의 관점을 반영한 초기 모델이다. 여기서 요인(factor)이란 서로 구분되는 고유한 차원에서 도출된 서로 다른 잠재적인 특성의 모음을 의미한다(ACA, 2009). 특성-요인이론의 대표적인 학자로는 프랭크 파슨스(Frank Parsons, 1854~1908)와 에드먼드 그리피스 윌리엄슨(Edmund Griffith Williamson, 1900~1979)을 들 수 있다.

먼저, 파슨스는 진로지도(vocational guidance)의 아버지라 불리며, 직업지도 운동에 앞장선 학자로 알려져 있다. 파슨스가 주창한 재능-매칭 접근(talent-matching approach)은 직업선택의 특성-요인이론(trait and factor theory of occupational choice)으로 발전되었다. 파슨스(1909)의 저서 『Choosing a Vocation』에는 현명한 직업선택에서의 세 가지 요소가 나타나 있다. 또한 파슨스는 상담자 교육을 위한 계획을 수립하고, 상담자가 자기 자신과 그들의 삶을 어떻게 점검해야 하는지에 대한 처방에서 자신의 정치적 · 철학적 관점을 반영하였다(Parsons, 1909). 파슨스의 이러한 노력은 진로지도 및 진로상담의 기틀을 다지는 역할을 함과 동시에 '모든 사람을 위한' 조력의 필요성을 강조하고 있다는 면에서 의의를 지닌다.

윌리엄슨은 특성-요인이론을 체계화한 학자로 평가된다. 윌리엄슨은 1931년 미네소타 대학교에서 심리학 박사학위를 받은 후 1932년부터 심리학 조교수를 시작으로 1969년까지 40년 이상을 미네소타 대학교에 재직하였다. 또한 미네소타 대학교 심리연구소(University of Minnesota Testing Bureau) 업무를 수행하면서 1931~1938년에 이르는 기간 동안, 대공황 시기에 일자리를 잃은 사람들을 지원하기 위한 미네소타 일자리 안정연구소(Minnesota Employment Stabilization Research Institute)를 운영하였다. 이러한 활동

시기에 노동자들의 '성격'과 직업의 성격을 매칭한다는 개념을 진로지원에 적용하였으며 이를 '특성-요인 상담(trait-factor counseling)'이라 명명하였다. 특성-요인 상담에서 강조한 매칭이 잘 이루어지기 위해서는 특성을 측정할 필요성이 있는데, 이러한 맥락에서 지능검사 등의 다양한 심리검사를 개발하였고 직업의 특성을 종합하여 설명하려는 직업정보서를 발간하기도 하였다. 또한 윌리엄슨의 관점에 근거하여 운영되던 미네소타 대학교 심리연구소는 대학생을 대상으로 하는 상담 센터의 원형(prototype)이라 평가받는다. 윌리엄슨(1939)은 진로상담의 6단계를 '분석–종합–진단–예측–상담–추수지도'로 제시하였으며, 윌리엄슨의 특성-요인 상담이론은 지시적 상담, 상담자 중심의 상담이라 평가된다.

2) 주요 개념 및 내용

(1) 특성의 이해

특성(trait)은 '일정한 사물에만 있는 특수한 성질'(표준국어대사전)이라고 정의할 수 있다. 이를 개인에게 적용하면 어느 한 개인이 다른 개인과 구별되는 행동을 하거나 감정을 갖거나 생각하는 것 그리고 이러한 행동, 감정, 사고가 어느 정도의 일관성을 갖고 있어서 개인의 고유한 양식으로 이해되는 것이다(김춘경, 이수연, 이윤주, 정종진, 최웅용, 2016). 이러한 정의에는 특성이 어느 정도 일관성을 갖고 있는 고유한 것이라고 생각하는 전제가 담겨 있다. 하지만 특성을 개인의 내적인 고유한 것이며 안정적 · 지속적인 것으로 가정하느냐 또는 새로운 학습 경험에 따라 변화할 수 있는 것이라고 가정하느냐에 따라 그 이해는 달라질 수 있다. 만약 특성-요인이론에서 특성을 쉽게 변화할 수 있는 것이라고 가정한다면, 특성을 측정하고 활용하는 것의 의미가 상실될 수 있다.

따라서 진로상담자들과 직업심리학자들은 특성을 비교적 안정적인 것으로 간주하고(김봉환, 2012) 이를 기반으로 측정을 수행한다. 이와 같이 '특성'을 측정하고 이를 기반으로 전문가들이 소통하는 것은 개인의 의사결정을 조력하는 중요한 틀(frame)이 될 수 있다.

결론적으로, 특성-요인이론의 관점에서는 한 개인에게 보다 기본이 되고 일반화할 수 있는 특성이 있고, 이러한 기저 특성이 개인의 많은 부분을 설명할 수 있다고 전제한다. 또한 표준화된 조건하에서 개인을 측정하려는 다양한 검사를 통해 개인 간의 차이가 뚜렷하게 변별될 수 있음을 가정한다.

(2) 특성-요인이론의 기본 가정

특성-요인이론의 기본적인 가정은 다음과 같다(James & Gilliland, 2003; Klein & Weiner, 1977).

- 사람들은 믿을 수 있고(신뢰도) 타당하게(타당도) 측정될 수 있는 고유한 특성을 지니고 있다.
- 비록 다양한 특성을 지닌 종사자들이 주어진 직무를 성공적으로 수행하는 경향이 있을지라도, 각 직업은 종사자들이 직업적 성공을 위해 필요한 매우 구체적인 특성을 지닐 것을 요구한다.
- 직업선택은 직접적인 인지과정이다. 따라서 개인의 특성과 직업의 특성을 연결하는 것이 가능하다.
- 개인의 특성과 직업에서 요구하는 사항이 서로 밀접하게 관련될수록 직업에서 성공할 가능성은 커진다. 여기서 직업적 성공이란 생산성이 증가할 가능성, 직무에 만족할 가능성 등으로 설명할 수 있다.
- 개인의 특성은 개인이 작동하는 환경 시스템(예: 지리적, 지역적, 문화적 유산, 가족 배경과 영향, 사회경제적 계층, 직장과 학교 환경 등)에 얼마나 잘 맞는지의 관점에서 파악할 수 있다.

(3) 직업선택의 세 가지 요소

『Choosing a Vocation』(Parsons, 1909)에는 현명한 직업선택에서의 세 가지 요소로서 개인에 대한 이해, 직업에 대한 이해, 그리고 개인과 직업에 대한 이해를 기초로 하는 합리적인 선택이 제시되어 있다. 이를 파슨스의 진로지도 모형이라 칭한다. 각 요소를 살펴보면 첫째, 각 개인은 자신에 대해 잘 이해해야 한다. 여기서 자신을 이해한다는 것은 자신의 적성, 능력, 흥미, 야망, 자원, 한계 그리고 그 원인에 대한 명확한 이해를 포함한다. 둘째, 직업에 대한 이해가 필요하다. 직업에 대한 지식은 서로 다른 종류의 일에서 성공하기 위해 필요한 요건과 장점 및 단점, 보상, 기회, 전망에 대한 이해를 포함한다. 즉, 직업에 입직하기 위해 준비해야 할 요건, 각 직업에서 성공적으로 적응하고 발달하기 위한 요건 그리고 각 직업이 제공하는 장점과 단점, 직업의 요구와 보상 등을 포괄한다. 마지막으로, 이러한 각 개인과 직업이라는 요소를 서로 연결해 보고, 상호 대조해

가며 합리적인 선택을 가늠해 보는 것이다. 이 과정은 두 가지 요소의 관계에 대한 진실한 추론이라 설명된다. 이러한 합리적이고 진실한 추론이 이루어지기 위해서는 앞서 각 개인과 직업에 대한 충분한 정보 수집과 분석이 전제되어야 한다.

(4) 윌리엄슨의 변별진단

진로 무선택 • 선택의사를 표현하지 못함 • 무엇을 원하는지 모름	불확실한 선택 • 직업을 알고 선택했으나, 확신이 부족함 • 자신의 결정에 대해 의심함
현명하지 못한 선택 • 적성(능력)과 흥미가 불일치함 • 개인의 특성과 직업의 특성이 불일치함 • 자신이 가진 적성(능력)보다 높은 적성(능력)을 요구하는 일을 선택함	흥미와 적성 간의 모순 • 흥미를 느낀 직업이 있으나 그 직업에 필요한 적성(능력)이 낮음 • 직업에 필요한 적성(능력)이 있으나, 흥미를 느끼지 못함

[그림 3-1] **윌리엄슨의 변별진단 네 가지 범주**

출처: Williamson (1939). 내용에 기초하여 정리함.

특성-요인 상담에서 내담자를 이해하는 기본 관점은 변별진단(differential diagnosis)에 기초한다. 윌리엄슨(1939)은 진로의사결정의 과정에서 내담자들이 나타낼 수 있는 특징들을 유목화하여 다음과 같은 네 가지 범주를 제시하였다.

첫째, 진로 무선택이다. 공식적인 교육 · 훈련을 마친 내담자에게 어떤 직업을 갖고 싶은지 물었을 때, 내담자가 자신이 원하는 바를 표현할 수 없고 알지도 못하는 상태이다.

둘째, 불확실한 선택이다. 내담자는 자신이 원하는 직업을 알고 있으며 선택했다고 말할 수 있다. 하지만 자신이 결정한 바에 대해 확신하지 못하고 의심하고 있다.

셋째, 현명하지 못한 선택이다. 이것은 내담자가 충분한 적성(능력)을 갖고 있지 않은 직업을 선택한 것을 의미한다. 또한 내담자의 특성 사이의 불일치 또는 내담자(개인)와 직업 사이의 특성이 불일치하다는 것을 의미하기도 한다. 예를 들어, 흥미가 있다는 이유로 적성(능력)이 부족한 일을 하고자 하는 경우, 내담자가 가진 적성(능력)과 직업에서 요구하는 적성(능력)이 불일치하는 경우 등이다.

넷째, 흥미와 적성 간의 모순이다. 일반적으로 직업의 결정과정에서는 개인의 흥미, 적성 등을 통합적으로 고려하는 것이 이상적이다. 하지만 이 유형의 경우에는 특히 잘

하는 일에는 흥미가 부족하고 잘하지 못하는 일에 흥미를 가진 경우 등이 해당된다.

(5) 윌리엄슨의 6단계 진로상담 과정

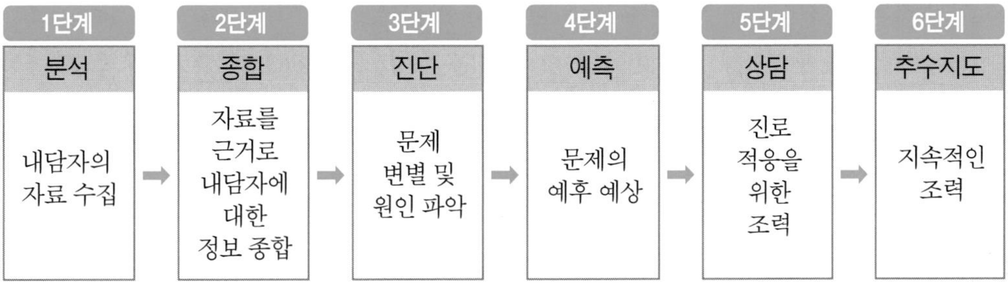

[그림 3-2] 윌리엄슨의 6단계 진로상담 과정

출처: Williamson (1939). 내용에 기초하여 정리함.

윌리엄슨(1939)의 특성-요인 상담은 '분석-종합-진단-예측-상담-추수지도'의 6단계로 구조화되었다.

첫째, 분석(analysis) 단계이다. 내담자에 대한 자료를 수집하는 단계로서 내담자에 대한 객관적인 기록 사항과 자서전 등의 주관적 기록 사항 등의 정보를 수집하는 과정, 내담자와 내담자의 특성을 알고 있는 중요한 타인들과의 면담을 통해 자료를 수집하는 방식 등을 모두 활용할 수 있다.

둘째, 종합(synthesis) 단계이다. 이 단계에서는 내담자의 특성을 파악하기 위해 검사를 실시하거나 사례 연구 등을 실시하여 정보를 종합한다.

셋째, 진단(diagnosis) 단계이다. 이 단계는 분석-종합 단계에서 획득한 정보 등을 바탕으로 내담자의 어려움과 특성을 묘사하고, 교육적 · 직업적 능력과 내담자의 특성을 비교하여 어려움의 원인을 파악한다.

넷째, 예측(prognosis) 단계이다. 이 단계는 내담자가 가진 어려움과 문제 중에서 조정이 가능한 문제와 그 가능성을 판단한다. 또한 이를 통해 향후 고려해야 할 대안적 조치와 조정 사항을 예측한다.

다섯째, 상담(counseling) 단계이다. 이 단계에서 의미하는 상담은 상담자가 내담자의 적응을 위해 조력하는 충고, 설명, 지도, 격려, 안내 등의 과정을 포함한다. 이때 상담자는 자신이 가진 모든 기술을 동원하여 내담자를 돕는다. 그리고 내담자 역시 상담자와 함께 자신이 현재의 어려움을 해결하고 적응해 나가기 위해 무엇을 해야 할지에 대해 상의한다.

여섯째, 추수지도(follow-up) 단계이다. 이 단계에서는 내담자에게 새로운 문제가 발생했을 때에도 바람직한 행동계획을 수립하고 실천해 나갈 수 있도록 돕는다.

이와 같은 6단계 중에서 1~4단계는 지시적인 특성, 즉 상담자가 주도적으로 전문성을 발휘하는 경향이 강하며 5~6단계는 내담자가 조금 더 적극적으로 상담에 참여하기를 기대받는다.

3) 학교 진로상담 현장을 고려한 이론의 적용 및 평가

특성-요인이론은 진로상담 영역에서 가장 기초적인 이론으로 여러 심리검사와 직업선택을 설명하는 이론적 토대가 되었다. 특히 직업선택 시에 개인의 특성을 고려한다는 기본적인 아이디어가 가장 큰 공헌이라 할 수 있다(김봉환 외, 2010). 또한 개인의 특성을 파악하기 위한 다양한 표준화 검사도구를 개발하고 직업세계에 대한 이해를 돕기 위해 직업 정보를 분석하여 제시하려는 노력은 진로상담 초기부터 현재에 이르기까지 큰 영향을 미쳤다.

이를 학교 장면에서 활용의 측면에서 생각해 보면, 교사 또는 학교 상담자가 많은 학생의 진로상담을 수행하는 경우에 학생들의 진로 특성을 빠르게 진단하기 위해 검사를 시행하고 이에 대한 해석을 토대로 진로의사결정을 돕는 것이 특성-요인이론의 관점에 따른 것이라 할 수 있다.

특성-요인이론은 구체적인 상담모형을 제공하지 못한다는 제한점이 있지만, 윌리엄슨의 변별진단과 진로상담 과정 6단계 모델은 많은 학생을 대상으로 상담을 진행할 때 참고할 수 있는 간략한 상담 모델이 될 수 있을 것이다. 즉, 여러 학생의 호소문제를 변별진단의 네 가지 기준에 따라 나누어 보고 사례를 개념화해 보는 과정은 많은 학생을 조력해야 하는 학교 맥락에서 효율적이라고 평가할 수 있다. 또한 6단계 진로상담 과정은 크게 정보 수집과 그에 대한 분석을 통한 진단 및 조력의 과정이라 할 수 있는데, 이 역시 의사결정을 앞두고 진행되는 단기 진로상담 등에 적용될 수 있을 것이다. 물론 이러한 진로상담 과정이 원활하게 진행되기 위해서는 학생들의 호소문제에 대한 변별진단을 하고 검사를 실시, 해석 및 종합하여 내담자에게 적합한 적응의 방향을 안내할 수 있는 학교 상담자의 전문성이 전제되어야 한다.

특성-요인이론은 몇 가지 제한점을 지니고 있다. 특성-요인이론에서의 직업선택은 매우 초점화된 단일 시점 또는 단기간에 이루어질 수 있는 행위로 간주된다. 하지만 이러한 전제를 특히 학령기 아동 · 청소년에게 적용할 때에는 대상의 발달적 특성을 함께 고려할 필요가 있다. 예를 들어, 개인의 특성을 측정하는 현시점에서 나타난 결과가 몇 개월 이후에는 달라질 수 있으며, 자신에 대한 상을 찾아가고 있는 아동 · 청소년이 자기보고식 검사에 변별력 있는 답을 하는 것 역시 쉽지 않을 수 있음에 유의해야 한다. 또한 한 개인이 나타내는 특성이 학교, 가정, 또래관계 내에서 달라질 수 있으며, 검사 직전에 경험한 특정한 사건이 검사 결과에 크게 영향을 미칠 수 있음에 대한 고려 역시 필요하다.

또한 진로상담 영역에서 개발된 여러 검사는 최소 중학교 이상의 내담자를 대상으로 하는 경우가 많다. 이것은 초등학생, 더 앞서 유아의 특성을 측정하는 것의 어려움, 그리고 설사 측정이 가능하더라도 이 시기에 측정한 특성이 안정적으로 유지될 수 있는가의 문제를 반영한 것이라 할 수 있다. 따라서 아동기 및 초기 청소년기 내담자를 대상으로 하는 진로상담에서 특성-요인이론의 적용은 심리검사를 활용한 진단과 변별의 관점보다 직업선택에서 고려할 세 가지 요소 각각에 대해 폭넓게 생각해 보고 자신의 장기적인 진로를 설계할 수 있는 기초적인 경험을 제공하는 과정으로 진행하는 것이 적절할 것이다.

2. 홀랜드의 성격이론

도입질문

- 당신이 흥미 있는 영역은 무엇인가?
- 자신 또는 다른 사람의 흥미는 어떻게 파악할 수 있는가?

1) 이론 개관

홀랜드의 성격이론은 존 루이스 홀랜드(John Lewis Holland, 1919~2008)의 관점에 근거한 이론을 일컫는다. 이 이론은 '진로선택이 한 개인의 성격 표현이며, 특정 직업군에서 일하는 사람들은 유사한 성격을 가지고 있을 것이다'라는 홀랜드(1997)의 가정에 근거한 것이다.

홀랜드는 1942년 심리학 학사학위를 취득하였으며, 제2차 세계대전 당시에 군에 있으면서 진로이론에 관심을 갖기 시작한 것으로 알려져 있다. 그 이후 미네소타 대학교에 입학하여 1952년 박사학위를 취득하였으며 1969년부터 존스홉킨스 대학교에 근무하면서 이론을 발전시켰다.

홀랜드의 이론은 진로선택, 적응, 직업의 변화 등에 주로 관심을 두고 있지만, 진학의 결정 또는 직업의 결정을 앞둔 학령기 청소년들이 전공 영역을 결정하는 데에도 관련성이 있다. 특히 1953년에 만든 직업선호도검사(The Vocational Preference Inventory)는 직업에 대한 선호를 평가할 수 있는 검사로 활용되었으며, 홀랜드(1959)는 직업을 선택할 때 한 개인은 개인의 고유한 특성과 다양한 문화적 · 개인적 힘 그리고 물리적 환경이 상호작용한다고 하였다.

홀랜드(1997)는 사람들이 서로 다른 특성을 나타내는 현실형(Realistic), 탐구형(Investigative), 예술형(Artistic), 사회형(Social), 기업형(Enterprising), 관습형(Conventional)의 여섯 가지 중 하나의 성격 유형으로 분류될 수 있다고 가정하였다. 이러한 여섯 가지 유형 앞 글자를 연결한 RIASEC의 순서로 육각형 모형을 제시하고, '코드'라는 이름으로 소통한다.

2) 주요 개념 및 내용

(1) 세 가지 기본 질문

성격이론에서 제기하는 세 가지 기본 질문은 다음과 같다(Holland, 1997). 첫째, 어떤 개인적 또는 환경적 특성이 직업적 결정, 참여(involvement), 성취에 만족할 수 있게끔 이끄는가? 그리고 어떤 특성이 미결정, 불만족스러운 의사결정, 성취의 부족을 이끄는가? 둘째, 한 사람이 일생 동안 수행하는 일의 종류나 수준을 변화시키거나 또는 안정적으로 이끄는 개인적이고 환경적인 특성은 무엇인가? 셋째, 진로문제를 가지고 있는 사람들을 도와주는 효과적인 방법은 무엇인가? 이러한 기본 질문에 대한 답변을 이해하는 관점에서 개념 및 내용을 살펴보면 다음과 같다.

(2) 네 가지 기본 가정

홀랜드(1997) 이론의 네 가지 기본 가정은 다음과 같다.

- 대부분의 사람은 여섯 가지 성격 유형인 현실형, 탐구형, 예술형, 사회형, 기업형, 관습형 중 하나로 분류될 수 있다.
- 직업환경에는 현실형, 탐구형, 예술형, 사회형, 기업형, 관습형의 여섯 가지 모델이 있다.
- 사람들은 자신의 기술과 능력을 발휘하며, 그들의 태도와 가치를 표현하고, 동의할 수 있는 문제와 역할을 맡을 수 있는 환경을 찾는다.
- 행동은 개인의 성격과 환경의 상호작용에 의하여 결정된다. 따라서 각 개인의 성격 유형과 직업의 성격 유형을 안다면 직업선택의 적절성에 대한 예측이 가능하다.

(3) 여섯 가지 성격 유형

홀랜드 성격이론에서 가정하는 성격 유형은 총 여섯 가지이다. 각각의 성격 유형은 특정한 문제나 환경에 대한 개인의 대처 반응으로 어느 정도의 일관성을 갖는 특징이라 설명할 수 있다. 이러한 성격 유형은 태도, 기술, 자신에 대한 신념, 직업선호, 삶의 목표, 가치, 문제 해결 방식 등과 영향을 주고받는다.

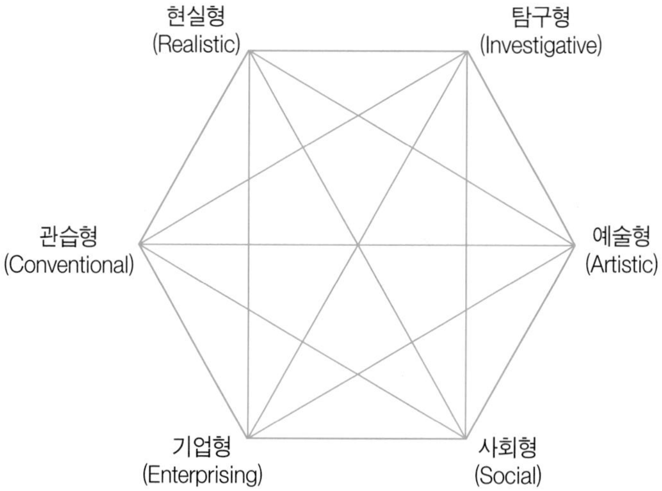

[그림 3-3] 홀랜드 성격 특성의 육각형

출처: Holland (1997).

각 유형에 해당하는 개인 및 환경의 특성과 유형을 설명하는 키워드를 홀랜드(1997)의 이론에 기초하여 설명하고, 각 유형의 성격을 반영하는 직업명과 학과 범주를 예를 들어 설명하면 다음과 같다. 다만, 대표적인 유망 직업을 제시할 때 한 가지 코드로 해당 직업을 설명하기 어렵다는 점을 고려하여 2개의 대표 코드를 함께 제시하고 그중에서 1순위로 제시된 코드에 따라 해당 직업을 분류한다.

- R(Realistic): 현실형, 실재형[1]이다. 이 유형의 개인은 대상, 도구, 기계, 동물에 대한 명시적이고 질서 있는 또는 체계적인 조작활동을 수반하는 활동을 선호한다. 반면에 교육적이거나 치료적인 활동에 대한 선호가 낮다. 현실형의 환경은 대상, 도구, 기계, 동물에 대한 명시적이고 질서 있는 또는 체계적인 조작을 수반하는 환경의 요구 및 기회가 지배적이며, 현실형의 사람들이 주로 분포하는 것으로 설명된다. 직업의 예로는 기계적이고 기술적인 능력, 뛰어난 신체 운동 능력이 필요한 기술자, 군인, 경찰관 등이 있으며, 직업 전망이 좋은 것으로 평가되는 직업의 예[2]로는 항공기정비원(RI), 소방관(RI) 등이 있다. 공학 계열, 이학 계열, 체육학 계열 등의 학과와 관련성이 있다.
- I(Investigative): 탐구형이다. 이 유형의 개인은 물리적 · 생물학적 · 문화적 현상에 대한 관찰적 · 상징적 · 체계적 그리고 창의적 연구를 수반하는 활동들을 선호한다. 반면에 설득적이고 사회적이며 반복적인 활동에 대한 선호가 낮다. 탐구형의 환경은 개인적 측면에서 설명한 이러한 활동을 수반하는 환경의 요구 및 기회가 지배적이며, 탐구형의 사람들이 주로 분포하는 것으로 설명된다. 직업의 예로는 탐구, 분석, 예측하는 일을 주로 하는 과학자, 장기간에 걸쳐 같은 분야에 대해 연구를 해야 하는 의사, 대학교수 등이 있으며 직업 전망이 좋은 것으로 평가되는 직업의 예로는 빅데이터 분석가(IR), 지열 시스템 연구 및 개발자(IC), 치과기공사(IR) 등이 있다. 학과의 예로 의학, 자연과학 계열 등을 들 수 있다.
- A(Artistic): 예술형이다. 이 유형의 개인은 물리적 · 언어적 또는 인간적 재료들에 대한 조작을 수반하는 활동을 선호한다. 그리고 모호하고, 자유롭고, 체계화되지 않

1) 각 코드를 한국어로 번역하여 활용할 때 다양한 용어가 활용되는 경우에는 해당 내용을 함께 기록하였다. 예를 들어, realistic은 현실형으로 사용하거나 실재형 등으로 사용한다.

2) 홀랜드 유형별 직업의 예를 제시할 때 워크넷의 2022년 자료 검색 기준에 기초하여 직업 전망이 좋은 것으로 분류되는 직업의 예를 선별하여 제시하였다.

은 활동을 선호한다. 반면, 명시적이고 체계적이며 질서 있는 활동에 대한 선호가 낮다. 예술형의 환경은 예술의 형식이나 제품을 만들기 위해 모호하고 자유롭고 체계화되지 않은 활동과 능력을 수반하는 환경적 요구 및 기회가 지배적인 환경 그리고 예술형의 사람들이 주로 분포하는 것으로 설명된다. 대표적인 직업으로는 새로운 아이디어를 자유롭게 표현하고 높은 상상력을 요구하는 미술가, 안무가, 음악가, 배우 등이 있으며, 직업 전망이 좋은 것으로 평가되는 직업의 예로는 쇼핑 호스트(AE), 영화감독(AE) 등이 있다. 관련 학과의 예로는 예체능 계열의 학과이다.

- S(Social): 사회형이다. 이 유형의 개인은 다른 사람에게 정보를 제공하고, 훈련하고 발달시키며, 치료하고 이해시키는 작업을 수반하는 활동을 선호한다. 반면, 사물, 도구, 기계와 관련된 명확하고, 질서정연하며, 체계적인 활동에 대한 선호가 낮다. 사회형의 환경은 개인적 측면에서 설명한 이러한 활동을 수반하는 환경의 요구 및 기회가 지배적이며 사회형의 사람들이 주로 분포하는 것으로 설명된다. 직업으로는 다른 사람을 교육하거나 다른 사람을 위해 봉사하는 교사, 상담자, 사회복지사, 간호사, 성직자 등이 있으며, 직업 전망이 좋은 것으로 평가되는 직업의 예로는 해양경찰관(SE), 사회복지관리사(SE) 등이 있다. 학과의 예는 교육/사범 계열, 상담심리 분야, 사회복지 등이다.
- E(Enterprising): 기업형, 진취형, 설득형이다. 이 유형의 개인은 조직적 목표 또는 경제적인 이득을 얻기 위해 다른 사람을 조종(manipulation)하는 작업을 수반하는 활동을 선호한다. 반면, 관찰적이고 상징적이며 체계적인 활동에 대한 선호도가 낮다. 기업형의 환경은 개인적 측면에서 설명한 이러한 활동을 수반하는 환경의 요구 및 기회가 지배적이며, 기업형의 사람들이 주로 분포하는 것으로 설명된다. 직업의 예로는 적극적인 리더십을 발휘하거나 다른 사람들을 이끌어야 하는 정치인, 기업경영인, 영업사원, 변호사 등이 있다. 직업 전망이 좋은 것으로 평가되는 직업의 예로는 여행관리자(EI)를 들 수 있다. 관련 학과의 예는 법학, 언론학, 정치외교학 등이다.
- C(Conventional): 관습형, 사무형이다. 이 유형의 개인은 자료를 명확하고 질서정연하며 체계적으로 조작하는 것을 수반하는 활동을 선호한다. 반면, 모호하고, 자유롭고, 탐색적이고, 체계화되지 않은 활동에 대한 선호도가 낮다. 관습형의 환경은 기록 보존, 자료 정리, 자료 복제, 서면 및 숫자로 된 자료를 정해진 틀에 따라 정리하는 것, 업무 및 자료 처리를 위한 도구를 사용하는 것과 같은 자료의 명확하고 질서

있고 체계적인 조작의 요구 및 기회가 있는 환경, 그리고 이러한 유형의 사람들이 주로 분포하는 것으로 설명된다. 직업의 예로는 돈, 숫자, 자료 등을 다루는 은행원, 회계사 등과 자료의 체계화, 조직화가 필요한 사서, 사무원 등이 있으며, 직업 전망이 좋은 것으로 평가되는 직업의 예로는 정보시스템 운영자(CE)를 들 수 있다. 학과의 예는 상경 계열, 회계학, 문헌정보학 등의 학과이다.

(4) 다섯 가지 부가적 가정

홀랜드(1997) 이론의 부가적 가정은 다음과 같다.

① 일관성

일관성(consistency)이란 개인의 성격 유형들 또는 환경 유형들 사이의 관련 정도를 의미한다. 관련되는 요소들이 공통적인 특성을 가지고 있다면 일관성이 있다고 표현한다. 한 개인 내에서 또는 하나의 환경 내에서 성격 유형의 진단 결과로 2개의 코드가 나타난 경우를 가정하여 생각해 보자. 예를 들어, R-I는 사회적이지 않고, 사람보다 사물을 지향한다는 공통적인 특성을 가지고 있다. 이와 다르게 C-A는 순응적-독창적, 통제적-표현적, 사업 지향-예술 지향 등과 같이 서로 대조적인데, 이는 비일관적이다. 이를 RIASEC을 표기한 육각형 모델상에서 생각해 보면, 검사 결과로 나타난 2개의 코드가 육각형 모형에서 서로 인접할 때 일관성이 높다고 평가한다. 높은 일관성 수준은 긍정적인 특성으로 인식되며, 진로결정에서 직업적 선호에 영향을 미친다. [그림 3-4]에서 사례 '가'와 사례 '나' 중에서 어떤 사례의 일관성이 더 높다고 생각하는가?

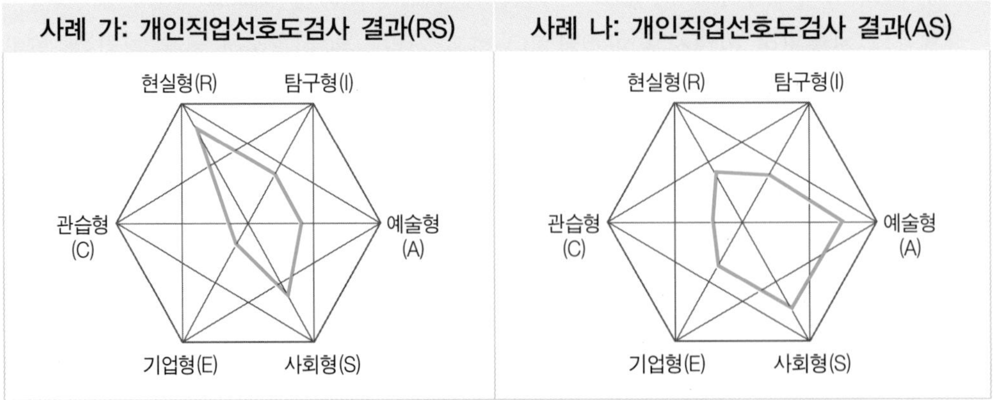

[그림 3-4] 홀랜드 흥미검사 결과와 일관성

그림을 통해 확인할 수 있는 바와 같이, 사례 '가'의 대표 코드인 RS는 서로 대각선으로 마주 보고 있으며, 사례 '나'의 대표 코드인 AS는 서로 인접해 있다. 따라서 사례 '나'의 일관성이 더 높다.

② 변별성

변별성(differentiation)이란 어떤 사람이나 환경이 다른 것들보다 더 명확하게 변별되는 정도를 의미한다. 직업 코드에서는 어떤 코드가 두드러지게 높은 점수를 나타내고 있으며, 이 코드의 두드러짐이 다른 코드들에 비해 현저한 것으로 판단될 때 또는 두드러지게 낮은 상황으로 움푹 들어간 프로파일을 가지고 있을 때 변별성이 높다고 평가한다. 예를 들어, [그림 3-5]에서 I 코드의 점수가 다른 다섯 가지 코드의 점수보다 두드러진다면 해당 개인은 탐구형의 홍미 특성이 상대적으로 뚜렷하다, 즉 변별성이 있다고 평가한다. 변별되는 코드를 고려하여 의사결정을 할 때 자신의 선택에 대한 만족도가 높고 적응할 가능성이 높다.

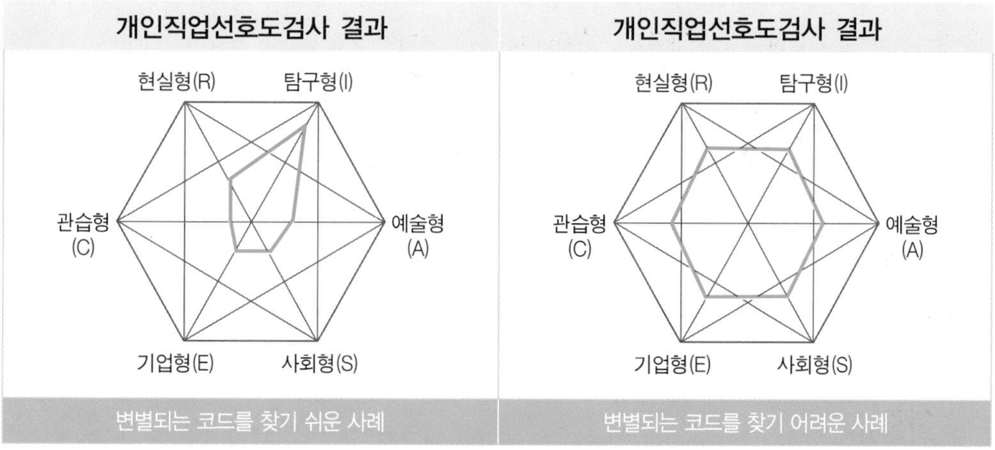

[그림 3-5] 홀랜드 흥미검사 결과와 변별성

③ 정체성

정체성(identity)은 개인 또는 환경의 측면에 대한 명확성과 안정성을 추정하는 개념이다. 개인의 정체성은 개인의 목표, 흥미, 재능에 대한 명확하고 안정적인 상(청사진)을 가지고 있는 것으로 정의된다. 환경적 정체성은 환경이나 조직이 장기간에 걸쳐 안정되고 명확한 통합된 목표, 과업 및 보상을 가지고 있을 때 생긴다. 개인 및 환경의 영역에서 정체성이 뚜렷하거나 뚜렷하지 않은 상황을 가정하여 예를 들어 보면 다음과 같다.

사례 가	사례 다
저는 다른 사람들과 함께 일을 할 때 즐겁습니다. 그리고 저는 손으로 무엇이건 만드는 일을 좋아합니다. 그래서 최근에도 뜨개질을 해서 친구에게 목도리를 선물했습니다. 제가 열심히 노력한 결과를 다른 사람들이 인정해 주고, 제가 준비한 선물을 받은 다른 사람이 기뻐하는 것을 보면 더 잘해 주고 싶은 마음이 듭니다. 저는 나중에 직업을 갖게 되면 제가 가진 재능을 활용하여 다른 사람들을 돕는 일을 하고 싶습니다.	저는 제가 무엇을 좋아하는지, 잘하는지 잘 모르겠습니다. 심지어 물건을 사거나 배달 음식을 고를 때도 저는 다른 사람들이 선택하는 것을 따라서 결정하는 편입니다. 생각해 보니 예전부터 제가 필요한 물건이 있거나 하고 싶은 일이 생겼어도, 다른 사람에게 이를 명확하게 이야기하지 않았던 것 같습니다. 그러다 보니 이제는 진로를 결정할 때에도 제가 어떤 것을 좋아하고 잘하는지, 무엇을 하며 살아야 행복할지 잘 모르겠습니다.
사례 나	**사례 라**
제가 하고 있는 일은 다른 사람들이 어려움을 겪을 때, 도움을 줄 수 있는 일입니다. 다른 사람들을 경제적으로 지원하거나 환경을 바꾸어 주는 일은 아니지만, 저를 통해 마음의 어려움을 해결하고 일상을 회복하는 사람들을 보면서 보람을 느낍니다. 앞으로 전문상담사 1급 자격까지 획득해서 전문적인 상담자로 활동하고 싶습니다.	저는 요즘 제가 왜 이 일을 하고 있는지 잘 모르겠습니다. 제가 하는 업무는 누구나 할 수 있는 일인 것 같고, 맡은 일을 열심히 하거나 하지 않는다고 해서 저에게 보상이 달라지는 것도 없습니다. 그리고 이 일을 잘 하려면 어떤 기술이 필요한지도 잘 모르겠습니다. 지난 3년 내내 제자리 걸음을 하고 있는 것 같습니다.

이 사례들 중 사례 '가'와 '나'는 정체성이 뚜렷한 사례라고 평가할 수 있으며, 상대적으로 사례 '다'와 '라'는 정체성이 뚜렷하지 않은 사례로 간주할 수 있다.

④ 일치성

일치성(congruence)이란 개인과 직업환경 간의 적합성 정도, 일치하는 정도를 의미한다. 서로 다른 유형을 특징으로 하는 개인은 서로 다른 환경을 필요로 한다. 예를 들어, R 코드를 대표 코드로 가진 개인은 R 코드 유형의 환경에서 잘 지낼 수 있다. 왜냐하면 그러한 환경이 R 유형의 요구를 충족시키고 기회를 제공하기 때문이다. 만약 개인의 직업선호도(흥미)검사 결과에서 IR 코드가 나온 개인이 SC 대표 코드로 설명되는 사회복지사를 고려하고 있다면 이 경우에는 일치성이 낮다. 한 개인이 자신의 성격 유형과 비슷하고 자신이 생각하는 고유한 정체성을 발휘하기에 적합하다고 생각되는 환경을 선택하는 상황일 때 일치성이 높다고 평가한다.

⑤ 계측성

계측성(calculus)[3]은 육각형 구조 내에서 유형 사이의 이론적 관계는 이들 사이의 거리에 반비례한다는 개념을 담고 있다. 즉, 서로 관련성이 높은 두 가지 코드는 거리가 가깝고 관련성이 먼 두 가지 코드는 거리가 멀리 있는데, 이를 다르게 표현하면 6개의 코드로 이루어진 육각형 모형에서 각 유형 간의 거리(distances)는 이론적인 관계에 반비례한다고 설명할 수 있다. 예를 들어, R과 I 코드는 서로 인접한 코드이며, 따라서 이론적으로 상관이 높다. 따라서 상관의 정도를 점수로 표현한다면 '상관계수'가 크다. 하지만 R과 I의 물리적인 거리는 가장 짧기 때문에 거리를 표현한 숫자는 적은 숫자로 표현된다. 이와 다르게 R과 S 코드는 서로 대각선에 위치하였으며 이론적으로 상관이 가장 낮다. 따라서 상관계수가 작다. 하지만 R과 S 사이의 거리는 가장 길기 때문에 거리의 표현은 큰 숫자로 표현된다. 따라서 이론적인 관계의 강도를 표현하는 것과 육각형 모형에 기초하여 거리를 표현한 것은 서로 반비례 관계에 있다.

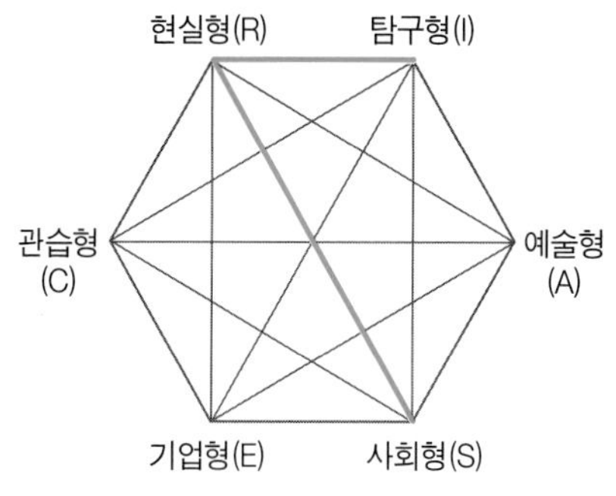

R vs I: 이론적 상관이 높으나, 거리는 짧다
R vs S: 이론적 상관이 낮으나, 거리는 길다.

육각형에 위치한 코드 사이의 거리와 이론적 관계는 반비례이다.

[그림 3-6] 홀랜드 성격이론과 계측성

3) 학교 진로상담 현장을 고려한 이론의 적용 및 평가

홀랜드 성격이론은 오늘날 활용하고 있는 대부분의 흥미검사에 큰 영향을 미쳤다.

3) '계측(計測)'이란 '시간이나 물건의 양 따위를 헤아리거나 잼'(표준국어대사전)이라는 의미이다.

R-I-A-S-E-C의 6개 코드로 만들어진 육각형 모형은 잘 조직화되어 있고 간결성이 높은 것이 강점으로 평가된다(김봉환 외, 2010). 따라서 학교에서 학급 단위 또는 소집단 단위의 활동을 하더라도 검사 결과로 나타난 대표 코드에 따라 세부 집단을 나누고, 각 코드별 유사 집단 또는 이질 집단의 팀 단위 활동을 하는 등의 방식으로 쉽게 활용할 수 있을 것이다.

다만, 이러한 간명성이라는 강점은 각 유형에 따라 개인의 특성을 이해하는 것이 타당하고 충분한 것인가라는 질문을 수반한다. 가령, 한 개인이 어느 한 가지 유형으로 명명된다 할지라도 검사 결과로 도출된 대표 코드 유형은 상대적으로 높은 점수를 나타낸 것일 뿐이며 원점수를 기준으로 1~2개 문항에 대한 응답의 차이로 대표 코드가 다르게 나타날 수도 있음에 유의해야 한다. 따라서 학생들과의 활동 시에 이러한 검사의 특징과 제한점을 인식한 상태에서 결과를 해석할 필요가 있다.

또한 홀랜드의 유형 분류에 근거하더라도 각 검사도구에서 측정하고 있는 내용의 차이로 유형 분류의 결과가 서로 다르게 나타날 수 있다. 예를 들어, 워크넷의 '청소년 직업흥미검사'와 커리어넷의 '직업흥미검사(H형)'를 실시하였을 때 각 검사 문항의 구성 및 표집 문항의 특성에 따라서도 결과가 달라질 수 있으며, 특히 변별되는 코드가 나타나지 않은 검사 결과의 경우 유사한 수준의 점수를 가진 코드들이 서로 다른 검사에서 각각 대표 코드로 나타날 수 있다. 또한 동일 검사를 시간 간격을 두고 반복적으로 실시했을 때에도 아동 · 청소년의 성숙, 성장, 가소성 등에 따라 결과가 달라질 수 있음에 유의해야 한다.

따라서 유형 분류를 절대적인 결과로 신뢰하기보다는 아동 · 청소년이 다양한 경험을 통해 관심사를 확대하고 실제적인 역량이 증가하게 된다면, 이를 보다 잘 수행할 수 있게 된다는 성장의 관점을 유지할 필요성이 있다.

3. 직업적응이론

1) 이론 개관

직업적응이론(Psychological Theory of Wok Adjustment: TWA)에서의 직업적응이란 개

인이 직업환경과의 일치를 달성하고 유지하기 위해 추구하는 지속적이고 역동적인 과정이다(Dawis & Lofquist, 1984). 직업적응이론에서는 개인의 요구가 환경에서 제공하는 강화인과 대응되고, 개인이 능력의 환경에서 요구하는 역량과 대응될 때 만족과 충족을 할 수 있다는 매칭의 관점을 반영하고 있다. 직업적응이론은 르네 V. 다위스(René V. Dawis)와 로이드 H. 롭퀴스트(Lloyd H. Lofquist)가 1960년대 특성-요인의 매칭 관점을 공식화하고 이후에 진행된 Work Adjustment Project를 통해 개념적 틀을 완성하였다. 이후에 직업적응이론은 개인-환경 조화이론(Person-Environment fit theory: P-E fit)으로 수정되었다. 이론의 시작이 특성-요인 매칭의 관점을 갖고 있다는 점에서 앞서 살펴본 특성-요인이론이나 성격이론과 같은 맥락이지만, 직업적응에 더 관심을 기울이고 있다는 점에서 특색이 있다.

직업적응이론의 주요 개념 및 내용은 다위스와 롭퀴스트(1984)에 기초하여 개인의 성격 측면을 구조와 양식으로 설명하는 **개인성격이론**, 직업환경의 구조와 양식을 설명하는 **직업환경이론**, 그리고 이 두 가지를 기초로 개인과 직업환경의 상호작용을 다루는 **직업적응이론**으로 구분하여 설명하고자 한다.

2) 주요 개념 및 내용

(1) 개인성격이론

개인의 성격은 성격의 **구조**(structure)와 **양식**(style)을 통해 파악할 수 있다.

먼저, **구조**는 개인이 추구하는 가치와 개인이 가지고 있는 능력의 목록을 통해 파악할 수 있다. 가치(values)는 개인 욕구(needs)의 기저가 되는 일반적인 차원이다. 가치는 오래 지속되며, 광범위하고, 강력한 것으로 간주된다. 다위스와 롭퀴스트(1984)는 여섯 가지 핵심적인 가치를 성취(achievement), 편안함(comfort), 지위(status), 이타심(altruism), 안전(security), 자율성(autonomy)으로 제안하였다. 이 여섯 가지 가치의 목록은 미네소타 직업가치검사(Minnesota Importance Questionnaire: MIQ)에 반영되어 있다. 능력은 개인이 습득하고 향상시켜 온 것으로 기술(skill)을 통해 드러난다. 여기서 능력은 특정 기술의 기저가 되는 것으로 보다 일반적인 차원을 가리킨다.

이러한 가치와 능력은 한 개인이 성장해 가면서 어떤 환경에서 어떠한 경험을 하느냐에 따라 점차 안정되어 간다. 직업적응이론에서는 개인의 특성과 직업환경 특성의 일치를 용이하게 하기 위해 이러한 능력과 가치의 측정을 강조한다(Swanson & Schneider, 2020).

성격 양식(personality style)은 가치와 능력으로 표현되는 성격 구조가 어떻게 작동하는가를 설명하는 것으로 직업적응의 중재변수(moderator variable)라고 표현되기도 한다(Swanson & Schneider, 2020). 대표적으로 민첩성, 속도, 규칙성, 지속성의 네 가지 차원이 있다. 이러한 성격 양식은 유사한 가치와 능력을 가진 개인이라 할지라도 이들의 적응이 달라지는 이유를 설명한다.

- **민첩성**(celerity): 환경과의 상호작용에서 주어진 자극에 빠르게 또는 천천히 반응하는 정도
- **속도**(pace): 환경과 상호작용하는 활동 수준이나 강도가 높거나 낮은 정도
- **규칙성**(rhythm): 환경과 상호작용하는 속도가 얼마나 꾸준한가 또는 변덕스러운가의 정도
- **지속성**(endurance): 환경과의 상호작용을 얼마나 오랜 기간 유지하는가 하는 반응의 길이

(2) 직업환경이론

직업환경은 직업환경 **구조**와 **양식**으로 파악할 수 있다.

직업환경 **구조**는 해당 직업에서 재직자에게 줄 수 있는 강화가 무엇인가, 그리고 해당 직업에서 요구하는 능력은 무엇인가로 파악할 수 있다. 우선, 직업에서 줄 수 있는 강화의 목록은 다위스와 롭퀴스트(1984)가 제시한 가치를 MJDQ(Minnesota Job Description Questionnaire: MJDQ)[4]에 기초한 스무 가지의 직업적 욕구 목록과 MIQ의 진술문에 반영된 일과 관련된 강화물로 설명해 보면 〈표 3-1〉과 같다.

4) MJDQ에서는 〈표 3-1〉에서 제시한 스무 가지의 직업적 욕구(vocational need) 이외에 자율성(autonomy)을 포함한 21개의 욕구 목록을 제시하고 있다.

〈표 3-1〉 가치, 직업적 욕구, 일과 관련된 강화물 목록

개인 ↔ 직업환경		
가치 (underlying values)	직업적 욕구(강화인) (vocational need)	MIQ의 진술문에 반영된 일과 관련된 강화물 (work-related reinforcers) 일은 ~ 을/를 제공한다. / 허용한다. / 가능하게 한다.
성취 (자신의 능력을 사용하고 성취감을 느끼는 것)	능력 활용(ability utilization)	자기가 인식한 기술과 재능 발휘
	성취감(achievement)	성취에 대한 자부심이 생기는 일
편안함 (편안하고 스트레스를 받지 않는 것)	활동(activity)	상대적으로 일정하고 지속적인 수준의 에너지 투자를 요구하는 작업
	독립성(independence)	개인이 독립적으로(혼자) 일할 수 있는 근무 환경
	다양성(variety)	가능한 한 활동 범위가 넓은 것
	보상(compensation)	일의 양과 질에 기초한 보상을 제공하며 유사한 업무를 수행하는 경우, 다른 사람과 비교할 수 있는 작업
	안전성(security)	고용의 지속성과 보상을 약속할 수 있는 근무 환경
	근무 조건(working conditions)	좋은 물리적 조건(physical conditions)을 특징으로 하는 업무 환경
지위 (인정을 받고 지배적인 위치에 있는 것)	발전(advancement)	업무와 관련된 우수성/탁월성에 대한 공정한 평가 기회가 제공되며 발전이 가능한 환경
	인정(recognition)	칭찬할 만한 개인의 성과에 대한 (적절한) 보상이 주어지는 근무 환경
	권위(authority)	업무 수행 방법을 결정하고 동료들에 대해 그러한 결정을 부과하는 것을 포함하는 힘
	사회적 지위(social status)	근로자에 대한 존중과 사회적 지위를 가져오는 업무
이타심 (다른 사람에게 봉사하고 다른 사람들과 조화로운 것)	동료(co-workers)	직원들이 친근한 대인관계 제스처와 관계에 관심을 갖고 있으며 이에 반응하는 근무 환경
	사회 봉사(social service)	다른 사람의 복지 증진을 위한 것으로 인식되는 업무
	도덕적 가치(moral values)	근로자가 자신이 잘못된 것이라고 정의한 행동에 참여하지 않으려는 것과 (조직의 의견이) 충돌하지 않는 업무

안전 (안정적이고 질서정연하며 예측 가능한 작업환경을 갖추는 것)	회사 정책 및 관행/실행 (company policies and practices)	명확하게 설명되는 작업환경과 안정적으로 전달 및 실행되는 가이드 라인
	감독(수퍼비전)-대인관계 (supervision-human relations)	상사가 부하 직원과 상사 간의 상호존중과 격려의 분위기를 조성하고 유지하는 근무 환경
	감독(수퍼비전)-기술 (supervision-technical)	유능하고 효과적인 지도감독이 특징적인 근무 환경
자율성 (독립적이고 통제력이 있는 것)	창의력(creativity)	근로자에 의해 독립적으로 고안되고 수행되는 혁신을 인정(순응)하는 작업
	책임(responsibility)	자율성과 책임의 발휘를 촉진하는 작업

출처: Dawis & Lofquist(1984); MJDQ(Borgen, Weiss, Tinsley, Dawis, & Lofquist, 1968); MIQ(Rounds, Henly, Dawis, Lofquist, & Weiss, 1981)를 기초로 정리함.

다음으로, 직업에서 요구하는 능력은 각 직업의 고유한 특성을 반영하고 있으며, 특정한 직업을 잘 수행하기 위해 갖추어야 하는 역량의 측면을 반영한다.

직업환경의 성격 역시 양식을 갖는데, 앞서 설명한 개인의 성격 양식과 같이 민첩성, 속도, 규칙성, 지속성의 네 가지 차원에서 직업환경의 반응을 설명한다.

(3) 직업적응이론

직업적응이론은 성격이론과 직업환경이론을 기초로 개인과 직업환경의 상호 적응과정을 기술하고 있다. 직업적응이론에서는 개인이 환경과 조화를 추구하려 하며, 조화로움을 유지하려는 동기가 있음을 강조한다. 이와 같이 조화를 추구하고 조화를 이루는 '직업적응'은 개인과 직업환경 간의 지속적이고 역동적인 상호작용이다.

이러한 역동적인 상호작용에 관련되는 두 가지의 중요한 개념은 개인 수준의 만족(satisfaction)과 직업환경 수준의 충족(satisfactoriness)이다. 먼저, 만족은 개인의 관점에서 평가할 수 있는 것으로 자신의 욕구(needs)에 대해 각 직업이 적절한 강화인을 제공해 줄 수 있을 때, 즉 개인의 필요와 환경의 보상이 일치할 때 높아진다. 그리고 충족은 직업환경의 관점에서 평가할 수 있는 것으로, 각 직업에서 요구하는 능력(abilities)에 대해 개인이 능력을 갖추고 있을 때 높아진다. 이러한 만족과 충족의 관점은 기존의 문헌에서 대부분 일치(correspondence)로 표현되었으나, 스완슨과 슈나이더(Swanson & Schneider, 2020)의 리뷰에 따르면 몇몇 연구(예: Bayl-Smith & Griffin, 2015, 2017; Dahling

& Librizzi, 2015)에서 욕구와 보상 사이의 대응을 욕구(Needs)-공급(Supplies) 적합(N-S fit), 그리고 능력과 능력 요구 사이의 대응은 수요(Demand)-능력(Ability) 적합(D-A fit)으로 표현하여 그 차이를 명시적으로 드러내려는 노력을 기울였다고 평가하였다. 만족과 충족을 포함하는 직업적응은 미네소타 만족질문지(Minnesota satisfaction questionnaire: MSQ)와 미네소타 충족척도(Minnesota satisfactoriness scale: MSS)를 통해 측정할 수 있다.

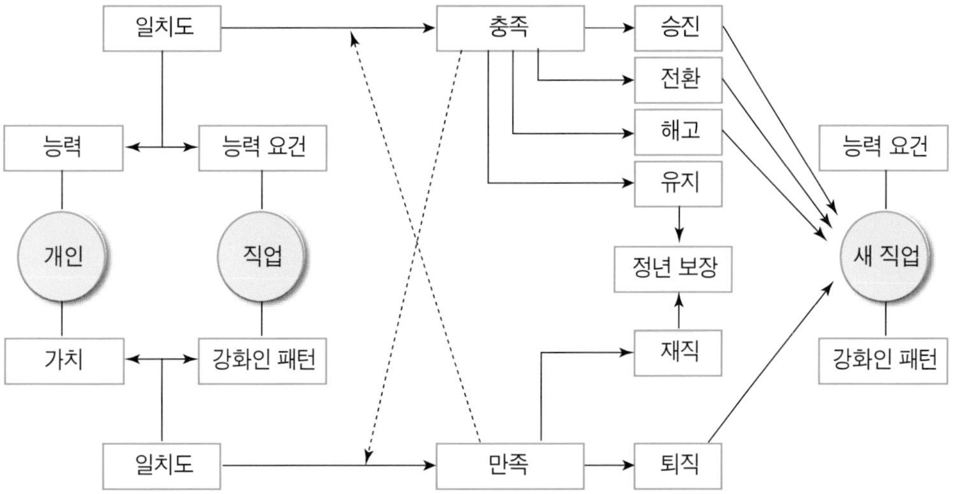

[그림 3-7] 직업적응의 예언

출처: Dawis & Lofquist (1984).

직업적응은 어떻게 발생하고 유지되는가? 이에 대한 답은 과정 모델(process model)을 통해 답할 수 있다. 개인과 환경 사이의 불일치는 행동의 동기를 일으킨다. 이때 불일치의 발생에 어떻게 반응하는가(Swanson & Schneider, 2020)를 설명하는 것이 적응 양식(adjustment style)이다. 이러한 양식의 차이에 따라 비슷한 직업 성격을 가진 개인의 적응 과정이 달라질 수 있다. 예를 들어, 유연성이 높은 개인은 개인과 환경의 일치가 낮아서 조화를 이루지 못하더라도 상대적으로 잘 견뎌 낼 수 있다. 그리고 유연성의 범위를 벗어났을 때, 어떤 사람은 자신을 변화시키려고 노력하지만 또 어떤 사람들은 환경을 변화시키며 적응해 나가려고 노력한다.

• 유연성(flexibility): 개인이 '불만족의 시점(threshold)', 즉 임계점(어떤 유형의 적응 행동으로 이어지는 시점)에 도달하기 전에 얼마나 많은 불일치를 용납할 것인지를 나타낸다. 불일치 정도가 허용할 수 있는 범위를 초과하면 적응의 모드(적극적 또는 반응적)로 이동한다. 개인에 따라 유연성의 정도는 다르다.
• 적극적/능동적 적응(active adjustment): 부적응의 정도를 감소시키기 위해 '환경에 대하여(act on environment)' 행동한다. 예를 들어, 환경에서 제공하는 보상의 범위를 파악하고 활용 가능한 보상을 변경하거나 환경의 요구를 변화시키기 위해 노력하는 것이다.

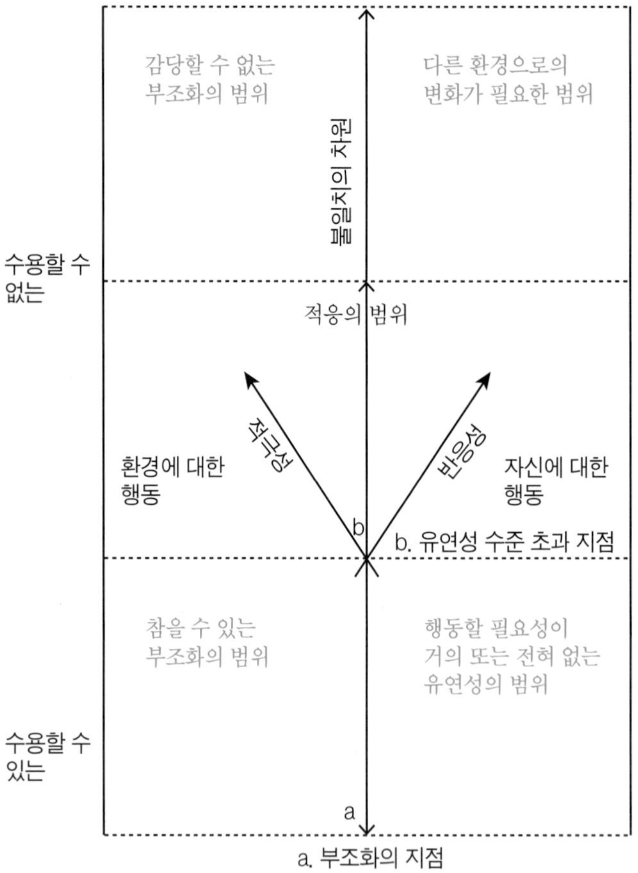

[그림 3-8] 적응 양식 차원들 간의 관계

출처: Lofquist & Dawis (1991).

- 반응적 적응(reactive adjustment): 부적응의 정도를 감소시키기 위해 '자신에 대하여(act on self)' 행동한다. 예를 들어, 자신의 욕구를 조정하거나 자신의 기술을 변화시키는 것이다.
- 인내(perseverance): 불일치하는 환경에서 떠나지 않고 기꺼이 참아 내는 지속시간의 길이를 의미한다. 이때 개인은 (적극적 또는 반응적) 적응 행동을 해 나간다. 예를 들어, 변화를 위해 단기간의 노력을 한 후에 직장을 그만두는 것은 인내가 낮은 것으로 설명되고, 반복적으로 오랜 기간 변화를 시도하면서도 그 일을 지속하는 것은 인내가 높은 것으로 설명된다.

3) 학교 진로상담 현장을 고려한 이론의 적용 및 평가

아동 · 청소년을 대상으로 하는 진로상담에서 직업적응의 관점을 다룬다는 것은 어떤 의미가 있을까?

직업적응이론은 자신의 가치와 능력, 즉 개인의 성격 구조를 위한 장기적인 준비의 필요성을 제기한다. 첫째, 가치의 관점에서 생각해 볼 수 있다. 아동 · 청소년이 성인이 되어 직업을 선택할 때, 자신이 추구하는 가치를 뚜렷하게 인식하고 이를 의사결정의 준거로 삼기 위해서는 이에 앞서 다양한 직업가치가 있음을 인식하고 자신이 추구하는 가치에 따라 직업생활이 달라질 수 있음을 인식하는 과정 그리고 다양한 경험을 통해 가치가 형성되고 내재화되는 과정이 이루어져야 한다. 즉, 진로의사결정에서 개인이 추구하는 가치가 중요한 영향을 미치며 가치의 형성은 장기적인 탐색, 인생의 오랜 경험의 축적을 통해 이루어진다는 것을 고려하여야 한다. 또한 어린 시절부터 다양한 경험을 통해 자신의 가치를 이해할 수 있는 기회를 제공하고, 아동 · 청소년을 만나는 교사, 부모, 상담자가 이러한 가치의 형성 및 내면화에 중요한 영향을 미칠 수 있다는 것을 고려하여 이론에 대해 학습 및 적용해 볼 필요성이 있다. 둘째, 자신의 능력이 무엇이라고 스스로 인식하고 또한 타인으로부터 자신의 능력을 강점으로 인정받기 위해서는 실제적인 역량을 갖추어 가는 장기적인 노력이 필요하다. 즉, 아동 · 청소년 시기에는 이러한 기본적인 구조를 갖추기 위한 노력의 필요성을 인식하고 자신에게 주어진 자원을 활용해 나가려는 동기가 강화되어야 할 것이다.

그렇다면 직업환경의 차원에서는 어떠한가? 우리 시대의 많은 사람이 취업의 어려움을 호소하고 있다. 하지만 취업 이후의 퇴직과 이직의 사례 역시 높은 비율을 차지하고 있다. 특정한 일을 시작하기에 어려움이 있는 것이 사실이지만, 그럼에도 불구하고 자신이 입직한 곳에서 자신뿐만 아니라 조직 역시 도움을 받고 만족할 수 있는 진정한 직업적응을 생각해 볼 필요성이 있다. 즉, 직업환경에 적합도가 높은 개인이 되기 위해 고려해야 할 사항을 파악하고, 특히 충족의 관점을 생각해 보는 기회도 함께 가져본다면 직업적응의 의미를 보다 심도 있게 이해할 수 있을 것이다. 또한 이러한 직업적응의 관점이 적용된 예로 미네소타 직업분류체계Ⅲ(Minnesota Occupational Classification System Ⅲ; Dawis, Dohm, Lofquist, Chartrand, & Due, 1987)와 O*NET(미국 노동부 운영 진로정보 제공 사이트), 그리고 국내의 워크넷(우리나라 한국고용정보원 운영, 진로정보 제공 사이트)을 함께 살펴보는 것도 유익할 것이다.

생각해 보기

1. 이 장의 도입부에 제시되었던 민호와 지수의 사례를 특성-요인이론 또는 홀랜드의 성격이론 관점에서 상담한다고 가정하고 다음의 질문에 답해 보세요.
   1) 선택적 관점으로 상담을 진행할 때, 상담목표는 무엇인가요?
   2) 선택적 관점으로 상담을 진행할 때, 상담전략은 무엇인가요?
2. 직업적응의 관점을 고려할 때, 내가 추구하는 가치와 현재의 직업에서 제공하는 강화물의 목록을 세 가지씩 선택해 봅시다.

◆ 참고문헌

김봉환(2012). 특성-요인이론의 한국 구직자에 대한 적용 가능성 탐색. 상담학연구, 13(5), 2271-2287.

김봉환, 이제경, 유현실, 황매향, 공윤정, 손진희, 강혜영, 김지현, 유정이, 임은미, 손은령(2010). 진로상담이론. 서울: 학지사.

김춘경, 이수연, 이윤주, 정종진, 최웅용(2016). 상담학 사전. 서울: 학지사.

ACA (2009). *The ACA encyclopedia of counseling*. American Counseling Association.

Bayl-Smith, P. H., & Griffin, B. (2015). Measuring work styles: Towards an understanding of the dynamic components of the theory of work adjustment. *Journal of Vocational Behavior, 90*, 132-144.

Bayl-Smith, P. H., & Griffin, B. (2017). Age discrimination with a PE fit paradigm: Maintaining fit with an active work style. *Journal of Occupational and Organizational Psychology, 90*, 306-328.

Borgen, F. H., Weiss, D, J., Tinsley, H. E. A., Dawis, R. V., & Lofquist, L. H. (1968). *The measurement of occupational reinforcer patterns*. Minnesota Studies in Vocational Rehabilitation, Work Adjustment Project Industrial Relations Center University of Minnesota.

Dahling, J. J., & Librizzi, U. A. (2015). Integrating the theory of work adjustment and attachment theory to predict job turnover intentions. *Journal of Career Development, 42*(3), 215-228.

Dawis, R. V., Dohm, T. E., Lofquist, L. H., Chartrand, J. M., & Due, A. M. (1987). *Minnesota occupational classification system III.* Minneapolis, MN: University of Minnesota, Department of Psychology, Vocational Psychology Research.

Dawis, R. V., & Lofquist, L. H. (1984). *A psychological theory of work adjustment. An individual-differences model and its applications*. Minneapolis, MN: University of Minnesota Press.

Dawis, R. W. (2002). Person-environment correspondence theory. In D. Brown & Associates (Eds.), *Career choice and development* (4th ed., pp. 427-464). San Francisco, CA: Jossey-Bass.

Holland, J. L. (1959). A theory of vocational choice. *Journal of Counseling Psychology, 6*(1), 35-45.

Holland, J. L. (1997). *Making vocational choices: A theory of vocational personalities and work environments* (3rd ed.). Library of Congress Cataloging-in-Publication Data.

James, R. K., & Gilliland, B. E. (2003). *Theories and strategies in counseling and psychotherapy* (5th ed.). Boston, MA: Allyn & Bacon.

Klein, K. L., & Wiener, Y. (1977). Interest congruency as a moderator of the relationships between job tenure and job satisfaction and mental health. *Journal of Vocational Behavior, 10*(1), 92-98.

Lofiquist, L. H., & Dawis, R. V. (1991). Essential of person-environment-correspindence counseling. Minneapolis, MN: University of Minnesota press.

Parsons, F. (1909). *Choosing a vocation*. Boston, MA: Houghton Mifflin.

Rounds, Jr, J. B., Henly, G. A., Dawis, R. V., Lofquist, L. H., & Weiss, D. J. (1981). *Manual for the minnesota importance questionnaire: A measure of vocational needs and values*. Minneapolis, MN: University of Minnesota Press.

Swanson, J. L., & Schneider, M. (2020). The theory of work adjustment. In S. E. Brown & R. W. Lent (Eds.), *Career development and counseling: Putting theory and research to work*. Hoboken, NJ: Wiley.

Williamson, E. G. (1939). *How to counsel students*. New York, NY: McGraw-Hill.

워크넷. https://www.work.go.kr

커리어넷. https://www.career.go.kr

O*NET OnLine. http://www.onetonline.org

제4장

발달적 관점의 이론

들어가기

제3장에서 살펴본 파슨스와 홀랜드 등의 진로이론이 개인의 특성과 직업환경의 매칭에 따른 직업선택에 초점을 두고 있다면, 이번 제4장에서 살펴볼 발달적 관점의 학자들은 진로발달을 어린 시절부터 일련의 단계를 거치며 지속되는 과정으로 본다. 긴즈버그는 발달적 관점의 진로이론을 제시한 1세대 학자로, 환상기, 잠정기, 현실기를 거치며 20대 초에 직업을 선택하기까지의 진로발달 단계를 제시하였다. 이러한 긴즈버그 이론의 제한점을 지적하며, 수퍼는 진로발달이 아동기부터 노년기까지 전 생애에 걸쳐 다양한 삶의 공간에서 펼쳐진다고 보았다. 한편, 갓프레드슨은 성역할과 사회적 지위라는 기준에 따라 자신의 진로가능성을 제한하고 타협하는 과정을 아동기부터 청소년기까지 단계별로 설명하였다. 이 장에서는 진로에 대한 발달적 관점의 이론 중 가장 폭넓게 진로발달을 다루고 있는 수퍼의 생애진로발달에 관한 이론과 직업포부의 발달을 주요하게 다룬 갓프레드슨의 제한타협이론에 대해 살펴보고, 학교 진로상담 현장에 이 이론들이 어떠한 시사점을 주는지 논의할 것이다.

학습목표

1. 수퍼가 주장한 발달적 관점의 주요 개념을 이해하고 설명할 수 있다.
2. 갓프레드슨이 주장한 제한타협이론의 주요 개념을 이해하고 설명할 수 있다.

사례 A

중학교 3학년 여학생 서진이의 진로목표는 초등학교 교사가 되는 것이었다. 초등학교를 다닐 때 서진이는 학교 선생님들을 좋아했고 자연스럽게 자신도 선생님이 되어야겠다고 생각했다. 부모님도 초등교사가 안정적인 좋은 직업이라고 지지해 준다. 서진이는 직업도 중요하지만 화목한 가정을 꾸리고 싶기도 한데 초등학교 교사가 되면 방학이 있어서 가족과 시간을 많이 보낼 수 있을 것이라고 생각했다. 또한 아이들을 좋아하는 서진이는 교사로서 학생들과 함께하는 것이 즐겁고 보람 있을 것이라고 기대했다.

그런데 서진이는 요즘 헷갈리기 시작했다. 출생률이 세계 최하위권이고 학생 수가 계속 줄어들고 있다는 기사를 접하면서 과연 미래에도 교사가 안정적인 직업일까 하는 의문이 든다. 또한 내성적인 성격의 서진이는 아이들을 좋아하긴 하지만, 수업 시간에 발표를 할 때마다 얼굴이 붉어지고 목소리가 떨리곤 해서 교사로서 수업을 잘할 수 있을까 하는 걱정이 된다. 진로목표를 바꾸어야 하는 걸까 고민이 되지만, 지금까지 다른 직업을 고려해 본 적이 없어서 막막하기만 하다.

사례 B

고등학교 1학년 남학생 지민이는 초등학교 때까진 공부를 곧잘 했지만, 중학교 이후 성적은 중위권 수준이다. 지민이는 특별히 공부를 잘하는 것도 아니고 다른 특기도 없는 자신이 평범하게 생각되고, 대학에 가야 한다는 생각은 있지만 어떤 진로목표를 세우고 학과를 선택해야 할지 모르겠다. 지민이의 부모님은 두 분이서 작은 가게를 운영하면서 지민이를 키웠다. 가게 업종을 여러 번 바꾸며 꾸려 오다가 요즘은 경기 불황으로 가게 운영에 어려움을 겪고 있고, 지민이에게는 월급을 받으며 생활하는 것이 최고라고 말한다.

지민이가 초등학교 때 아버지께서 사고로 크게 다쳐 병원에 석 달간 입원한 적이 있다. 당시 지민이는 학교 끝나면 아버지 병실에 가서 입원해 있는 다른 환자들과도 친하게 지냈는데, 자신과 대화하며 즐거워하는 환자들을 보면 지민이도 기분이 좋았고, 나중에 의사가 되어 아픈 사람을 치료해 주고 싶다고 생각했다. 그런데 의대에 가려면 최상위권의 성적이 필요하기 때문에 자신이 할 수 있는 일이 아니라고 일찌감치 마음을 접었다. 지금은 막연하게 공대에 진학하면 취업에 유리하지 않을까 생각하고 있다.

1. 수퍼의 전 생애-생애공간이론

1) 이론 개관

수퍼(Super)는 진로발달을 전 생애에 걸친 지속적인 발달과정으로 보았다. 그는 자신이 처음 출간한 1942년 책 제목에 '직업적응(vocational adjustment)'이라는 용어를 사용하며 고정된 개인과 환경의 매칭을 넘어서 개인과 환경의 변화에 관심을 가졌고(Super, 1972), 1953년 논문에서는 직접적으로 '직업 발달(vocational development)'이라는 용어를 사용하였다. 한 인터뷰에서 수퍼는 1950년경까지 '진로발달'이라는 용어조차 없었으며 '직업을 선택하고 그 후로 영원히 행복하게 살았습니다' 식의 접근이 주를 이루었다고 설명하면서(Freeman, 1993: 255), 당시 진로에 대한 전 생애 발달적 관점을 도입한 의미를 강조하였다. 긴즈버그, 긴스버그, 액셀래드와 허마(Ginzberg, Ginsburg, Axelrad, Herma, 1951)도 직업결정에 이르는 20대 초반까지의 발달과정을 설명하였으나, 전 생애가 아닌 성인 초기의 진로선택과 노동시장 진입에 초점을 두고 있었다(Super, 1990).

수퍼는 전 생애의 진로발달을 5단계로 제시하여 진로를 종적으로 확장하였을 뿐 아니라 공간적으로도 확장하였다. '진로'와 '직업'을 구분하며, 진로란 개인이 수행하는 직업인의 역할뿐만 아니라 자녀, 학생, 시민, 배우자, 부모, 여가인 등 다양한 생애역할을 아우른다고 보았다(Super, 1980). 즉, 수퍼의 관점에서 진로발달이란 직업을 '선택'하는 한 번의 사건에 국한된 것이 아니라 생애에 걸쳐 펼쳐지는 것이며, 직업뿐만이 아니라 직업을 둘러싼 삶의 여러 영역과 역할을 포괄한다.

수퍼에 의하면 진로발달은 직업적 자기개념을 개발하고, 직업을 통해 자기개념을 실행하는 것이다(Super, 1990). 자기개념이란 개인과 환경의 끊임없는 상호작용 속에서 형성되고 수정되는 자기 자신에 대한 견해를 의미한다. 따라서 이러한 수퍼의 관점에서 진로상담을 한다면, 학생들이 자기개념을 긍정적으로 형성하고 자기개념을 실행할 수 있는 진로를 계획할 수 있도록 지원하는 것이 중요하다. 또한 학생들이 진로발달 단계에 따른 과업들을 성공적으로 수행할 수 있도록 돕고, 각 생애역할의 중요도를 고려하여 진로를 설계할 수 있도록 조력해야 한다.

'수퍼의 이론'이란 것은 없다는 것이 수퍼의 주장이다. 진로발달과 같은 복잡한 개념을 하나의 이론으로 설명하는 것은 어렵기 때문에, 진로발달의 특정한 측면을 다루는 분절적인 이론들의 집합체가 있을 뿐이라고 하였다(Super, 1990). 수퍼의 '분절이론(segmental theory)'에서 핵심을 차지하는 주요 개념은 전 생애, 생애공간(생애역할), 자기개념이다.

2) 주요 개념 및 내용

(1) 전 생애(life-span)

수퍼(1990)는 전 생애에 걸친 진로발달을 성장기, 탐색기, 확립기, 유지기, 이탈기에 이르는 5단계로 제시하였다. 이러한 단계는 대략 아동기, 청소년기, 성인초기, 성인중기, 성인후기에 대응한다고 볼 수 있지만, 발달 단계별로 제시된 연령은 매우 유동적이다. 한 단계를 건너뛰는 것은 다음 단계에서 어려움을 초래할 수 있다. 예를 들어, 직업 정보의 충분한 탐색 없이 직업을 선택했다면 그 직업에 정착하는 데 어려움을 겪을 수 있다.

성장기(4~13세)는 자기에 대한 지각이 생기고, 직업세계에 대한 기본적인 이해를 쌓아 가는 시기이다. 성장기 아동은 환상기(fantasy), 흥미기(interest), 능력기(capacity)의 하위 단계를 거친다. 환상기의 아동은 호기심을 동력으로 삼아 가정과 학교, 또래관계 등을 통해 주위 환경을 탐색하고 직업적 환상을 키워 간다. 흥미기의 아동은 좋아하는 것을 바탕으로 여러 경험을 쌓으며 환경에 대한 통제감을 발달시키고, 성공을 경험한 활동에 대한 흥미를 키운다. 이때의 긍정적 경험은 자아존중감 발달에도 중요하다. 능력기의 아동은 자신의 능력에 대해서 나름대로 판단할 수 있고, 관심 있는 직업에 대한 정보를 접하면서 직업에서 성공하기 위해 흥미만이 아니라 능력이 중요하다는 점을 인식한다. 예를 들어, '축구선수가 되고 싶었지만, 내가 축구를 그다지 잘하지 않으니 축구선수가 되긴 어렵겠지.'와 같이 흥미와 능력을 모두 고려하여 직업을 생각할 수 있다. 또한 현재의 삶이 미래의 삶에 미치는 영향과 미래를 계획하는 것의 의미를 깨닫기 시작한다. 이러한 미래를 조망할 수 있는 능력의 발달은 학업계획과 진로계획을 세울 수 있는 토대가 된다.

탐색기(14~24세)는 학교생활, 여가활동, 봉사활동, 시간제 일 등을 통해서 자아를 검증하고 진로에 대한 구체적 탐색을 하며, 진로에 관한 의사결정과 준비를 하는 시기이다. 탐색기에는 잠정기(tentative), 전환기(transition) 그리고 시행기(trial)를 거치며, 결정화(crystallizing), 구체화(specifying), 실행(implementing)의 발달 과업을 다룬다(Niles &

Harris-Bowlsbey, 2009). 즉, 성장기에 획득한 직업과 자신에 대한 여러 가지 정보를 종합하여 자신이 하고 싶은 일의 유형을 점차 분명히 하고 그 분야에 관해 더 깊이 있는 정보를 탐색한다. 이에 따라 관심을 갖게 된 몇 가지 직업 중에서 선호하는 직업을 좁혀 가며 구체화하고, 이러한 과정을 거쳐 선택한 직업 분야에 종사하기 위해 교육 · 훈련을 받거나 구직활동을 하는 등의 필요한 행동을 한다.

확립기(25~44세)는 직업을 가지고 자신의 일을 확립해 나가는 시기이며, 안정화(stabilizing), 공고화(consolidating), 발전(advancing)의 발달 과업을 수행한다. 먼저, 입직한 곳에서 자신의 자기개념을 적절히 나타낼 수 있는지 평가하는 시기를 거친다. 즉, 입문한 직업에서 요구하는 기술과 흥미를 자신이 가지고 있는지, 조직문화와 자신이 맞는지를 평가하고, 직무와 조직문화에 적응하며 안정적으로 자리 잡아 간다. 입직한 곳에 정착한 경우, 신뢰할 수 있는 생산적인 일원으로서 일터에서 자신의 위치를 공고히 한다. 공고화 단계를 거치면서 개인은 직업 속에서 자신의 역할과 정체성을 확장하고, 급여가 더 높고 책임과 권한이 많은 지위로 올라가고자 노력한다.

유지기(45~64세)는 몸 담고 있는 분야에서 자신의 수행 수준을 유지하고 발전시키기 위해 보유(holding), 갱신(updating), 혁신(innovating)의 과업을 수행하는 단계이다. 보유기에는 일터에서 자신이 성취한 것을 유지하기 위해 노력하고, 기존의 자리에서 변화에 적응하기 위해 새로운 것을 배우기도 한다. 이 때 조기 은퇴나 구조 조정의 압력을 받을 수도 있고, 다른 직업 분야로의 전환을 꾀하기도 한다. 현 일자리에 머무르게 된다면, 자신이 일하는 분야의 변화를 받아들이고 새로운 기술에 관한 교육이나 회의에 참석하며 네트워킹을 통해 최신 동향에 대한 정보를 수집하는 등 갱신활동을 한다. 더 나아가, 이전에 했던 방식과는 다른 방식으로 시도해 보고, 새로운 기술을 개발하거나 더 높은 수준의 과제를 수행하며, 도전 과제를 발굴하는 등 혁신을 시도한다.

이탈기(65세 이상)에는 자신이 맡은 일에 대한 책임을 서서히 줄여 나가고(감속, decelerating), 퇴직 후의 활동이나 재정계획을 세우는 등 은퇴계획(retirement planning)을 세우며, 은퇴 후 생활(retirement living)을 하면서는 여가, 가족, 봉사활동의 비중이 커지고 일의 비중은 작아진다.

개인은 '대순환(maxi-cycle)'이라고 칭한 이 같은 5단계를 일직선으로 밟아 가는 것이 아니라 이전의 단계로 되돌아갈 수 있다(Super, 1990). 예를 들어, 확립기의 개인이 직업에 입문하여 경험을 쌓는 과정에서 자신이 선택한 직업이 자기개념을 실행하기에 적절하지 않다고 판단할 경우, 입직한 곳에 정착하지 않고 탐색기로 돌아가서 직업 정보의 탐색과 선택의 과정을 다시 밟을 수 있다. 이처럼 이전의 진로발달 단계로 되돌아가서 단계를 다시 거치는 것을 '재순환(recycle)'이라고 한다. 수퍼는 환경의 변화와 자기개념의 변화에 따라 재순환을 겪고 직업선택을 조정하는 것이 자연스럽고 적응적인 과정이라고 하였다.

또한 5개의 각 발달 단계의 전환과정에서도 성장, 탐색, 확립, 유지, 이탈의 단계 중 하나 이상이 다시 진행될 수 있다는 '소순환(mini-cycle)'이라는 개념도 제시하였다. 예를 들어, 고등학교를 졸업하고 처음 입직한 경우에 새 역할과 관련한 경험을 쌓으며 자아개념을 형성하는 성장기 기간을 겪고, 선택한 직업에서의 역할 특성과 기대를 탐색하는 단계를 거치며, 역할을 확립하고 성공적으로 유지하다가 해당 역할 수행을 줄이고 직업에서의 변화를 꾀할 수 있다(Super, 1990).

개인의 생물학적 · 사회적 발달과 사회적 기대에 따른 진로발달 과업에 대처할 준비가 되어 있는 정도를 진로성숙(career maturity)이라고 한다(Super, 1957). 진로성숙은 직업적 미래를 탐색하고 계획하는 태도적 측면 및 직업세계와 진로의사결정 과정에 대한 지식 등 인지적 측면을 포함한다(Super, 1990; Hartung, 2020). 같은 나이의 학생들이라고 하더라도 각 개인이 위치한 발달 단계와 발달 과업에 대한 준비도는 다양하기 때문에, 개별 학생에게 맞는 진로상담을 하기 위해서는 각 학생들의 진로성숙도를 점검해 보는 것이 필요하다.

한편, 수퍼는 성인기의 개인마다 다양한 진로 경로를 반영하기 위해서는 진로성숙보다는 '진로적응(career adaptability)' 개념이 더 적절하다고 하였다. 성인기에는 아동기와 청소년기만큼 연령과 발달 과업 간의 연결성이 밀접하지 않기 때문에, 직업환경의 역동적 변화에 대한 대처와 진로결정에 대한 성인기의 준비도는 진로적응이라고 불려야 한다는 것이다. 이처럼 진로적응이란 용어는 처음에는 성인을 위해 만들어졌지만, 이후 전 생애에 걸친 진로발달 과업 수행 및 직업세계의 예측 불가한 변화에 적응할 수 있는 준비 정도를 나타내고자 아동 · 청소년에게도 진로적응 개념이 적극적으로 적용되고 있다(Savickas, 1997; Hartung, 2020).

(2) 생애역할(life-role)

수퍼는 진로(career)와 직업(occupation)을 구분하면서, 진로란 개인이 생애에 걸쳐 수행하는 역할들의 조합이라고 보았다(Super, 1980). 수퍼가 제시한 아홉 가지 생애역할은 자녀, 학생, 여가인, 시민, 직업인, 배우자, 가사담당자, 부모, 연금생활자이다. 개인에 따라 이 아홉 가지 중 일부만 수행하거나 다른 역할들이 추가될 수도 있다. 예를 들어, 평생 동안 결혼을 하지 않고 아이를 기르지 않는 개인은 배우자와 부모의 역할을 하진 않겠지만, 연인 또는 반려동물을 돌보는 역할을 비중 있게 수행할 수 있다.

생애역할은 특정 극장에서 수행된다. 수퍼는 가정, 학교, 지역사회, 일터를 주요 극장으로 제시하였다(Super, 1980). 각 생애역할은 일반적으로 한 극장에서 수행되지만 꼭 그런 것만은 아니다. 예를 들어, 부모의 역할은 주로 집에서 수행되지만, 자녀의 학교나 지역의 커뮤니티 센터에서 수행되기도 한다. 하나의 역할이 다른 극장으로 흘러넘치면서 다른 역할에 영향을 주게 되면 역할 갈등이 발생할 수 있다. 만약 직장 일을 퇴근 후 집에 와서까지 처리하는 일이 반복된다면, 직업인의 역할과 가족 구성원으로서의 역할을 수행하는 데 갈등이 일어나고 그것이 가족에게도 영향을 미칠 수 있을 것이다. 반면, 일터에서 접한 새로운 지식을 저녁 식사 시간에 자녀에게 공유하고 자신의 생각을 정리하는 기회로 삼는다면, 이는 직업인의 역할이 가정에서의 부모 역할 수행까지 풍요롭게 만드는 예이다.

각 생애역할에 얼마큼의 시간과 감정을 쏟는지는 사람에 따라 다르며, 한 개인 안에서도 생애의 시점에 따라 다르다. 수퍼는 [그림 4-1]과 같이 개인이 수행하는 생애역할의 중요도가 인생의 시기에 따라 어떻게 변화하는지를 한눈에 볼 수 있도록 생애진로무지개 모형에 나타냈다(Super, 1980). 무지개의 바깥쪽에는 성장기에서 이탈기에 이르는 생애 단계와 연령이 펼쳐져 있으며, 그 안쪽의 무지개 층마다 하나씩 생애역할이 적혀 있다. 생애 시기별 생애역할의 중요도를 해당 칸 음영의 두께와 진하기로 표시하였다. 음영이 넓을수록 그 생애역할 수행에 많은 시간을 쓰고 있음을 나타내고, 음영이 진할수록 그 역할에 정서적으로 관여하고 있음을 나타낸다(Super, 1980). 또한 진로에 영향을 미치는 개인 요인(심리적 요인, 생물학적 요인 등)은 무지개의 가장 안쪽에, 상황적 요인(사회경제적 배경, 가정 배경 등)은 무지개 바깥쪽 상단에 나타냈다. 수퍼는 생애진로무지개를 진로상담과 교육에서 주관적인 평가도구로 유용하게 활용할 수 있다고 하였다. 생애진로무지개 활동은 제9장에서 보다 자세히 소개된다.

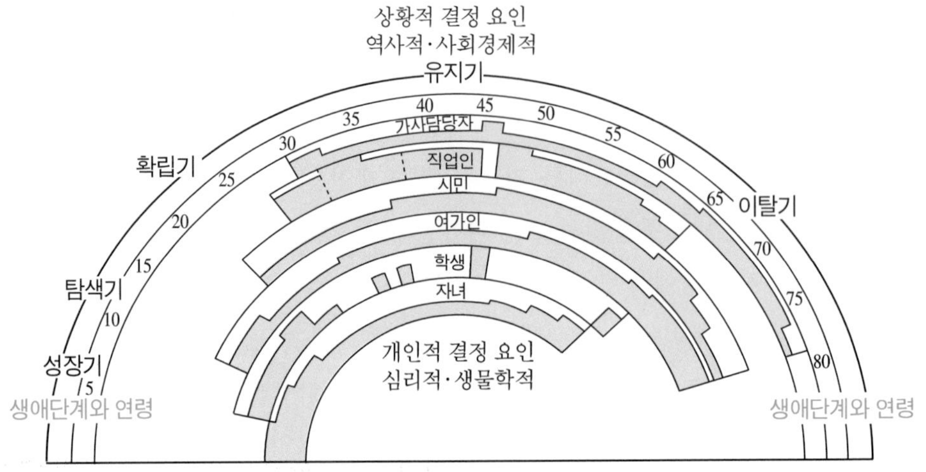

[그림 4-1] **수퍼의 생애진로무지개**

출처: Super (1990).

(3) 자기개념

수퍼에 따르면 진로발달은 직업적 자기개념을 개발하고 실행하는 것이다(Super, 1990). 자기개념이란 개인이 자기 자신에 대해 가지고 있는 견해 또는 자신에 대한 상을 뜻하며, 타고난 적성, 신체, 다양한 역할 관찰과 수행의 기회, 역할 수행 결과에 대한 사람들의 평가 등이 상호작용하면서 자기개념 형성에 영향을 미친다(Super, 1963). 수퍼(1990)는 사람들이 일에서 얻는 만족의 정도는 일을 통해 자기개념을 실행할 수 있는 정도에 비례한다고 하였다.

자기개념에는 주관적 측면과 객관적 측면이 있다(Niles & Harris-Bowlsbey, 2009). 주관적 측면은 삶의 경험을 바탕으로 한 자신의 고유성에 대한 이해이다. 예를 들어, 또래상담자 활동을 하면서 친구들이 어려움을 극복하도록 도와주는 일에서 기쁨과 의미를 느끼는 자신을 발견하는 것은 자기개념의 주관적 측면이다. 한편, 친구들에 비해 나는 글쓰기를 잘한다고 인식하는 것은 타인과의 비교를 통한 자기이해의 객관적 측면이다.

수퍼는 [그림 4-2]와 같은 아치웨이 모형을 통해서 진로발달 과정에서 작용하는 다양한 요인을 통합적으로 제시하였다. 모형 하단의 가운데 돌은 인간발달의 생물학적-지리적 근간을 나타내며, 양옆으로는 진로발달에 영향을 미치는 개인적 요인(욕구, 가치, 흥미, 지능, 적성 등)과 사회적 요인(지역사회, 학교, 가족, 노동시장 등)들이 기둥을 이루고 있다. 수퍼는 이 두 기둥, 즉 개인적 요인과 사회적 요인이 역동적으로 상호작용한다는 점을 강조하였다. 예컨대, 학교에서의 경험을 통해 학생의 흥미와 적성이 키워지고, 학생이 자신의 흥미와 적성을 발휘하여 학교환경을 변화시킬 수 있다. 이러한 개인적-사회적 요인의 상호작용 속에서 진로가 발달하며, 기둥이 받치고 있는 아치가 진로를 나타낸다. 개인(자기)은 아동기부터 노년기까지의 발달 단계를 거치면서 개인적 · 사회적 요인들을 바탕으로 각 생애역할에서의 자기 자신에 대한 개념을 발달시키고, 진로 관련 의사결정을 내린다.

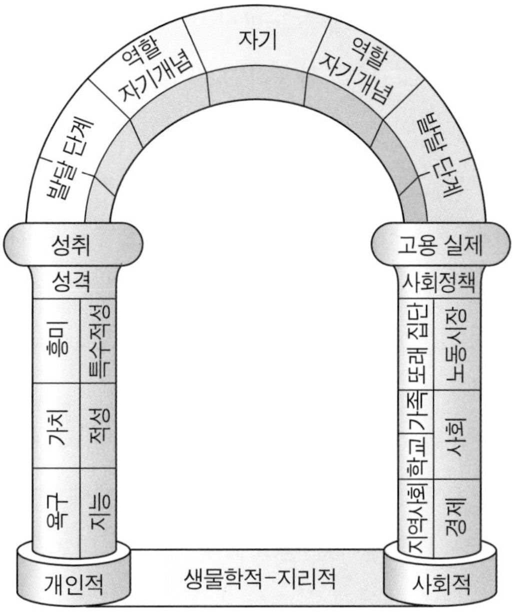

[그림 4-2] 수퍼의 아치웨이 모형

출처: Super (1990).

3) 학교 진로상담 현장을 고려한 이론의 적용 및 평가

수퍼는 자신의 분절이론들을 진로상담 현장에 적용할 수 있도록 진로발달 평가와 상담(Career Development Assessment and Counseling: C-DAC) 모형을 제안하였다(Super, Osborne, Walsh, Brown, & Niles, 1992). 이 모형은 내담자의 진로발달 수준(진로성숙도 또는 적응도), 생애역할의 중요도와 우선순위 그리고 내담자의 흥미, 능력, 가치관 등을 체계적으로 평가하고, 이러한 정보를 통합하여 해석하고 상담을 진행하는 단계를 제시한다(Niles, 2001).

학교 진로상담에서 수퍼의 진로발달 단계는 아동기와 청소년기 학생들이 다루어야 할 주요 진로발달 과업이 무엇인지를 알려 준다. 초등학생들에게는 다양한 경험을 통해 흥미와 유능감을 기르고, 자신의 미래에 관심을 가지며, 학교 안팎에서 배우고 성취하는 것이 미래의 진로와 어떠한 연관이 있는지 생각할 수 있도록 돕는 것이 필요하다. 성장기 후반에서 탐색기에 해당하는 중·고등학교 시기에는 학생들이 자기와 직업에 관한 정보를 충분히 수집하고 다양한 경험과 역할 수행을 통해 자신의 능력, 흥미, 가치관 등을 시험해 봄으로써 현실적인 자기개념을 발달시킬 수 있도록 안내해야 한다. 또한 합리적인 의사결정 기술을 익히고 이를 활용하여 자신이 선호하는 직업을 구체화하고, 의사결정에 따른 진로·진학 계획을 세우고 실행하는 과정을 지원해야 한다. 수퍼의 진로성숙 개념은 학생들의 진로발달 과업에 대한 준비도와 대처 수준을 평가하고 그에 맞는 상담을 하는 데 유용하게 적용된다. 커리어넷의 진로성숙도검사나 워크넷의 청소년 진로발달검사 등을 활용하여 진로성숙도의 구성 요인별 학생의 수준을 파악하고, 부족한 부분을 보완할 수 있도록 상담할 수 있다. 커리어넷의 진로성숙도검사는 제9장에서 보다 자세히 소개한다.

생애역할 개념은 학생들의 다양성을 고려하는 진로상담에 시사점을 준다. 사람마다 일에 부여하는 의미와 중요도가 다르며, 문화적 배경이 생애역할의 의미에 영향을 미친다. 따라서 상담자는 자신의 생애역할 중요도에 영향을 미친 가치관과 문화적 영향을 인식하고, 자신의 가치관을 학생에게 부여하지 않도록 노력하며 다양성을 존중해야 한다. 또한 학생들이 생애역할들 간에 어떻게 조화를 이루며 살고 싶은지, 삶에서 직업인 역할이 차지하는 의미는 어떠한지, 그리고 이러한 생애역할의 의미와 중요도에 미친 문화적·환경적 영향은 무엇인지 탐색해 보도록 도울 수 있다. '생애진로무지개'를 학생들에게 소개하고 자신의 생애진로무지개를 그려 보도록 하는 것도 생애역할의 다양성을 탐색할 수 있는 유용한 방법이다(제9장 참조).

지금까지 살펴본 바와 같이, 수퍼는 진로발달의 개념을 시공간적으로 확장함으로써 진로상담과 연구에 큰 영향을 끼쳤다(Leung, 2008). 수퍼의 생애진로발달에 대한 관점은 학생이 수행해 왔고 앞으로 수행할 생애역할들의 우선순위와 의미가 삶의 흐름과 함께 어떻게 변화할지, 다양한 개인적 요인과 환경적 요인이 진로발달 과정에 어떻게 영향을 미치는지, 생애 단계에 따른 발달 과업에 대한 준비도와 대처는 어떠한지 등을 고려한 진로상담을 할 수 있는 틀을 제공한다.

진로결정은 수많은 작은 결정의 연속이라는 관점(Super, 1990)과 재순환의 개념은 학교 진로상담에서도 유용하다. 작게는 프로젝트 학습의 주제나 동아리 활동의 선택부터 수강 과목의 선택, 나아가 직업목표의 설정과 진학할 학교와 전공의 결정, 취득할 자격증 선택 등 마주하게 될 작은 결정들을 통해 자신의 진로를 만들어 간다는 것을 학생들이 인식하는 것이 중요하다. 또한 진학 결정이나 취업이 진로결정의 끝이 아님을 알고, 학생들이 진로목표를 선택하고 계획을 실행한 후에도 자기개념과 자신의 선택이 조화를 이루는지 점검하고, 필요하다면 목표나 계획을 수정하고 대안들을 재탐색할 수 있도록 안내해야 한다.

수퍼 자신이 말했듯 그의 이론은 진로발달의 복잡한 측면들을 설명하는 여러 이론을 망라한다. 진로발달이나 진로성숙과 같은 개념은 본래 복잡한 특성을 띠기 때문에 하나의 이론이나 단일한 구성개념으로 설명하는 것은 적절하지 않다는 것이 수퍼의 견해이다(Super, 1990). 이러한 포괄성으로 인해 수퍼의 진로발달이론은 조작적으로 정의하고 과학적으로 검증하기 어렵다는 비판을 받기도 한다(Salomone, 1996). 다양한 생애역할을 아우르는 수퍼의 진로에 대한 정의는 지나치게 포괄적이어서 개념 정의에 필요한 명확성(clarity), 구체성(specificity) 그리고 배타성(exclusivity)이 부족하다는 지적도 있다(Salomone, 1996). 그러나 다양한 문화적 · 환경적 요인의 상호작용을 복합적으로 고려하며 전 생애를 다루는 그의 이론은 역동적으로 변화하는 지금과 같은 환경에서의 진로발달과 상담에 여전히 큰 의미를 지니며, 유용하게 적용될 수 있다.

2. 갓프레드슨의 제한타협이론

1) 이론 개관

갓프레드슨(Gottfredson, 2002)은 직업선택을 기본적으로 개인과 직업을 매칭하는 과정이라고 보면서, 유아기부터 시작되는 매칭과정의 핵심을 진로 대안의 제한과 타협으로 설명한다(Gottfredson, 1981, 1996, 2002, 2005). 즉, 제한타협이론은 성별과 계층에 따라 수많은 직업 중 자신이 고려할 수 있는 직업의 범위를 제한하고, 가장 선호하는 직업을 포기하고 현실적으로 가능하다고 생각되는 직업 대안으로 타협해 가는 과정을 체계화하였다. 수퍼가 전 생애에 걸친 진로발달 단계를 제시한 것에 비해 갓프레드슨은 유아기부터 청소년기까지의 인지 능력 발달에 따른 직업 대안의 제한과정을 4단계로 나누어 설명한다. 성인기 진로발달을 다루지 않는다는 비판도 있지만, 갓프레드슨의 초점은 다른 쪽에 있었다. 갓프레드슨은 자신의 이론을 발전시키면서 자신을 포함한 진로이론가들이 성별과 같은 집단 간 차이에 주목해 온 반면, 집단 내 개인차에 대한 이해를 간과해 왔음에 문제의식을 느꼈다(Gottfredson, 2002). 이에 따라 성인기의 진로발달은 다른 이론들의 몫으로 남겨 두고, 갓프레드슨은 흥미, 능력 등 진로결정 요인들의 개인차를 다루는 방향으로 자신의 이론을 발전시켰다(Gottfredson, 2002).

구체적으로, 갓프레드슨은 성별과 사회적 지위를 중심으로 직업포부의 제한과 타협과정을 설명하는 자신의 이론을 확장하면서 '성별과 사회적 지위가 같은 개인 간 진로포부의 차이는 무엇 때문에 발생하는가?'라는 물음에 답하고자 하였다(Gottfredson, 2002). 이를 위해 행동유전학 연구 결과를 빌려와 개인은 타고난 유전적 경향성을 바탕으로 자신과 환경을 만들어 가는 적극적인 역할을 하며, 이러한 자기창조가 집단 내 개인의 고유성을 설명한다고 하였다. 유전과 환경이 상호작용하면서 개인의 고유성에 기여하는데, 개인은 자신의 유전적 성향과 유사한 환경을 선택하는 경향이 있기 때문에 나이가 들수록 유전의 영향이 강해진다는 것이 행동유전학의 연구 결과이다. 예를 들면, 외향적인 기질의 사람은 많은 사람과 교류하는 활동을 택하고 지속함으로써 타고난 외향적인 기질이 더욱 발휘된다는 것이다. 한편, 일반적 능력과 성격 특성은 비교적 유전적 성향이 유지되는 반면에 직업 분야에 대한 기술, 능력, 태도, 신념, 흥미 등의 개발은 상대적으로 경험의 영향을 많이 받는다. 따라서 폭넓은 경험을 통해 자신의 진로 관련 특성들을 발견하고 개발하며, 자신이 성장하는 데 적합한 환경을 스스로 선택하고 조성하는 것이 긍정적 진로발달을 위해 중요하다고 보았다. 이러한 자기창조를 통해 개인이 직업 대안을 부적절하게 제한하고 타협하는 것을 방지해야 한다는 것이 갓프레드슨의 관점이다.

제한타협이론은 개인-직업 매칭과정에서 중요한 네 가지 발달과정에 주목한다. 인지능력의 발달에 따라 자기 자신과 직업세계에 대한 이해가 정교해지는 '인지적 성장'과 개인이 자신의 유전적 성향에 적합한 환경을 선택하고 만들며 자신을 개발하는 '자기창조', 선호도가 낮은 직업 대안들을 제거해 '제한(circumscription)'하는 과정과 직업선택에 대한 외부 제약을 인식하고 덜 선호하지만 현실적인 직업으로 '타협(compromise)'하는 과정이다(Gottfredson, 2005). 이 장에서는 제한과 타협과정을 중심으로 갓프레드슨의 제한타협이론을 살펴보고자 한다.

2) 주요 개념 및 내용

(1) 제한

갓프레드슨에 따르면, 아동은 4단계의 과정을 거치며 자신의 미래 직업선택지들을 점차적으로 좁혀 간다(Gottfredson, 2005; [그림 4-3] 참조).

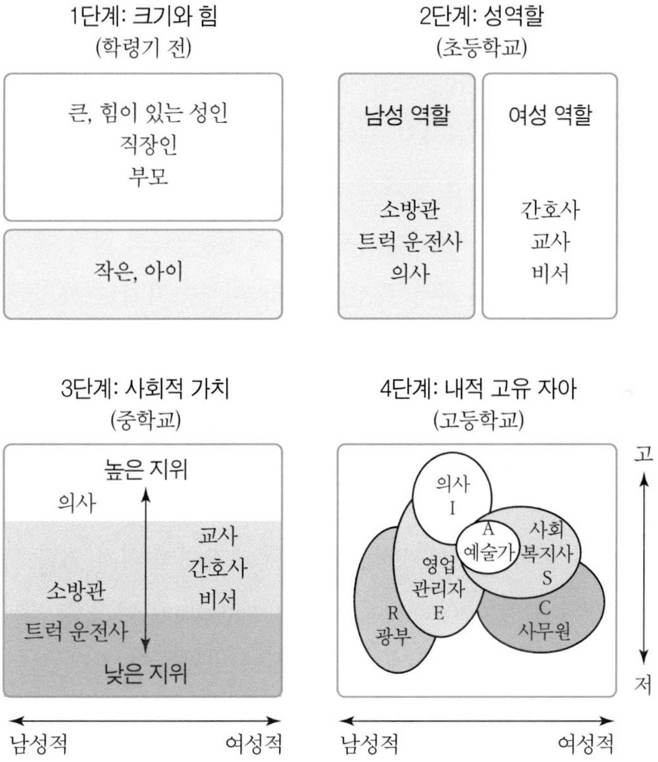

[그림 4-3] 직업포부 제한의 4단계

출처: Gottfredson (2005).

1단계는 크기와 힘 지향(orientation to size and power) 단계로, 만 3~5세 무렵이다. 학령전기 아동은 이전의 마술적 사고에서 벗어나 크기, 색 등 대상의 두드러진 속성 한 가지를 바탕으로 판단하는 직관적 사고를 발달시키며, 외양을 바꿔도 성별은 바뀌지 않음을 아는 것과 같은 대상항상성을 획득하기 시작한다. 이와 같은 인지 발달에 따라 아동은 더 이상 동물이나 사물, 환상 속 인물이 되겠다고 하지 않으며, 크고 강함 및 작고 약함의 단순한 기준으로 사람을 구분한다. 직업은 크고 강한 어른들의 세계에 속하며, 자신이 커서 어른이 되면 직업 역할을 수행할 것이라고 인식한다.

2단계는 성역할 지향(orientation to sex role) 단계로, 만 6~8세 정도에 해당한다. 이 시기의 아동은 구체적인 사고를 할 수 있으며, 자주 접하거나 제복을 입고 있는 등 시각적인 주의를 끄는 직업들을 중심으로 예전보다 많은 직업들을 인식한다. 특히 이 시기의 아동은 옷이나 머리 모양, 전형적 활동 등 외적인 모습에 의해 성별을 구분한다. 그리고 이분법적 사고를 하는 인지발달적 특성으로 인해 직업을 여자 또는 남자에 속하는 것으로 구분하고, 여자 아동은 여자 역할이라고 인식한 직업으로, 남자 아동은 남자 역할로 보이는 직업으로 자신의 미래 직업 대안을 좁히는 과정이 진행된다. 예를 들어, 남자 아동은 간호사를 여자 직업이라고 생각하여 자신의 직업 대안에서 배제하고, 여자 아동은 소방관을 남자 직업이라고 여겨서 제외한다.

아동은 어떤 친구를 사귀고, 어떤 놀이를 하는지 등 경험의 상당 부분을 스스로 결정한다. 이러한 결정은 아동의 유전적 특성에 따라 이루어지기도 하지만 문화도 영향을 미친다. 문화적으로 남자와 여자 아동이 접하는 경험의 종류와 기대에 차이가 있으며, 이는 아동이 성역할 고정관념에 따라 직업 대안을 제한하는 데 영향을 준다. 예컨데, 운동을 좋아하는 여자 아동은 자신의 특성에 따라 운동하는 놀이를 선택할 수 있지만, 문화적으로 남자 아동에 비해 다양한 운동 놀이를 할 기회가 적고 여자 축구선수를 접할 기회가 적다면, 자신의 직업 대안에서 축구선수를 제거해 버리기 쉽다.

3단계는 사회적 가치 지향(orientation to social valuation) 단계로, 만 9~13세 정도에 해당한다. 이 시기에는 아동의 추상적 사고 능력이 발달함에 따라 보이지 않는 활동들도 개념화할 수 있고, 사무실에서 컴퓨터로 작업을 하는 사람이라고 하더라도 작가, 연구원, 비서, 경영자 등 서로 다른 일을 한다는 것을 안다. 아동은 직업의 위계와 사회적 평가에 민감해지면서 성별에 이어 사회적 지위에 따라 직업을 구별한다. 즉, 이전 단계의 성역할 유형에 따라 자신이 수용할 수 있다고 설정한 범위 안에서, 사회적 지위가 너무 낮다고 생각되거나 성취하기 어렵다고 판단되는 너무 높은 지위의 직업을 배제하며 직업포부의 상한선과 하한선을 설정한다. 이렇게 아동이 성 유형과 사회적 지위에 의해 직업 지도에서 지워 버리고 남아 있는 영역을 '수용 가능한 대안 영역(zone of acceptable alternatives)' 또는 '사회적 공간(social space)'이라고 한다([그림 4-4] 참조).

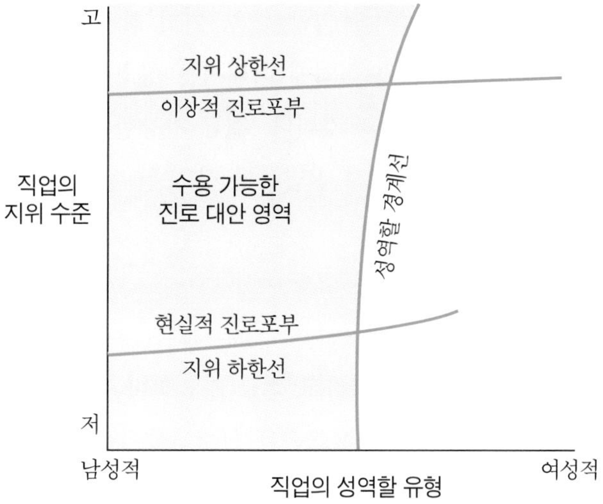

[그림 4-4] 직업포부의 제한(평균 지능을 지닌 중산층 소년의 예시)

출처: Gottfredson (1996).

이 시기의 아동은 학업 성취도와 직업 지위를 연관짓는다. 이에 따라 자신의 학업 능력과 성취 정도에 대한 또래와의 비교는 직업포부의 상한선과 하한선을 결정하는 데 큰 역할을 한다. 아동의 사회경제적 배경도 직업포부에 영향을 미칠 수 있다(Gottfredson, 2005). 낮은 사회적 계층 아동의 직업포부 상한선과 하한선이 중산층 아동에 비해 낮을 수 있는데, 이는 낮은 계층 아동이 주위로부터 높은 사회적 지위의 직업에 대한 기대나 지원을 적게 받았기 때문일 가능성도 있다.

마지막 4단계는 내적 고유 자아 지향(orientation of the internal, unique self) 단계로, 대략 만 14세 이후이다. 이전 단계에서 대안을 제거하는 과정이 대체로 아동이 명확히 인지하지 못한 채 일어났다면, 4단계의 청소년들은 의식적으로 자신에게 적합한 직업들을 탐색한다. 흥미, 능력, 가치관 등 개인과 직업의 추상적, 내적, 고유한 측면들에 대해 이해할 수 있는 인지 능력이 발달함에 따라 이 시기의 개인-직업 매칭과정은 다차원적으로 진행된다. 직업 흥미, 가치, 태도 그리고 특수한 능력과 같은 개인적 속성들은 관련 경험을 통해 형성되기 때문에, 관련 경험이 부족한 청소년들은 여전히 자신의 직업 흥미, 능력, 목표가 무엇인지 고심한다.

청소년들은 가장 선호하는 직업을 추구하는 '이상적인 포부' 대신, 수용 가능한 직업 범위 내에서 덜 선호하지만 실제로 가질 수 있다고 생각하는 직업을 목표로 하는 '현실적인 직업포부'를 발달시킨다. 여기서 유의할 점은, 이미 성 유형과 사회적 지위에 따라 자신의 사회적 공간에서 제거해 버린 직업에 대해서는 청소년들이 흥미와 능력을 검증할 충분한 경험을 하지 못할 수 있다는 것이다. 접근 가능한 직업들을 충분히 파악하기 전에 너무 일찍 하나의 직업을 선택해서 전념하는 것 또한 청소년들의 적절한 직업선택을 방해할 수 있다.

(2) 타협

타협이란 가장 선호하는 직업을 포기하고 접근 가능하다고 생각되는 직업 대안을 택하는 과정이다(Gottfredson, 2005). 갓프레드슨은 청소년들이 자신의 직업 대안을 부적절하게 제한했거나 잠재적인 기회에 대해 잘 모르기 때문에 과도하게 타협이 일어난다고 지적하며, 폭넓은 진로정보의 습득과 자신의 경쟁력 개발, 우호적 환경 조성 등 주도적인 자기창조의 과정을 통해 과도한 타협을 줄일 수 있다고 하였다.

청소년들은 타협과정에서 최상의 이상적인 직업 대신 자신이 성취할 수 있다고 생각되는 '이만하면 괜찮은' 직업을 찾는다. 개인-직업의 모든 면에 대한 최상의 매칭이 어렵다면 자기개념의 핵심적인 측면을 가장 마지막에 포기하는데(Gottfredson, 2005), 대체로 성 유형의 매칭을 가장 나중에 포기하며 직업 분야를 가장 먼저 포기한다는 것이 갓프레드슨의 설명이다. 즉, 모든 측면을 충족하는 직업이 가능하지 않다면, 개인은 성 유형과 사회적 지위 범위 내에서 다른 분야의 직업을 찾아보게 되고, 자신의 사회적 공간에서 접근 가능한 선택지가 없을 때에야 수용 가능하다고 생각했던 것보다 더 낮은 사회적 지위의 직업을 선택하며, 성 유형과 맞지 않는 직업을 찾아보는 것은 가장 마지막의 일이 된다는 것이다.

청소년들은 자신에게 더 적합한 직업을 선택할 수 있음에도 정보 부족으로 인해 직업 선택지를 타협하는 경우가 많다. 따라서 갓프레드슨은 청소년들이 관심 있는 직업에 대한 제한된 정보만이 아니라 다양한 직업과 훈련 기회에 대해 적극적으로 폭넓은 정보를 탐색해야 함을 강조하였다. 또한 관련 경험을 쌓고 교육 · 훈련을 받는 등 자신의 경쟁력을 높이고, 교육과 직업에 대한 접근 기회를 높여 줄 수 있는 다양한 자원을 활용할 필요가 있다.

3) 학교 진로상담 현장을 고려한 이론의 적용 및 평가

앞서 살펴본 바와 같이 갓프레드슨은 아동 · 청소년들이 충분한 경험과 검토 과정 없이 직업 대안을 제한하고 타협하여 자신의 정체성에 부합하는 직업선택지를 제외해 버리는 것을 경계하였다. 특히 성 유형과 사회적 지위에 의한 진로 대안의 제한과정은 아동이 명확히 인식하지 못한 채 일어나며, 제외해 버린 진로 대안에 대해서는 더 이상 탐색하지 않는 경우가 많다. 따라서 학교 진로상담 현장에서는 고정관념에 얽매이지 않는 다양한 진로정보와 경험을 학생들의 인지 발달 수준에 적합한 형태로 제공하여 자신과 직업세계에 대한 학생들의 이해를 넓혀 주는 것이 중요하다. 또한 학생들의 직업선택권을 확장하기 위해 필요한 교육 · 훈련 및 직업 정보 제공과 같은 실제적인 도움을 주는 것도 필요하다(Gottfredson, 2005).

초등학교 시기에는 성역할 고정관념과 반대되는 직업들을 접하게 함으로써 성별에 의해 부적절하게 직업 대안을 제한하는 것을 방지할 수 있다. 구체적인 사고를 하는 아동의 인지 능력을 고려할 때, 직접 체험하고 참여하고 만나는 활동이 초등학생들에게 잘 전달될 수 있다. 예를 들어, 초등학생들은 여자 자동차 엔지니어나 경찰, 남자 네일 아티스트나 유치원 교사 등을 현장학습이나 초청 강사의 방식으로 만나 보고 궁금한 점을 질문하고 체험해 볼 수 있다.

중학생들은 좀 더 추상적인 정보를 다룰 수 있으므로 글이나 영화 등 간접적인 방식을 활용하여 직업의 세계에 대해 안내하고 직업 정보를 분석해 보도록 할 수 있다. 폭넓은 자기이해를 바탕으로 자신에게 적합한 직업을 탐색하려면 다양한 경험을 해 보는 것이 중요한 데, 전통적인 학업활동은 지식과 생각을 다루는 일에 집중되어 있는 경향이 있다. 따라서 기계 다루기, 예술 활동, 프로젝트 리더 등 사람이나 사물과 함께 일하는 것에 대한 흥미와 적성을 검증해 볼 수 있도록 폭넓은 경험의 기회를 제공할 필요가 있다(Gottfredson, 2005).

갓프레드슨에 따르면, 중학교 시기에는 직업의 위계와 사회적 평가에 민감해지고 학업 능력과 성취 정도를 또래와 비교하여 직업포부를 제한하는 일들이 이루어진다. 따라서 다양한 영역에서 학생들의 강점을 찾고 효능감을 높이는 진로상담 활동이 진로가능성을 부적절하게 제한하지 않도록 하는 데 도움이 될 것이다. 또한 사회경제적 배경에 따라 제한된 정보만을 가지고 진로포부를 낮추지 않도록 폭넓은 진로정보와 실제 사례 등을 접하도록 하고, 선호하는 직업 분야로 나갈 수 있는 교육훈련 기회들을 함께 찾아볼 수 있다.

고등학생들의 경우, 자신의 능력, 흥미, 가치관 그리고 자신이 환경에 미치는 영향 등에 관해 탐색을 지속하며, 이러한 자기이해를 진로목표와 계획, 실행으로 연결 지을 수 있어야 한다. 진로목표를 정한 학생이더라도 상담자는 진로목표를 정하게 된 과정이 어떠한지 들어보고, 충분한 정보가 없어서 진로가능성을 제한하고 타협하지 않았는지 살필 필요가 있다. 또한 학생들이 직업에 대한 접근 가능성을 현실적으로 파악하고 자신에게 맞는 직업을 준비할 수 있도록 도와야 한다. 직업 분야에 요구되는 기술 훈련, 진학이나 취업에 필요한 서류 작성 및 면접 연습 등을 통해 자신이 원하는 진로에 대한 경쟁력을 높이고, 사회적 지지 자원을 구축하고 활용하며, 직업과 교육 기회에 대한 최신의 다양한 정보를 바탕으로 진로계획을 세우는 것이 필요하다.

마지막으로, 진로상담에서 중요한 것은 학생들이 진로를 결정하기 위해서는 타협이 필요함을 받아들일 수 있도록 돕는 것이다. 타협과정에서 자신은 직업의 어떤 측면을 중요하게 생각하는지, 상대적으로 먼저 포기가 가능한 측면은 무엇인지 등 자신의 가치관에 대해 이해해야 한다(황매향, 2009). 그런데 많은 청소년은 어린 시절부터 제거해 버리고 남은 직업 중에서 타협하며 진로를 선택한다. 따라서 진로상담을 할 때, 학생들이 관심을 보인 직업뿐만 아니라 제거해 버린 직업선택지에 대해서도 주의를 기울여야 한다. 어린 시절에 좋은 직업선택지를 제거한 것은 아닌지, 제거했다면 어떤 이유에서였는지, 그 이유가 타당한지를 확인할 필요가 있다.

갓프레드슨의 이론에 대하여, 경험적인 연구를 통한 체계적 검증이 부족하고, 진로포부를 제한하고 타협하는 과정에서 작용하는 요인들과 원리가 지나치게 일반적이라는 비판이 있다(김봉환 외, 2018). 갓프레드슨은 아동기를 지나면서 성별과 사회적 지위를 기준으로 직업 대안을 제한하고, 이렇게 좁혀진 범위 내에서 청소년기에 흥미 측면을 고려하며, 직업 대안의 타협과정에서는 대체로 성 유형의 타협이 가장 어렵다고 하였다(Gottfredson, 2005). 그런데 실제 진로포부의 발달과정에는 이 세 가지 외에도 다양한 요소가 작용한다. 어떤 요소에 우선순위를 두고 타협하는가에는 개인차가 있으며, 타협과정에서 세 요소의 우선순위에 대한 연구 결과들도 일관적이지 않다(황매향, 2009). 예컨대, 부모님이나 가족 등 집단의 기대에 부응하는 것을 중시하는 문화와 경쟁적인 사회 분위기 속의 학생들은 직업의 사회적 지위 측면을 타협하기 어려워할 수 있으며, 개인의 가치관에 따라서도 그 우선순위가 다를 수 있다는 점을 학교 진로상담 현장에서 고려해야 한다.

이러한 비판점에도 불구하고 갓프레드슨의 이론은 학교 진로상담 현장에 유용한 시사점을 제공한다. 갓프레드슨의 이론을 적용하여 학생들이 문화적 · 사회경제적 배경에 따라 자신의 진로 대안을 부적절하게 제한하고 포기하지 않도록 돕는 진로상담을 할 수 있다. 제한과 타협의 요소를 확장한다면, 다문화 및 장애의 정도 등 여러 가지 다양성의 측면에 대한 편견과 경험 부족으로 인해 학생들이 자신의 진로가능성을 제한 · 타협하는 것을 경계하는 진로개입을 할 수 있을 것이다. 학생들의 인지 능력 발달을 고려하여 진로 관련 경험과 활동의 내용과 수준의 조정이 필요하다는 갓프레드슨의 이론은 학교급별 적합한 진로상담 및 교육을 계획하는 데 도움을 준다. 행동유전학 등을 근거로 개인의 타고난 특성을 수용하되 경험에 의한 변화 가능성이 상대적으로 높은 진로 흥미나 목표, 기대, 기술 등을 충분히 개발하고, 자신의 특성에 적합한 환경을 만들어 가는 개인의 주도성을 강조한 점 역시 학생 주도적인 진로탐색과 설계를 지원하는 진로상담의 바탕이 될 수 있다.

생각해 보기

1. 이 장의 서두에 제시되었던 서진이의 사례를 수퍼의 관점을 바탕으로 상담한다고 가정하고 다음의 질문에 답해 보세요.
   1) 서진이는 수퍼가 제안한 진로발달 단계 중 어느 단계에 속한다고 생각하나요?
   2) 수퍼의 진로발달 관점을 기초로 서진이를 상담할 때 상담의 목표를 세워 보세요.
   3) 상담목표에 따른 서진이에 대한 진로상담전략은 무엇이 있을까요?
2. 이 장의 서두에 제시되었던 지민이의 사례를 갓프레드슨의 관점을 바탕으로 상담한다고 가정하고 다음의 질문에 답해 보세요.
   1) 제한타협이론을 바탕으로 했을 때, 지민이는 제한의 몇 단계에 속한다고 생각하나요?
   2) 제한타협이론을 기초로 지민이를 상담할 때의 상담목표를 세워 봅시다.
   3) 상담목표에 따른 지민이에 대한 진로상담전략은 무엇이 있을까요?
3. 자신의 진로발달을 수퍼나 갓프레드슨의 관점을 적용하여 설명해 보세요. 이론의 어떠한 부분이 유용하게 적용되나요? 자신의 진로발달 사례를 잘 설명하지 못하는 부분이 있다면 무엇인가요?

◆ 참고문헌

김봉환, 강은희, 강혜영, 공윤정, 김영빈, 김희수, 선혜연, 손은령, 송재홍, 유현실, 이제경, 임은미, 황매향(2018). **진로상담**(2판). 서울: 학지사.

황매향(2009). Gottfredson 제한-타협이론의 한국 내담자에 대한 적용가능성 탐색. **진로교육연구, 22**(1), 1-17.

Freeman, S. C. (1993). Donald Super: A perspective on career development. *Journal of Career Development, 19*(4), 255-264.

Gottfredson, L. S. (1981). Circumscription and compromise: A developmental theory of occupational aspirations [Monograph]. *Journal of Counseling Psychology, 28*, 545-579.

Gottfredson, L. S. (1996). Gottfredson's theory of circumscription and compromise. In D. Brown, L. Brooks, & Associates (Eds.), *Career choice and development* (3rd ed., pp. 179-232). San Francisco, CA: Jossey-Bass.

Gottfredson, L. S. (2002). Career construction: A developmental theory of vocational behavior. In D. Brown (Ed.), *Career choice and development* (4th ed., pp. 85-148). San Francisco, CA: Jossey-Bass.

Gottfredson, L. S. (2005). Using Gottfredson's theory of circumscription and compromise in career guidance and counseling. In D. B. Steven & W. L. Robert (Eds.), *Career development and counseling: Putting theory and research to work* (pp. 71-100). Hoboken, NJ: John Wiley.

Ginzberg, E., Ginsburg, S. W., Axelrad, S., & Herma, J. L. (1951). *Occupational choice: An approach to a general theory*. New York, NY: Columbia University.

Hartung, P. J. (2020). Life-span, life-space career theory and counseling. In S. D. Brown & T. W. Lent (Eds.), *Career development and counseling: Putting theory and research to work* (3rd ed., pp. 95-127). Hoboken, NJ: John Wiley & Sons, Inc.

Leung, S. A. (2008). The big five career theories. In J. A. Athanasou & R. V. Esbroeck (Eds.), *International handbook of career guidance* (pp. 115-132). Dordrecht, Netherlands: Springer.

Niles, S. G. (2001). Using Super's career development assessment and counselling (C-DAC) model to link theory to practice. *International Journal for Educational and Vocational Guidance, 1*(1), 131-139.

Niles, S. G., & Harris-Bowlsbey, J. (2009). *Career development interventions in the 21st century* (3rd ed.). Upper Saddle River, NJ: Prentice Hall.

Salomone, P. R. (1996). Tracing Super's theory of vocational development: A 40-year retrospective. *Journal of Career Development, 22*(3), 167-184.

Savickas, M. L. (1997). Career adaptability: An integrative construct for life-span, life-space theory. *The Career Development Quarterly, 45*(3), 247-259.

Super, D. E. (1957). *The psychology of careers*. New York, NY: Harper & Row.

Super, D. E. (1963). Self-concepts in vocational development. In D. E. Super, R. Starishevsky, N. Matlin, & J. P. Joordan (Eds.), *Career development: Self-concept theory* (pp. 17-32). New York, NY: College Entrance Examination Board.

Super, D. E. (1972). Vocational development theory: Persons, positions and processes. In J. M. Whiteley & A. Resnikoff (Eds.), *Perspectives on vocational development* (pp. 13-33). Washington, DC: American Personnel and Guidance Association.

Super, D. E. (1980). A life-span, life-space approach to career development. *Journal of Vocational Behavior, 16*, 282-298.

Super, D. E. (1990). A life-span, life-space approach to career development. In D. Brown, L. Brooks, & Associates (Eds.), *Career choice and development* (2nd ed., pp. 197-261). San Francisco, CA: Jossey-Bass.

Super, D. E., Osborne, W. L., Walsh, D. J., Brown, S. D., & Niles, S. G. (1992). Developmental career assessment and counseling: The C-DAC model. *Journal of Counseling & Development, 71*(1), 74-80.

커리어넷 진로성숙도검사. https://www.career.go.kr

제 5 장

인지적 관점의 이론

들어가기

이 장에서는 인지적 관점의 이론을 소개하고 인지적 관점의 이론을 적용하여 상담할 때 정확히 이해하고 검토해야 할 내용을 살펴보고자 한다. 초기의 이론에 비해 인지적 관점을 강조하는 이론들이 등장하였고, 이 이론들은 더 심층적으로 진로발달과 진로선택을 설명하고자 한다. 인지적 관점의 이론은 인지의 중요성을 강조하여 진로발달과 진로선택에 미치는 영향을 설명한다. 개인의 적성, 흥미 등 내적 요인이나 직업환경 등의 외적 요인이 중요하지만 결국 진로선택과 목표 달성에 있어 이러한 내적 요인과 외적 요인을 종합적으로 고려하는 개인의 인지적 측면이 매우 중요하다는 것이다. 이러한 인지적 과점을 강조하는 이론으로 이 장에서는 사회인지진로이론, 인지정보처리이론 그리고 마지막에 진로의사결정에 관한 이해를 돕고자 한다. 사회인지진로이론은 반두라의 자기효능감 개념을 도입한 진로이론으로 개인의 내적 요인에 영향을 미치는 자기효능감의 역할에 대해 주목하고 진로 경험을 설명한다. 인지정보처리이론은 진로의사결정과정에서 인지적 과정이 어떻게 영향을 미치는지를 설명하는 이론이다. 개인의 내적 변인인 흥미, 적성, 성격 등 변인뿐만 아니라 진로와 관련된 사고의 영향을 주목하는 이론이다. 진로의사결정이론에서는 전통적으로 논의해 왔던 이론을 간단히 살펴보고 이를 종합해서 내담자의 상태를 이해하는 데 초점을 두고 있다.

학습목표

1. 사회인지진로이론의 특성, 기본 개념 및 각각의 모형을 설명할 수 있다.
2. 인지정보처리이론의 특성, 기본 개념 및 모형을 설명할 수 있다.
3. 진로의사결정의 다양한 상태와 내담자 특성을 설명할 수 있다.

사례 A

중학교 2학년 현서는 형이 고등학교 진학 준비 때문에 고민하는 모습을 보고, 그리고 부모님이 현서에게 '너는 중3이 되면 어떻게 할거니?'라는 질문을 자주 해서 자신의 진로 방향에 대해 고민하고 있다. 중학교를 졸업하면 당연히 자연스럽게 고등학교에 진학한다고 생각했는데, 고등학교와 대학교까지의 방향이 있어야 하고 준비를 해야 한다는 것을 느꼈다. 부모님은 남자는 무엇보다도 공대를 가야 취업을 잘할 수 있다고 하고, 아니면 공무원 시험을 준비하라고 한다. 현서는 작은아버지의 은행 지점장 직업에 관심을 가지고 여러 가지를 알아보면서 현대 사회의 금융시장, 국제 무역에 관심이 생겼다. 체험활동으로 경제 관련 활동을 하면서 경제학 지식을 찾아 보았는데 어렵지만 재밌다고 느꼈다. 그리고 수학, 통계학을 공부하는 것도 많이 어렵지 않아 금융, 경제 등의 분야를 공부해 보고 싶은 마음이 생겼다. 그런데 부모님은 전혀 다른 분야를 추천해서 혼란을 겪고 진로상담을 신청하였다.

사례 B

고등학교 1학년 여학생인 연아는 환경보호 활동가의 직업에 관심을 가지고 국제 환경보호 단체에서 일하고 싶다며 진로를 결정했다고 생각했다. 그런데 최근에 고등학생 대상으로 하는 전문가 초청 강연을 듣고, 기후 문제, 환경파괴 문제, 전염병 문제 등이 환경문제와 밀접한 관련이 있다는 것을 이해하면서 환경 분야가 매우 넓다는 것을 알게 되었다. 그동안 진로를 결정했다고 생각했던 것이 단지 관심 분야가 있다는 정도이지 결정했다고 볼 수 없다는 것을 알게 되었다. 그 후 진로수업에서 다양한 자료를 조사하고 발표를 준비하면서 오히려 정말하고 싶은 것이 무엇인지 알 수가 없었다. 왜냐면 환경 분야도 너무 넓기 때문에 세부적인 것을 알지 못하는 지금 상태에서 정말하고 싶은 것이 무엇인지 전혀 감을 못 잡게 되었다. 예를 들어, 환경정책과 관련된 사회과학 분야를 공부할지, 환경공학, 지구과학과 관련된 자연과학이나 공학 계열로 준비해야 할지 방향을 잃게 되었다. 그래서 진로 방향을 좀 더 구체적으로 정하고 싶어 상담을 신청하였다.

1. 사회인지진로이론

1) 이론 개관

사회인지진로이론(Social Cognitive Career Theory: SCCT)은 반두라(Bandura)의 자기효능감(self-efficacy) 개념을 도입해서 진로발달과 진로선택을 설명하는 이론이며, 어떤 일을 잘 해낼 수 있다는 자신에 대한 믿음에 초점을 두고 개인의 진로 경험을 설명한다. 진로발달과 진로선택에 있어서 적성, 흥미, 가치관의 영향을 주목했던 이론과 달리 자기효능감이 이러한 개인의 내적 요인에 영향을 미치며 자기효능감의 역할에 대해 주목하고 진로 경험을 설명하였다. 자기효능감은 특정 결과를 얻기 위해 수행하면 그 결과를 얻을 수 있을 것이라는 자신의 능력에 대한 믿음이다(Bandura, 1986). 특히 사회인지진로이론이 처음 출발할 때 여성의 진로발달을 이해하기 위해 자기효능감의 개념을 도입하였고, 여성들은 진로 대안에서 제한적이기 때문에 진로에서의 포부가 낮고, 성취할 수 있다는 확신도 낮아서 자기효능감 같은 개념을 중요하게 고려한 것으로 알려졌다. 베츠(Betz)와 해컷(Hackett)이 이 이론을 처음으로 제안하였고 진로발달과 진로선택에서 자기효능감이라는 개념을 도입함으로써 인지적 측면을 강조하였다. 초기의 연구(Betz & Hackett, 1981)에서 여자 대학생들이 남성적 직업이라고 간주하는 직업에 대해 낮은 자기효능감을 나타냈고, 또한 이는 낮은 흥미와도 관련이 있다는 점에서 흥미발달 및 진로선택까지 영향을 미쳤다는 것을 발견하였다. 진로발달 및 진로선택에서 자기효능감의 역할 중심으로 다양한 진로 관련 변인과의 관계를 실증적 자료로 연구 결과를 축적하였다. 이러한 연구 성과들이 사회인지진로이론의 토대를 마련하였다. 또한 진로발달과 진로선택에 있어서 개인의 내적 변인의 영향뿐만 아니라 외적 · 환경적 변인의 영향을 중요시하며 내적 변인과 환경적 변인을 통합하여 이론적 모형을 제안하였다. 그리고 이 이론의 초기 단계에서는 여성의 진로발달과 진로선택에 관심을 두고 자기효능감이라는 개념을 적용하였지만, 지속적으로 쌓아 온 연구 결과를 보면, 이론의 포괄성과 설명력은 개인의 진로발달과 진로선택을 두루 설명할 수 있음을 보여 주었다.

전반적으로 사회인지진로이론에서 제안한 모형과 주요 변인에 대한 연구들이 활발히 이루어졌다. 많은 연구에서 변인 간의 직간접적인 영향 요인(Lent, Brown, & Hackett, 1994)을 검증하였고, 성별, 인종, 문화권(Lent & Sheu, 2010; Swanson & Gore, 2000)에 따라 적용 가능성을 높이 평가하였다. 다음으로는 주요 개념과 각 모형에 대해 살펴본다.

2) 주요 개념

(1) 자기효능감

자기효능감이란 개인이 원하는 성과를 얻기 위해 필요한 일련의 행동을 계획하고 실행할 수 있다는 능력을 갖고 있다고 스스로 믿는 것을 의미한다(Bandura, 1986). 자기효능감은 일종의 자신의 능력에 대한 믿음과 신념이라고 할 수 있다. 이러한 자기효능감은 자신의 전반적 능력에 대한 믿음과 특정 영역에서의 능력에 대한 믿음으로 포괄적 특성과 제한적 특성이 있다. 특정 영역에 제한되면 구분되는 다른 영역에는 적용되지 않을 수 있다. 예를 들어, 글을 읽고 쓰는 데 자기효능감이 높은 사람이 신체 운동 영역에서 자기효능감이 높을 수도 있고 낮을 수도 있다. 글을 읽고 쓰는 데 자기효능감이 높다고 해도 신체 운동 영역에서는 높지 않을 수 있다. 그러나 자신의 능력에 대한 개인의 신념은 여러 영역, 여러 활동의 선택에 영향을 미칠 수 있다. 반두라에 따르면 행동을 실행시키는 요인은 능력보다는 능력에 대한 믿음, 즉 자신감이다.

자기효능감은 행동에만 영향을 미치는 것이 아니라 다른 관련 요인들에게도 영향을 미치는 것으로 가정된다. 예를 들어, 수행할 행동을 선택할 때 결과에 대한 기대, 특정 영역에 대한 흥미, 목표의 결정 등에 영향을 미치는 것으로 가정할 수 있다. 자기효능감은 수행 행동에 다음과 같은 구체적인 영향을 미친다. 특정 행동이나 과업을 수행할지 회피할지, 수행할 때 수행의 정도, 수행과정에서 어려움이나 장애가 있을 때 극복하고 목표를 달성하기 위해 노력하는 정도에 영향을 준다(Bandura, 1977). 자기효능감에 영향을 미치는 요인은 과거 경험 중 수행 결과에서 성취를 느끼거나, 생리적 · 정서적 경험을 통해 느끼거나 인식한 것, 자신과 비슷한 사람의 성취를 통한 대리학습, 타인이 가능할 것이라고 잘할 수 있다고 설득하기가 있다. 이 네 가지 방법은 생리적 · 정서적 경험, 과거의 성취, 대리학습, 사회적 설득이며, 이 중에서 과거의 성취 경험이 가장 영향력 있는 요인이라고 할 수 있다.

자기효능감이 높은 사람은 비교적 자신감이 있고, 처음 시도하는 일이나 어려운 일이라도 자신의 능력이나 잠재력에 대한 믿음이 있기 때문에 회피하거나 두려워하지 않고 도전적이고 다양한 노력을 통해 수행하고자 한다. 그러나 자기효능감이 낮은 사람은 어려운 일을 두려워하고 수행하더라도 어려움을 견디지 못하고 그 일을 잘 해낼 수 없을 것이라고 가정한다. 즉, 쉽게 좌절하고 회피하는 성향을 가질 수 있다. 다른 한편, 자기효능감은 객관적으로 평가되는 실제 능력과 다를 수 있다. 자기효능감이 높은 사람은 실제 능력이 조금 떨어지더라도 자신이 잘할 수 있다는 믿음이 있기 때문에 수행을 회피하지 않고 지속적인 노력을 할 가능성이 크다. 또한 이러한 행동은 좋은 결과를 얻게 하는 효과를 낼 수 있다. 그러나 실제 능력이 있는데도 자기효능감이 낮은 사람의 경우, 자신의 능력에 대한 믿음이 낮아서 회피하고 수행하지 않으므로 좋은 결과를 얻지 못할 수 있다. 따라서 실제 능력을 향상시킬 뿐만 아니라 자기효능감을 향상시키는 것도 중요한 개입이라고 할 수 있다. 그리고 이러한 자기효능감은 학업, 진로, 직무 수행, 대인관계, 상황이나 환경, 경험에서 모두 나타날 수 있다.

(2) 결과기대

결과기대는 개인이 특정 수행에 수반된 결과에 대한 평가를 의미한다(Bandura, 1986). 어떤 과업을 수행하고 이에 따른 결과, 즉 어떤 일이 벌어질까에 대해 예측하는 것이 결과기대이다. 예를 들어, 내가 공부를 하면 무슨 결과를 얻을 수 있을까? 내가 친구를 챙겨 주면 무슨 일이 벌어질까? 이와 같은 질문에 대한 생각이 해당 수행 이후에 얻게 된 보상이나 벌어지는 일에 대한 기대라고 할 수 있다. 즉, 어떤 과업을 수행한 후 일어날 일에 대한 믿음이 결과기대이다. 결과기대는 자기효능감과는 분명히 다르다. 자기효능감은 무엇인가를 해낼 수 있는가에 대한 믿음에 관한 것이다. 내가 공부를 잘할 수 있을까? 내가 친구를 잘 챙겨 줄 수 있을까? 자기효능감은 이와 같은 원하는 바를 성취할 수 있는 능력에 대한 확신 여부에 관한 것이다.

반두라는 결과기대를 물리적 결과, 사회적 결과, 자기평가 결과로 분류하였다. 물리적 결과는 수행 후에 얻게 되는 보상, 물질적 소득 등이다. 사회적 결과는 수행 결과에 대해 타인에게 받게 되는 인정, 칭찬 등이다. 자기평가 결과는 수행 후 그 결과에 대해 얻게 되는 만족감, 안도감, 성취감 등이다. 물리적 결과, 사회적 결과, 자기평가 결과 중에서 개인이 가치를 두는 것으로부터 결과기대는 행동 수행의 중요 동기가 된다.

결과기대에 영향을 미치는 요인은 자기효능감에 영향을 미치는 요인과 유사하다. 과거 수행 결과에서의 성취감, 만족감, 타인의 인정 등의 결과가 자기효능감에 긍정적인 영향을 미치는 것과 같다. 즉, 수행했을 때 받게 된 강화를 통한 관찰학습, 타인의 설득 및 권유 등이 수행을 촉진하고 결과기대를 갖게 하는 중요한 근거가 된다. 또한 결과기대는 자기효능감의 영향을 받게 된다. 자기효능감은 특정 과업을 잘 수행할 수 있을 것이라는 믿음을 갖는 것인데, 자기효능감이 높거나 낮으면 해당 과업을 수행한 후 얻게 된 결과에 대한 기대를 증가시키거나 감소시킬 수 있다. 이러한 맥락에서 자기효능감은 결과기대에 영향을 미치고 수행 여부를 결정할 때 자기효능감과 결과기대의 영향을 받는다. 그러나 반두라에 의하면 일반적으로 수행 여부를 결정할 때 자기효능감이 결과기대보다 더 중요한 요인이다. 다시 말해, 긍정적인 결과에 대한 기대, 만족감, 성취감을 추구하고자 하는 내적 특성이 실제 수행을 더 촉진할 가능성이 높을 것으로 보인다. 이러한 결과기대 또한 학업 수행 및 진로발달에 영향을 미칠 것이다.

(3) 흥미

홍미는 개인 내적 특성의 주요 변인 중 하나이다. 홍미는 진로발달과 진로선택에 직간접적으로 영향을 주는 요인이다. 자기효능감은 특정 활동이나 영역에서 수행을 잘할 수 있을 것이라는 믿음이기에 해당 활동이나 영역에 대해 관심을 갖게 되고, 이것이 점차 자신의 홍미로 이어질 가능성이 크다. 자기효능감이 특정 활동이나 영역에서 오랫동안 지속되면 수행이 증가하여 점차 홍미가 생겨날 수 있다. 어떤 활동을 잘하지 못한다고 느끼면 재미와 홍취를 못 느낄 가능성이 크고, 잘 수행하지 못한 일에 대한 홍미를 점점 잃게 된다. 자기효능감뿐만 아니라 결과기대 또한 홍미에 영향을 미친다. 예상되는 결과가 좋지 않을 때 그 활동에 대한 홍미는 생겨나지 않을 것이다.

어떤 영역의 홍미가 생기면 즐거움을 계속 추구하기 위해 관련 활동을 또 선택할 가능성이 높다. 결국 홍미가 지속되면서 이에 따른 목표를 선택한다. 관심이 가는 영역과 그렇지 않은 영역은 해당 행동의 접근 여부에 영향을 미치는데, 홍미가 있는 관심 영역에서 진로목표를 탐색하고 그중에서 미래의 직업을 선택할 수 있다. 홍미에 대한 더 구체적인 설명은 홍미발달모형에서 살펴볼 것이다.

(4) 목표

목표는 특정 행동을 하고자 하는, 또는 어떤 결과를 얻고자 하는 결심이라고 할 수 있다(Bandura, 1986). 주체적으로 자신의 행동을 이끌어 가는 개인은 목표를 설정하고 이를 실행하는 경험을 한다. 어떤 목표를 세우면 필요한 행동을 실행하고 어떤 결과를 추구하게 되는데(Bandura, 1986), 목표에 도달하기 위해 실천하며 일련의 과정을 거친다. 이와 같이 개인은 단순히 사건이나 상황, 경험에 대해 반응만 하는 것이 아니라, 자신의 행동을 조직화하여 목표를 세워 이를 달성하기 위해 일정 기간 동안 행동을 이끌어 간다. 이러한 목표에 따른 행동과 결과는 단기간에 일어나는 것과 장기간 일어나는 것 등 매우 다양하다. 학업이나 진로와 같은 장기간의 노력을 요구하고, 특정 결과가 나오기까지 인내와 지속적 노력이 필요한 경우가 많다. 때문에 이런 부분에 대한 이해가 부족하면 오히려 당장 결과를 얻지 못해서 좌절하거나 혼란스러울 수 있다. 그러므로 장기적 목표를 달성하기 위한 단기목표 또는 단계별 목표 등의 형태로 수행을 이끌어 갈 수 있게 해야 한다. 이런 측면에서 학업, 진로에서는 목표와 결과기대는 단기간에 성취하기보다 장기간의 노력이 필요하다는 것을 인식시킬 필요가 있다. 수행의 결과만 기대한다면 언제 나타날지 모르는 결과는 강화 요인이 되기 어려우며 지속적인 행동을 유지하기가 매우 어렵기 때문이다.

자기효능감, 결과기대, 목표는 서로 영향을 주고받는다. 목표는 동기부여를 촉진하고, 목표 성취에 따른 만족감, 성취감은 매우 중요한 결과이며, 이는 다시 자기효능감에 영향을 미친다. 성취 경험은 자기효능감을 증진시키고, 자기효능감과 결과기대는 또한 목표에 영향을 미친다. 여러 요인 중에서도 자기효능감이 목표에 가장 많은 영향을 미치는 것으로 알려졌다.

(5) 환경적 변인 및 진로장벽

앞에서 살펴본 개념들이 주로 개인의 내적 변인이라면, 개인을 둘러싼 외적인 환경적 변인들이 있다. 개인의 가정환경부터 살아가는 시대의 사회적 환경까지 외적인 환경적 변인이 개인의 진로발달과 진로선택에 영향을 미친다. 사회인지진로이론에서는 환경적 변인인 맥락적 요인이 진로발달과 진로선택에 영향을 미친다고 보는데, 이러한 맥락적 요인을 배경 맥락(background context)과 근접 맥락(proximal context)으로 구분한다(Lent, Brown, & Hackett, 1998, 2000). 배경 맥락은 개인을 둘러싼 가족 및 사회문화적 요인이다. 부모의 사회경제적 배경, 문화적 배경 등은 개인의 학습 경험에 영향을 주고, 이는 다시 자기효능감, 결과기대, 흥미, 목표 선택에 영향을 준다. 이러한 배경 맥락 변인은 주로 개인의 진로발달 과정에 영향을 미친다. 반면에 근접 맥락 변인은 진로선택의 시기나 그 시점에 직접적인 영향을 준다. 근접 맥락 변인은 가족의 경제적 상황, 정서적 지지, 해당 시기의 사회문화적 방해 요소들이 해당된다. 이러한 근접 맥락 변인은 홍미가 진로목표로 이어지는 것을 방해하거나 어렵게 만드는 경향이 있다. 그리고 근접 맥락 변인은 중재적 영향을 미칠 수도 있고 직접적 영향을 미칠 수도 있다(김봉환, 김병석, 정철영, 2000).

사회인지진로이론의 근접 맥락 변인 중에서 진로선택을 어렵게 하거나 홍미가 진로목표로 이어지는 것을 방해하는 요인을 진로장벽이라고 한다. 진로장벽(career barriers)은 진로선택과 수행과정에서 부정적인 영향을 미치며, 개인의 진로목표 실현을 방해하거나 가로막는 외적 요인들이다(Lent et al., 2000). 사회인지진로이론에서의 진로장벽은 환경적 변인인 맥락적 변인으로 외적 요인에 해당된다. 이러한 근접 맥락 변인인 진로장벽에는 사회적 또는 가족의 부정적 영향, 경제적 어려움, 도구적 장벽, 인종차별이나 성차별 등의 요소들이 있다(Lent et al., 2000). 진로장벽은 근접 맥락 변인으로 개인의 외적 영향 요인이지만 자기효능감, 결과기대, 홍미와 상호작용하거나 진로목표에 직접 영향을 미칠 수 있다. 진로장벽과 반대 의미의 개념은 진로지지인데, 이는 개인의 진로선택에 긍정적으로 작용하는 외적 요인이다.

3) 사회인지진로이론 모형

사회인지진로이론에서는 진로발달과 선택에 관해 홍미발달모형, 선택모형, 수행모형, 자기관리모형을 제시하였다. 이러한 모형들은 앞에서 살펴본 주요 개념들의 논리적 관계로 설정되었으며 자기효능감, 결과기대, 목표, 개인을 둘러싼 배경 변인과 근접 변인들이 진로발달 과정에서 홍미에 어떻게 영향을 미치는지, 진로선택과 수행과정에 어떻게 영향을 미치는지를 설명하고 있다. 이러한 개념들이 개인의 생애 동안에 서로 직간접적으로 영향을 미치며 지속적으로 순환관계를 이어 가고 있다.

(1) 홍미발달모형

홍미는 진로선택에 중요한 영향 변인으로 진로발달이나 진로선택을 설명하는 이론에서 흔히 다루는 변인이다. 대부분의 이론에서 홍미가 진로선택에 직간접적인 영향을 미친다고 한다. 사회인지진로이론에서는 기존 이론과 조금 다르게 홍미가 목표에 영향을 주고 목표는 활동의 선택에 영향을 미치며, 이는 진로 관련 수행 행동으로 이어진다고 본다. 홍미는 자기효능감과 결과기대의 직접적 영향을 받아 발달한다. 즉, 자기효능감과 결과기대가 흥미를 예측할 수 있다. 사회인지진로이론에서는 진로발달과 관련하여 직업적 흥미뿐만 아니라 학업적 흥미 또한 자기효능감과 결과기대에 의해 예측된다고 주장한다. 개인은 자신이 특정 영역이나 특정 과목을 잘할 수 있다고 믿으면 그와 관련된 흥미를 더욱 발달시킨다. 반대로 잘할 수 없다고 믿으면 기대하는 결과 또한 좋지 않을 것이라고 예상하여 흥미를 느끼지 못하며 흥미를 더 발달시키지 못할 것이다. 자기효능감과 결과기대는 결국 학업, 진로 등 영역의 목표를 발달시키고, 이는 다시 목표에, 그리고 활동 선택과 수행에 영향을 미친다. 실제 수행한 후 그 결과는 다시 자기효능감과 결과기대를 높이거나 낮추는 데 영향을 줄 수 있다. 이러한 영향을 받은 후 또한 흥미에 영향을 미치게 된다.

사회인지진로이론에서 흥미의 발달은 다른 변인의 영향을 받기 때문에 다양한 외부 환경에 변화가 내적 변인에 영향을 미치므로 흥미 또한 변화될 수 있다고 한다. 흥미에 영향을 미치는 직접적인 변인은 자기효능감과 결과기대이며, 외부 환경의 영향은 학습 경험에 영향을 미치고 이를 통해 자기효능감과 결과기대에 직간접적인 영향을 주기 때문에 결과적으로 흥미에 간접적으로 영향을 미치는 것을 알 수 있다. 사회인지진로이론에서는 이러한 외부 환경의 영향, 학습 경험의 영향을 통해 흥미의 변화를 예측할 수 있다고 보는 동시에 가장 중요한 영향 요인은 자기효능감과 결과기대라고 본다. 흥미 발달을 포함한 진로발달에 대한 사회인지진로이론의 입장 역시 전 생애 발달 관점을 취하고 있다는 것을 알 수 있다.

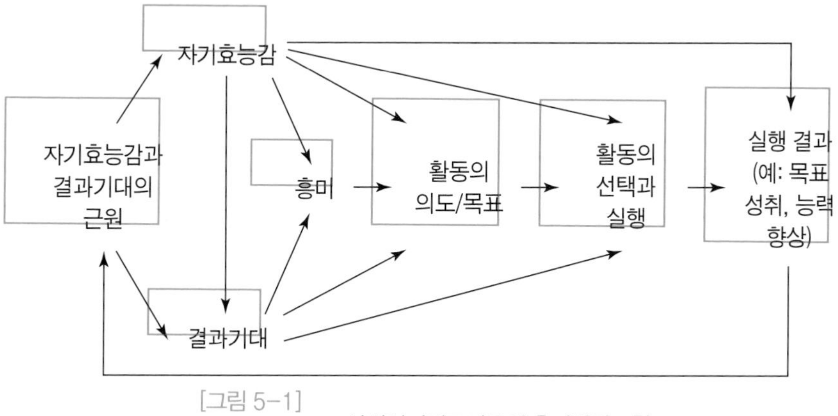

[그림 5-1] 사회인지진로이론의 흥미발달모형

출처: Lent, Brown, & Hackett (2002).

(2) 선택모형과 자기관리모형

사회인지진로이론의 선택모형(Lent et al., 1994)은 흥미발달모형을 이어 흥미발달 이후의 선택에 대해 설명하는 모형이다. 진로흥미발달은 여러 흥미 중에서 선호하는 흥미가 진로목표로 이어지는 과정, 또한 이에 따라 활동에 대한 선택으로 이어지는 과정을 설명하고 있다. 진로목표가 어떻게 형성되는지, 목표의 선택과 이에 따른 활동의 선택, 그리고 이를 실행하는 것에 영향을 미치는 요인을 총체적으로 설명하고 있다. 사회인지진로이론에서 설명하는 진로선택은 자기효능감과 결과기대, 목표의 선택, 활동의 선택, 수행 결과와 맥락적 요인 사이의 영향관계 및 상호작용을 모두 포함한 복잡한 모형이다.

흥미발달에 학습 경험의 영향이 중요하다고 강조하고 있다. 직접적 경험이든 간접적 경험이든 학습 경험을 통해 긍정적(강화) 또는 부정적(처벌) 경험을 하게 된다. 이러한 경험들은 개인이 특정 영역에 대한 자기효능감과 결과기대에 영향을 미친다. 또한 이러한 영향들은 흥미를 형성하는 데 작용하게 된다. 결국 흥미의 발달이 해당 영역에 대한 관심을 증가시켜 지속적 참여와 참여 강도를 증가시켜 더 자주, 더 오래 그 활동을 하고, 더 잘 하고 싶은 기대를 가지면서 진로 관련 목표를 형성해 나간다. 이러한 과정은 결국 관련 활동으로 이어지고 수행에 따른 결과를 얻게 된다([그림 5-2] 참조). 하지만 흥미가 목표 선택에 영향을 미치는 과정에서 근접 맥락 변인은 목표 선택과 활동 선택에 직접적으로 영향을 미치는 동시에 간접적으로 영향을 미친다. 특히 근접 맥락 변인

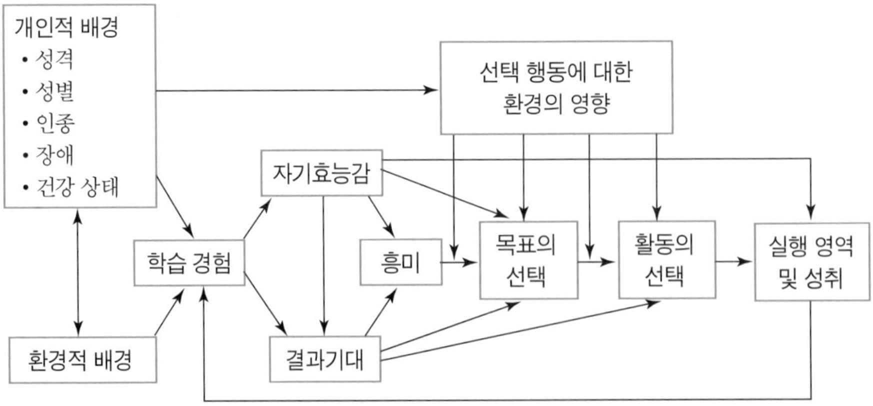

[그림 5-2] 사회인지진로이론의 선택모형

출처: Lent et al. (2002).

중 진로장벽의 영향이 발생할 경우, 흥미가 목표 형성으로 이어지지 못하거나 목표 선택 및 활동 선택에 부정적인 영향을 미친다. 결국 흥미가 직업선택의 영향 요인이기는 하지만 목표의 형성, 활동의 선택, 관련 수행까지 설명하는 과정에서는 직접적인 영향 요인이 아닐 수 있다. 이 점에서 사회인지진로이론이 전통적 이론과 다르다고 할 수 있다.

자기관리모형은 진로발달 과업을 달성하기 위해 주로 직면하는 발달 과업 및 어려움에 대한 탐색과 대처 과정을 설명하였다. 따라서 진로발달 과정에 필요한 진로탐색, 진로의사결정, 진로장벽의 이해와 대처와 관련된 변인들 간의 관계를 제시하였다. 선택모형과 유사성이 높지만 선택모형은 흥미발달을 통한 목표의 선택, 활동의 선택을 통한 진로선택을 설명하는 데 초점을 둔 반면, 자기관리모형은 진로발달에 있어서 개인의 주도적인 역할을 강조하는 데 초점을 두고 있다.

자기관리모형은 개인 변인과 배경 변인이 학습 경험에 영향을 미치고, 학습 경험은 자기효능감과 결과기대를 발달시켜 이에 따라 진로목표를 설명하게 된다고 한다. 진로목표는 진로 관련 행동에 영향을 미치고 수행을 통해 결과나 성취를 이끌어 낸다. 이러한 행동의 결과나 성취는 다시 학습 경험에 영향을 미치는 순환적 구조를 이루고 있다. 이러한 과정에 영향을 주는 변인으로는 개인의 성격, 외부의 진로장벽, 진로지지 등이 있으며, 이러한 변인들은 진로목표, 진로행동, 행동의 결과 및 성취에 직접적 또는 간접적인 영향을 미친다([그림 5-3] 참조).

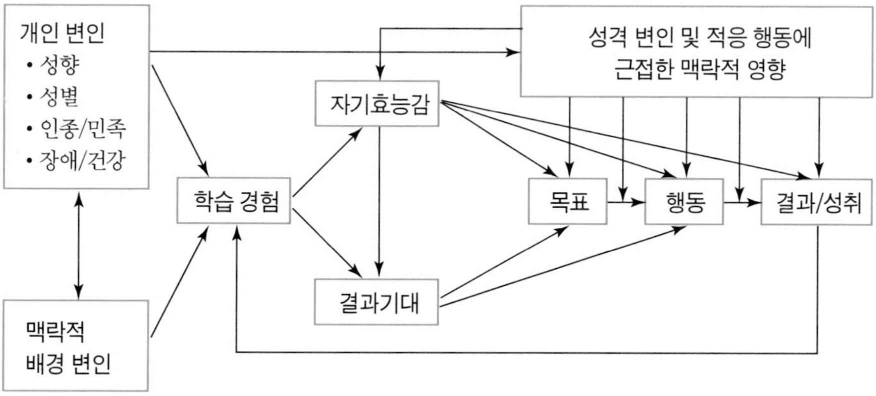

[그림 5-3] 사회인지진로이론의 자기관리모형

출처: Lent & Brown (2013).

(3) 수행모형

사회인지진로이론의 수행모형은 개인이 진로목표를 추구하는 과정에서의 수행 수준과 수행의 지속성을 설명하고 있다. 흥미발달모형, 선택모형과 달리 수행모형에서는 진로선택 이후의 수행 수준을 예측하는 데 초점을 두고 있으며, 선택한 진로목표에 대한 수행의 정도를 예측하는 모형이다. 흥미발달모형과 선택모형은 진로선택에서의 목표의 형성과 활동의 선택이 어떻게 일어나는지와 관련된 발달적 측면을 주로 설명했다는 점에서 수행모형과는 다르다.

수행모형은 능력(과거 수행), 자기효능감, 결과기대, 수행목표와 성취 수준을 포함하고 있다. 개인에게 있어서 과거의 수행 수준은 능력을 의미하는데, 능력은 향후 수행의 결과(성취 수준)에 직접 영향을 미치거나 자기효능감을 통해 성취 수준에 영향을 미칠 수 있다. 이 모형에 따르면 능력(과거 수행)은 자기효능감과 결과기대에 영향을 미치고, 이는 수행목표에 영향을 미치며, 결과적으로 수행 수준에 영향을 미친다. 수행모형에서 역시 자기효능감의 영향이 매우 중요한 변인으로 작용하는 것을 알 수 있다.

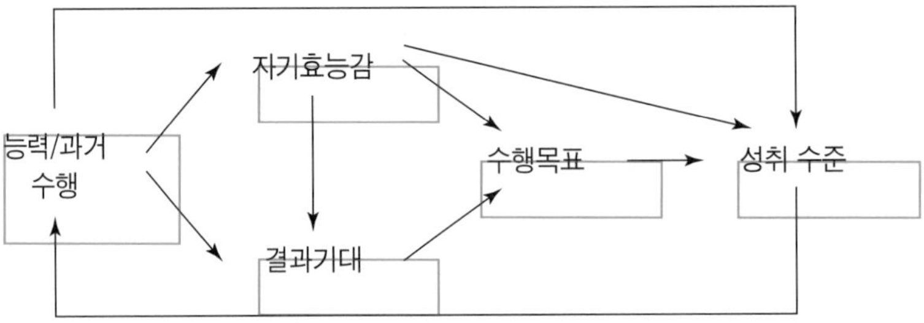

[그림 5-4] 사회인지진로이론의 수행모형

출처: Lent et al. (2002).

(4) 통합모형

사회인지진로이론에서 여러 모형과 수행 이후의 결과인 직무만족과 삶의 만족을 통합하는 통합모형(만족모형)을 제안하였다(Lent & Brown, 2008). 학업과 진로에서 개인의 만족과 행복에 영향을 주는 요인을 제시하였다. 통합모형에서도 자기효능감, 결과기대가 중요한 변인이며, 더 나아가서 개인의 성격과 정서 상태, 자기효능감과 결과기대, 목표 간의 관계를 설명하고 있고, 진로에서의 만족과 삶의 만족에 미치는 영향을 설명하고 있다(Lent & Brown, 2006). 또한 외부적 환경이 자기효능감을 갖게 하거나 추구하는 목표를 지지해 주는 경우 만족감은 더 향상된다고 하였다.

직무만족과 삶의 만족은 여러 요인의 영향을 받는다. 개인의 성격적 변인에서 외적인 환경적 변인까지 포괄적인 범주에서 영향을 받는다. 즉, 인지 · 정서 · 행동 · 환경적 요인들이 직무만족과 삶의 만족에 여러 영향을 미치게 된다. 성격적 변인의 영향을 파악하기 위해 성격 5요인 이론에서 제시한 요인 중심으로 긍정적 정서 상태의 영향을 검증하고자 하였다. 성격적 특성이 직무와 삶의 만족에 영향을 미치지만, 그 외에도 개인의 인지적 · 행동적 특성의 영향, 환경적 영향까지 고려하여 만족감을 설명하고자 하였다. 긍정적 정서와 우호성 같은 특성을 가진 사람은 자신의 수행이나 외부의 환경에 대해 덜 부정적으로 인식하고 자기효능감과 결과에 대한 평가에서 또한 상대적으로 더 긍정적으로 인식한다. 또한 긍정적 정서를 가진 사람들이 수행에 대한 두려움, 부정적 결과에 대한 기대가 낮기 때문에 실제 행동을 이어 갈 가능성이 더 크다. 하지만 부정적 정서나 신경성 특성을 가진 사람들은 상대적으로 더 부정적으로 인식하고 평가하는 경향이 있기 때문에 만족감의 정도에서 차이가 발생할 가능성이 크다.

이 모형에서는 직무만족과 삶의 만족에 영향을 준 요인으로 인지적 요인과 행동적 요인을 주목하고 있다. 자기효능감과 결과기대가 인지적 과정이라면 이에 영향을 받아 하게 되는 목표 지향적 활동은 행동적 측면이라고 할 수 있다. 인지적 요인이 직무만족에 직접적인 영향을 미치지만, 인지적 요인의 영향으로 행동적 요인이 촉발되어 직무만족

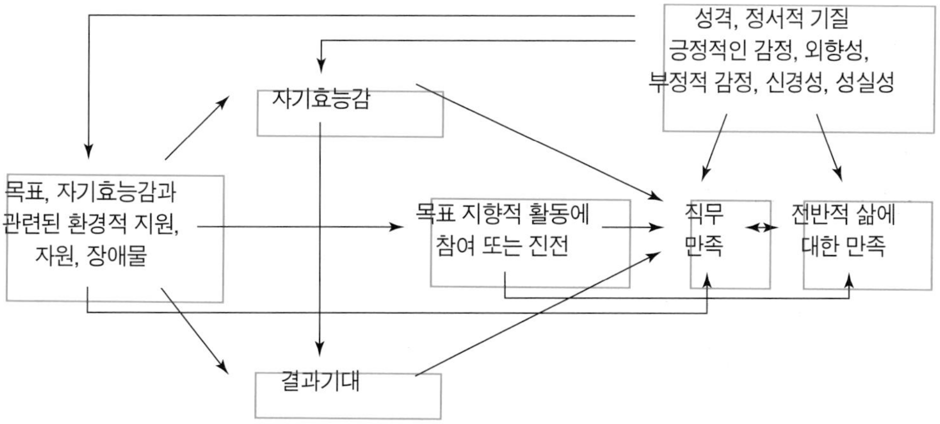

[그림 5-5] 사회인지진로이론의 통합모형(만족모형)

출처: Lent & Brown (2008).

에 직접적인 영향을 주는 요인으로 행동적 요인을 강조하고 있다. 행동적 변인이 인지적 요인의 영향을 받기 때문에 목표 달성 가능성이 높을 때 행동적 요인이 만족에 영향을 줄 가능성이 크다. 결국 진로만족은 삶의 만족에 직접적인 영향을 미쳐 삶의 만족을 설명하는 모형으로 구조적 틀을 갖추고 있다. 마찬가지로 이 모형에서 진로 영역 위주로 설명하고 있지만 학업적 영역에서도 적용할 수 있다고 제안한다.

4) 학교 진로상담 현장을 고려한 이론의 적용 및 평가

사회인지진로이론은 진로발달과 진로선택에 대해 포괄적으로 설명하고 있으며 각각의 모형은 진로발달 과정의 핵심적인 특성을 설명하고 있다. 여기에서 생물학적 연령이나 아동 · 청소년기의 발달을 기준으로 진로발달을 설명하지 않지만, 발달과정에서 필요한 각각의 주요 특성 중심으로 설명하고 있다는 점을 보면 발달적 관점이 내재되어 있다고 할 수 있다. 즉, 아동 · 청소년기의 흥미발달, 적성의 발견, 학습 경험의 중요성 등이 사회인지진로이론의 여러 모형에서 강조되는 동시에 아동 · 청소년기 진로발달의 중요한 촉진적 요인을 제시하였다. 이에 따라 개인의 진로발달을 이해하고 청소년기의 진로발달 과업을 촉진할 수 있다는 맥락에서 매우 중요한 시사점을 주고 있다.

또한 진로선택과 선택 이후의 삶을 예측하는 것에 관해 그 과정을 설명하고 촉진적 변인이나 진로장벽과 같은 변인에 대한 이해를 돕게 된다. 진로발달과 진로선택 과정에서 직면하는 어려움을 이해하고, 적절한 탐색과 대처 능력을 키우는 것, 진로발달에 있어서 개인의 주도적인 역할을 키워 주는 것 등과 관련된 측면을 중요시해야 함을 인식시키고 있다. 결국 사회인지진로이론에서 제시한 중요한 개념과 각 모형에서의 예측변인들은 개인의 진로발달, 진로선택, 더 나아가서 향후 직무만족과 삶의 만족까지 영향을 준다는 점이 진로교육에서 거시적 또는 미시적으로 적용할 수 있는 방안을 암시하고 있다는 것이다.

이 이론을 적용하면 진로발달에 있어서 개인이 처해 있는 단계나 상황적 특성 그리고 직면하고 있는 내적 · 외적 어려움을 확인할 수 있고, 향후 대처나 발달적 특성을 설명하는 데 각각의 모형과 변인 간 관계를 통해 개념화할 수 있다. 특히 이 이론의 가장 강력한 점은 부분적으로나 통합적으로 적용하는 데 모두 유용하다는 것이다.

2. 인지정보처리이론

1) 이론 개관

진로선택과 진로의사결정에 대해 인지적 정보처리로 설명하는 이론이 인지정보처리(Cognitive Information Processing: CIP)이론 또한 인지적 접근이다. 인지정보처리이론은 피터슨, 샘슨과 리어던(Peterson, Sampson, & Reardon, 1991)이 제안한 이론이며, 진로의사결정 과정에서 사고의 과정, 즉 인지적 과정이 어떻게 진로의사결정에 영향을 미치는지를 설명하고자 한다. 인지정보처리이론은 진로의사결정이나 진로문제 해결에 있어서 합리적 의사결정 방식, 문제 해결 기술 등을 습득하면 잘 이루어질 수 있다고 본다. 전통적으로 중요하게 고려했던 변인인 흥미, 적성, 성격, 가치뿐만 아니라 자신의 진로와 관련된 사고가 진로의사결정에 미치는 영향을 이해하는 것을 강조한다.

인지정보처리이론은 기존의 진로선택과 관련된 주요 변인을 고려할 뿐 아니라 진로의사결정이나 직면한 어려움을 대처하는 것에 관한 전반적인 내용을 다루고 있다. 이러한 포괄적인 내용을 몇 가지 특징(Peterson, Lumsden, Sampson, Reardon, & Lenz, 2002)으로 구분해서 살펴볼 수 있다. 첫째, 진로의사결정 과정이나 진로문제 해결 과정에서 정서적 혼란, 어려움이 발생할 수 있으며 이는 진로의사결정 과정에서 다뤄야 할 사안이라고 본다. 둘째, 진로의사결정에 관한 내용과 과정에 영향을 주는 요인 및 영향을 주는 방식을 체계적으로 설명한다. 기본적으로 진로의사결정에서 자신에 대한 정보, 직업세계에 대한 정보를 정확히 알 필요가 있으며, 이를 기반으로 자신의 사고방식이 어떻게 의사결정에 영향을 주는지, 직업 정보에 대한 분석, 평가가 잘 이루어지는지에 관한 내용을 설명하고 있다. 셋째, 개인과 직업세계는 끊임없이 변화한다는 가정을 하고 있으며, 개인은 성장과 변화, 직업세계 역시 지속적인 변화가 일어나기 때문에 이를 처리하는 인지적 구조 또한 지속적인 학습과 변화를 요구한다고 본다. 넷째, 진로의사결정에 관한 능력과 기술은 향상 가능하며 지속적인 학습과 노력으로 정보 획득, 분석, 적용 등의 과정을 통해 전반적으로 의사결정 능력을 발전시킬 수 있다고 본다. 이에 관해 진로의사결정의 상태를 제안하고, 진로의사결정 과정에서의 정서적 문제를 확인할 수 있는 개념을 제시하고 관련 측정도구를 개발하였다. 그리고 이러한 관점을 반영한 이 이론의 구체적인 내용은 크게 두 가지 영역으로 구성된다. 하나는 진로의사결정과 관련된 내용을 의미하는 진로정보처리 영역 피라미드이고, 다른 하나는 진로의사결정 과정의 구체적인 기술을 의미하는 CASVE 주기이다. CASVE 주기는 구체적으로 의사소통(Communication), 분석(Analysis), 종합(Synthesis), 평가(Valuing), 실행(Execution)의 과정을 뜻한다.

2) 정보처리 영역의 피라미드

이 피라미드는 자기 자신과 직업에 대한 정보, 그리고 의사결정 기술 간의 관련성을 설명하고 있다. 이와 관련하여 정보 영역, 의사결정 기술 영역, 실행과정 영역으로 인지적 정보처리 과정을 단계적으로 구성하였다. 자신과 직업에 대한 정보를 기반으로 의사결정 기술을 활용하여 인지과정을 거치고 더 나아가서 이를 종합하여 성찰 및 통제 등 초인지 과정인 실행과정 영역까지 제시하였다. 즉, [그림 5-6]과 같이 피라미드의 구조에서 정보 영역이 기본이 되어 가장 하단에 배치되며, 그다음은 진로의사결정 기술 영역으로 한 단계 위에 있으며, 가장 상위 단계에는 실행과정 영역이 있다. 이러한 인지 정보처리 과정을 조금 자세히 안내하는 자료가 [그림 5-7]이다. 정보 영역에서는 자신에 대해 명확히 알기와 자신이 선택한 진로 대안에 대해 많이 알아보는 것이며, 의사결정 기술 영역에서는 자신의 의사결정 방법을 명확히 아는 것, 그리고 최종 영역에서는 자신의 의사결정에 대해 생각해 보고 평가하기 등의 과정을 거친다.

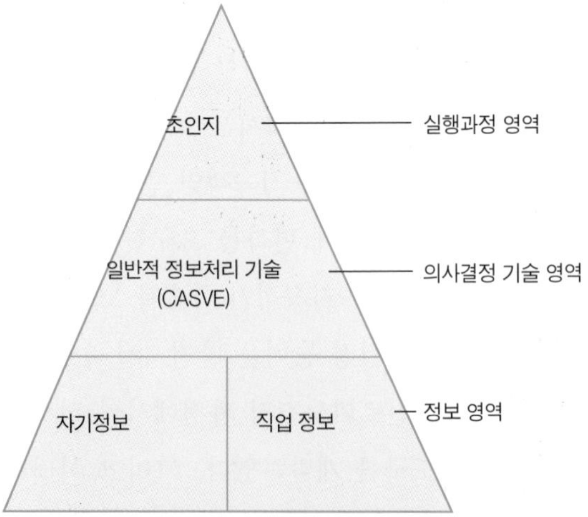

[그림 5-6] 진로의사결정상의 정보처리 영역 피라미드

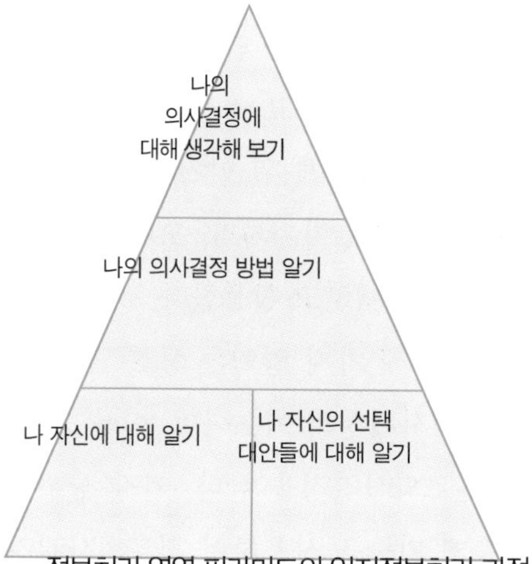

[그림 5-7] 정보처리 영역 피라미드의 인지정보처리 과정

출처: Sampson et al. (1992).

첫 번째 단계는 하단에 위치해 있는 정보 영역으로 자기 자신에 대한 정보(self-knowledge)와 직업세계에 관한 정보(occupational knowledge)로 구성되어 있다. 자신에 대한 정보는 진로의사결정에 필요한 자신의 흥미, 능력, 기술, 가치관 등에 대한 것을 의미한다. 자신의 대한 명확한 이해가 진로의사결정의 기초이다. 진로의사결정에서 자신에 대한 정보뿐만 아니라 직업세계에 대한 구체적인 정보가 있어야 한다. 자신의 특성에 맞는 직업을 선택하기 위해 직업에 관한 구체적인 정보와 지식을 갖출 필요가 있으며 다양한 직업이나 교육 · 훈련에 대한 정보와 지식을 갖는 것은 진로의사결정의 필수 조건이다.

두 번째 단계는 중간 단계에 해당하는 의사결정 기술 영역으로 진로의사결정을 하는 것과 관련된 정보처리 기술들이다. 정보처리 기술은 개인이 자신과 직업에 대한 정보를 처리하는 능력을 의미하는데, 정보처리 기술을 CASVE 주기로 설명하고 있다. 진로의사결정은 단회적으로 일어나는 일이 아니라 여러 상황에서 요구되는 인지적 과정이기에 효과적이고 합리적인 진로의사결정 과정을 위해 그에 해당하는 기술을 갖추는 것이 매우 중요하다. CASVE 주기는 의사소통-분석-종합-평가-실행 과정으로, 필요에 따라 순환적 절차를 거치면서 진로의사결정을 한다.

세 번째 단계는 피라미드의 상단에 해당하는 실행과정 영역으로 초인지(metacogntion) 과정을 의미한다. 초인지 과정은 개인이 진로의사결정 과정을 전체적으로 조망하고 평가하는 것을 뜻한다. 자신의 생각, 기대, 감정 등에 대해 스스로 인식하고 진로의사결정에 방해가 되는지 또는 도움이 되는지를 인식하는 것이 필요하다. 합리적인 의사결정을 위해 방해되는 생각과 감정을 통제하고 스스로 관리감독을 할 수 있는 능력이 필요하다. 진로문제를 해결하는 데 사용하게 된 인지적 전략과 이를 활용하는 과정이다. 초인지 과정에서는 자기대화(자기독백), 자기자각, 모니터링과 통제(통제와 감독)를 통해 진로의사결정에서의 인지 전략을 선택하고 활동한다.

피라미드를 구성하고 있는 세 가지 영역은 상호 밀접한 관계를 맺고 있다. 가장 기본이 되는 정보 영역은 진로의사결정의 기초이며, 이를 기반으로 진로의사결정 기술을 통해 직업 대안을 만들고 진로의사결정을 한다. 가장 상위에 있는 초인지 과정은 진로의사결정에 대한 검토와 통제 기능을 사용하여 진로의사결정이나 진로문제를 효과적으로 해결한다. 이 피라미드의 구조를 보면 초인지가 하위 단계에 있는 모든 과정에 영향을 미치고, 중간 단계가 하위 단계에 영향을 미치는 것을 알 수 있다.

3) 진로의사결정 과정(정보처리 과정)

인지정보처리이론에서 진로의사결정 과정은 피라미드의 중간 단계에 해당하는데, 이 부분에 대해 CASVE 주기로 명명하였다. CASVE 주기는 총 5단계인 의사소통, 분석, 종합, 평가, 실행의 과정으로 이루어져 있다. CASVE 주기는 단계별 과정인 동시에 상황에 따라 순환적 절차로 진로의사결정 과정을 설명하고 있다. 여기에서는 CASVE 주기의 각 단계에 대해 살펴보고자 한다.

- **의사소통**(Communication): 의사소통은 진로의사결정의 시작 단계로 의사결정을 해야 한다는 인식을 갖는 단계이다. 지금의 상태, 현재의 수준, 환경에 대한 인식, 자신의 내적 정서 상태, 태도, 지각 그리고 외부 환경으로부터 받는 영향 등의 여러 요소를 경험하면서 진로의사결정을 해야 한다는 생각을 갖게 된다. 즉, 내적 · 외적 여러 상황과 영향을 경험하는 과정에서 무엇이 필요한지, 왜 필요한지 등과 같은 생각을 하면서 진로의사결정을 시도하려고 한다.
- **분석**(Analysis): 분석은 진로의사결정의 필요성을 인식하고 이에 필요한 가장 기본적인 노력을 시도하는 단계이다. 진로의사결정에 필요한 자기 자신에 대한 정보와 직

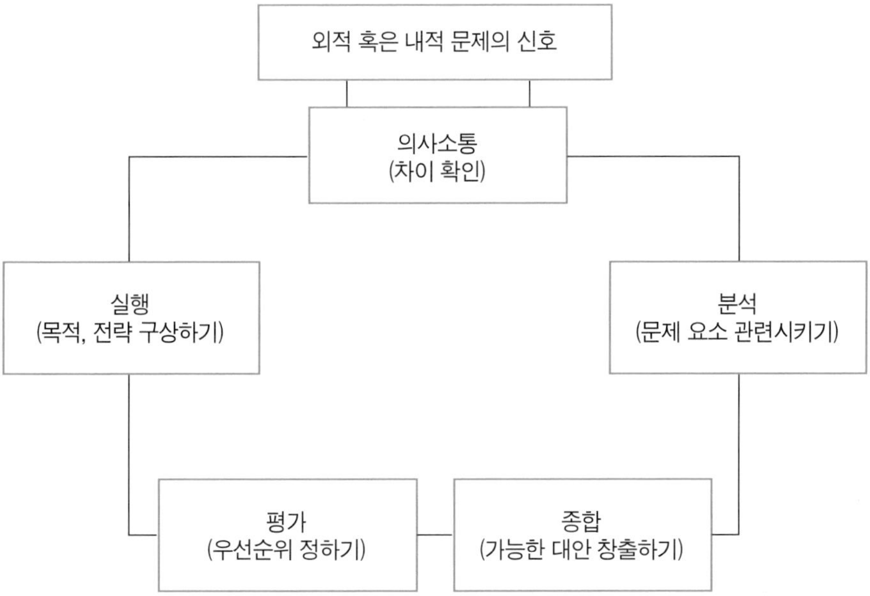

[그림 5-8] 진로의사결정에서 사용되는 정보처리 기술의 CASVE 주기

출처: Sampson et al. (1992).

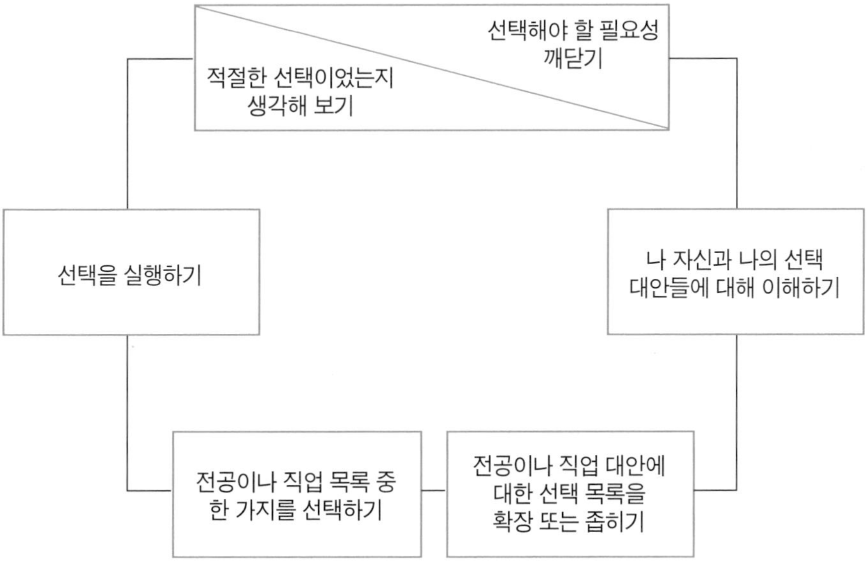

[그림 5-9] 적절한 의사결정을 위한 가이드

출처: Sampson et al. (1992).

업세계에 대한 정보를 검토하는 활동들을 하는 것이 분석 단계이다. 이 단계에서는 자신의 적성, 흥미, 가치, 희망직업, 개인적 환경 등을 검토하고, 새로운 직업 정보를 탐색하여 기존 정보와 종합적으로 재검토하는 활동을 한다. 자신과 직업에 대한 이해, 의사결정에 필요한 정보와 자원 등을 충분히 검토하며 또한 진로의사결정에 대한 영향을 확인한다. 이러한 과정을 통해 진로문제를 보다 깊이 이해하고 직업에 대한 이해의 폭을 넓힌다.

- 종합(Synthesis): 종합 단계에서는 앞선 단계에서의 노력을 통해 자신에게 적합하다고 생각하는 직업 대안을 만들어 낸다. 앞에서의 탐색을 통해 다양한 직업 대안을 만들고, 여러 대안 중에서 자신에게 맞는 대안의 수를 줄인다. 즉, 여러 방법을 동원해서 관심 직업을 찾고 가능한 대안 수를 충분히 확장시키고, 그중에서 다시 소수의 대안으로 좁혀 나간다. 현실적인 상황이나 신체적 한계, 근무 환경이나 조건 등을 고려하면서 적절하지 않은 대안을 제외하고 가능한 대안 중에서 3~4개 정도로 좁혀 나간다. 대안을 좁혀 가는 과정에서 분석 단계에서 수집한 다양한 정보를 활용하게 된다.
- 평가(Valuing): 평가 단계에서는 앞에 단계에서 줄여 놓은 대안들을 다시 검토하면서 대안들을 평가한다. 이 과정에서 앞의 단계에서 선택한 진로 대안들의 우선순위를 정한다. 각 대안에 대해 구체적으로 검토하고 평가한다. 각 직업 대안의 특성, 장단점을 고려해서 자신과의 적합성을 확인해 본다. 이러한 과정을 통해 확인해 나가면서 직업 대안들의 우선순위가 바뀔 수도 있다. 이 과정에서 자신에게 가장 적합하다고 생각하는 직업을 다시 정한다. 더불어 이 단계에서는 구직환경, 요구하는 자격, 직무 환경, 교육이나 훈련에 필요한 경비에 대해서도 고려한다.
- 실행(Execution): 실행 단계에서는 평가과정에서 검토한 진로 대안에서 잠정적인 진로목표라고 생각하는 대안을 실행하기 위해 계획과 실천 전략을 수립해 나간다. 희망직업을 갖기 위해 매우 구체적이고 실천적인 활동을 시도하는 시기이다. 지원 서류를 준비하거나, 희망직업과 관련된 교육과정이나 훈련과정에 참가하기, 관련 단체에 가입하여 활동해 보기, 실무자들과 이야기 나눠 보기 등의 구체적인 행동을 시도해 보는 단계이다. 이러한 구체적인 활동을 해 보고 그것이 자신에게 맞는지를 확인한다. 여러 활동을 통해 희망직업을 결정하겠지만 가장 우선순위의 직업에 진입하지 못하는 경우도 있다. 그런 경우 다음 관심 직업에 대해 유사한 방식으로 재시

도하게 된다. 그러나 실행 단계에서 희망직업을 대폭 변경하거나 전면적 재검토가 필요할 때 다시 의사소통 단계로 돌아가서 CASVE 주기의 첫 단계부터 다시 시작하여 진로의사결정을 시도한다.

CASVE 주기를 보면 개인은 의사결정 과정을 거치고, 결정 후에 행동을 하거나 다른 결정이 필요할 때 다시 결정하게 된다. 즉, 의사결정 과정을 다시 순환적으로 경험할 수 있다는 것이다. 그리고 각각의 의사결정이 필요한 사안에 대해 CASVE 주기를 경험하게 된다. 각각의 사안에서도 하나의 결정이 아닌 다른 결정이 필요한 상황이 발생하기 때문에 CASVE 주기는 끊임없이 순환의 과정으로 이루어진다.

4) 학교 진로상담 현장을 고려한 이론의 적용 및 평가

인지정보처리이론은 진로선택 과정에서 개인이 어떻게 합리적 의사결정을 해 나갈 수 있는지, 그리고 그 과정에서의 문제 해결 능력을 향상시키는 것에 대한 시사점을 주고 있다. 진로의사결정에서 필요한 준비, 즉 자기에 대한 정보와 직업에 대한 정보가 충분히 검토되었는지, 진로의사결정을 하는 데 필요한 합리적 사고, 합리적 사고를 위한 방법 등을 제안하고 있다. 특히 청소년기는 아직 직업을 선택하거나 인생의 중대한 의사결정을 하는 시기가 아니므로 작은 연습을 통해 의사결정을 학습하는 것이 매우 유용하다. 진로활동이나 진로수업에서 인지정보처리이론의 주요 관점과 내용을 적용할 때, 자신이나 다른 역할 모델의 의사결정을 이해함으로써 위험 부담을 줄이면서 합리적 진로의사결정을 학습하도록 경험을 제공할 수 있다.

진로의사결정은 매우 복잡하고 어려운 과정이다. 일반적으로 사회 진출을 준비하는 단계까지의 청소년기 발달과정을 고려해 보면 진로의사결정을 한다는 것은 지속적인 발달과 학습 경험의 결과라고 할 수 있다. 그렇기에 진로의사결정 기술에 관한 CASVE 주기의 매 단계는 청소년기 인지발달 영역의 발달적 내용이자 중요한 발달 성과가 되어야 한다. 즉, 진로교육을 단지 자신의 관한 정보, 직업세계에 관한 정보를 탐색하는 데 그치지 않고, 정보를 종합적으로 이해하고 자신의 사고와 의사결정 과정에서 다양한 정보를 어떻게 조직화하고 의사결정에 합리적으로 활용할 수 있는 기반을 마련해 주는 것이 필요하다.

3. 진로의사결정의 이해

1) 진로의사결정에 관한 이론적 개관

진로지도 및 진로상담에서 진로발달을 촉진하기 위한 지속적 개입이 중요하며, 그 과정을 통해 결과적으로 진로의사결정이 필요한 상황에서 바람직한 또는 합리적인 의사결정을 할 수 있도록 해야 한다. 진로의사결정(career decision making)은 진로선택을 위해 자신과 직업에 관한 다양한 정보를 조직하고 검토하며, 진로선택을 위한 여러 진로 대안을 검토하면서 심리적 · 인지적 · 행동적 과정을 통해 최종적 결정을 하는 것을 의미한다(Herren, 1979; Kromblotz, 1994). 진로의사결정은 개인의 진로발달 과정 중 특정 상황에 불가피한 과정이며, 진로상담이나 진로지도에서 또한 진로의사결정이라는 결과를 얻고자 한다. 진로의사결정에 대해 준비와 선택의 과정으로 설명하는 이론이 있는 반면에, 진로의사결정은 우연한 사건(우연학습이론)으로 인해 일어날 수 있다는 주장도 있다.

그동안 진로의사결정을 설명하는 이론은 여러 관점으로 발전해 왔다. 초기 이론 중에서는 경영학이나 조직과학 영역의 이론을 적용하여 개인의 진로의사결정을 설명하였다(Sharf, 2016). 또한 기술적 모델(Vroom, 1964), 갈등 모델(Janis & Mann, 1977), 처방적 모델(Mitchell & Beach,1976), 발달적 접근(Gelatt, 1962; Harren 1979)이 있다. 앞에서 살펴본 것과 같이 인지적 관점을 중심으로 진로의사결정을 설명하는 인지정보처리이론이 비교적 최근 이론이라고 할 수 있다. 이 절에서는 진로의사결정을 설명하는 이론보다는 진로의사결정과 관련된 학생 또는 내담자 이해 중심으로 주요 개념을 설명하고자 한다.

2) 진로의사결정의 상태

진로의사결정은 순간의 결단이 아니라 지속적 과정이거나 개인이 경험하는 심리적 상태와 관련이 있다. 그렇기 때문에 단순히 진로의사결정을 '했다' '안 했다'의 결과로 단정 지을 수가 없다. 진로의사결정은 연속선상의 개념(김봉환 외, 2000)이므로 연속선상에는 미결정에 인접해 있거나 결정에 가까운 다양한 상태가 분포되어 있을 것이다. 진로의사결정 연구에서 대상을 진로결정자, 미결정자, 우유부단자로 나누는 견해(Peterson et al., 1991)가 비교적 많이 알려져 있다. 이러한 분류 방식과 연속선상의 개념 분류가 유사하면서도 차이가 있다. 진로의사결정 상태에 관한 설명은 적용한 개념에 따라 그 상태를 설명하는 방식이 다르기 때문에 여기에서 기존의 연구 결과를 종합하여 진로결정자와 미결정자를 중심으로 살펴보고자 한다.

진로의사결정에 관한 연구에서는 미결정에 대한 연구가 상대적으로 더 활발하였고, 미결정자 특성에 대한 연구가 비교적 많이 축적되었다. 진로의사결정이 중요한 만큼 미결정자에 대한 관심이 높아질 수밖에 없었던 것 같다. 미결정자에 관한 연구를 통해 다음과 같은 특성을 지닌 미결정자가 있다는 것을 알 수 있다. 연구에 따라 미결정을 만성적 미결정과 발달적 미결정(Chartrand, 1990; Hartman, Fuqua, & Hartman, 1983), 미결정-불편형과 미결정-편안형(Jones, 1989), 또한 지연형 미결정, 발달형 미결정, 다재다능형 미결정(Sampson, Reardon, Peterson, & Lenz, 2004)으로 나누기도 한다. 이 중에서 미결정이지만 그것이 발달적 특성에 따라 발생한 것이라면 발달과정을 겪고 있다고 할 수 있지만, 그렇지 않은 만성적 미결정, 지연형 미결정, 미결정이지만 편안함을 느끼는 미결정이라면 진로발달과 진로선택에서 어려움이 발생할 가능성이 크다.

진로의사결정에서 결정자 또한 중요한 집단이라고 할 수 있다. 진로의사결정을 했으나 결정에 대해 불편함을 느끼는 사람이 있는 것처럼 진로의사결정을 했다고 해서 그것이 완결된 상태는 아니라는 것을 시사하고 있다. 즉, 진로결정자 중에서도 다양한 상태가 있다는 것이다. 진로를 결정했지만 여전히 여러 가지 어려움을 경험하고 있는 집단이 있다는 것을 알 수 있다(Jones, 1989; Larson & Heppner, 1985). 진로결정자에 대한 분류 역시 여러 가지로 제안할 수 있다. 진로의사결정에서 확인이 필요한 결정자, 수행이 필요한 결정자, 갈등 회피형 결정자(Sampson et al., 2004), 결정하고 편안함을 느끼는 결정자와 결정했지만 불편함을 느끼는 결정자(Jones, 1989), 성숙한 결정자와 미숙한 결정자(고홍월, 김계현, 2009) 등이 있다. 이와 같이 진로의사결정을 했지만 그 결정에 대해 확인하고 비교적 바람직한 진로의사결정인지를 검토할 필요가 있다.

전반적으로 진로의사결정이라는 연속선상에는 결정자와 미결정자가 있으며, 그 사이 어딘가에 우유부단형이 있을 수 있다. 우유부단형은 진로결정자나 미결정자처럼 어떤 상태를 의미하는 것보다 결정하지 못한 특성을 나타내고 있는 유형이다. 정보가 부족하거나 결정할 시점이 아직 안 되어서가 아니라 성격적 특성이나 다른 만성적 상태로 인해 우유부단하며 결정을 내리지 못하는 모습을 나타낸다. 따라서 결정이나 미결정의 상태보다는 우유부단하게 되는 원인을 이해하려는 시도가 주요 흐름이라고 할 수 있다.

진로의사결정의 상태는 결국 결정이나 미결정의 정도에 따라 여러 지점에 있을 수 있다. 결정과 미결정은 연속선상의 개념이기 때문에 결정과 미결정이 기준이 되기보다 그 정도가 중요하다고 할 수 있다. 따라서 진로의사결정의 상태를 다양하게 구분해 본다면 [그림 5-10]에서 표현하는 것과 같이 여러 유형이 각각의 지점에 위치해 있을 수 있다.

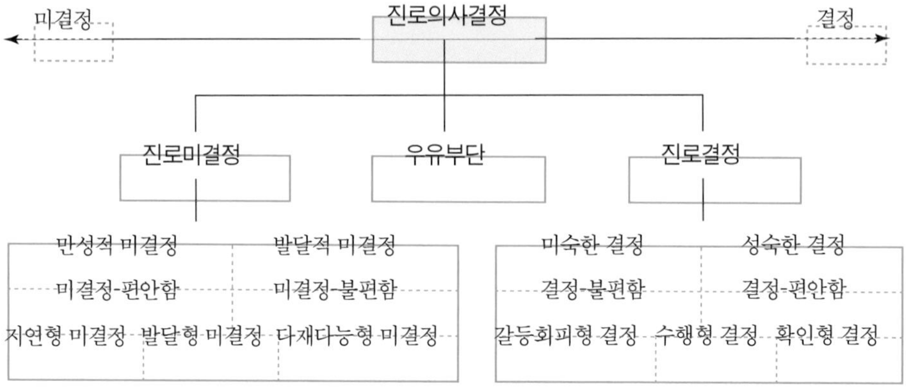

진로의사결정의 상태

[그림 5-10]

출처: 고홍월, 김계현(2009).

3) 진로의사결정의 유형

앞에서 진로의사결정의 정도에 따라 진로의사결정의 상태를 구분했다면 여기에서는 진로의사결정을 내리는 과정에서 나타나는 특성을 중심으로 진로의사결정 유형을 살펴보고자 한다. 진로의사결정 유형에 관해 하렌(Harren, 1979)은 진로의사결정에서 개인이 선호하는 방식이 있으므로 그에 따라 의사결정을 내릴 때 특징적인 유형이 있다고 주장한다. 하렌(1979)은 진로의사결정 과정과 의사결정 과정에 영향을 미치는 요인에 대해 주목하였다. 여기에서는 진로의사결정 과정과 진로의사결정 유형을 중심으로 이 이론을 소개하고자 한다.

진로의사결정 과정은 인식, 계획, 확신, 수행의 단계를 거친다고 이론적 제안을 하였다. 진로발달이 일어나는 과정에서 개인은 진로의사결정이 필요한 상황이나 시점을 인식하고, 심리적 불균형을 해소하기 위한 시도를 촉발하게 될 것이다. 인식 단계에서 상황이나 문제를 인식했다면 계획 단계에서는 탐색, 분석, 확인, 검토 등의 활동을 시도한다. 확신 단계는 앞선 단계에서 진행했던 활동을 통해 대안을 축소하고 보다 구체화하고 명료화하여 진로 대안에 대한 확신을 갖는다. 수행 단계에서는 실제적 성과를 얻기 위해 구체적인 행동을 하고 실천을 한다.

하렌(1979)은 진로의사결정 과정에 영향을 미치는 요인이 개인의 특성이라고 보고, 이러한 개인적 특성은 진로의사결정을 할 때 특징적인 반응으로 보이며, 각각의 특징을 구분해 보면 몇 가지 진로의사결정 유형이 있다고 주장한다. 여기에서 진로의사결정 유형은 합리적 유형, 직관적 유형, 의존적 유형으로 구분된다. 첫째, 합리적 유형은 의사결정이 필요한 상황을 인식하고 관련 정보를 수집하여 검토하고 체계적 · 논리적 방식으로 의사결정을 수행한다. 진로의사결정의 책임 또한 자신에게 있으며 자신과 자신을 둘러싼 상황을 분석적으로 접근하는 유형이다. 둘째, 직관적 유형은 상상이나 직관에 기초하고, 자신의 감정과 정서적 자각에 집중하는 특성이 강하다. 내면의 감정, 느낌에 집중하므로 구체적으로 설명하기는 어려워하지만 결정은 빠른 편이다. 직관적 유형 또한 자신의 감정에 따라 결정하는 경향이 있으므로 결정의 책임은 자신에게 있다고 생각한다. 셋째, 의존적 유형은 의사결정 상황을 지각하지만 결정의 중요한 주체나 근거를 외부에 의존하는 유형이다. 결과적으로 진로의사결정을 하지만 내적 과정을 통해 결정하는 합리적 유형이나 직관적 유형과 달리 외적 상황과 타인에 의존하는 경향이 있으므로 결정의 책임 또한 외부에 있다고 인식하는 유형이다. 하렌(1979)의 진로의사결정 유형에 근거하여 스콧과 브루스(Scott & Bruce, 1995)는 진로의사결정에서의 행동적 특성을 합리적 유형, 직관적 유형, 의존적 유형, 즉흥적 유형으로 분류하였다. 합리적 · 직관적 · 의존적 유형은 하렌(1979)의 분류와 일치한 특성이 보인다. 즉흥적 유형은 진로의사결정 상황을 회피하고자 하는 모습을 보이며, 진로의사결정을 미루기보다 오히려 신속하게 결정함으로써 그 상황을 끝내고자 하는 특성을 보인다.

4) 학교 진로상담 현장을 고려한 이론의 적용 및 평가

많은 이론에서 진로의사결정에 대해 다양하게 설명하고 있다. 진로의사결정은 심리적 · 인지적 · 행동적 과정의 복합적인 과정이며 이러한 다양한 측면을 종합적인 결과가 최종적 결정이라고 할 수 있다. 그렇기 때문에 진로의사결정은 단순히 한 순간의 문제를 넘어 진로발달의 결과적 형태이며, 진로의사결정을 하는 매 순간이나 매 사안에서는 다양한 측면을 끊임없이 종합적으로 고려해서 이루어진다. 이러한 맥락에서 앞에서 살펴본 사회인지진로이론과 인지정보처리이론에서 설명한 진로의사결정 과정을 이해하고 진로의사결정과 관련된 개인의 특성까지 종합적으로 고려하는 것이 중요하다.

진로의사결정은 과정이자 결과이며, 또한 진로의사결정을 한 것에 대한 기대일 가능성이 있다. 바람직하고 합리적인 의사결정을 했다는 것은 심리적 안녕감을 주고, 진로 선택에서 일정 수준의 만족감을 줄 수 있다. 그러나 지속적으로 강조해 왔던 것처럼 과연 합리적 의사결정을 했는가? 진로의사결정이 향후 진로개발, 진로 관련 행동에서 보다 효과적으로 나타나기 위한 종합적인 검토가 필요하다. 다른 한편, 진로의사결정은 종합적인 결과이기 때문에 너무 이른 발달 단계에서 진로의사결정을 요구하는 것보다 진로의사결정을 위한 준비를 체계적으로 돕는 것이 더 중요하다. 이러한 맥락에서 해당 발달 단계와 진로의사결정의 상태를 종합적으로 점검하고 보다 합리적 의사결정을 할 수 있도록 촉진하는 것이 선행되어야 한다.

◆ 참고문헌

고홍월, 김계현(2009). 진로의사결정 측정도구에 대한 고찰. **상담학연구**, 10(2), 967-987.

김봉환, 강은희, 강혜영, 공윤정, 김영빈, 김희수, 선혜연, 손은령, 송재홍, 유현실, 이제경, 임은미, 황매향(2013). **진로상담**. 서울: 학지사.

김봉환, 김병석, 정철영(2000). **진로상담이론**. 서울: 학지사.

임은미, 강혜영, 고홍월, 공윤정, 구자경, 김봉환, 손은령, 손진희, 이제경, 정진선, 황매향(2017). **진로진학상담 기법의 이론과 실제**. 서울: 사회평론.

Bandura, A. (1977). Self-efficacy: Toward a unifying theory of behavioral change. *Psychological Review, 84*(2), 191-215.

Bandura, A. (1986). *Social foundations of thought and action: A social cognitive theory*. Englewood Cliffs, NJ: Prentice-Hall, Inc.

Betz, N. E., & Hackett, G. (1981). The relationship of career-related self-efficacy expectations to perceived career options in college women and men. *Journal of Counseling Psychology, 28*(5), 399-410.

Chartrand, J. M. (1990). A causal analysis to predict the personal and academic adjustment of nontraditional students. *Journal of Counseling Psychology, 37*(1), 65-73.

Gelatt, H. B. (1962). Decision-making: A conceptual frame of reference for counseling. *Journal of Counseling Psychology, 9*(3), 240-245.

Harren, V. A. (1979). A model of career decision making for college students. *Journal of Vocational Behavior, 14*(2), 119-133.

Hartman, B. W., Fuqua, D. R., & Hartman, P. T. (1983). The construct validity of the career decision scale administered to high school students. *Vocational Guidance Quarterly, 31*(4), 250-258.

Janis, I. L., & Mann, L. (1977). *Decision making: A psychological analysis of conflict, choice, and commitment*. New York, NY: Free Press.

Jones, L. K. (1989). Measuring a three-dimensional construct of career indecision among college students: A revision of the vocational decision scale—the career decision profile. *Journal of Counseling Psychology, 36*, 477-486.

Krumboltz, J. D. (1994). Improving career development theory from a social learning perspective. In M. L. Savickas & R. L. Lent (Eds.), *Convergence in career development theories*. Palo Alto, CA: CPP Books.

Larson, L. M., & Heppner, P. P. (1985). The relationship of problem-solving appraisal to career decision and indecision. *Journal of Vocational Behavior, 26*, 55-65.

Lent, R. W., & Brown, S. D. (2002). Social cognitive career theory and adult career development. In S. G. Niles (Ed.), *Adult career development: Concepts, issues and practices* (3nd ed., pp. 76-97). Broken Arrow, OK: National Career Development Association.

Lent, R. W., & Brown, S. D. (2006). On conceptualizing and assessing social cognitive constructs in career research: A measurement guide. *Journal of Career Assessment, 14*(1), 12-35.

Lent, R. W., & Brown, S. D. (2008). Social cognitive career theory and subjective well-being in the context of work. *Journal of Career Assessment, 16*(1), 6-21.

Lent, R. W., & Brown, S. D. (2013). Social cognitive model of career self-management: Toward a unifying view of adaptive career behavior across the life span. *Journal of Counseling Psychology, 60*(4), 557-568.

Lent, R. W., Brown, S. D., & Hackett, G. (1994) Toward a unifying social cognitive theory of career and academic interest, choice, and performance. *Journal of Vocational Behavior, 45*(1), 79-122.

Lent, R. W., Brown, S. D., & Hackett, G. (1998). Extending social cognitive theory to counselor training: Problems and prospects. *The Counseling Psychologist, 26*(2), 295-306.

Lent, R. W., Brown, S. D., & Hackett, G. (2000). Contextual supports and barriers to career choice: A social cognitive analysis. *Journal of Counseling Psychology, 47*(1), 36-49.

Lent, R. W., López, A, M., Lopez, F. G., & Sheu, H. B. (2008). Social cognitive career theory and the prediction of interests and choice goals in the computing disciplines. *Journal of Vocational Behavior, 73*(1), 52-62.

Lent, R. W., & Sheu, H. (2010). Applying social cognitive career theory across cultures: Empirical status. In J. G. Ponterotto, J. M. Casas, L. A. Suzuki, & C. M. Alexander (Eds.), *Handbook of multicultural counseling* (3rd ed., pp. 691-701). Thousand Oaks, CA: Sage.

Mitchell, T. R., & Beach, L. R. (1976). A review of occupational preference and choice research using expectancy theory and decision theory. *Journal of Occupational Psychology, 49*(4), 231-248.

Peterson, G. W., Lumsden, J. A., Sampson, J. P., Jr., Reardon, R. C., & Lenz, J. G. (2002). Using a cognitive information processing approach in career counseling with adults. In S. G. Niles (Ed.), *Adult career development: Concepts, issues and practices* (pp. 98-117). Broken Arrow, OK: National Career Development Association.

Peterson, G. W., Sampson, J. P., Jr., & Reardon, R. C. (1991). *Career development and services: A cognitive approach.* Pacific Grove, CA: Thomson Brooks/Cole Publishing Co.

Sampson, J. P., Jr., Peterson, G. W., Lenz, J. G., & Reardon, R. C. (1992). A cognitive approach to career services: Translating concepts into practice. *The Career Development Quarterly 41*, 67-74.

Sampson, J. P., Jr., Reardon, R. C., Peterson, G. W., & Lenz, J. G. (2004). *Career counseling and services: A cognitive information processing approach.* Pacific Grove, CA: Brooks/Cole.

Sharf, R. S. (2016). 진로상담: 아동기부터 성인기까지 진로발달 이론의 적용 [*Applying career development theory to counseling* (5th ed.)]. (김진숙, 김정미, 서영숙 역). 서울: 박학사. (원저는 2009년에 출판).

Sheu, H., & Lent, R. W. (2009). A social cognitive perspective on well-being in educational and work settings: Cross-cultural considerations. *International Journal for Educational and Vocational Guidance, 9,* 45-60.

Super, D. E. (1980). A life-span, life-space approach to career development. *Journal of Vocational Behavior, 16*, 282-298.

Swanson, J. L., & Gore, P. A. (2000). Advances in vocational psychology theory and research. In S. D. Brown & R. W. Lent (Eds.), *Handbook of counseling psychology* (pp. 233-269). New York, NY: John Wiley & Sons, Inc..

Vroom, V. H. (1964). *Work and motivation*. New York, NY: Wiley.

제 6 장

관계적 관점의 이론

들어가기

개인은 결코 혼자 살 수 없으며, 사람들과의 관계 속에서 서로의 필요를 채우면서 공존한다. 또한 개인은 어떤 직업을 통해 누군가의 필요를 채우는 방식으로 타인과 관계를 맺게 된다. 특히 인간관계 문제는 직장인들에게 이직을 고민하게 만드는 가장 큰 원인이 될 정도로(해럴드경제, 2018. 3. 12.), 가족과 사회의 유대관계를 매우 중시하는 우리나라에서 사람들의 관계는 진로상담 장면에서 매우 중요한 이슈에 해당한다. 진로에서 관계적 측면을 고려한 것은 매우 중요함에도 불구하고, 전통적으로 진로상담에서 합리적 진로의사결정이 강조되어 지금까지 진로에서 관계적 측면의 영향을 상대적으로 소홀히 해 온 경향이 있다. 개인이 합리적으로 진로목표를 세우고 진로선택을 하는 것에만 강조하다 보니, 실제 직업세계에 다른 사람들과 관계를 맺으며 일해야 하는 상황에서 잘 적응하지 못하게 만드는 결과를 가져오기도 하였다. 이러한 상황에서 진로이론의 관계적 측면을 고려하는 것은 매우 중요할 것이다.

최근의 진로이론에서는 직업선택과 발달에서 개인주의적이고 결정론적인 관점에서 관계적 맥락을 중요시하기 시작하였다(Jordan, 2009). 관계적 관점 이론은 부모-자녀 관계를 다룬 이론으로서 처음으로 진로발달이 부모와의 상호작용을 통해 이루어진다는 **로**(Roe)의 **직업선택이론**을 시작으로, **애착이론**과 **부모-자녀 진로상호이론**이 포함되며, 다음으로 부모의 영향뿐만 아니라 진로발달에서 가족, 교사, 또래 등의 관계적 측면으로 확장시킨 **필립스**의 **발달-관계적 모델**이 대표적이다. 이 장에서는 김진숙, 김정미, 서영숙 역(2016), 임은미 등(2019)과 슐테이스(Schltheiss, 2003)의 연구를 참조하여 관계적 진로상담 이론으로서 부모-자녀 관계를 다룬 이론들과 타인 관계의 영향까지 확장하여 제시한 발달-관계적 모델을 소개하고, 마지막으로 **블루스타인**(Blustein, 2011)의 **직업관계이론**을 간단하게 제시하고자 한다.

학습목표

1. 부모-자녀 관계 관련 이론에서 진로발달을 바라보는 관점, 특성, 기본 개념을 이해할 수 있다.
2. 발달-관계적 모델에서 진로발달을 바라보는 기본 관점, 특성, 기본 개념을 이해할 수 있다.
3. 직업관계이론의 기본 관점, 특성, 기본 개념을 이해할 수 있다.

사례 A

고등학교 3학년인 A양은 현재 명확하게 끌리는 직업이 없으나, 문과생이어서 현실적으로 취업이 어렵다는 것을 알고 있다. 타인과 비교하여 볼 때 A양이 자신 있는 영역은 글을 읽고 쓰는 영역이라고 생각하지만, 현실적으로 이 분야에서 최고가 될 만한 능력이 안 된다는 벽을 느끼고 있다. 그나마 관심 있는 분야는 부모님의 영향을 받아 초등교사, 중등교사(국어), 교육행정직 정도이다. 이 상황에서 부모님은 두 분 모두 학과보다는 최대한 상위권 대학에 지원하길 원하고 A양이 하고자 하면 경제적으로 어떤 것이든 지원해 줄 수 있는 분들이다. A양의 성적을 볼 때 수시지원이 유리한 상황이고, 가고 싶은 대학은 교육대학 혹은 사범대학이지만 두 대학 모두 수시로는 진학이 힘든 상태이다. 이에 부모님의 권고대로 수시지원을 통해 이름 있는 상위권 대학에 진학을 해야 할지, A양이 가고 싶은 대로 정시지원을 하여 성적에 맞는 교대나 사범대로 진학을 해야 할지가 고민이다. 또한 전공선택에 있어서도 안정성을 생각하여 선택할지 혹은 자신이 있는 분야인 어문 계열을 선택할지 고민 중이다.

사례 B

초등학교 6학년인 B군은 친구들과 컴퓨터 게임을 하면서 노는 것을 좋아하는 학생이다. B군의 친구들은 프로게이머, 유튜브 크리에이터, 공무원 등 되고 싶은 직업이 있는데 정작 B군은 되고 싶은 꿈이 없어서 고민이다. 사실 B군은 현재 원하는 꿈이 없어도 괜찮은데 부모님은 B군이 꿈도 없고 공부도 안 한다며 걱정을 많이 하고 있다. 부모님은 이전부터 안정적인 공무원을 하라고 했지만, B군은 공무원은 재미없을 거 같고 공부를 잘해야 할 거 같은데 될 수 있을지 자신이 없는 상태이다. B군은 학교에서 평균 정도의 학업 성취를 보이고, 체육 시간을 가장 좋아하며, 다른 과목들은 재미없고 공부도 어떻게 해야 할지 모르는 막막한 마음도 느끼고 있다. 이젠 중학생이 되니 수학, 영어 등 공부를 해야 할 거 같은 마음은 드는데, 공부를 하기는 싫어서 공부를 안 해도 되는 직업이 어떤 직업이 있는지, 그 직업 중 자신에게 맞는 직업이 어떤 직업이 있는지를 찾아보고 싶다고도 하였다.

1. 부모–자녀 관계 관련 이론

도입질문

- 부모-자녀 관계가 진로발달에 어떤 영향을 준다고 생각하는가?
- 부모와의 상호작용이 자녀의 진로선택에 어떤 영향을 준다고 생각하는가?

1) 이론 개관

우리나라의 부모는 자녀의 진로발달과 진로선택에 매우 관심을 갖고 있기 때문에 초등학생과 중학생을 위한 진로상담에서 내담자가 받은 부모의 영향을 탐색하는 것은 필수적이다. 개인의 진로발달에서 긍정적인 부모-자녀 관계가 매우 중요하며, 부모의 지지 및 부모에 대한 심리적 독립은 개인의 진로태도 성숙(Farmer, 1985; Rooney, 1983), 진로 확신(이재희, 이지민, 2012)에 긍정적인 영향을 주는 요인이 된다. 이에 반해, 가족 간의 갈등은 청소년의 진로태도 성숙에 부정적인 영향을 미치는 것으로 나타났다(정혜정, 최인실, 2004). 부모-자녀 관계이론은 자녀의 진로발달 과정에서 부모와의 상호작용이 영향을 준다는 점을 제안하며, 자녀의 진로발달에 미치는 부모의 영향을 강조한다. 부모-자녀 관계 관련 이론으로서 로의 직업선택이론과 애착이론, 부모-자녀 상호작용이론이 포함되며(임은미 외, 2019), 이러한 이론들을 진로상담에 적용하기 위하여 각 이론에서 이야기하는 주요 개념과 기법을 통합하여 제시하고자 한다.

2) 주요 개념 및 내용

(1) 로의 직업선택이론

로의 직업선택이론은 부모와의 상호작용을 통해서 자녀의 심리적 욕구가 발달하며, 이러한 발달에 기초한 직업선택을 강조한다(Sharf, 2016). 앤 로(Anne Roe)는 12세 이전의 초기 아동기까지 부모의 자녀 양육 방식이 자녀의 심리적 욕구와 상호작용하여 진로선택에 영향을 준다고 제안하였다. 직업선택이론은 부모-자녀 관계가 진로발달에 주는 영향을 밝히기 위해, 특정한 직업을 가진 사람들이 자신의 성장 방식에 따라 비슷한 배경을 가지고 있다는 것을 연구하였다. 즉, 유사한 직업군에 속하는 사람들의 부모-자녀 관계를 분석하여 부모의 양육 태도에 따라 사람지향적이거나 사람회피적인 진로를 선택하게 된다는 점에 초점을 두어 직업의 분류 체계를 제시하였다(Roe, 1957).

특히, 초기 경험은 가정 환경에서 주로 부모와의 관계에 의해 영향을 받기 때문에 로는 부모의 자녀에 대한 양육 태도에 관심을 기울였다. 로가 제시한 부모의 양육 태도는 다음의 〈표 6-1〉과 같이 정서집중형, 회피형, 수용형의 세 가지 유형으로 구분된다(정상모, 2001).

자녀는 부모의 양육 방식에 따라 형성된 심리적 욕구에 따라 직업선택을 하게 된다. 로는 수용형의 부모와 함께 자란 자녀는 타인과의 관계 속에서 자신의 욕구를 해결하는 경험으로 사람 지향적인 성격을 형성해 나가고 사람 지향적인 직업군을 선택할 가능성이 높다고 하였다. 또한 거부적인 양육 태도를 지닌 회피형의 부모 밑에서 성장한 자녀는 사람 회피적인 성격을 갖게 되어 사람보다 사물이나 데이터를 다루는 직업을 선택할 가능성이 더 높다고 하였다.

〈표 6-1〉 부모의 양육 태도 유형

유형	특성	하위 유형
정서집중형	자녀에게 정서적으로 집중하는 유형	• 과보호 유형: 자녀의 호기심을 제한하고 지나치게 보호함으로써 의존심을 키워 줌 • 과잉요구 유형: 자녀에게 완벽성을 요구하여 엄격하게 훈련시키고 무리한 요구를 함
회피형	자녀에 대해 회피하는 유형	• 방임형: 자녀와 별로 접촉하려고 하지 않고 부모의 책임을 회피하려고 함 • 거부형: 자녀에게 냉담하여 자녀가 선호하는 것이나 의견을 무시하고, 부족한 면이나 부적합한 면을 지적하며 자녀의 욕구를 충족시켜 주려고 하지 않음
수용형	자녀를 수용하는 유형	• 무관심형: 자녀를 수용적으로 대하지만 자녀의 욕구나 필요에 대해 그리 민감하지 않고, 자녀에게 어떤 것을 잘하도록 강요하지 않음 • 애정형: 온정적이고 관심을 기울이며, 자녀의 요구에 응하고 독립심을 길러 주며, 벌을 주기보다 자녀가 안정감을 느낄 수 있는 환경을 제공함

출처: 정상모(2001).

로는 부모의 양육 방식에 따른 부모-자녀 관계 척도(Parent-Child Relations Questionaire: PCR I)를 제시하여, 부모의 양육 태도를 측정하였다. 부모-자녀 관계 척도는 12세 이전의 부모에 대한 회상 내용을 검사하는데 사랑-거부(Loving-Rejecting: LR), 변덕-요구(Casual-Demanding: CD), 과도한 집중(Overt Attention: OA)의 하위 구성 요소로 이루어져 있다. 이 중 개인의 직업선택 지향에 영향을 주는 요인은 사랑-거부 요인과 과도한 집중 요인이다.

로의 직업선택이론은 직업을 사람의 기본 욕구를 충족시켜 줄 수 있는 단일 상황으로 보고, 개인이 심리적 욕구를 발달시키는 과정에서 부모의 양육 방식이 영향을 미쳐 사람 지향적 또는 회피적 욕구가 형성되고, 이에 따라 사람 지향/회피적인 직업을 선택하도록 하는 데 영향을 미치는 것으로 보았다(김봉환 외, 2014). 즉, 부모의 양육 태도를 직업군과 연결시켜 5개의 사람 지향적 직업군(서비스직, 비즈니스직, 행정직, 보편적 문화직, 예능직)과 3개의 사람 회피적 직업군(기술직, 옥외활동직, 과학직)의 직업 분류 체계를 제시하였다. 로가 제시한 직업 분류 체계는 〈표 6-2〉와 같다(임은미 외, 2019). 이러한 로의 직업 분류 체계는 이후에 직업선호도검사, 직업흥미검사 등의 분류 체계 개발이나 진로상담 프로그램 개발에 영향을 주었다(김봉환 외, 2014).

〈표 6-2〉 로의 직업 분류 체계

직업군		내용	해당 직업
사람 지향적 직업군	서비스직	다른 사람의 욕구, 복지에 관심을 갖고 타인을 위해 무언가를 하거나 도와주는 일과 관련됨	사회사업, 지도, 서비스 제공하는 일 등
	비즈니스직	사람들을 설득하여 판매하도록 하는 일과 관련됨. 대인관계적 측면은 있지만 타인을 도와주는 것보다 어떤 행동을 하도록 설득하는 것에 더 가까움	투자자, 부동산 중개인 등
	행정직	조직 관리, 효율적인 기능을 담당하는 일과 관련됨. 인간관계의 질은 형식적임	관리직, 공무원 등
	보편적 문화직	보편적인 문화유산의 보존과 전수하는 일과 관련됨	교육, 언론, 법률, 성직, 언어학, 인문학 등의 전공과 관련된 직업

	예능직	창조적인 예술과 연예와 관련된 기술을 사용하는 일과 관련됨. 직접적인 인간관계가 중요한 것은 아님	예술교사 등
사람 회피적 직업군	기술직	상품과 재화의 생산, 유지, 운송 등과 관련된 일. 대인관계는 상대적으로 덜 중요하고 사물을 다루는 일과 관련됨	운송, 정보통신, 공학, 기계, 무역과 관련된 직업
	옥외활동직	농산물, 수산물, 지하자원, 임산물 등 천연자원을 개간, 보존, 수확하는 일과 관련됨. 기계화가 이루어진 직업으로 사람과 별로 관계가 없음	농업, 수산업, 축산업 등
	과학직	과학이론을 탐구하고 연구하는 일과 관련됨	과학교사 등

출처: 김봉환 외(2014).

진로상담에서 직업선택이론을 적용하여 상담할 때, 로와 런보그(1990)에서 런보그(Lunneborg)가 로의 직업선택이론을 적용하여 내담자의 욕구와 직업 간의 매칭을 위한 실제적인 진로상담을 제안한 평가, 정보 수집, 탐색적 면담 및 활동계획 및 구축하기의 4단계를 고려해 볼 수 있다(김봉환 외. 2014).

첫째, 평가하기 단계에서는 내담자의 문제를 파악하고 내담자가 현재 진로와 관련하여 어떤 욕구를 갖고 있는지 파악한다. 상담자는 내담자의 사람 지향-사물 지향의 이원적 차원의 욕구를 우선적으로 탐색할 수 있다. 그러나 청소년 내담자의 경우, 직업을 통해서 자신이 어떤 욕구를 충족하고자 하는지에 대한 인식이 부족하거나, 자신의 욕구는 자각하고 있지만 어떤 직업이 그 욕구를 충족시켜 줄 수 있는지에 대한 정보가 부족할 수 있다는 점을 고려할 필요가 있다.

둘째, 내담자의 자기이해와 직업과 관련된 여러 가지 정보를 수집하는 단계에서는 내담자가 갖게 된 진로 욕구가 어떻게 형성되었는지를 살펴보는 과정을 통하여 내담자 자신에 대한 이해를 높이고 자신의 진로 욕구를 충족시켜 줄 직업에 대한 정보를 수집하게 한다. 이때 상담자는 내담자가 사람 지향/회피에 대한 내담자 욕구에 적합한 직업군별 하위 직업을 탐색하는 것을 도울 수 있다. 이 단계에서 학생의 진로 욕구를 탐색할 수 있는 진로가치관검사 및 직업카드분류의 활용도 가능하다(임은미, 2019). 진로가치관검사를 통하여 사람 지향/회피에 대한 내담자의 욕구뿐만 아니라 개인의 진로결정 과정에서 노력하여 얻을 만한 중요한 직업가치가 무엇인지를 고려하는 것도 좋다. 직업가치관검사를 통하여 건강, 돈, 사회적 인정 등 사람들 누구나 원하는 가치 말고도 인생에서 내담자가 직업을 통해 정말 하고 싶고 달성하고 싶은 것이 무엇인지를 살펴볼 수 있다.

셋째, 탐색적 면담하기 단계에서는 상담자가 내담자에게 탐색한 학과나 전공 혹은 구체적인 직업을 갖고 있는 사람들을 만나 '직업인 인터뷰'를 하도록 돕는다. 직업인 인터뷰를 통해 내담자는 자신이 선택한 학과나 직업이 자신이 기대하는 구체적인 욕구를 충족시켜 줄 수 있는지, 자신이 생각했던 것과 일이 일치하는지, 어떤 사람들이 이 분야에서 성공하는지, 보수 및 복지, 앞으로의 장래 비전은 어떤지를 확인함으로써 최종적인 진로선택을 할 수 있도록 도울 수 있다.

넷째, 활동 계획 및 구축하기 단계에서는 내담자가 자신의 욕구를 충족시키는 학과나 직업을 결정한 후 목표에 도달하기 위한 구체적인 계획과 진로활동 계획을 세우도록 돕는다.

(2) 애착이론과 진로발달

애착이론에서는 생후 6년 이내에 부모와 안정된 애착을 형성한 자녀는 타인과 관계를 편안하게 맺으며, 자신을 둘러싼 세계와 직업세계에 적극적인 관심을 보여 보다 적극적으로 진로탐색과 선택을 한다는 점을 강조한다(김진숙 외, 2016). 특히 우리나라 경우 관계주의로 규정되는 한국 문화의 특성상, 자녀의 진로결정과 직업선택 과정에서 부모의 영향이 중요하기에 부모와의 애착과 진로발달 사이의 관계를 살펴보는 것이 특히 중요하다.

애착(attachment)은 안전감의 경험을 제공하는 친밀한 정서적 유대관계를 의미한다(Bowlby, 1988). 부모와 형성된 애착은 유아기, 아동기를 넘어선 전 생애의 적응을 예언해 주는 지표로서, 부모의 내적 작동 모델은 개인의 초기 상호작용 질에 결정적으로 영향을 미친다. 어릴 때 형성된 주 양육자와의 애착 유형 중에서 안정애착 유형이 발달 과업 수행과 다음 과업으로의 이행 과정을 가장 잘 수행하게 된다(Ainsworth, 1989; Bowlby, 1982).

에인스워스(Ainsworth)의 낯선 상황 실험에서 유아가 보이는 애착 유형은 [그림 6-1]에서와 같이 네 가지가 포함된다. 유아기에 형성된 부모에 대한 애착 유형은 진로발달 영역을 포함한 개인 삶의 모든 영역에 영향을 미치며 성인기에도 영향을 주는 중요한 요인이 된다(Shaver & Hazan, 1993).

안정애착(안정형)	불안정 회피애착(회피형)
• 부모에게 안정적으로 애착되어 있는 유형 • 활발하게 잘 놀고, 주위를 탐색하기 위해 부모와 쉽게 떨어지고 부모와 함께 놀 때는 밀접한 관계를 유지함 • 부모와 짧게 분리되었다가 재회 시 적극적으로 접촉을 시도하고 곧바로 안정을 찾고 다시 놀이에 몰두함 • 친밀감, 자율, 편안함	• 부모에게 불안정하게 애착되어 있고 부모를 회피하는 유형 • 부모와 재회 시 부모를 회피하고 어머니와의 두 번째 분리 시 회피행동이 더 강하게 나타남 • 부모가 자녀를 안아 주면 대체로 안기려 하지 않음 • 친밀감 거부, 독립
불안정 혼란애착(혼란형)	**양가적 애착(집착형)**
• 부모에게 불안정하게 애착되어 있고 부모에게 저항하는 유형 • 부모와 분리 후 재회 시 자신을 두고 떠난 부모에 대하여 화를 내면서도 부모와 가까이 있고 싶어 하고 접촉하려고 시도하지만 부모가 안아 주면 뿌리치고 밀어내는 양면성을 보이며 쉽게 안정감을 찾지 못함 • 부모와 함께 있을 때 혼란스럽고 해리된 듯한 행동을 보임	• 불안정애착의 가장 심한 형태로 회피애착과 혼란애착이 복합된 유형 • 부모에게 오로지 집착하고 부모와 재회 시 진정되지 않고 계속해서 우는 행동을 보임 • 매달리고 화를 내면서 저항하거나 침울하고 무기력한 모습을 보임 • 친밀 두려움, 사회 회피

[그림 6-1] 애착 유형

출처: Shaver & Hazan (1993).

안정적인 애착을 형성한 아동은 외부 세계를 적극적으로 탐색하여 자신과 직업세계에 대한 높은 친밀성을 보인다(Sharf, 2013). 안정애착은 긍정적인 자기평가와 자신감으로 자신에 맞는 진로와 직업선택에 적극적인 태도를 가지도록 하여 진로결정 수준을 높이는 것으로 나타났다(장석진, 2005). 그러나 불안정애착은 진로미결정에 직접적인 영향을 미치는 요인이 되었다(Downing & Nauta, 2010). 즉, 불안정애착은 중요한 사람들에 대한 적정한 수준의 심리적 연결감을 갖지 못하고 자기탐색과 건강한 자아정체성 발달을 방해하여 결국에는 진로미결정 상태가 되는 데 영향을 주었다. 특히 불안정애착 유형 중 혼란형이 회피형보다 진로미결정 수준이 높게 나타났다(이은희, 2011).

회피형은 다른 사람과 친밀한 정서적 관계를 맺지 않고 지내는 것을 편안하게 느낀다. 독립심과 자기충족감을 느끼는 것을 중요시하고 자신이 다른 사람들에게 의지하거나 다른 사람들이 자신에게 의지하는 것을 좋아하지 않는다. 이러한 회피형은 진로 관련 어려움이 있더라도 주변 사람들에게 말하지 않고 혼자 해결하려고 할 가능성이 높고, 어려움에 직면하여 문제를 적극적으로 해결하기보다 해당 문제에 대해서도 회피하려는 성향을 보일 수 있다.

혼란형은 거절과 포기, 몰입에 대한 두려움을 지니기에 다른 사람들과 정서적으로 가까운 관계를 원하기는 하지만 다른 사람들과 가까워지면 자신이 상처를 받을까 봐 걱정하며 다른 사람을 완전히 신뢰하거나 전적으로 의지하기 어려워하는 유형이다.

집착형은 다른 사람과 친밀한 관계를 맺어야 안심이 되는 유형으로, 다른 사람들과 정서적으로 완전히 친밀해지기를 원하지만 다른 사람들은 자신이 원하는 만큼 가까워지지 않거나 자신을 소중하게 생각하지 않을까 봐 걱정하는 유형이다.

부모 면접에서도 안정애착형 부모와 불안정애착형 부모가 면접자와 협력할 수 있는 능력의 차이를 보였는데, 안정애착형의 부모는 일관되고 협력적인 대화를 지속하고 애착에 대한 안정된/자율적인 마음 상태를 보였으나, 불안정애착형 부모는 일관되고 협력적인 대화를 지속하는 데 전반적으로 힘들어했다. 〈표 6-3〉에 제시한 것과 같이 일관되지 못하고 협력적이지 못한 세 가지 패턴인 무시하는 유형, 집착하는 유형, 미해결된/혼란스러운 유형의 특성을 보였다(Wallin, 2010).

의존에서 독립으로서의 전환 시기인 청소년기에는 이전에 형성된 애착의 기본적인 내적 수행 모델을 유지하면서 자신을 둘러싼 세계를 적극적으로 탐색하고 사회적 유능성을 개발하는 것이 필요하다. 블루스타인, 프리지오소와 슐테이스(Blustein, Prezioso, & Schultheiss, 1995)에 의하면, 애착은 자아정체감 형성, 진로탐색, 진로의사결정 및 진로행동에 영향을 주는 요인으로 부모와의 안정애착은 심리적 독립을 촉진하고 진로발달 과정에서 필요한 심리적 자원이 된다.

첫째, 부모와의 안정애착은 진로탐색을 촉진한다. 진로탐색은 진로결정을 위해 반드시 수행해야 하는 과정이자, 인지적 · 정서적 활동을 수반하는 전 생애에 걸친 자아형성(self-construction) 과정이다. 이는 단순한 정보 수집활동을 넘어서 자신과 환경에 관한 가설 검증을 통해 진로학습과 진로발달을 수반하는 행동에 해당한다(Blustein, 1997; Moreno & Taveira, 2000). 부모와의 애착관계를 통한 안전감의 경험이 새로운 환경에 대한 탐색을 촉진하여 환경에 대한 지식 수준을 넓히고 폭넓은 사회활동을 통한 사회적 유능감을 증진시키고 진로발달을 촉진시키게 된다(Blustein et al., 1995). 낯선 직업세계에 대한 탐색은 불안, 모험, 실험적인 행동이나 활동을 수반하는데, 부모와의 안

〈표 6-3〉 부모의 양육 태도와 부모 애착 면접의 특성

유형		부모의 양육 태도	부모 애착 면접의 특성
안정애착		• 눈맞춤과 스킨십으로 안정감을 주며 아이의 울음과 표정, 감정에 민감하게 반응하는 등 신뢰와 감정의 교류가 있는 양육 제공	안정된/자율적인 • 일관되고 협력적인 대화 • 애착을 중시하고, 애착과 관련된 경험을 일관되게 보고함 • 충분히 현재에 머무르고 사려 깊으며 감정에 열려 있음
불안정 애착	불안정 회피애착	• 부모가 우울하여 자녀와 신체적 · 정서적 교류가 적고 아이를 방치하는 경우 • 부모가 아이에게 관심과 애정을 많이 보이지만 아이의 욕구보다는 부모의 욕구에 맞춰 통제하는 경우	무시하는 • 일관되지 않는 대화, 답변의 길이가 매우 짧음 • 애착 관련 경험과 관계를 무시함(아동기 경험이 기억나지 않는다거나, 이상화된 경험으로 보고) • 회상되는 사건들에 대해 일반화된 표현(아주 훌륭한, 대단히 정상적인, 아주 좋은 어머니)으로 경험을 정상적인 것으로 묘사. 이유에 대해서는 기억나지 않음
	불안정 혼란애착	• 아이를 무시하거나 구박하여 공포감을 느끼게 하는 파괴적 의사소통 방식의 양육 제공 • 부모에게 알코올 중독 문제가 있거나 학대 부모인 경우가 많음	미해결된/혼란스러운 • 상실이나 학대 등에 대한 대화 시 현저하게 혼란을 보임 • 오랜 침묵을 보이거나 찬사 일색의 이야기를 하기도 함
양가적 애착		• 부모의 기분에 따라 태도가 달라지는 일관성 없는 양육 제공 • 부모가 기분이 좋을 때는 너그럽고 기분이 나쁠 때는 별거 아닌 것에 버럭 화를 냄	집착하는 • 애착에 관한 대화가 일관적이지 않음. 과거 애착관계/경험에 집착하고 있거나, 말하는 동안 화가 나 있거나, 수동적이거나 두려워하는 것처럼 보임 • 긴 문장을 사용하여 답변하고 문법에 맞지 않거나 모호한 표현을 많이 사용 • 자녀의 자율성을 단념시키게 됨

출처: Wallin (2010).

정된 애착관계를 경험한 사람은 정서적인 재충전을 할 수 있기에 기꺼이 모험과 불안을 감수하면서 탐색활동을 적극적으로 수행하게 된다(Flum, 2001).

둘째, 부모와의 안정애착은 자아정체감 형성에 긍정적인 영향을 주는 요인에 해당한

다(Kamptner, 1988). 청소년기에는 일관적인 자아정체감의 형성과 부모와의 분리-개별화 과정이 필수적이다(Lopez, 1992). 부모와의 분리-개별화와 정서적 연결감이 청소년이 자신의 정체성을 탐색하고 성숙한 자아정체감을 형성하는 데 매우 중요한 요인이 된다(Campbell, Adams, & Dobson, 1984; Schultheiss & Blustein, 1994). 우리나라의 경우 이른 시기부터 높은 교육열로 자녀의 진로나 능력 개발에 큰 관심을 기울이는 대신 부모의 과도한 관심이나 걱정이 오히려 자녀의 건강한 심리적 독립에 방해물로 작용하여 적절한 분리-개별화 능력을 형성하지 못하게 하는 경향을 보인다(김수임, 김창대, 2009). 부모와의 애착 경험이 충분하지 않은 경우 자아정체감 문제와 함께 진로의사결정에도 어려움을 겪을 수 있다(O'Brien, & Fassinger, 1993).

셋째, 부모와의 애착은 진로선택 과정에 영향을 준다. 진로를 선택하고 진로결정에 전념하는 과정은 예상되는 위험을 감수하는 것이 필요한데, 부모와의 안정애착은 결정한 진로에 전념하는 데서 오는 두려움이나 선택하지 않는 직업에 대한 기회 상실, 직업 수행에 대한 사회적 의미 등의 위험을 감수하도록 이끈다. 블루스타인 등(1991)에 따르면, 부모와의 안정애착을 바탕으로 심리적으로 독립한 후기 청소년이 진로선택에 더 전념할 가능성이 높고, 긍정적인 진로 추구와 진로 수행, 진로결정 및 자기효능감에도 긍정적인 영향을 받았다(O'Brien, 1993).

넷째, 부모와의 안정애착은 진로발달 과정에서 경험할 수 있는 진로장벽을 극복할 수 있게 해 준다(Flores & O'Brien, 2002). 유성경 등(2007)의 연구에서 아버지와의 애착이 학업우수 여학생의 남성성과 여성성의 발달에 유의미한 영향을 미치고, 자아존중감에 긍정적인 영향을 미치고 결국 진로장벽 수준을 유의미하게 낮춘 것으로 나타났다.

한편, 청소년기에는 애착의 발달적 계속성에 따라 친구 등의 또래와의 애착관계가 부모에서 벗어나 자신에 대한 탐색과 진로 기회에 대한 탐색을 할 수 있도록 도와주는 기반이 된다. 특히 청소년기는 애착 욕구가 또래에게로 옮겨 가는 시기로, 양육자로부터 보호와 지지를 받는 위계적 애착관계에서 서로 보호와 지지를 주고받는 또래 애착관계로 변화를 경험한다. 친밀한 친구관계를 갖고 있는 청소년들은 그렇지 못한 청소년들보다 자신과 세상을 훨씬 깊이 있고 자유롭게 탐색하고 수월하게 진로탐색을 수행할 수 있는 것으로 나타났다(강차연, 박경, 2001).

(3) 부모-자녀 상호작용이론

부모-자녀 상호작용이론은 진로선택 및 발달에서 가족 구성원의 상호작용이 중요한 요인이 된다고 보고, 부모를 포함하는 진로상담을 제안한다(선혜연, 2008). 영, 밸라츠와 콜린(Young, Valach, & Collin, 2002)은 부모와 자녀의 대화를 분석하여 진로의사결정에 대한 동의/불일치와 합의에 이르는 과정을 분석하였고, 애먼슨(Amundson)과 페너(Penner)는 부모와 자녀가 함께 참여하는 5단계 부모 관여 진로탐색(Parent Involved Career Exploration: PICE) 방법을 제안하였다.

PICE는 부모와 자녀가 함께 진로탐색을 하고자 할 경우 진로상담 과정에 부모를 관여시키는 구체적 상담 방법으로서 다음의 5단계를 제시한다(Amundson & Penner, 1998). PICE에 기반한 진로상담은 한 회기에 60~90분의 상담으로 이루어진다.

- 소개
- 패턴 규명 연습
  - 내담자의 여가활동에 대한 탐색으로, 여가활동 관련 감정 · 생각, 도전, 성공 및 동기를 탐색하고, 내담자 패턴이 자신의 목표, 가치, 적성, 성격 특성과 흥미 등에 어떤 영향을 받았는지를 탐색한다.
  - 탐색한 패턴과 내담자의 진로선택을 연결시켜 살펴본다.
  - 내담자의 이야기에 대한 부모의 피드백을 요청한다.
- 과목 선호와 성적에 대한 논의
  - 내담자가 선호하는 교과목과 성적이 어떠한지를 탐색하고 내담자 패턴과 연결해 본다.
  - 내담자의 이야기에 대한 부모의 피드백을 듣는다.
- 교육과 노동시장 가능성 및 기회 논의
  - 앞으로의 교육이나 노동시장에 대해 논의한다. 미래 노동시장 동향, 진로 준비 활동, 진로불안, 유연한 태도의 필요성, 진학 관련 입학 절차와 기준 등을 논의할 수 있다.
  - 상담자는 노동시장 변화에 대한 부모의 관점과 추천 대응 전략 등을 제안하도록 요청한다.
  - 필요하다면 다양한 가용 자원에 대한 정보와 진로탐색 워크북을 제공해 준다.

– 내담자가 구체적인 활동계획을 수립할 수 있도록 요청한다.

• 활동 계획하기

3) 학교 진로상담 현장을 고려한 이론의 적용 및 평가

로의 직업선택이론은 부모가 자녀의 진로에 미치는 영향에 대한 이론적 기초를 제공한 점에서 높이 평가되나, 아동 초기에 부모의 영향만으로 진로결정을 설명하기에는 한계점을 지닌다. 즉, 연구의 많은 부분이 성인들에게 아동기의 기억을 묻는 방식으로 수행되었고, 부모 간 양육 방식의 차이나 시간에 따른 양육 방식의 변화를 고려하지 않은 측면에 대한 한계를 지닌다(Sharf, 2013). 애착이론도 애착 유형이 자녀의 진로에 미치는 영향에 대해 일관적인 결과가 도출되지 못한 한계를 지닌다. 어떤 연구들에서는 애착 유형이 진로에 영향을 미치는 요인으로 나타나기도 하였고(Blustein et al., 1995; Scott & Church, 2001), 애착이 진로에 영향을 미치지 못한다는 연구 결과가 나타나기도 하며(O'Brien, 1996), 애착이 진로발달에 미치는 영향에 대해 일관적이지 않은 한계를 지닌다. 관계적 관점의 이러한 한계를 고려하여 자녀의 진로발달에 미치는 부모의 영향을 고려할 때, 애착유형이나 욕구만을 탐색하는 것이 아니라 부모의 성격, 양육 태도, 부모의 직업적 가치 및 포부, 의사소통 및 태도 등을 전반적으로 고려하는 것이 필요하다.

관계적 관점의 진로발달이론에서는 무엇보다도 상담자 자신이 도구가 되어야 한다. 특히 진로선택과 준비에 대한 불안이 있는 내담자의 경우 현재 내담자가 경험하는 불안이 현실적인 불안인지 주양육자와의 관계에서 비롯된 불안인지를 이해하고 다룰 수 있도록 도움을 주어야 한다. 또한 상담자 자신이 진로문제를 호소하는 내담자와 새로운 안정적인 제2의 애착을 형성함으로써 내담자의 과도한 진로불안이나 어려움을 상담에서 충분히 드러내고 진로를 탐색하고 문제 해결을 위해 시도할 수 있도록 조력하는 것이 필요하다(김봉환 외, 2014). 발달 단계에 따라 진로성숙과 관련하여 초등학생은 부모 애착을 탐색하며, 중학생은 부모 애착과 또래 애착을 탐색하고, 고등학생은 부모와의 심리적 독립 수준을 평가해 볼 수 있다.

마지막으로, 부모-자녀 상호작용이론은 진로상담에 부모를 관여시키는 구체적 상담 방법을 제안했다는 점에서 의의를 지닌다. PICE 방법을 적용하여 부모와 자녀가 함께 여가, 선호 교과, 교육 및 노동시장 등의 영역에서의 패턴과 생각을 구체적으로 탐색해 볼 수 있기에 학교 진로상담 장면에도 유용하게 활용해 볼 수 있을 것으로 기대된다.

2. 발달-관계적 모델

1) 이론 개관

필립스(Philips)의 발달-관계적 모델에서는 부모뿐 아니라 형제, 친구, 교사 등 개인을 둘러싼 주변 사람들이 개인의 진로선택에 영향을 준다고 가정한다(Philips et al., 2001). 이 모델에서는 진로탐색과 결정 과정에서 개인이 어떻게 다른 사람을 활용하는지에 대한 자기지향성(self-directedness)과 타인이 그들의 진로에 얼마나 관여하고 있는지에 대한 타인의 관여 방식(action of others)을 구체화시키는 것을 강조한다. 상담자는 진로발달에서 내담자의 관계와 그 관계의 영향에 대한 인식을 질적으로 평가해 볼 수 있다. 진로상담에서 발달-관계 모델의 적용은 내담자의 관계와 진로가 어떻게 상호작용하는지를 탐색하는 것뿐만 아니라 내담자에게 직업세계에서 다른 사람들과의 관계가 중요하다는 것을 인식시키는 데 도움이 된다(Shultheiss, 2003). 실제로 우리나라의 연구에서도 대학 입학 시 전공이나 학과 선택에서 본인의 선택(49.2%) 이외에 부모님(21.1%), 친구나 선배(11.9%), 고등학교 교사(8.5%) 순으로 전공 선택 시 부모님과 타인의 영향을 많이 받는 것으로 나타났다.

2) 주요 개념 및 내용

(1) 타인 관여 행동

타인 관여 행동은 낮은 관여부터 높은 관여까지 〈표 6-4〉에 제시한 것과 같이 일곱 가지의 행동으로 구분된다.

〈표 6-4〉 타인 관여 행동

타인 관여 행동	높음	1. 비평	할 수 있는 것을 알려 주면서 동시에 의사결정자의 능력, 흥미, 가치관이나 목표에 대해 비평함
	↕	2. 지도	의사결정자의 관심이나 욕구와 상관없이 제언과 지도를 함
		3. 권유	특정한 선택을 하도록 권유를 함
		4. 진로 대안 제공	진로 관련 대안 제시
		5. 진로정보 제공	의사결정자의 선택지와 관련된 정보를 제공
		6. 무조건적 지지	의사결정자의 말을 경청하고 지지해 줌
	낮음	7. 소극적 지지	의사결정 과정에 전혀 관여하지 않음

출처: Shultheiss (2003).

선혜연(2008)은 부모 관여가 높은 우리나라 부모의 관여 방식을 분석하여 〈표 6-5〉와 같이 신뢰와 위임, 격려와 지지, 정보 제공 후 판단 위임, 구체적인 정보와 방법 제공, 정보에 기초한 추천, 부모 경험에 기초한 권유, 부적합한 조건에 대한 지적의 일곱 가지 관여 방식을 제안하였다.

상담자는 부모를 대상으로 부모 자신의 관여 방식을 생각해 보고, 자녀에게 미치는

〈표 6-5〉 부모의 관여 방식

관여 방식	부모의 생각, 행동, 태도
1. 신뢰와 위임	원래 대화가 없거나 사이가 나쁜 것은 아니지만 진로결정 당시에는 적극적으로 관여하지 않는다. 특별한 선택을 강요하지 않고 자녀에게 맡기고 아이의 결정을 지지하는 편이다.
2. 격려와 지지	자녀를 믿는 편이고 자녀가 한 선택에 대해서 좋은 생각이나 열심히 해 보라고 격려한다. 자녀가 결정에 대해 불안해하면 잘하고 있다고 안심시키면서 스스로 결정을 내리도록 한다.
3. 정보 제공 후 판단 위임	자녀의 관심 분야(계열, 전공, 학교, 학과 등)에 대해 정보를 제공한다. 부모가 알고 있는 정보를 모두 제공하고, 그 분야를 좋아하는지/싫어하는지를 스스로 판단하도록 한다.
4. 구체적인 정보와 방법 제공	자녀가 관심 분야(계열, 전공, 학교, 학과 등)를 선택한 후 부모는 실제로 입학할 수 있는 기회 및 방법에 관한 구체적인 정보를 적극적으로 제공한다.

5. 정보에 기초한 추천	부모가 알고 있는 자녀의 특성과 진로정보(계열, 전공, 학과에 대한 정보)를 기초로 특정 진로가 자녀에게 적합하고 잘 어울린다는 이야기를 해 준다.
6. 부모 경험에 기초한 권유	자녀의 관심 여부보다는 부모로서 자신의 경험이나 잘 아는 사람들의 경험에 비추어 잘 알고 있는 특정 분야(계열, 전공, 학교, 학과 등)의 전망, 보수, 사회적 지위, 안정성 등과 관련된 정보를 알려 주면서 자녀에게 그 분야를 선택하도록 권유한다.
7. 부적합한 조건에 대한 지적	자녀의 관심 분야(계열, 전공, 학교, 학과 등)가 부모가 생각하기에 자녀의 성별이나 적성, 성적 등의 조건과 부적합한 경우, 그 분야를 다시 생각해 보도록 지적한다.

출처: 선혜연(2008).

영향과 겪을 수 있는 경험을 생각해 보게 할 수 있다. 자녀를 대상으로 하는 경우에 상담자는 부모가 진로문제에 관여하는 방식이 무엇인지와 자녀가 부모의 관여를 어떻게 생각하는지를 알아보고, 바람직한 방향으로 부모를 활용할 수 있는 방안을 모색하도록 도울 수 있다.

(2) 자기지향성

자기지향성(self-directedness)은 진로의사결정에서 개인이 타인을 어떻게 활용하는지, 타인에게 도움을 구하는 수준을 의미하며, 자기지향성의 정도에 따라 8개 범주로 구분된다(〈표 6-6〉 참조).

필립스 등(2001)은 개인이 진로문제를 해결하기 위하여 타인으로부터 지원을 받고 활용하는 관계적 지원 활용을 강조한다. 상담자는 개인이 진로문제 해결에 타인을 활용하는 방식이 어떠한지, 자신의 방식의 장단점을 점검해 볼 수 있다. 이 과정을 통해 개인의 타인 활용 방식을 보완할 수 있는 방식을 발견하게 함으로써 진로문제 해결력을 높인다.

〈표 6-6〉 자기지향성 수준

자기 지향성	높음	1. 체계적인 의사결정	철저한 의사결정과 계획적으로 수행. 타인의 의견을 참조하되 의사결정 책임은 본인이 짐
		2. 타인을 공명판으로 활용	타인에게 자신의 의사결정 과정에 대해 말하되 도움을 구하지는 않음
		3. 타인의 의견 숙고	의사결정 과정에서 타인에게 도움을 구하는 것을 유용하게 생각함. 의사결정 책임은 본인이 지되 타인의 의견을 중요하게 고려함
		4. 자신에 대한 정보 요구	자신의 흥미, 능력이나 가치관에 대해 확신이 부족하여 타인이 보는 자신에 대한 정보를 요구함
		5. 신중하게 타인을 활용	의사결정에서 실수하지 않기 위해 타인의 의견을 조심스럽게 고려함
		6. 자신감 없는 타인 활용	타인의 조언으로 의사결정을 잘할 수 있다고 생각하지만 정작 의사결정을 잘하지는 못함
		7. 성공하지 못한 타인 활용	타인의 도움이 필요하다는 것을 알지만, 과거에 도움받지 못했던 경험으로 자신에게 도움되는 방식으로 활용하지 못함
	낮음	8. 확신에 찬 독립성(잘못된 자신감)	근거 없이 자신감은 있지만 아무런 계획을 세우지 않음

출처: Phillips et al. (2001).

3) 학교 진로상담 현장을 고려한 이론의 적용 및 평가

발달-관계 모델을 적용한 학교 진로상담에서는 우선적으로 상담자가 내담자와 상호 공감적인 라포를 형성하고, 내담자의 진로에 중요한 타인에 대한 관계 평가를 실시할 수 있다. 그런 다음 내담자의 진로탐색 및 결정을 촉진시키기 위해 부모, 형제자매, 주요 타자와의 관계를 잘 활용할 수 있는 방안을 모색할 수 있다.

첫 번째 단계로, 발달-관계적 모델에서 상담자는 내담자의 진로결정 과정에 관여된 타인의 영향에 대한 다각적인 평가가 이루어진다. 상담자는 우선적으로 내담자의 진로 문제에서 타인의 관여 행동과 타인에게 도움을 구하는 수준인 자기지향성을 점검하고, 내담자가 진로의사결정 시 타인을 활용하는 것에 대한 편안함이나 자신감 수준, 의사결정 시 타인에게 도움을 청하는 정도를 평가할 수 있다. 그리고 내담자의 진로의사결정에 영향을 주고 있는 사람들이 누구인지, 어떤 영향을 받고 있는지를 점검한다. 특히 내담자의 진로발달에 가장 긍정적으로 영향을 준 사람, 부정적으로 영향을 준 사람이 누구인지를 탐색해 볼 수 있다(Shultheiss, 2003). 이때 상담자는 내담자에게 '나에게 가장 특별한 사람이 누구인가? 내가 가장 영향을 크게 받은 사람은 누구인가?'에 대해 생각해 보게 할 수 있다.

두 번째 단계로, 상담자는 내담자의 타인 관여 및 활용 정도를 평가한 후 내담자가 타인과 관계를 맺고 타인에게 지지와 도움을 받는 관계로 발전시킬 수 있도록 돕는다. 가족 구성원, 교사, 선후배 등 내담자에게 역할 모델이 되거나 정보나 실제적인 도움을 줄 수 있는 관계적 자원을 잘 구축할 수 있도록 조력한다.

부모, 교사, 친구 등 사람들과의 긍정적 관계 형성은 진로태도 성숙에 영향을 미치는 중요한 요인이 된다(김혜래, 2007; 이경희, 윤미현, 2011; 조미형, 이정은, 2008). 가족을 비롯한 주변 사람들의 지지는 청소년의 진로발달을 촉진시키고, 진로상담 성과를 극대화시킬 수 있는 핵심 요인이다(Brown, Ryan, & Krane, 2000). 주변 사람들의 지지를 받는 청소년은 진로를 설계하고 결정하는 것이 훨씬 수월할 수 있고, 주변 사람들의 지지를 받지 못한다면 진로장벽과 진로의사결정의 어려움을 지니게 될 가능성이 높다(이동혁 외, 2017). 부모-자녀 관계뿐만 아니라 학교생활과 친구관계는 준비성과 독립성 등의 청소년 진로태도 성숙에도 긍정적인 영향을 줄 수 있다(이경희, 윤미현, 2011; 오정아, 남부현, 2014). 특히 중학생의 경우, 부모 및 교사와 긍정적 관계를 형성할수록 선택한 진로에 대한 확신성과 결정성이 높았다(오호영, 이지연, 윤형한, 2007). 또한 친구와 안정된 관계를 맺을수록 진로에 대한 준비도가 높게 나타났고, 진로에 대한 목적도 뚜렷하고 진로의 확신성에도 유의미한 결과를 보였다(오정아, 남부현, 2014). 이러한 결과를 바탕으로, 학교에서는 진로 동아리 활동의 장(場)을 활성화시키고 이들이 친구들과 함께 진로에 대한 고민을 하며 바람직한 방향으로 준비하고 성장을 할 수 있도록 안내하는 진로교육 및 상담이 이루어지는 것이 필요해 보인다.

그러나 발달-관계적 모델의 경우 진로상담 장면에서 사회적 지지의 부재로 인해 가질 수 있는 진로장벽에 대한 진단이나 사회적 지지를 높이기 위해 어떠한 개인적인 노력과 자원이 필요한지에 대한 구체적인 방법을 제시해 주지 못하는 한계를 지닌다. 이에 다른 진로상담 이론에서 다루고 있는 관계적 측면을 함께 고려하여 종합적으로 개입하는 것이 필요하다.

3. 직업관계이론

1) 이론 개관

직업관계이론은 사람과의 관계적 욕구에 기초하여 애착이론(Bowlby, 1988), 현대 정신분석이론(Mitchell, 2003; Wachtel, 2007), 다문화주의 및 페미니즘(Jordan, 2009; Miller, 1987; Ponterotto et al, 2009), 비판심리학(critical psychology, Prilleltensky, 1997)의 영향을 받아 블루스타인, 슐테이스와 플럼(Blustein, Schultheiss & Flum, 2004)이 제창한 이론이다. 직업관계이론은 직업의 선택 및 유지 과정에서 관계적 맥락을 강조하며, 직업과 관계에 문화가 큰 영향을 주는 것을 가정한다. 블루스타인(2011)은 일이란 본질적으로 관계적 행동으로서, 직업세계에 대한 의사결정, 경험, 상호작용이 사람과의 관계에 영향을 받아 구성된다는 점을 강조한다(Flum, 2001; Gergen, 2009; Richardson, 1993).

직업관계이론의 기본 가정은 다음과 같다.

- 일과 관계는 개인의 내적 경험과 실제 삶에서 서로 영향을 준다.
- 사람들은 관계를 통해 자신과 직업세계, 문화를 배워 나가게 된다. 개인은 사람들과의 관계 경험에서 핵심적인 주제, 패턴, 경험들이 분화/통합되는 내면화 과정을 거친다.
- 관계는 일의 경험에 영향을 주며, 내면화된 관계 경험은 직업적응에 중요한 역할을 한다.
- 일과 관계는 유급이나 무급의 직업 상황 모두에서 발생한다.
- 진로탐색과 의사결정은 사람들과의 관계에 의해 촉진되거나 방해받을 수 있다.

직업세계에서 일과 관계를 분리하기 어려울 정도로 일과 관계는 서로 영향을 주게 된다. 개인의 진로발달에서 관계적 관점으로 일을 바라보는 것은 일의 의미와 중요성을 발견하고 직업세계를 이해하는 지침을 제공해 준다. 진로를 관계적으로 파악함으로써 일에 대한 이해, 학업과 진로계획, 선호하는 진로, 일의 적응, 일의 의미, 일과 관련된 어려움에 대한 대처, 관계와 일을 조정하기 등이 관계에서 어떻게 구성되는지를 더욱 분명하게 이해할 수 있게 된다(Blustein, Schultheiss, & Flum, 2004). 일의 의미는 개인의 업무 구조가 사람들과의 관계 속에 내재된 사회적 상호작용에서 구체화된다(Richardson, 1993).

또한 관계와 문화는 우리가 경험하는 사건의 의미를 구성하는 일종의 렌즈의 역할한다. 문화는 개인이 일과 관계를 이해하는 기본적인 틀을 제공하면서 일과 관계를 경험하는 방식을 구성하게 한다. 최근 청년 취업이 더욱 어려워져 취업을 위해 대학 졸업을 유예하거나 졸업 후에도 취업 준비로 몇 년을 보내기도 하고, 이것이 연애와 결혼 등에도 영향을 주어 결혼을 늦게 하거나 부모로부터 경제적으로 독립하는 시기도 늦어지기도 하기에 이러한 환경과 문화적 변화를 고려하는 것이 중요하다. 개인의 직업은 취업의 어려움, 괜찮은 일자리의 감소 등과 같은 사회경제적 배경, 안정적 일자리의 선호 등 다양한 문화적 맥락에서 이해해야 한다.

2) 주요 개념 및 내용

(1) 사람과의 관계적 행동으로서의 진로행동

블루스타인(2008)은 일을 본질적으로 관계적인 현상으로 보고 사회와 문화의 경제적 안녕을 만들어 내는 데 기여하는 개인의 노력, 활동, 에너지로 정의하였다. 그리고 진로행동을 사람과의 관계적 행동으로 보았다. 일을 관계적 행위로 정의하는 것은 개인의 의사결정, 경험 및 실무 세계와의 상호작용이 관계에 영향을 받고 형성됨을 의미한다(Flum, 2001). 리처드슨(Richardson, 1993)은 일의 의미는 개인과 개인이 속한 사회와의 상호작용에서 만들어지며 사람과의 관계적 측면에서 이해될 수 있다고 제안하였다. 블루스타인(2011)은 일을 관계적인 관점으로 바라보는 예로 관리인(janitor)을 들었는데, 청소하고 건물을 관리하는 관리인의 업무는 내적 동기가 생기기 어렵고 육체적으로도 고된 일로 우리는 보통 생각하고 있다. 그런데 이를 관계적인 관점으로 살펴보면, 관리인의 업무는 건물에서 일하고 있거나 살고 있는 사람들에게 깨끗한 공간을 제공해 주는 매우 의미 있고 중요한 일이 된다. 또한 공동체를 깨끗하게 유지시키는 관리인의 노력을 소중히 여기는 동료와 가족과의 사회적 상호작용을 통해 관리인은 자신의 일이 공동체에 의미가 있고 중요하다고 인식할 수 있게 된다.

(2) 기본 가정

① 사람들은 다른 사람들과 연결되고자 하는 강한 욕구를 지닌다

사람들은 타인과의 애착 욕구를 지닌다. 인간은 다른 사람들과 의미 있는 관계를 맺고 유지하려고 하는 본성을 지니고 있다(Bowlby, 1988). 이러한 측면에서 개인 내적인 갈등이나 대인 간 갈등이 인간의 연결(connection), 일치(affirmation), 지지(support) 그리고 애착(attachment)을 향한 욕구를 반영한다고 볼 수 있다(Blustein, 2001). 이러한 사람과의 연결감은 개인의 심리적 세계에 자양분을 제공해 주고 다양한 경험을 가능하게 하는 정서적 자원이 된다.

개인을 둘러싼 가족, 또래, 의미 있는 타자와의 관계가 진로발달에 매우 중요한 요인이다. 의미 있는 타자와의 안정애착은 진로탐색과 진로결정을 가능하게 해 주며 진로와 관련된 새로운 도전을 할 수 있게 만든다. 이에 개인을 둘러싼 가족, 또래, 의미 있는 타자와의 관계가 진로발달에 매우 중요한 영향을 준다고 본다. 사람과의 관계의 중요성은 뇌과학 연구에서도 증명되고 있다. 관계성과 뇌의 구조의 관련성을 살펴본 시걸(Siegel, 1999)의 연구에서 관계 경험은 뇌에 결정적인 영향을 주는데, 사회적 지각에 대한 뇌세포의 반응이 의미 창출, 신체적 상태 조절, 정서 조절, 기억의 조직화, 상호작용적 의사소통을 관장하는 기능을 강력하게 통합시켰다.

② 진로탐색과 진로결정 과정에서 관계 경험의 영향을 받는다

사람들과의 상호작용을 통해 개인은 자신에 대한 정보를 얻고, 다른 사람들과의 관계 경험에서 내적 심리 구조를 형성하고 내면화(internalization)하게 된다. 이러한 원리는 볼비(Bowlby, 1988)의 내적 작동 모델이나 조던(Jordan, 2009)의 관계적 이미지와 연결된다. 내면화된 심리 구조는 초기 관계 경험에서 생겨나 점차로 패턴화되면서 사람들과의 상호작용에서의 개인의 행동과 정서적 반응에 영향을 주게 된다(Wachtel, 2007). 이와 마찬가지로 직업 경험에서도 심리적 내면화 과정이 이루어질 수 있다. 좋은 상사와의 긍정적인 일에 대한 경험은 개인이 권위자에 대해 갖고 있던 이미지에 영향을 줄 수 있다. 또한 부모로부터 지지와 확신을 받았던 개인은 관계에서의 지지에 대한 이미지를 내면화하여 직장에서도 지지를 받을 수 있다고 생각할 수 있다. 관계에서 지지받은 경험에 대한 내면화는 특히 불확실한 진로 상황과 새로운 도전이 필요한 상황에서 자신감을 줄 수 있다. 즉, 사람들의 지지는 일의 세계에서 당면할 수 있는 많은 어려움을 해결해 나가기 위한 원천이 된다(Ketterson & Blustein, 1997; Philips et al, 2001). 그러나 어린 시절에 관계에서 불안정하였거나 외상을 경험했을 경우, 삶에서 어려운 일이 닥쳤을 때 사람들에게 지지와 위로를 받을 수 있다고 생각하기 어려울 것이다. 이와 마찬가지로 직장에서 따돌림을 반복적으로 당한 경험이 있는 개인은 실제로 따돌림이 아닌 상황에서도 따돌림을 당하고 있는 것으로 인지할 수도 있다(Blustein et al., 1995).

③ 일에 대한 욕구는 관계적 행동이다

사람은 타인과 관계를 맺기 위해 일을 하고자 하는 욕구를 지닌다(Savickas et al., 2009). 직업은 다른 사람을 돌보는 데 노력을 기울이고 헌신할 수 있는 수단이 된다(Richardson, 1993; Schultheiss, 2003). 그동안 직업은 돈을 벌어 개인의 안녕감을 증진시키는 수단으로만 간주되어 온 경향이 있다. 또한 전통적인 진로상담에서 개인의 안녕감을 극대화하기 위해 개인의 흥미와 적성에 맞는 직업선택을 강조해 온 측면이 있다. 이러한 경향성은 국내 취업시장에도 적용되어 청년들은 보수가 안정적이고 근무 여건이 좋은 직장에 입사하기를 원하며, 공무원이나 대기업 등 보수가 높고 안정적이여서 근무 여건이 좋은 직장들은 신의 직장이라 불릴 정도로 취업 경쟁이 심각한 상황이다. 그러나 일의 실제 세계에서 개인이 일하면서 자신의 흥미와 가치관을 온전히 충족시킬 수 있는 것은 아니다. 이러한 상황에 대하여 직업관계이론에서는 개인의 흥미와 가치관을 관계적 맥락에서 살펴볼 것을 제안한다. 사람의 흥미는 부모, 친구 그리고 사회의 영향을 받아 형성된다. 리처드슨(1993)은 일을 경제적인 관점뿐만 아니라 자녀와 노부모 등 가족 구성원과 사랑하는 사람 그리고 사회를 돌보는 '돌봄(care work)'의 관점에서 통합적으로 바라볼 것을 제안한다. 이러한 관점에서 여성들의 가사노동을 경력 단절이나 구직 상태로 보지 않고, 주부(full time mothering)로서 가족을 돌보는 '돌봄'을 수행하는 것으로 바라보는 것이 필요하다고 제안한다(Jung & Heppner; 2015).

④ 개인은 관계적이고 문화적인 맥락에서 직업의 의미를 찾는다

개인은 사람들과의 관계에서 지지를 받고 일과 관련된 경험에 대한 피드백을 얻는다. 사람들과의 의사소통을 통하여 개인은 일의 의미를 구성해 나간다(Blustein, 2001; Philips et al., 2001). 지식은 사람들 사이의 사회적 상호작용과 관계를 통해 구성된다고 보며, 개인의 정체성(예: 직업 정체성) 역시 사람들과의 관계와 다양한 맥락에 의해 구성되고 재구성되는 개념으로 본다(Collin & Young, 2000). 일례로, 백화점에서 화장품을 파는 일은 종합적으로 일의 강도로 볼 때 매우 힘든 일에 해당한다. 그러나 판매원이 이 일을 동료 및 고객과 상호작용하는 일의 관계적 맥락에서 보면 판매원이 일에서 구성해 나가면서 영향을 주는 일에 대한 이야기로 생각해 볼 수 있다. 이런 관점에서 보면 백화점에서 화장품을 판매하는 일은 사람들로부터 삶에서 화장품의 가치가 매우 중요하다는 긍정적인 피드백을 받을 수 있는 선망되는 직업으로 이해될 수 있다. 이렇게 의미를 창출해 내는 사회구성주의적 관점을 고려해 볼 때, 사람들과의 관계는 우리와 직업세계 간의 상호작용을 이해하게 하는 원천이 된다(Blustein, Schultheiss, & Flum, 2004). 특히 우리나라는 가족과 집단의 유대관계를 중시하는 집단주의 문화를 지니고 있다. 개인주의(individualism) 문화권에서는 자기개념, 자율성, 심리적 독립 그리고 고유한 정체성을 강조하는 반면에 집단주의(collectivism) 문화권에서는 공유(sharing), 집단의 결속(solidarity), 정서적 의존 등의 특징을 지닌다(Lonner & Adamopoulos, 1997). 이러한 문화적 배경에서는 개인의 의사결정이 관계적 맥락과 강하게 연결된다. 집단주의 문화권에서는 개인의 진로결정이 스스로의 결정이 아니라 주변 사람들이 원하는 바를 반영하여 이루어지기도 한다(Leong & Serafica, 1995). 이러한 관점을 고려해 볼 때, 우리나라와 같은 집단주의 문화권에서는 진로결정에 대한 가족의 지지가 매우 중요하며, 직업세계에서도 집단의 결속, 일치감, 공유, 보살핌, 공헌과 기여 등 관계 중심적 문화를 고려하는 것이 필요할 것이다.

⑤ 개인이 속해 있는 관계는 진로를 구성할 수 있는 기회를 제공한다

개인은 사람들과의 관계 속에서 기대, 가치 그리고 신념을 구성해 나간다. 개인은 사람과의 관계에서 내재성과 상호성을 지니며, 사회의 의미를 만드는 활동 안에 속해 있는 존재이다. 내재성(embeddedness)은 개인에게 어떤 사회적 네트워크에 소속되어 있고 포함되어 있다는 느낌이며, 소속된 그룹 사람들과 공유하고 있다는 주관적인 느낌에 해당한다(Flum, 2001). 상호성(mutuality)은 우리가 핵심적으로 경험하고 있는 것으로 자기를 초월하는 의미를 만드는 일에 함께 참여하는 경험을 의미하는데, 상호성의 범주는 세속적인 활동(운동을 같이 하기, 피상적인 언어 교체 등)에서부터 보다 의미 있는 관계 행동, 상호성과 소속감을 깊게 느끼는 경험까지 포함된다. 결과적으로 직업은 우리가 그 안에서 내재성을 느낄 수 있는 중요한 채널이 된다(Blustein et al., 2002). 이러한 관점에서 개인의 사회적 지지 체계 구축을 강조한다. 예를 들어, 숙련된 기술자에게 기술을 배울 수 있는 기회를 제공해 주거나, 진로탐색 과정을 도와주거나, 롤모델과 다른 중요한 지지 자원을 만날 수 있는 기회를 제공해 주는 등 개인이 도움을 받을 수 있는 사회적 지지 자원을 만드는 것이 필요하다(Blustein, 2011).

⑥ 타인과의 관계는 적응적 또는 부적응적인 방식으로 일에 영향을 미칠 수 있다

가족 구성원, 친구, 직장 동료 등으로부터의 관계적 지원은 의사결정 과정 및 문제 해결, 일에 대한 적응을 촉진할 수 있다. 반면에 가족과의 문제, 직장 내 괴롭힘 등 관계의 어려움은 개인이 일을 수행하는 데 부정적인 영향을 줄 수 있다(Schultheiss, 2003).

3) 학교 진로상담 현장을 고려한 이론의 적용 및 평가

관계 중심적인 문화를 지니고 있는 우리나라의 특성을 고려하여 볼 때 직업관계이론은 학교 진로상담 현장에 다음과 같은 시사점을 제공해 줄 수 있다.

첫째, 진로발달 과정에서 진로에 대한 의사결정, 경험, 상호작용이 사람과의 관계에 영향을 받고 구성되는 점을 고려해야 한다(Flum, 2001; Richardson, 1993). 개인을 둘러싼 가족, 또래, 의미 있는 타자와의 관계가 진로발달에 매우 중요한 영향을 줄 수 있다. 그동안 합리적인 진로선택만을 강조해 온 나머지 실제적으로 직장에서 사람들과 같이 어떻게 일해야 하는지를 모른 채 직업 전선에 뛰어들게 한 부작용으로 많은 사람이 직장에서의 인간관계에 대한 스트레스로 힘들게 된 측면도 있을 것이다. 이에 진로를 탐색하는 단계에서부터 개인을 둘러싼 사람들과의 관계에서 하고 싶은 일이 무엇인지, 원하는 일이 무엇인지, 어떻게 다른 사람들과 더불어 일을 할 수 있는지, 자신이 하고 싶은 일은 사람들과 사회에 어떤 기여를 할 수 있는지 등의 관계적 맥락에서 진로설계를 할 수 있도록 돕는 것이 필요하다.

둘째, 일은 다른 사람들과 관계를 맺고 사람들을 돌보고 헌신할 수 있는 수단이 된다는 점이다. 일을 하고자 하는 욕구는 사람들과 관계를 맺기 위한 관계적 행동이다(Savickas et al., 2009). 그동안 국내의 취업시장에서는 개인의 행복과 안녕감만을 추구한 나머지, 안정된 근무 여건과 보수가 많은 직업만이 선호되어 왔다. 그러다 보니 직업세계에 들어가서 일하면서 사회에 기여하고 헌신하겠다는 마음보다 어떻게 하면 쉽고 편하게 일을 할 수 있을까가 더 중요한 가치가 되어 버린 폐단을 가져왔다. 이에 직업을 사회에 기여하는 의미 있는 일로 이해하고, 개인이 사회에 기여할 수 있는 일을 탐색하고 그 일로서 의미와 행복을 추구하는 것을 강조하는 관점으로의 전환이 요청된다. 진로상담자는 내담자가 직업선택 시 직업의 의미와 중요성을 발견하고 찾아가도록 조력하는 일이 중요한 과제가 된다(고홍월 외, 2018).

직업관계이론은 진로상담 장면에서 사람들과의 관계에서 개인적으로나 사회적으로나 의미 있는 일을 찾고 직업을 결정해 나가는지를 살펴보는 것이 중요하며, 일이 개인의 관계적 욕구를 충족시킬 수 있는 수단이면서 다른 사람들을 돌보고 기여하는 측면을 고려하는 것이 필요하다는 것을 일깨워 준다. 그러나 직업관계이론은 진로상담에 적용할 수 있는 아이디어를 구체적으로 제시해 주지 못하는 한계를 지니기에 직업관계이론을 적용한 진로상담 방안에 대한 연구가 더 진행되어야 할 것이다.

◆ 참고문헌

강차연, 박경(2001). 대학생들의 애착과 진로발달과의 관계. **한국심리학회지: 상담 및 심리치료, 13**(2), 51-69.

고홍월, 공윤정, 김봉환, 김인규, 김희수, 박성욱, 박승민, 손은령, 왕은자, 이동혁, 이상희, 이자명, 임은미(2018). **생애개발상담**. 서울: 학지사

김봉환, 이제경, 유현실, 황매향, 공윤정, 손진희, 강혜영, 김지헌, 유정이, 임은미, 손은령(2014). **진로상담이론-한국 내담자에 대한 적용**. 서울: 학지사.

김수임, 김창대(2009). 애착과 심리적 독립이 진로발달 및 선택에 미치는 영향에 관한 국내 연구의 동향. **상담학연구, 10**(3), 1573-1591.

김영은(2014). 일반고등학교 학부모의 자녀진로의사결정 관여와 부모 및 자녀 특성의 관계. 서울대학교 대학교 박사학위논문.

김혜래(2007). 중학생의 진로결정 실태와 진로성숙도의 생태체계적 변인에 관한 연구. **학교사회복지, 13**, 51-74.

선혜연(2008). 청소년기 진로의사결정에서 부모의 관여방식. 서울대학교 대학교 박사학위논문.

선혜연, 김계현(2007). 청소년 진로선택 및 발달에 있어 부모의 영향에 관한 연구 분석-1997~2006년. **상담학연구, 8**, 1467-1483.

오정아, 남부현(2014). 관계적 및 학교적응 요인이 중학생의 진로태도성숙에 미치는 영향. **농촌지**

도와 개발, 21(2), 185-209.

오호영, 이지연, 윤형한(2007). 진로정보센터 운영: 진로교육지표 조사. 서울: 한국직업능력개발원.

유성경, 이항심, 황매향, 홍세희(2007). 학업우수 여학생의 부모애착, 성역할 정체감, 자아존중감 및 진로장벽의 관계. **한국청소년연구**, 18(3), 357-380.

이경희, 윤미현(2011). 청소년의 부모요인, 친구애착 및 자아존중감과 진로성숙도와의 관계. **한국가족복지학**, 16(1), 175-199.

이동혁, 신윤정, 이은설, 이효남, 홍샛별, 황매향(2017). **청소년 진로특성 진단 및 활용**. 서울: 학지사.

이재희, 이지민(2012). 청소년이 지각한 사회적지지, 진로결정 자기효능감이 진로성숙도에 미치는 영향. **가정과 삶의 질 연구**, 30(4), 77-87.

정상모(2001). 부모 유형에 따른 청소년의 진로성숙도 차이. 한국교원대학교 교육대학원 석사학위논문.

정혜정, 최인실(2004). 청소년이 지각한 가족갈등과 심리적 적응 및 진로태도성숙도에 관한 연구. **상담학연구**, 5(3), 773-791.

조미형, 이정은(2008). 고등학교로의 진학 과정(school transition)에서 학교적응 변화: 사회적 관계를 중심으로. **한국청소년연구**, 19(2), 63-86.

Amundson, N. E., & Penner, K. (1998). Parent involved career exploration. *Career Development Quarterly, 47*, 135-144.

Ainsworth, M. S. (1989). Attachments beyond infancy. *American Psychologist, 44*(4), 709-716.

Blustein, D. L. (1997). A context-rich perspective of career exploration across the life roles. *The Career Development Quarterly, 45*(3), 260-274.

Blustein, D. L. (2001). The interface of work and relationship: Critical knowledge for 21st century psychology. *The Counseling Psychologist, 29*, 179-192.

Blustein, D. L. (2008). The role of work in psychological health and well-being: A conceptual, historical, and public policy perspective. *American Psychologist, 63*(4), 228-240.

Blustein, D. L. (2011). A relational theory of working. *Journal of Vocational Behavior, 79*, 1-17.

Blustein, D. L., Prezioso, M. S., & Schultheiss, D. P. (1995). Attachment theory and career development: Current status and future directions. *The Counseling Psychologist, 23*(3), 416-432.

Bowlby, J. (1982). Attachment and loss: Retrospect and prospect. *American Journal of*

Orthopsychiatry, 52(4), 664-678.

Bowlby, J. (1988). Developmental psychiatry comes of age. *The American Journal of Psychiatry, 145*(1), 1-10.

Bowlby, J. (2008). *A secure base: Parent-child attachment and healthy human development*. New York, NY: Basic Books.

Campbell, E., Adams, G. R., & Dobson, W. R. (1984). Familial correlates of identity formation in late adolescence: A study of the predictive utility of connectedness and individuality in family relations. *Journal of Youth and Adolescence, 13*(6), 509-525.

Collin, A., & Young, R. A. (2000). *The future of career*. Cambrige, UK: Cambridge University Press.

Downing, H. M., & Nauta, M. M. (2010). Separation-individuation, exploration, and identity diffusion as mediators of the relationship between attachment and career indecision. *Journal of Career Development, 36*(3), 207-227.

Farmer, H. S. (1985). Model of career and achievement motivation for women and men. *Journal of Counseling Psychology, 32*(3), 363-390.

Flores, L. Y., & O'brien, K. M. (2002). The career development of Mexican American adolescent women: A test of social cognitive career theory. *Journal of Counseling Psychology, 49*(1), 14-27.

Flum, H. (2001). Relational dimensions in career development. *Journal of Vocational Behavior, 59*(1), 1-16.

Gergen, K. J. (2009). *Realities and relationships: Soundings in social construction*. Cambridge, MA: Harvard University Press.

Jung, A. K., & Heppner, M. J. (2015). Work of full-time mothers: Putting voice to the relational theory of working. *The Career Development Quarterly, 63*(3), 253-267.

Kamptner, N. L. (1988). Identity development in late adolescence: Causal modeling of social and familial influences. *Journal of Youth and Adolescence, 17*(6), 493-514.

Ketterson, T. U., & Blustein, D. L. (1997). Attachment relationships and the career exploration process. *The Career Development Quarterly, 46*(2), 167-178.

Leong, F. T. L., & Serafica, F. C. (1995). Career development and vocational behavior of racial and ethnic minorities. In Leong, F. T. L. (Ed.), *Career development of Asian Americans: A research area in need of a good theory* (pp. 67-102). Oxfordshire, UK: Routledge.

Lonner, W. J., & Adamopoulos, J. (1997). Culture as antecedent to behavior. In J. W. Berry, Y.

H. Poortinga, & J. Pandey (Eds.), *Handbook of cross-cultural psychology: Theory and method* (pp. 43-83). Boston, MA: Allyn & Bacon.

Lopez, F. G. (1992). Family dynamics and late adolescent identity development. In S. D. Brown & R. W. Lent (Eds.), *Handbook of counseling psychology* (pp. 251-283). Hoboken, NJ: John Wiley & Sons.

Lucas, M. (1999). *Predicting at-risk adolescent work adjustment: An application and extention of attachment theory*. Doctorial dissertation. University of Missuri-Columbia.

Morris, N. E. (2015). **애착과 정신분석**(*Attachment and psychoanalysis*). (이지연, 이성원 역). 서울: 학지사. (원저는 2013년에 출판).

O'Brien, K. M. (1996). The influence of psychological separation and parental attachment on the career development of adolescent women. *Journal of Vocational Behavior, 48*(3), 257-274.

O'Brien, K. M., & Fassinger, R. E. (1993). A causal model of the career orientation and career choice of adolescent women. *Journal of Counseling Psychology, 40*(4), 456-469.

Phillips, D., Christopher-Sisk, E. K., & Gravino, K. I. (2001). Making career decisions in a relatioanl context. *The Counseling Psychologist, 29*, 193-213.

Richard, S. S (2006). *Applying career development theory to counseling*. Belmont, CA: Thomson, Brooks/Cole.

Richard, S. S (2016). **진로상담: 아동기부터 성인기까지 진로발달이론의 적용**(*Applying career development theory to counseling*). (김진숙, 김정미, 서영숙 역). 서울: 박학사. (원저는 2013년에 출판).

Richardson, M. S. (2012). Counseling for work and relationship. *The Counseling Psychologist, 40*(2), 190-242.

Roe, A. (1957). Early determinants of vocational choice. *Journal of Counseling Psychology, 4*, 212-217.

Roe, A., & Klos, D. (1969). Occupational classification. *The Counseling Psychologist, 1*, 84-92.

Rooney, G. S. (1983). Distinguishing characteristics of the life roles of worker, student, and homemaker for young adults. *Journal of Vocational Behavior, 22*(3), 324-342.

Savickas, M. L., Nota, L., Rossier, J., Dauwalder, J. P., Duarte, M. E., Guichard, J., & Van Vianen, A. E. (2009). Life designing: A paradigm for career construction in the 21st century. *Journal of Vocational Behavior, 75*(3), 239-250.

Schultheiss, D. E. P. (2003). A relational approach to career counseling: Theoretical integration and practical application. *Journal of Counseling and Development, 8*, 301-311.

Schultheiss, D. E. P., & Blustein, D. L. (1994). Role of adolescent-parent relationships in college student development and adjustment. *Journal of Counseling Psychology, 41*(2), 248-250.

Scott, D. J., & Church, A. T. (2001). Separation/attachment theory and career decidedness and commitment: Effects of parental divorce. *Journal of Vocational Behavior, 58*(3), 328-347.

Sharf, R. S. (2013). Advances in theories of career development. In W. B. Walsh, M. L. Savickas, & P. J. Hartung (Eds.), *Handbook of vocational psychology: Theory, research, and practice* (pp. 3-32). London, UK: Routledge/Taylor & Francis Group.

Sharf, R. S. (2016). *Applying career development theory to counseling*. Boston, MA: Cengage Learning.

Shaver, P. R., & Hazan, C. (1993). Adult romantic attachment: Theory and evidence. *Advances in Personal Relationships, 4*, 29-70.

Roe, A., & Lunneborg, P. W. (1990). Personality development and career choice. In D. Brown & L. Brooks (Eds.), *Career choice and development: Applying contemporary theories to practice* (pp. 68-101). San Francisco, CA: Jossey-Bass.

Roe, A., & Siegelman, M. (1963). A parent-child relations questionaire. *Child Development, 34*, 355-365.

Siegel, D. J. (1999). *The developing mind: Toward a neurobiology of interpersonal experience*. New York, NY: Guilford Press.

Taveira, M. D. C., & Moreno, M. L. R. (2003). Guidance theory and practice: The status of career exploration. *British Journal of Guidance and Counselling, 31*(2), 189-208.

Wachtel, P. L. (2007). *Relational theory and the practice of psychotherapy*. New York, NY: Guilford Press.

Wallin, D. J. (2010). **애착과 심리치료**(*Attachment in psychotherapy*). (김진숙, 이지연, 윤숙경 역). 서울: 학지사. (원저는 2007년에 출판).

Young, R. A., Valach, L., & Collin, A. (2002). A contextualist explanation of career. *Career Choice and Development, 4*, 206-252.

제 7 장

진로상담 분야의 최신 이론

들어가기

기술의 발전과 4차 산업의 발달, 인구 구조의 변화, 코로나19로 인한 전 세계적 팬데믹 등 직업사회의 불확실성과 불안정성은 나날이 커지고 있다. 전통적인 진로이론들은 비교적 일의 세계가 고정적이고 개인의 특성 또한 안정적으로 유지됨을 가정하고 있기 때문에, 급증하는 가변성과 불확실성이 개인의 다양한 진로발달 과정과 어떻게 상호작용하는가를 설명하는 데는 한계가 있다. 따라서 이 장에서는 급변하는 일의 세계를 반영한 새로운 이론과 기법을 소개하기 위하여 진로구성주의이론, 우연학습이론을 다룬다. 진로구성주의이론은 구성주의적 관점을 바탕으로 내담자가 자신의 경험을 어떻게 바라보며 어떠한 의미를 부여하는가에 따라 미래 진로를 설계해 나가는 과정을 설명하고 있다. 우연학습이론에서는 우연히 일어난 일들을 긍정적인 진로 기회로 활용할 수 있는 개인의 태도와 기술을 강조하고 있다. 이렇듯 최신 진로이론은 급변하는 직업사회 속에서 청소년 내담자의 긍정적인 진로발달을 조력하기 위한 구체적인 진로상담의 과정, 기법을 제시하고 있다.

학습목표

1. 변화하는 일의 세계가 진로이론에 어떠한 영향을 미치는지 설명할 수 있다.
2. 진로구성주의이론에서 진로발달을 바라보는 관점, 기본 개념, 주요 기법을 설명할 수 있다.
3. 우연학습이론에서 진로발달을 바라보는 관점, 기본 개념, 주요 기법을 설명할 수 있다.

사례 A

중학교 3학년인 지민이는 어릴 때부터 새로운 언어와 문화를 배우는 데 관심이 많았다. 지민이는 대학에서 외국어를 전공하고 어학연수나 교환학생을 다녀온 후 국제회의 전문 통역사가 되고 싶다는 목표를 가지고 있었다. 얼마 전 지민이는 영어 숙제를 위해 인공지능 기술을 활용한 번역 프로그램을 처음으로 써 보게 되었다. 지민이 혼자서 하려고 할 때는 1시간 동안 고민한 영작이 번역 프로그램에서는 10초만에 끝난 것을 보고 많은 생각이 들었다. 이렇게 번역 프로그램이 발전하면 앞으로 전문 통역사가 전망이 있을까 고민스러운 마음이 들기 시작했다. 지민이는 좀 더 전망이 좋은 방향으로 진로를 정해야 하는 것은 아닌지 고민이 되기 시작했고, 어떻게 자신의 목표를 세워 나가야 할지 혼란스러운 마음이 든다.

사례 B

고등학교 2학년인 연우는 어릴 때부터 기계에 관심이 많아 공대에 진학해서 전자제품을 만드는 회사에 취업하고 싶다는 꿈을 가지고 있었다. 연우는 원래 과학 관련 동아리에 가입하려고 했는데 과학 실험 동아리에 지망하는 학생이 별로 없어 친한 친구를 따라 창업 동아리에 참여하게 되었다. 창업 동아리에서는 청소년 창업 경진대회를 준비 중이었고, 연우는 이전에 우연히 목격한 도심 속 스마트팜에서 영감을 얻어 우리 학교 스마트팜이라는 아이템을 떠올렸다. 우리 학교 스마트팜으로 창업 아이디어를 제안한 연우네 팀은 기획력과 도전정신을 인정받아 창업 경진대회에서 장려상을 수상하였다. 연우는 본격적인 스마트팜 만들기에 도전하면서 가상 크라우드 펀딩을 신청하였고 좋은 결과를 얻기도 하였다. 연우는 대학교에 가서 공학을 전공하는 것보다는 직접 제품을 기획하고 생산 · 보급하는 창업에 도전하는 것이 더 재밌겠다는 생각이 들었다. 그러나 한편으로는 창업가로서의 진로에 대해 부모님이 걱정하는 것도 있고, 창업가로서 성공할 수 있을지, 만약 실패를 하게 된다면 어떻게 극복할지 두려운 마음도 든다.

1. 최신 진로이론의 동향

일의 세계는 끊임없이 변화해 왔지만 최근에는 그 변화가 더 빨라지고 있다. 노동시장에서의 불안정성, 변동성이 급증하고 있으므로 진로상담의 이론과 전략 또한 이에 맞춰 달라져야 할 것이다. 자동화 기술, 인공지능, 세계화, 인구 구조의 변화 등은 정년보장 정규직의 감소 및 단기 임시직의 증가로 이어지고 있다. 또한 과거 사람이 직접 해야 했던 많은 일이 인공지능 관련 기술로 대체되어 많은 일자리가 사라지기도 하고 새로운 일자리가 생겨나기도 한다. 직업사회의 변동성은 특히 저임금-비숙련 기술 노동자나 사회적 약자 계층에 더 큰 부정적 영향을 미칠 수 있는데, 이들이 새로운 직업환경에 적응하고 기술을 학습하는 데 필요한 사회적 자원이나 기술로부터 소외될 수 있기 때문이다(Blustein, Ali, & Flores, 2019).

특성-요인이론을 비롯한 전통적인 진로이론은 개인의 특성과 환경의 특성이 비교적 안정적으로 유지됨을 전제하여 개개인이 선형적인 진로발달 및 진로선택을 경험할 것으로 가정하고 있다. 또한 전통적인 진로이론들은 서구의 백인 중산층 남성 중심의 가치관(개인주의, 자아실현, 독립성, 합리성, 선형성 등)을 내포하여 오늘날 다양성이 커지고 있는 한국 사회에 적용하기에 일부 한계도 있다. 따라서 최신 진로이론은 과거의 전통적인 진로이론의 한계를 보완하여 다양한 시사점을 제공한다. 특히 성격, 흥미, 자기효능감 등의 개인적인 심리적 특성 외에 사회맥락적 변인, 환경적 변인이 개인의 진로 경험과 어떠한 상호작용을 하는지를 중요하게 다루고 있다.

사회 변화를 반영한 최신 진로이론으로는 진로구성주의(Savickas, 2013), 우연학습이론(Krumboltz, Foley, & Cotter, 2013), 일의 심리학 이론(psychology of working theory; Duffy, Blustein, Diemer, & Autin, 2016), 다문화 · 여성주의적 이론(Byars-Winston, Fouad, & Wen, 2015), 혼돈이론(chaos theory; Pryor & Bright, 2011) 등이 있다. 이 장에서 다루지 않는 일의 심리학 이론, 다문화 · 여성주의적 이론, 혼돈이론을 간단히 소개하자면 다음과 같다. 일의 심리학 이론은 경제적 제약, 소외 · 차별 경험이 사회적 약자(소수인종, 성소수자, 여성, 장애인, 노인, 사회경제적 취약 계층 등)의 진로발달에 어떠한 영향을 주는지를 집중적으로 다루고 있다. 일의 심리학 이론에서는 특히 기본적인 사회경제적 자원을 획득하는 안정적인 생계 수단으로서 '괜찮은 일자리(decent work)'의 개념을 소개하여 진로의 개념을 확장하고자 한다. 다문화 · 여성주의적 관점을 적용한 진로이론에서는 모든 사람이 공정하게 진로발달의 기회를 접할 수 있는 것이 아님에 주목하여, 특히 사회적 약자가 경험하는 진로장벽 경험에 주목한다. 마지막으로, 혼돈이론에서는 세계는 기본적으로 불확실하고 예측 불가능한 것이라는 전제하에 계획되지 않은 사건, 비선형적 변화, 지속적인 도전 등을 강조하고 있다.

이 장에서는 진로구성주의이론과 우연학습이론을 중심으로 최근에 논의되고 있는 진로상담의 관점과 목표, 과정, 기법 등에 대해 살펴보고자 한다. 진로구성주의이론과 우연학습이론은 공통적으로 일의 세계가 고정되어 있지 않고 끊임없이 변화하므로 이에 적응하고 대처하고 활용하기 위한 심리적 자원의 함양을 강조한다. 또한 개인의 심리적 특성을 이해함에 있어 상황에 맞게 유연하게 변화하고 적응해 나가는 태도의 중요성에 주목한다. 따라서 진로의사결정의 내용, 결과에 초점을 맞추던 전통적인 진로상담과 달리 내담자가 자신에게 의미 있는 진로 경험을 구성해 나가는 과정(진로구성주의이론) 또는 예상치 않았던 정보, 사건, 상황을 새로운 기회로 창출해 낼 수 있는 기술(우연학습이론)을 촉진하는 것을 진로상담의 지향점으로 바라본다.

2. 진로구성주의이론

도입질문

- 진로구성주의이론에서 말하는 구성(construction)의 의미는 무엇이라 생각하는가?
- 진로구성주의이론에서 말하는 생애진로 주제(life career theme)가 진로발달에 어떠한 영향을 미칠 수 있을 것인가?

1) 이론 개관

진로구성주의이론(career construction theory)은 미국의 심리학자인 마크 사비커스(Mark Savickas)에 의해서 발전된 이론이다. 사비커스는 켄트 주립대학교에서 상담과 생활지도로 박사학위를 받은 후 노스이스턴 오하이오 대학교에서 오랜 시간 재직해 왔다. 사비커스는 변화하는 사회 속에서 진로발달의 의미가 어떻게 확장되어야 하는지에 대해 다양한 이론과 연구를 발표해 왔다. 또한 구체적인 진로상담의 기법이나 도구를 발전시키는 데에도 관심을 가져 왔다. 진로구성주의에 기반을 둔 이론적 틀이나 상담기법은 북미, 유럽, 아시아, 아프리카, 라틴아메리카의 다양한 국가에서 활발히 활용되고 있다.

진로구성주의이론의 관점을 이해하기 위해서는 우선 구성주의(constructivism)의 의미를 이해할 필요가 있다. 구성주의에서는 보편타당한 절대적 진리나 지식의 존재를 가정하는 객관주의와 대비되는 입장을 취하여 맥락에 적합한 주관적 의미의 형성을 강조한다(김춘경, 이수연, 이윤주, 정종진, 최웅용, 2016). 특히 사회적 구성주의(social constructivism)에서는 인간 발달이 사회문화적 환경과 개인의 상호작용 속에 일어난다고 가정하여 개인의 주관적 해석이 발생하는 삶의 맥락을 고려하였다. 진로구성주의는 개인과 사회의 상호작용을 강조하는 사회적 구성주의의 관점에 많은 영향을 받았다. 따라서 실제로 일어난 사건보다는 한 개인이 처한 삶의 맥락과 자신의 경험을 바라보는 방식, 자신의 경험에 의미를 부여하는 방식에 따라 진로에 대한 태도, 행동이 정해진다고 본다.

예를 들어, 어떤 학생이 '좋은 직업'이 무엇인지 알아보려고 한다고 가정해 보자. 사회적 구성주의적 입장에서는 '좋은 직업'이 한 가지 정답처럼 객관적 실체로서 존재한다기보다는 각 사회문화적 맥락에 따라 다르게 규정될 수 있다. 예를 들어, 20년 전에는 '좋은 직업'으로 여겨지던 직업들이 4차 산업 중심의 오늘날 사회에서는 더 이상 '좋은 직업'으로 여겨지지 않을 수도 있다. 또한 오늘날 각광받는 '좋은 직업'이 꼭 모든 개인에게 '좋은 직업'은 아닐 수도 있다. 개개인의 삶의 맥락에 따라 '좋은 직업'의 의미는 매우 주관적으로 형성되며 '좋은 직업'이 무엇을 뜻하는지는 사람들마다, 그리고 생애발달 단계에 따라 다를 수 있다. 따라서 진로구성주의이론에서는 각 개인이 거쳐 온 삶의 객관적 궤적이나 경로보다는 이러한 경험에 각 개인이 어떠한 의미를 부여하며 어떻게 해석하는지에 주목한다.

한편, 새로운 변화를 계속 좇아가다 보면 나는 누구이며 어떠한 일을 할 때 삶의 의미를 느끼는가 하는 일관성 있는 자아개념을 유지하는 일이 어렵게 느껴질 수도 있다. 진로구성주의이론에서는 변화에 대한 대처 역량은 자기 자신에 대한 이해를 바탕으로 해야 한다고 보기 때문에 다양한 경험 속에 자기 자신에 대한 이해를 쌓아 가는 과정(self-making)을 강조한다(Savickas, 2013). 즉, 새로운 상황이 펼쳐질 때 나는 어떠한 역량을 가지고 있고, 지금 나에게 가능한 일이 무엇이며, 이러한 일들이 나에게 어떠한 의미나 보람을 주는가 등에 대한 자기이해를 바탕으로 문제 해결이 이루어져야 하는 것이다.

따라서 진로구성주의를 활용한 진로상담에서는 내담자로 하여금 자신의 성격, 가치, 삶의 의미 등을 표현하는 생애진로 주제를 발견하게 하고 자신의 생애 주제에 따라 생애 이야기(life story)를 설계하도록 한다. 진로상담자는 이야기 심리학(narrative psychology) 접근을 활용하여 내담자가 자신만의 생애 이야기를 수정하고 심화함으로써 자기이해, 일관성, 연속성을 쌓아 나가도록 조력하는 역할을 수행한다(Cardoso, Savickas, & Gonçalves, 2020). 진로구성주의에서는 자신의 삶의 의미를 발견하고, 의미를 찾아가며, 의미를 심화시키는 과정에 따라 내담자가 진로를 선택하고 실행할 수 있도록 조력하고자 한다.

사비커스는 수퍼(Super)의 진로발달이론의 주요 개념을 계승하는 한편, 수퍼 이론의 진로성숙을 대체하는 개념으로 진로적응을 강조하였다(Porfeli & Savickas, 2012; Savickas, 1997, 2013). 진로성숙의 개념이 각 단계별로 이루어져야 할 진로발달 과업이 무엇인지(what)를 강조한다면, 진로적응의 개념은 각 개인들이 어떻게(how) 진로발달 과업이나 직업적 전환, 예기치 않은 사고 등에 대처하는지에 관심을 둔다. 즉, 진로구성주의에서는 사회가 끊임없이 변화하며 새로운 환경, 과제가 펼쳐지는 상황에서 진로발달이 일어남을 가정하여 이에 대응하며 맞춰 나가는 적응의 과정을 진로발달의 핵심적 과정으로 본다. 예를 들어, 자신의 성격적 특성과 잘 맞는 직업적 환경을 잘 매칭하여 뚜렷한 진로목표를 세우고 만족한 상태에 있던 학생이라도, 갑작스럽게 지망하던 학과가 사라지거나 목표를 지속적으로 추구하기 어려운 경제적 여건에 처하게 된다면 새롭게 주어진 상황에 대처할 수밖에 없다. 따라서 전통적 진로이론에서는 고정된 진로목표를 결정하고 이러한 목표를 안정적으로 꾸준히 유지하는 것을 건강한 진로발달의 과정으로 이해하였지만, 진로구성주의에서는 오히려 개개인의 유연성, 유동성, 변화 민첩성을 긍정적으로 평가한다.

2) 주요 개념 및 내용

(1) 진로구성주의 상담의 과정: 생애설계, 내러티브, 생애진로 주제의 탐색

진로구성주의이론에서 진로상담은 **생애설계**(life design)의 과정으로 이해된다. 생애설계는 기존의 직업지도나 진로교육보다 광범위한 개념으로서, 내담자가 자신의 특성, 강점을 활용하여 의미 있는 삶과 일을 꾸려 나가는 과정을 뜻한다. 따라서 과거의 경험에서

의미를 해체하는 과정(deconstruction), 부분의 이야기를 통합하여 나는 어떠한 사람이며 어떠한 삶을 살고자 하는가에 대한 서사를 재구성해 나가는 과정(reconstruction), 내 인생의 다음 장을 의미 있게 만들기 위해 필요한 방향을 구성하는 과정(co-construction) 등으로 표현된다.

진로구성주의이론에서는 개개인이 주도적으로 진로를 설계해 나가는 과정, 삶의 목적에 맞는 진로를 구성해 나가는 과정을 강조하였다. 특히 각 개인이 진로를 구성해 나가며 주관적으로 인식한 일의 의미가 개인의 서사, 즉 **내러티브**(narrative)에 담겨 있다고 보았다. 따라서 진로구성주의적 접근을 활용하는 진로상담에서는 내담자 인생의 주요 사건들, 반복적으로 발생하는 에피소드, 내담자의 가치·지향점을 보여 주는 인물, 사건, 상황 등을 탐색한다. 내담자가 진로 경험을 이야기하는 과정, 풀어내는 방식에 주목하며 내담자의 내러티브를 펼쳐 나간다. 진로상담에서의 내러티브는 내담자의 과거와 현재를 연결하고, 분절적으로 존재하던 경험 간의 공통성과 의미를 형성하며, 이러한 의미에 맞게끔 미래의 진로를 재구성해 나가는 도구로 활용된다(김이준, 2020). 내담자가 자신의 생애 이야기에 대해 더 깊이 있는 이해에 이를 수 있게끔 돕고, 자신의 생애진로 주제에 맞는 미래 이야기를 써 나갈 수 있도록 조력하고자 한다.

진로구성주의에서의 **생애진로 주제**(life career theme)란 내담자의 개인적인 세계관을 의미하며 내담자에게 중요한 진로 경험, 내담자가 삶의 목적 및 의미를 느끼는 방식을 나타낸다. 생애진로 주제를 통해 주관적인 진로 경험이 드러나며 내담자가 왜 특정 진로행동을 보이는지를 이해할 수 있다. 예를 들어, 한 내담자의 생애진로 주제가 화목한 가정을 유지하고 가꾸어 나가는 데 있다면, 내담자는 자신에게 가족과 친밀한 관계를 유지하는 데 도움이 된 경험은 긍정적으로 의미를 부여하고, 가족과 갈등을 유발하게 한 경험은 부정적으로 평가할 수 있다. 이러한 생애진로 주제를 가진 내담자는 앞으로의 진로선택에 있어서도 가족과 친밀한 관계를 유지하는 데 도움이 되는 방향으로 결정하고자 할 것이다. 다른 예시로, 내담자가 도전 지향적인 생애진로 주제를 가지고 있었다면, 이러한 내담자는 자신의 목표를 타협하기보다는 달성하기 어려워 보이는 일에 도전하고, 어려움을 이겨 내며, 더 높은 성취를 이루는 과정을 통해 더 큰 삶의 의미를 느낄 수 있을 것이다. 즉, 생애진로 주제는 객관적인 진로발달의 궤적보다는 주관적인 진로의 의미를 강조하며 사람들이 각자의 일 경험을 통해 자신만의 중요성과 의미를 발견하는 과정을 안내한다.

(2) 진로적응

진로구성주의이론에서는 진로발달의 핵심을 변화하는 사회환경에 대한 적응으로 이해한다(Savickas, 1997). 누구나 상급학교로의 진학, 학교에서 직업사회로의 전환, 이직 또는 전직 등 다양한 변화를 경험한다. 적응의 영단어 adaptation은 라틴어, 불어 'ad aptare'에 어원을 두고 있는데, 이는 곧 '맞춰 나감(to fit)'을 의미한다. 직업적 환경이나 역할에 맞추어 자신을 변화시킬 수 있는 사람들은 새로운 기회, 변화, 상황을 활용하고, 이에 유연하게 적응할 수 있을 것이다.

진로구성주의이론에서는 적응 결과가 일련의 준비, 실행의 과정의 결과로 나타난다고 보아 이를 도식화하여 [그림 7-1]과 같이 '적응 준비-적응 자원-적응 반응-적응 결과'의 순서로 표현하였다(Tokar, Savickas, & Kaut, 2020). 진로적응 모델에서 첫 번째 개념인 진로적응도(career adaptivity)는 진로발달 과업, 직업적 전환, 진로문제 등과 관련하여 적극적으로 문제 해결에 임하며, 변화하고 노력하고자 하는 의지, 준비도 등과 관련된 심리적 특성을 의미한다. 사람들의 기질, 성격, 경향성, 선호도에 따라 직업환경의 변화나 진로문제 등에 대한 반응 수준이 다르게 나타날 수 있다. 한두 가지 성격이 진로적응도를 결정하는 것은 아니지만 진취적인 성격(proactive personality)이나 성격 5요인 중 개방성, 성실성 등이 진로적응도와 관련성이 높은 것으로 여겨진다.

적응 자원은 낯설고, 복잡하며, 불분명한 진로문제를 성공적으로 해결하기 위해 필요한 심리적 역량을 뜻하는데, 대표적으로 진로적응력(career adaptability)[1)]이 있다. 진로구성주의에서 적응 자원으로서의 진로적응력이란 적응적 결과를 얻고자 하는 목적을 취하는 적응 전략, 실행능력을 나타낸다. 진로적응도가 높은 개인들은 그만큼 진로문제 해결을 위해 적응 자원을 잘 활용할 수 있을 것이다. 진로적응력은 구체적으로 관심

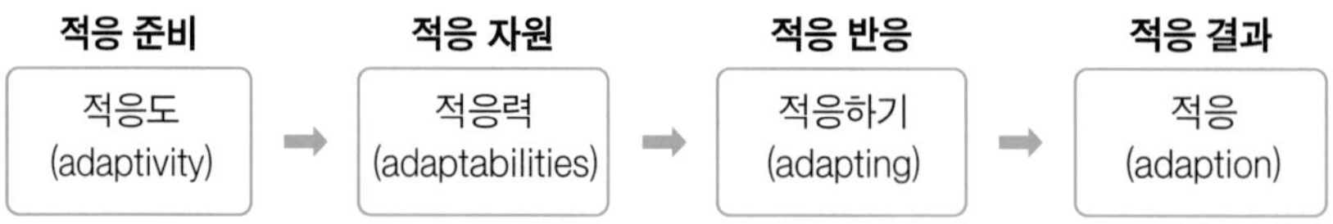

[그림 7-1] 진로적응 과정

출처: Tokar et al. (2020).

1) career adaptability는 국내에서 진로적응성, 진로적응도 등으로 번역되어 왔으나, 이 책에서는 진로적응을 위한 심리적 능력, 역량이라는 의미를 강조하기 위하여 진로적응력으로 번역하였다.

(concern), 자기조절(control), 호기심(curiosity), 자신감(confidence) 등의 구성 요소로 나타난다([그림 7-2] 참조). 진로적응력이 높은 사람들은 미래 진로를 준비하는 데 관심이 많을 것이며, 자신의 진로구성 과정에 있어 적절한 자기통제 및 자기조절력을 나타내며, 다양한 미래상을 탐색하는 데 호기심을 보이고, 진로문제를 해결하는 데 있어서 자신감을 보일 수 있다.

적응도가 높은 사람들은 진로문제 해결이 필요한 순간 더 높은 진로적응력을 보일 수 있고, 이는 곧 그들이 적응하는(adapting) 반응을 보이는 데 도움이 될 것이다. 적응 반응이란 탐색, 계획, 결정, 실행 등 적응을 이끌어 내는 실질적인 수행을 뜻한다. 마지막으로, 적응 결과는 적응 준비, 적응 자원 활용, 적응 반응 수행의 연속적인 과정의 결과로 적응(adaptation)이 나타나 문제 해결을 이룬 상태를 뜻한다. 예를 들어, 대학 전공 선택 문제로 고민하던 학생이 특정 전공으로 진학을 준비하기로 결정한 상태, 아르바이트 구직 문제로 고민하던 학생이 취업에 성공한 상태, 직무에 대해 불만족하던 직장인이 자신에게 더 잘 맞는 부서로 이동하고 직무에 대한 만족도가 높아진 상태 등이 적응 결과의 예시가 될 수 있다.

호기심 (curiosity)	• 다양한 가능한 자기나 미래의 시나리오를 탐색하는 데 호기심을 보임 • 예시: 새로운 기회들에 대해 호기심을 가짐
자기조절 (control)	• 목표로 하는 직업적 미래를 이루기 위해 필요한 일들을 수행해 나감 • 예시: 맡은 일들을 잘 처리해 나감
관심 (concern)	• 미래의 직업인으로서의 자신에 대해 관심을 보임 • 예시: 자신의 미래 모습이 어떨지 생각해 봄
자신감 (confidence)	• 자신의 미래 포부를 추구하는 것에 대한 자신감 • 예시: 어려움이나 장애물을 만나더라도 잘 극복할 수 있다고 확신함

[그림 7-2] 진로적응력의 하위 요인

(3) 진로구성주의이론 기법: 진로유형면접(진로구성 인터뷰)

진로구성주의이론에서는 다양한 양적 · 질적 기법이 활용될 수 있다. 전통적인 성격검사, 흥미검사 등의 양적인 지표는 현재 내담자가 가진 특성이나 경향성에 대한 정보를 제공해 주지만 내담자가 왜 그러한 특성을 가지게 되었는지, 이러한 특성이 내담자의 진로선택에 어떠한 의미를 가지는지 등에 대해서는 알려 주지 않는다. 진로구성주의에서는 내담자에 대한 객관적인 정보보다는 내담자가 자신의 특성, 경험, 가치에 의미를 부여하고 해석하는 방식에 초점을 둔다(Savickas, 2013). 따라서 구성주의적 관점에서는 진로 심리검사의 결과를 내담자의 객관적인 현실을 반영하거나 미래 행동을 유의미하게 예측하는 정보로 다루기보다는 내담자가 지닌 가능성이나 잠재력을 이해하는 한 가지 소재로 바라본다. 즉, 내담자가 어떻게 과거 경험, 현재 경험, 미래에 대한 기대 등을 해석하고 의미를 부여하는지를 탐색하여 내담자의 생애진로 주제를 발견하고자 한다.

진로유형면접(Career Style Interview; Savickas, 1998) 또는 진로구성 인터뷰(Career Construction Interview; Hartung, 2015)는 내담자의 생애 이야기를 탐색하는 대표적인 진로구성주의 상담기법이다. 진로유형면접은 아들러(Adler) 개인심리학의 생활양식(lifestyle) 개념에서 파생되어 나왔다(Taber, Hartung, Briddick, Briddick, & Rehfuss, 2011). 따라서 진로유형면접은 내담자가 어떠한 범주의 유형인지 판별하는 것을 목적으로 하기보다는 진로 영역에서 내담자의 생애 이야기가 어떠한 방식으로 드러나는지 탐색하며 내담자의 정체감, 삶의 의미, 전략, 동기, 성격적 특성 등에 대해 알아 가고자 한다.

진로유형면접은 내담자의 목표를 탐색하는 도입질문으로 시작된다. 그리고 일곱 가지 핵심 질문을 탐색함으로써 내담자가 자신의 생애 이야기를 이해하고 의미를 구성해 나간다. 특히 학업/직업과 관련된 영역에만 질문이 집중되어 있지 않고 내담자의 초기 기억, 여가생활, 취미 등에 대한 질문도 다루어 내담자의 생애 이야기를 다양한 각도에서 탐색하고자 한다. 각 영역에 대한 소개와 구체적인 질문 등은 〈표 7-1〉과 같다.

〈표 7-1〉 진로유형면접의 예시

영역	질문	의미
도입	• ○○ 씨에게 의미 있는 진로를 만들어 나가기 위해 제가 어떤 도움을 드릴 수 있을까요?	상담의 출발점을 제시한다.
역할 모델	• 자라면서 가장 존경했던 사람은 누구인가요? • 어떤 사람의 삶을 따라서 살고 싶은가요? • ○○ 씨의 역할 모델을 이야기해 주세요.	이상적 자아를 나타낸다.
잡지/TV 프로그램	• 즐겨 보는 영상, 매체, 잡지, TV 프로그램에 대해 이야기해 주세요.	개인의 생활양식에 맞는 환경에 대한 선호를 나타낸다.
책/영화	• 좋아하는 책이나 영화, 이야기에 대해 얘기해 주세요.	동일한 문제에 당면해 있는 주인공을 드러내고 그 주인공이 어떻게 문제를 다루어 나가는지를 보여 준다.
여가와 취미	• 여가 시간은 어떻게 보내는 것을 좋아하시나요? • 취미는 무엇인가요? • 취미생활의 어떤 점이 좋은가요?	자기표현을 다루고 겉으로 드러난 흥미가 무엇인지 나타낸다.
명언	• 좋아하는 명언이나, 모토, 좌우명이 있나요? • 기억에 남는 명언이 있나요?	생애 이야기의 제목을 제공한다.
교과목	• 중학교와 고등학교 때 좋아하는 과목이 무엇이었나요? 그 이유는 무엇인가요? • 싫어했던 과목은 무엇이었나요? 그 이유는 무엇인가요?	선호하는 직무와 근로 환경을 나타낸다.
생애 초기 기억	• 인생 최초의 기억은 무엇인가요? • 3~6세 시기에 ○○ 씨에게 일어났던 일(또는 10세 이전의 기억) 중 기억에 남는 일 세 가지를 듣고 싶습니다.	무엇에 몰두하여 노력을 기울이고 있는지를 드러낸다.

출처: Savickas (1998).

3) 학교 진로상담 현장을 고려한 이론의 적용 및 평가

진로구성주의이론은 여러 진로 경험 간의 공통적인 주제와 의미 등을 발견하여 의미 있는 진로행동을 이끌고자 하며, 새로운 변화 · 전환을 맞이한 개인의 적응 과정을 촉진하고자 한다. 구성주의적 진로상담을 개인상담이나 집단상담 시간에 활용한다면, 진로유형면접을 실시하여 학생의 과거-현재-미래를 연결하는 공통적인 주제를 발견하고 이러한 생애진로 주제에 걸맞은 미래 이야기를 상상해 보도록 할 수 있다. 진로구성주의의 전략들은 변화하는 상황 속에서 자신에게 중요한 가치, 삶의 의미, 방향성 등에 대한 혼란을 경험하는 청소년 내담자를 조력하는 데 도움을 줄 수 있다.

진로적응의 구체적인 과정을 소개한 진로구성주의이론은 변화하는 직업사회를 탐색하고, 이에 맞추어 나가는 청소년의 역량을 함양하기 위해 활용될 수 있을 것이다. 예를 들어, 2015년 개정 교육과정에는 창업과 창직 관련 목표와 성취기준을 소개하며 다양한 진취적 역량(창의성, 협업 능력, 창업가 정신 및 리더십 등)의 개발을 강조하고 있다. 최근 청소년을 대상으로 신생 직업, 이색 직업, 새롭게 각광받는 직업, 스타트업이나 창업 사례 등을 소개하는 교육 콘텐츠 또한 다양하게 보급되고 있으므로, 이렇듯 변화하는 일의 세계 속에서 진로적응력을 향상시키기 위해 필요한 태도 및 기술에 대해 탐색하고 연습하는 활동을 설계할 수도 있을 것이다. 특히 진로적응력의 하위 영역인 호기심, 자기조절, 관심, 자신감을 키우기 위한 문제 해결 중심 또는 체험 중심 학습활동을 계획하고 실행할 수 있을 것이다.

다만, 구성주의적 진로상담에 관한 이론적 · 실제적 연구들은 성인이나 성인 초기의 대학생들을 대상으로 이루어진 경우가 많아 구성주의적 진로상담을 청소년 내담자를 대상으로 학교 진로상담 현장에서 어떻게 활용할 것인가에 대해서는 지속적인 탐색과 연구가 필요하다. 또한 내담자의 내러티브, 생애진로 주제를 탐색하고 내담자의 자아 탐색 및 통찰을 촉진하는 데는 복합적인 상담 기술이 필요하므로, 상담 경험이 많지 않은 초보 진로상담자에게는 다소 모호하게 느껴질 수도 있을 것이다. 따라서 진로구성주의적 접근이 학교 진로상담 현장에서 널리 활용되기 위해서는 구체적인 질문법, 기법, 활동 자료 등의 개발과 이러한 접근의 효과성 검증이 지속적으로 이루어져야 할 것으로 보인다.

3. 우연학습이론

도입질문

- 계획하지 않은 일들은 개인의 진로발달에 어떠한 영향을 미칠 수 있는가?
- 우연히 일어난 사건들을 진로발달의 기회로 만들기 위해 어떠한 기술이 필요한가?

1) 이론 개관

우연학습이론(happenstance learning theory) 또는 계획된 우연이론(theory of planned happenstance)은 미국의 심리학자인 존 크럼볼츠(John Krumboltz, 1928~2019)에 의해 발전하였다. 크럼볼츠는 미국 컬럼비아 대학 티처스 칼리지에서 상담 석사학위를 취득하고 미네소타 대학교에서 상담심리학 박사학위를 취득하였다. 1961년부터 2015년 은퇴 전까지 미국 스탠퍼드 대학교 교육학과, 심리학과의 상담심리학 전공 교수로 재직하였다. 크럼볼츠의 초기 저작들은 행동주의, 사회학습이론들을 진로상담에 적용한 내용들이 주로 이루었다. 진로결정에 대한 비합리적 신념을 측정하는 진로신념검사(Career Belief Inventory) 등을 개발하기도 하였다.

이후 크럼볼츠는 사람들의 진로발달이나 진로의사결정이 합리적인 계획에 의해서 이루어지기보다는 우연치 않은 사건, 상황, 기회들에 의해 많은 영향을 받는다는 점에 주목하기 시작하였고, 이를 바탕으로 **계획된 우연**(planned happenstance)이란 개념을 제안하고 우연학습이론을 발전시켰다(Krumboltz, 2009; Mitchell et al., 2011). 우연학습이론은 비교적 직업세계가 고정적이던 과거와 달리 인생에 걸쳐 여러 번의 주요 진로의사결정을 내리고, 변화무쌍한 환경에 맞추어 진로 방향을 수정해야 하는 상황을 반영하고 있다. 전통적인 진로상담에서는 수집한 정보를 바탕으로 미래를 예측하고, 적절한 목표를 세우며, 목표를 이루기 위한 계획 수립을 강조하였다. 미래를 위한 준비, 계획을 강조하는 전통적인 진로상담에서는 예기치 않은 사건, 정보, 기회 등이 내담자의 진로발달에 미치는 영향을 다소 간과하는 경향이 있다. 크럼볼츠의 계획된 우연학습이론에서는 우연히 발생한 사건이 내담자의 진로발달에 미치는 영향에 주목하여 어떻게 우연히 발생한 사건을 생산적인 결과로 연결할지에 관심을 둔다.

크럼볼츠는 학술적인 이론서나 논문뿐만 아니라 자신의 이론을 바탕으로 한 대중서적도 여러 권 발표하였는데, 대표적으로 『행운은 우연이 아니다(Luck Is No Accident)』(Krumboltz & Levin, 1996), 『빨리, 자주 실패하라: 어떻게 실패가 당신을 성공으로 이끌 수 있는가(Fail Fast, Fail Often: How Losing Can Help You Win)』(Babineaux & Krumboltz, 2013) 등의 책을 집필하였다. 크럼볼츠는 실패하지 않으려 도전을 피하기보다는 비록 시행착오가 있을지라도 새로운 일들을 시도하고 실행하는 태도의 중요성을 강조하였다. 이러한 크럼볼츠의 관점을 보여 주는 에피소드를 들자면, 크럼볼츠는 스탠퍼드 대학교에서 과거 사라졌던 F학점을 다시 부활시키려고 할 때 이를 공식적으로 반대하였다. 그 이유는 학생들에게 공식적인 실패 기록을 남기는 정책이 새로운 학문적 탐구나 도전하고자 하는 의욕을 꺾을 수 있다고 보았기 때문이었다. 이러한 에피소드에서 드러나듯, 우연학습이론은 비록 시행착오가 있을지라도 새로운 정보, 사건, 기회에 호기심, 개방성을 보이는 태도, 끊임없이 도전하고 학습하는 태도의 중요성을 강조한다([그림 7-3] 참조).

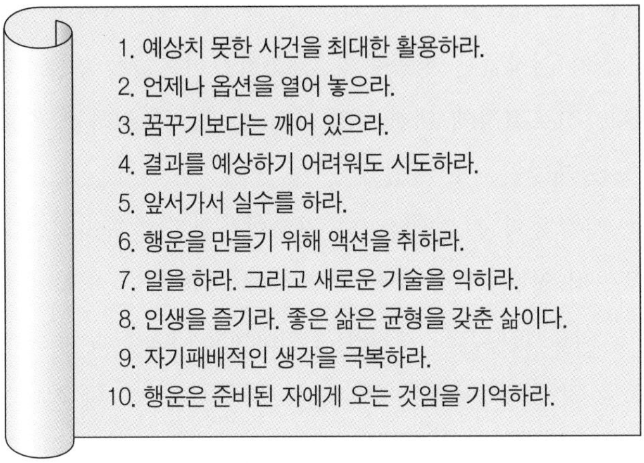

[그림 7-3] 크럼볼츠의 조언

출처: Krumboltz & Levin (1994).

2) 주요 개념 및 내용

(1) 계획된 우연

삶 속에서 우연은 늘 발생한다. 우연히 새로운 정보를 알게 되기도 하고, 몰랐던 기회를 접하게 되기도 하고, 우연히 예상치 않은 일들을 겪게 되기도 한다. 이렇듯 우연은 인생에서 중요한 위치를 차지하고 있음에도 불구하고 전통적인 진로이론에서는 우연이 사람들의 진로발달에 어떠한 영향을 줄 수 있는가에 대해서는 주목하지 않았고, 자연스레 진로상담에서도 우연에 대해서 직접적으로 다루는 경우가 많지 않았다. 그러나 아무리 합리적이고 체계적으로 수립된 계획이라고 할지라도 상황이나 환경이 변하면 목표 달성에 도움이 되지 않을 수 있다. 특히 새로운 기술, 환경, 직업, 일자리가 끊임없이 나타나는 오늘날의 4차 산업혁명 사회에서는 과거의 정보를 바탕으로 수립한 계획 때문에 우연히 발생한 좋은 기회를 놓치는 사건이 자주 일어날 수 있다.

크럼볼츠는 진로상담에서 전통적으로 강조해 온 '계획'을 '우연'과 접목하여 계획된 우연이론을 소개하였다. 계획과 우연이라는 모순적인 두 단어가 결합된 계획된 우연은 우연한 기회를 만들어 나가고 활용하기 위한 계획을 세운다는 뜻이다. 즉, 누구나에게 필연적으로 발생하는 우연을 최대한 활용하여 새로운 기회를 만들고 이를 통해 긍정적인 진로발달을 이루는 것이다. 우연을 적극적으로 활용한다는 점이 복권에 당첨되는 것과 같이 요행을 바라는 것이나 운명론적으로 어떻게든 되겠지 하고 내버려 두는 태도로 잘못 이해되어서는 안 된다. 크럼볼츠가 강조한 계획된 우연의 의미는 잠재적인 기회를 예상해 보고, 이러한 기회들을 포착하기 위한 구체적인 행동들을 실행하는 것으로 해석되어야 한다. 즉, 수동적으로 기회를 기다리는 태도보다는 적극적으로 자신의 주변을 탐색하고, 새로운 기회를 물색하며, 필요한 행동에 임하는 태도를 지닐 것을 강조하고 있다.

우연학습이론은 계획된 우연을 만들어 내고 활용할 수 있는 역량, 기술을 키우는 것이 중요함을 보여 준다. 우연한 기회를 자신의 진로발달을 촉진하기 위해 활용할 수 있는 능력을 **계획된 우연 기술**(planned happenstance skills)이라 부른다(Kim et al., 2014; Mitchell, Al Lerin, & Krumboltz, 1999). 계획된 우연 기술은 낙관성, 유연성, 끈기, 호기심, 위험감수 등을 포함한다(〈표 7-2〉 참조).

〈표 7-2〉 **계획된 우연 기술의 하위 영역**

영역	의미	예시
호기심	새로운 학습 기회에 관심을 가지는 정도	새로운 직업에 대해 알게 되었을 때 이에 대해서 좀 더 알아보는 것
끈기	어려움에도 불구하고 노력을 기울일 수 있는 역량	예상치 못한 역경이 발생해도 진로탐색을 지속하기 위해 노력을 기울임
유연성	상황이 변화했을 때 이에 맞추어 적응하려는 정도	예상과 다르게 상황이 흘러갈 때 이에 맞추어 진로목표를 변화시킴
낙관성	새로운 기회를 가능성과 이룰 수 있는 것으로 보는 정도	예상과 다른 방향으로 진로를 바꾸어야 할지라도 결국에는 성공적인 삶을 살 수 있으리라 믿음
위험감수	결과가 불확실함에도 이를 감수하고 행동을 취하는 것	결과를 예상하기 어려운 상황에서도 진로목표를 이루기 위해 도전하는 것

출처: Kim et al. (2014); Mitchell et al. (1999).

(2) 진로상담의 과정: 실행의 강조

우연학습이론(Krumboltz, 2009; Krumboltz, Foley, Cotter, 2013)을 활용한 진로상담의 목적은 내담자로 하여금 보다 만족스러운 직업적 · 개인적 삶을 이루기 위해 어떠한 행동을 취해야 하는지를 학습하도록 하게 하는 것이다. 진로상담 과정에서 내담자가 어떠한 의사결정을 내려야 하는지에 초점을 두기보다는, 이러한 상황에서 내담자가 무엇을 할 수 있으며, 어떠한 일들을 실천할 수 있는지 학습할 수 있도록 돕고자 한다. 궁극적으로는 내담자가 자신의 진로발달 과정에 대해 지속적인 관심을 가지고, 진로와 관련된 다양한 어려움을 극복할 수 있는 역량을 키우고자 한다. 이러한 접근은 특히 빠른 속도로 일의 세계가 변화하는 오늘날의 현실에 유용할 수 있다.

크럼볼츠는 진로상담의 기법이나 도구가 내담자의 학습을 촉진하기 위해 활용되어야 한다고 주장하였다. 예를 들어, 진로 심리검사를 내담자의 특성을 진단하거나 내담자와 매칭되는 직업을 찾기 위해 활용하기보다는 내담자의 관심을 이끌어 내거나 내담자와 대화를 나누기 위한 소재로 활용하는 것이 보다 적절하다고 보았다. 즉, 검사 결과를 내담자의 고정적인 특성을 반영하고 예측하는 것으로 이해하기보다는 내담자의 흥미, 적성, 신념, 선호도 등이 시간에 따라 어떻게 변화하고 성숙하는지에 관심을 가지며 내담자와 상호작용할 것을 강조하고 있다.

우연학습이론을 활용한 진로상담에서는 무엇보다 실행(action)을 강조한다. 크럼볼츠는 상담에서는 통찰보다 실행에 더 주목할 필요가 있음을 주장하였다. 예를 들어, 결정을 내리는 것은 쉽지만 그 결정의 결과를 정말 현실로 만들어 내는 것이 더 힘들다고 보았다. 따라서 내담자에게 잠재적으로 도움이 될 기회들을 많이 만들어 내기 위해서는 내담자가 자신의 감정이나 소망 등에 대해 말하는 것 이상으로 다양한 탐색적 행동에 임할 수 있도록 촉진해야 한다는 것이다. 특히 위축되어 있거나 실패에 대한 두려움을 많이 느끼는 내담자일수록 작은 일이라도 시도하고, 작은 성공 경험을 쌓아 점차적으로 자기효능감을 키워 나가야 한다고 보았다.

우연학습이론에서 진로상담 과정은 다음과 같다(Krumboltz et al., 2013). 첫째, 내담자가 상담에 대해 가진 기대를 논의하며 계획되지 않은 사건 또한 우리 삶의 일부분임을 이해시킨다. 둘째, 내담자의 고민에 대한 이해를 반영과 공감을 통해 전달한다. 셋째, 내담자가 과거에 효과적으로 다루었던 상황을 명료화함으로써 과거의 성공 경험을 디딤판으로 삼는다. 넷째, 계획되지 않은 사건을 하나의 기회로 바라볼 수 있는 관점을 새롭게 가질 수 있도록 돕는다. 다섯째, 실행에 방해가 되는 장벽들을 극복하기 위해 노력한다. 이러한 접근은 순차적으로 일어날 수도 있고, 순서와 상관없이 진행되거나 반복될 수도 있다.

마지막으로, 상담 성과는 상담 회기가 끝나고 내담자가 자신의 진짜 삶 속에서 무엇을 이루었는가에 달려 있다고 보았다. 그러므로 상담에 대한 평가, 효과성 연구 등에 있어 상담자-내담자의 상호작용이나 내담자의 의도, 태도, 계획에 대한 설문에 집중하기보다는 실제로 내담자의 삶에서 어떠한 실천이 일어났는가, 또 이러한 실천이 어떠한 실제적인 결과를 가져왔는가에 주목할 필요가 있다고 하였다. 이렇듯 크럼볼츠는 사람들이 탐색적인 행동에 임할수록 새로운 기회, 가능성을 발견할 수 있으므로 진로상담 과정과 평가에 있어서도 내담자의 도전, 실행의 촉진을 무엇보다 강조하였다.

3) 학교 진로상담 현장을 고려한 이론의 적용 및 평가

우연학습이론은 전통적인 진로상담 이론에서는 잘 다루지 않던 우연 요소를 집중적으로 다룬다는 점에서 새로운 관점의 진로상담을 가능하게 할 수 있다. 특히 진로상담을 요청하는 내담자는 진로불안을 호소하는 경우가 많은데, 이러한 진로불안을 보이는 학생들은 예상치 못한 일을 부정적인 사건으로 해석하는 경향이 강하며 미래의 불확실성, 불안정성을 통제의 대상으로 바라보기도 한다. 또는 모든 정보를 수집하고 모든 결과를 예측할 수 있을 때까지 아무것도 실천에 옮기지 않으려고 하는 태도를 보일 수도 있다. 이러한 내담자에게 우연학습이론의 접근을 적용한다면, 예상치 못한 일은 우리의 삶에서 필연적인 일이며, 이렇듯 필연적으로 발생하는 불확실성을 통제의 대상으로 바라보기보다는 이를 포용하고, 상황에 맞게 새롭게 대처하는 기술을 키울 수 있음을 강조할 수 있다. 또한 실패에 대한 두려움 때문에 위축된 내담자에게는 작은 행동이라도 직접 실천해 보도록 하게 하고, 작은 성취 경험을 바탕으로 낙관성을 키우는 과정을 안내해 줄 수 있다.

또한 우연학습이론은 코로나19와 같은 예상하지 못한 사건이 많은 사람의 삶에 큰 영향을 미치는 상황에서 유용한 진로상담 이론일 수 있다. 우리가 예측하지 못했던 일 속에서 새로운 가능성, 잠재력을 발견해 나갈 수 있을지를 탐색하며 예방적 상담 · 교육을 진행하는 데 활용될 수 있을 것이다. 예상치 못한 일을 활용하기 위한 아이디어 또는 주어진 제약 속에서도 도전해 보고 싶은 일 등을 브레인스토밍하고, 이러한 아이디어를 실행해 볼 수 있도록 지속적인 격려를 제공할 수 있다.

그러나 시행착오나 실패를 두려워하지 말라는 조언은 점점 더 경쟁이 치열해지고 실패에 대한 낙인이 커지는 오늘날 한국 사회의 문제를 개인의 문제로만 바라보는 것처럼 느껴지거나, 학생들이 느끼는 두려움이나 고민을 충분히 타당화하지 않는 것처럼 느껴질 수 있다. 특히 구조적인 차별, 불공정한 사회경제적 자원 등으로 인해 어려움을 겪고 있는 내담자에게 개인의 실행만을 강조하는 접근은 이들이 경험하는 구조적 문제에 대한 해결을 등한시하게끔 할 수 있다. 또한 새로운 장소에 가 보거나 새로운 모임에 나가 보는 등의 구체적인 실행, 실천을 강조하는 전략은 입시 준비에 많은 시간을 보내야 하고 일과에 제약이 많은 우리나라 청소년들이 적용하기에는 한계가 있다. 따라서 우연학습이론의 접근에 대해 학생들이 다양한 반응을 보일 수 있음을 수용하고, 내담자 입장에서 실행 가능한 아이디어가 무엇인지 탐색하고 이를 실천해 보도록 촉진하는 진로상담자의 역량이 필요하다.

◆ 참고문헌

김이준(2020). 진로구성 상담에서 내러티브 접근에 대한 탐색적 논의. **내러티브와 교육연구, 8**(2), 7-33.

김춘경, 이수연, 이윤주, 정종진, 최웅용(2016). **상담학 사전**. 서울: 학지사.

Babineaux, R., & Krumboltz, J. D. (2013). *Fail fast, fail often: How losing can help you win*. New York, NY: Tarcher Perigee.

Blustein, D. L., Ali, S. R., & Flores, L. Y. (2019). Vocational psychology: Expanding the vision and enhancing the impact. *The Counseling Psychologist, 47*(2), 166-221.

Bright, J. E., & Pryor, R. G. (2011). The chaos theory of careers. *Journal of Employment Counseling, 48*(4), 163-166.

Byars-Winston, A., Fouad, N., & Wen, Y. (2015). Race/ethnicity and sex in U.S. occupations, 1970-2010: Implications for research, practice, and policy. *Journal of Vocational Behavior, 87*, 54-70.

Cardoso, P. M., Savickas, M. L., & Gonçalves, M. M. (2021). Facilitating narrative change in career construction counseling. *Journal of Career Development, 48*(6), 863-876.

Duffy, R. D., Blustein, D. L., Diemer, M. A., & Autin, K. L. (2016). The psychology of working theory. *Journal of Counseling Psychology, 63*, 127-148.

Hartung, P. J. (2015). The career construction interview. In M. McMahon & M. Watson (Eds.), *Career assessment: Qualitative approaches* (pp. 115-121). Leiden, Netherlands: Brill Sense.

Kim, B., Jung, S. H., Jang, S. H., Lee, B., Rhee, E., Cho, S. H., & Lee, S. M. (2014). Construction and initial validation of the planned happenstance career inventory. *The Career Development Quarterly, 62*(3), 239-253.

Krumboltz, J. D. (2009). The happenstance learning theory. *Journal of Career Assessment, 17*(2), 135-154.

Krumboltz, J. D., & Levin, A. S. (2010). *Luck is no accident: Making the most of happenstance in your life and career.* Atascadero, CA: Impact Publishers.

Krumboltz, J. D., Foley, P. F., & Cotter, E. W. (2013). Applying the happenstance learning theory to involuntary career transitions. *Career Development Quarterly, 61*(1), 15-26.

Mitchell, K. E., Al Levin, S., & Krumboltz, J. D. (1999). Planned happenstance: Constructing unexpected career opportunities. *Journal of Counseling & Development, 77*(2), 115-124.

Porfeli, E. J., & Savickas, M. L. (2012). Career adapt-abilities scale-USA form: Psychometric properties and relation to vocational identity. *Journal of Vocational Behavior, 80*(3), 748-753.

Pryor, R., & Bright, J. (2011). *The chaos theory of careers: A new perspective on working in the twenty-first century.* London, UK: Taylor & Francis.

Savickas, M. L. (1997). Career adaptability: An integrative construct for life-span, life-space theory. *Career Development Quarterly, 45*, 247-259.

Savickas, M. L. (1998). Career style assessment and counseling. In T. Sweeney (Ed.), *Adlerian counseling: A practical approach for a new decade* (4th ed., pp. 329-359). Philadelphia, PA: Accelerated Development.

Savickas, M. L. (2012). Life design counselling. *Journal of Counseling & Development, 90*(1), 13-19.

Savickas, M. L. (2013). Career construction theory and practice. In R. W. Lent & S. D. Brown (Eds.), *Career development and counseling: Putting theory and research to work* (pp. 147-183). Hoboken, NJ: John Wiley & Sons.

Taber, B. J., Hartung, P. J., Briddick, H., Briddick, W. C., & Rehfuss, M. C. (2011). Career style interview: A contextualized approach to career counseling. *The Career Development Quarterly, 59*(3), 274-287.

Tokar, D. M., Savickas, M. L., & Kaut, K. P. (2020). A test of the career construction theory model of adaptation in adult workers with chiari malformation. *Journal of Career Assessment, 28*(3), 381-401.

제3부

학교 진로상담의 실제

제 8 장

선택적 관점을 적용한 진로상담의 실제

들어가기

이 장에서는 제2장에서 소개된 선우의 사례를 선택적 관점을 적용하여 상담할 때의 사례 이해 및 상담목표와 전략 그리고 상담 장면의 예시를 소개한다. 주로 특성-요인이론과 홀랜드의 성격이론 관점을 적용하였다. 또한 선택적 관점을 적용한 진로상담 활동으로 직업카드 활동을 소개한다.

학습목표

1. 선택적 관점을 진로상담 사례에 적용하여 사례개념화를 할 수 있다.
2. 선택적 관점을 진로상담 사례에 적용하여 상담목표와 전략을 세울 수 있다.
3. 다양한 대상과 목적을 고려하여 직업카드 활동을 적용할 수 있다.

1. 개인 진로상담: 선우의 사례

1) 호소문제 이해

선우는 대학 입학에 대한 의사결정을 해야 하는 고등학교 3학년 학생이다. 오랫동안 준비해 온 진로 영역에서 포부가 좌절된 이후 진로에 대한 고민이 많아지고, 구체적인 진로목표가 없어서 불안하다. 새로운 진로결정과 관련하여 부모님과의 갈등도 경험하고 있다. 선우는 진로를 어떻게 준비해야 할지에 대해 도움을 받고 싶다.

구체적인 진로탐색의 경험이 부족하고, 가족의 기대에도 부담을 느끼고 있는 상태에서 자신에게 적합도가 높은 구체적인 진로목표를 설정하기를 원한다. 또한 자신에 대해 이해한 바를 바탕으로 진로를 선택하게 된다면, 이후의 실제적인 진학 준비 과정에도 도움을 받고자 상담을 신청하게 되었다.

2) 특성-요인이론, 홀랜드의 성격이론을 적용한 사례개념화

선우는 고등학교 3학년으로 대학 및 전공 결정을 앞두고 있다. 하지만 대학 진학을 위한 의사결정을 할 때, 어느 전공을 선택할지 또는 자신이 앞으로 무엇을 하며 살아갈지에 대한 확신이 없다. 선우는 어릴 때부터 프로 운동선수의 꿈을 꿀 만큼 신체 기능이 매우 우수하였다. 하지만 고등학교 1학년 시기에 부상을 당해 운동선수의 꿈이 좌절되었다. 선우는 자신이 꿈꾸던 일이 좌절된 이후로 특정한 진로포부를 결정하지 못하고, 대부분의 일상생활에서 위축된 상태이다. 하지만 또래와 비교할 때 운동 기능은 여전히 높은 편이고 신체를 활용한 일에 흥미가 높은 편이다. 대학 입시를 앞둔 상황에서 경찰 등의 다른 진로를 고려해 본 경험도 있지만, 스스로 자신이 없고 가족도 반대를 하다 보니 적극적인 정보 탐색을 하지 못하였다. 이러한 선우의 진로 특성을 윌리엄슨(Williamson, 1939)의 진로선택 유형에 따라 생각해 보면, 자신이 원하는 직업을 명확히 표현할 수 없고 알지도 못하는 '진로 무선택'에 가까운 내담자로 이해할 수 있다.

선우가 최근에 관심을 갖고 있던 직업 영역은 신체 능력을 주로 사용하는 체육 분야, 경찰, 해양경찰, 군인, 경호학과 등이며 가족의 맥락에서는 공학 계열과 보건 · 의료 계열이 강조되고 있다. 하지만 각각의 직업군에 대해 구체적인 정보를 탐색한 경험이 없어서 직업적 특성을 파악할 수 있는 상담과정이 함께 이루어질 필요성이 있다. 신체 능력을 주로 사용하는 분야는 홀랜드의 성격 유형 중 R(현실형)의 성격 특성을 나타내는 경우가 많고 공학 계열과 보건 · 의료 계열은 R 코드와 함께 I 코드가 중시되는 경우가 많은 편인데, 이러한 직업적 성격과 선우의 성격을 비교 · 분석할 필요가 있다.

실제 상담과정에서는 진로 고민을 지속해 온 내담자의 어려움을 경청하고 공감적인 태도를 유지하여 촉진적 관계를 형성해야 할 것이다. 그리고 이러한 상담관계를 바탕으로 내담자가 자신을 보다 명확하게 이해하고 자신의 특성을 통합할 수 있는 자기이해의 과정이 이루어져야 할 것이다. 이를 위해 다양한 검사 및 면담을 통해 정보를 수집 및 종합하고 진단할 필요성이 있다. 또한 선우가 관심을 두고 있는 각 직업군, 가족의 맥락에서 고려되는 직업군, 상담 중에 실시되는 검사 결과에 근거하여 추천되는 대안직업의 목록을 확인하고 이에 대한 정보 탐색과 우선순위 결정이 필요할 것이다. 마지막으로, 현재 고등학교 3학년에 재학 중인 내담자의 발달적 특성을 고려하여 진학 의사결정과 학업 역량 강화의 측면을 조력하려는 노력도 함께 이루어져야 할 것이다.

3) 상담목표

(1) 내담자와 합의한 목표

- 나에 대해서 잘 알고 싶다.
- 내가 잘할 수 있는 일을 찾고 싶다.
- 나에게 적합한 진로목표를 세우고 진학 준비를 잘하고 싶다.

(2) 상담자가 설정한 이론적 목표

특성-요인이론, 홀랜드의 성격이론 관점을 고려하여 다음과 같은 상담목표를 세울 수 있다.

- 내담자의 진로 흥미, 적성, 가치, 성격 등 개인의 특성을 진단 및 종합한다.
- 내담자의 관심 직업에 대한 정보를 탐색한다.
- 내담자가 관심을 두고 있는 진로 영역의 특성과 개인 특성의 일치도를 검토한다.
- 종합한 정보를 바탕으로 내담자에게 적합도가 높다고 판단되는 진로 대안 영역을 찾아본다.

- 내담자의 대학 및 전공 선택에 필요한 진학 의사결정을 준비한다.
- 진로를 찾아가는 상황에서 예상되는 어려움과 그에 대한 해결 방안을 탐색한다.

4) 상담전략

상담전략의 수립에서는 현재 내담자의 문제를 개념화하는 데 활용한 특성-요인이론과 홀랜드의 성격이론에서 상담에 대해 어떠한 관점을 갖고 있는지를 고려해야 한다. 이 부분에서는 특성-요인이론에서 제시한 윌리엄슨의 진로상담 과정과 홀랜드 성격이론에서 중점을 두고 있는 성격 유형 구분 및 매칭의 관점을 고려하여 다음과 같은 상담전략을 수립한다.

(1) 분석 및 종합: 진로의사결정에서 고려해야 할 개인 특성에 대한 자료를 수집하고 평가한다

내담자가 자신에 대해 갖고 있는 선이해를 점검하기 위해 면담 및 자료 수집을 실시한다. 먼저, 내담자의 특성과 내담자의 가족 관련 특성을 함께 파악하여 내담자의 진로의사결정에 영향을 미치는 영향 요인을 파악해 볼 수 있다. 그리고 내담자가 현재의 상담 이전에 실시한 검사 결과를 가지고 있다면 이러한 자료를 활용하여 내담자에 대한 이해의 내용을 통합한다.

내담자에 대한 자료 수집과정에서 [그림 8-1]과 같은 진로수레바퀴(Amundson & Poehnell, 1996; Amundson, Harris-Bowlsbey, & Niles, 2009/2013에서 재인용) 양식을 활용할 수 있다. 수레바퀴를 구성하는 각 항목은 자신의 흥미, 기술(적성), 가치, 개인적 스타일, 중요한 타인의 의견(피드백), 교육 배경(전공), 직업 또는 여가 경험, 노동시장 등이다. 내담자가 각 항목별로 자신이 알고 있는 내용을 작성해 보도록 안내하고, 내담자가 명확하게 작성할 수 있는 내용과 그렇지 않은 내용을 파악한다. 특히 내담자가 구체적인 내용을 떠올리기 어려운 항목에 우선순위를 두고 상담을 실시한다면, 단기간에 효율적으로 정보를 종합해 나갈 수 있다. 이러한 수레바퀴의 모든 요소에 대한 탐색이 완료되면 내담자의 진로 방향(진로목표)의 설정이 가능하다.

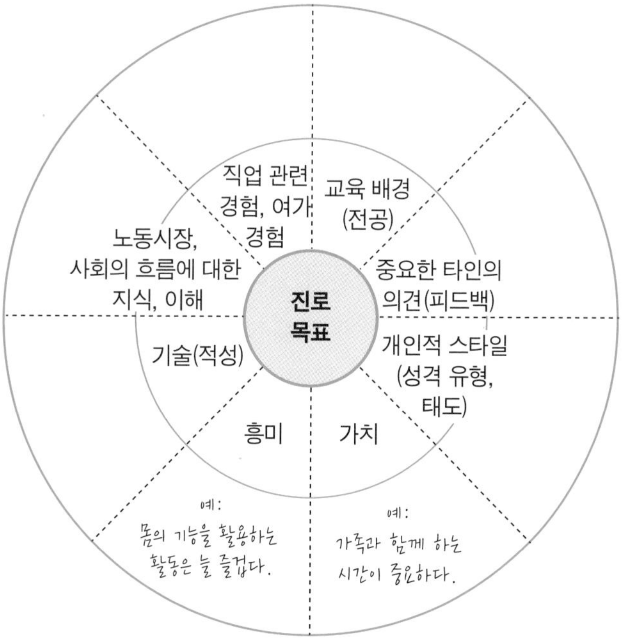

[그림 8-1] **진로수레바퀴를 활용한 개인의 진로정보 종합 양식**

출처: Amundson & Poehnell (1996); Amundson, Harris-Bowlsbey, & Niles (2009/2013). 재인용 후 활동지 형식으로 재구성.

상담의 실제에 적용한다면

선우는 이전에 진로 심리검사를 실시한 경험이 있으나 검사 결과를 기억하지 못하고 있었다. 학교에서 실시한 검사에 큰 의미를 부여하지 않은 것으로 보인다. 따라서 면담을 통해 파악한 자료를 기초로 선우의 특성을 설명해 보면 다음과 같다.

선우는 어릴 때부터 운동을 잘하고 몸을 사용하는 일을 쉽게 익히는 등 신체 기능이 우수한 편이었다. 초등학교 시기부터 프로 야구선수라는 꿈을 가지고 있었으며, 중 · 고등학교 입학 시에 야구부가 있는 학교를 선택할 만큼 진로포부가 확실하였다. 하지만 고등학교 1학년 겨울 훈련 중에 예기치 않은 부상을 당하게 되고, 그 이후 결국은 야구선수라는 희망직업을 포기하게 되었다. 이러한 좌절 경험을 함께 이야기 나누는 초기 상담과정에서 상담자는 공감적인 태도를 유지하기 위해 노력하였다. 선우에게 운동선수의 꿈은 좌절되었지만, 학교에서 이루어지는 기본적인 체육활동이나 도구를 활용하는 일, 신체 기능을 활용하는 일에는 여전히 높은 기량을 보이고 있다.

학업 성취도는 중상 수준을 유지한다고 보고하였다. 특히 초등학교 시기까지 우수한 학업 성적을 유지하였고, 중학교 시기에 공부와 학업을 병행하는 과정에서도 일정한 학업 성취도를 유지하였다. 최근 운동하는 시간이 줄어들고 공부하는 시간이 증가하면서 운동을 집중적으로 하는 시기보다 수학과 과학의 성취도가 조금 더 높아졌다.

선우의 대인관계 특성을 살펴볼 때, 선우는 친구들 사이에서 말수는 적은 편이지만 친구들을 좋아하는 마음과 다른 사람들을 돕고 싶은 마음은 늘 갖고 있어서 또래들 사이에서 착하고 좋은 친구라는 평판이 있다. 하지만 실제 대인관계를 맺는 모습을 관찰해 보면 소수의 친구들과 깊은 관계를 맺는 경향이 있고, 혼자서 시간을 보내는 경우도 많아서 소극적이라는 평가를 받곤 하였다. 학급에서는 주어진 일을 조용히 해내고, 특히 선우가 좋아하는 운동과 게임을 잘하는 몇몇 친구와는 초등학교 시기부터 친밀한 관계를 맺고 있다.

선우의 아버지는 기계 관련 회사의 간부로서 일하고 있으며 자신이 기계 관련 전공에서 오랫동안 전문가로 일하고 있는 것에 대해 자부심이 있다는 것을 가족에게 자주 표현해 왔다. 그리고 아버지 역시 운동 기능이 좋은 편이고 체력이 좋은 편이라 자녀가 운동을 하는 것에 대해서도 크게 반대하지 않았다. 하지만 선우가 부상을 당한 이후로는 더 이상 신체 기능을 활용하는 일을 하지 않았으면 좋겠다는 바람을 종종 이야기하였다. 그리고 최근에는 사회의 변화 흐름과 직업 전망을 고려하여 이공 계열이나 보건 · 의료 계열의 선택을 너무 강요하다 보니 선우는 아버지의 의견에 대해 부담을 크게 느끼고 있다.

한편, 선우의 어머니는 대학교 졸업 이후 사무직으로 2~3년 정도 일을 하다가 결혼을 하면서 직장을 그만두었다. 선우 어머니는 조용한 성품으로 가족에게 필요한 일을 잘 챙겨 주는 조력자 역할을 하고 있으며, 자녀의 진로결정에 대해서는 남편의 의견을 전적으로 신뢰하는 상황이다. 선우 어머니는 선우가 다른 사람을 잘 돕고 친밀한 관계를 맺는 성격을 형성하는 데 영향을 미친 것으로 보인다. 어머니는 자신이 가족을 위해 직장생활을 중단한 것을 후회하지는 않으나, 자녀들이 전문적인 직업인으로서 안정적으로 살기를 기대하는 마음이 큰 편이다.

선우의 형은 4년제 대학교 공과대학에 재학 중이다. 형은 어릴 때부터 수학과 과학 영역에서 두각을 나타냈으며, 자신이 관심 있는 분야에 몰두하는 성향이 강해서 늘 아버지의 자랑거리가 되었다. 형은 자신이 현재 전공하고 있는 산업공학과에 대해 높은 만족도를 보이며 선우에게 공대에 진학하는 것을 추천하고 있다. 선우는 형 덕분에 관심을 덜 받고 자유롭게 지내다가 최근에 자신에게 관심이 쏠리고 있는 상황에서

형에게조차 솔직하게 자신의 생각을 이야기하기가 어렵다.

선우의 이야기를 종합한 결과, 진로포부가 좌절되기 이전에는 스스로 자신의 목표를 설정하고 힘든 훈련을 견뎌 낼 정도로 목표의식이 강한 학생이었음을 알 수 있었다. 하지만 이른 진로의사결정 그리고 좌절로 인해 자신에 대해 종합적으로 탐색하고 이해할 수 있는 기회가 제한되었던 것으로 보인다. 따라서 운동 이외에 자신이 뭘 좋아하는지, 무엇을 잘할 수 있는지, 누구에게 조언을 구할 수 있을지, 예기치 않은 일이 생겼을 때 잘 적응할 수 있을지에 대한 고민이 많아진 상태이다. 이러한 면담 결과를 종합해 볼 때, 선우를 통해 확인한 제한된 설명 내용만으로 내담자를 이해하고 진로탐색을 하기에는 어려운 상황이다. 따라서 선우와의 상담과정에서는 흥미, 적성, 가치관 등 자신의 특성을 파악할 수 있는 검사를 진행하고 해당 검사에서 공통적으로 추천하는 대안진로를 확인하는 과정 그리고 선우가 현재까지 관심을 두고 있는 구체적인 직업 목록과 선우에 대해 잘 알고 있는 중요한 타인들의 맥락에서 강조되는 직업에 대한 정보를 탐색해 보는 과정도 함께 진행하는 것으로 상담을 구조화하였다.

(2) 분석 및 종합: 내담자의 특성 파악에 도움이 되는 검사를 선별하고 실시한다

진로선택을 중시하는 관점의 이론에서는 상담자를 심리검사의 전문가라고 전제하고 있다. 상담자는 내담자의 현재 상태를 진단하고 이를 바탕으로 내담자에게 적합도가 높은 검사를 추천해 줄 뿐만 아니라 검사의 실시 및 해석에 있어서도 전문성을 지녀야 한다. 최윤정 등(2014)에 따르면, 진로상담 영역에서 활용되는 검사들은 이론에 근거한 척도로 구분하거나 진로상담 과정별 또는 흥미, 가치, 능력, 성격과 같은 상담 장면에 활용 가능한 척도 등으로 구분할 수 있다. 워크넷 또는 커리어넷을 활용한 무료 진로 심리검사 중에서 아동 · 청소년 상담에서 활용 가능한 검사 목록을 살펴보면 다음과 같다.

〈표 8-1〉 워크넷, 커리어넷에서 제공하는 청소년 대상 진로 심리검사의 목록

구분/설명	검사명	고등학생	중학생	초등학생
진로성숙도 개인의 진로선택과 결정 과정에서 필요한 태도, 능력, 행동의 준비 정도	워 청소년 진로발달검사	○	△ (중2 이상)	
	워 초등학생 진로인식검사			△ (초5~6)
	커 진로성숙도검사	○	○	

흥미 직업과 관련된 다양한 흥미	[워] 청소년 직업흥미검사	○	○	
	[워] 대학 전공(학과) 흥미검사	○ (만 15세 이상)		
	[커] 직업흥미검사(H)	○	○	
	[커] 직업흥미검사(K)	○	○	
직업적성 직업과 관련된 다양한 능력	[워] 고등학생 적성검사	○		
	[커] 직업적성검사	○	○	
직업가치관 개인의 가치관이 직업이나 직장의 조직 및 환경 등에 적용된 것	[워] 직업가치관검사	○	△ (중3 이상)	
	[커] 직업가치관검사	○	○	
인성 · 성격	[워] 청소년 인성검사	○	○	
기타	[커] 진로개발역량검사	○	○	

주: 1. 2022년 2월 1일 기준으로 워크넷과 커리어넷 홈페이지에 기재된 검사 목록을 반영하였다([워] → 워크넷, [커] → 커리어넷).
2. 해당 항목 표기 시 학교급 동그라미(○) 표기를 기본으로 하되, 일부 학년에만 해당 시에는 세모(△) 표기를 하고 해당 학년을 괄호 안에 제시하였다.

상담의 실제에 적용한다면

선우에게 자신에 대한 이해를 명확히 하기 위해 몇 가지 검사를 실시할 필요성을 안내하고 검사 목록을 제안하였다. 구체적으로, 워크넷의 사이트를 활용해 본 경험이 있는지 확인한 후, 사이트 화면을 직접 열어 기본 구조 및 메뉴를 설명하였다. 다음 상담 시간까지 검사를 직접 수행해 올 수 있는지 확인한 후에 과제를 부여하였다. (이때 내담자가 과제를 수행해 올 여건이 되지 않는다면, 상담 회기 중에 컴퓨터를 활용하여 검사를 실시하도록 시간을 안배할 수도 있다.) 선우에게 검사 결과를 파일로 저장해 오거나 결과지를 출력해 오라는 안내를 한 후, 다음 상담 시간에 해당 결과를 해석하였다. 검사의 해석 과정에서는 내담자가 검사 결과를 통해 새로 알게 된 것이 무엇인지 확인하고, 검사의 종류를 점진적으로 더해 가면서 정보를 종합하였다.

먼저, 흥미의 탐색을 위해서 실시한 '청소년 직업흥미검사' 결과[1]는 다음과 같다.

---

1) 이 장에서 활용되는 검사 결과지는 저자가 내담자(선우)의 상황을 가정하고 검사를 실시한 후, 해당 내용을 발췌하여 활용하는 것임을 밝혀 둔다.

나의 첫번째 흥미 유형은 **현실형 R** 입니다.

나의 두번째 흥미 유형은 **사회형 S** 입니다.

다음은 여러분의 여섯 가지 흥미 유형별 특성 점수입니다.

구분	R(현실형)	I(탐구형)	A(예술형)	S(사회형)	E(진취형)	C(관습형)
원점수	57	38	20	43	20	21
표준점수	66	49	30	51	27	26

흥미 육각형 모형

흥미 육각형 모형은 여섯 가지 분야에 대한 여러분의 흥미 수준을 육각형 모형으로 옮겨 놓은 것으로, 정육각형 내부에 그려진 빨간색 육각형이 여러분의 흥미 특성을 나타내고 있는 것입니다. 흥미 육각형의 해석은 그 모양과 크기에 따라서 다음과 같이 해석해 볼 수 있습니다.

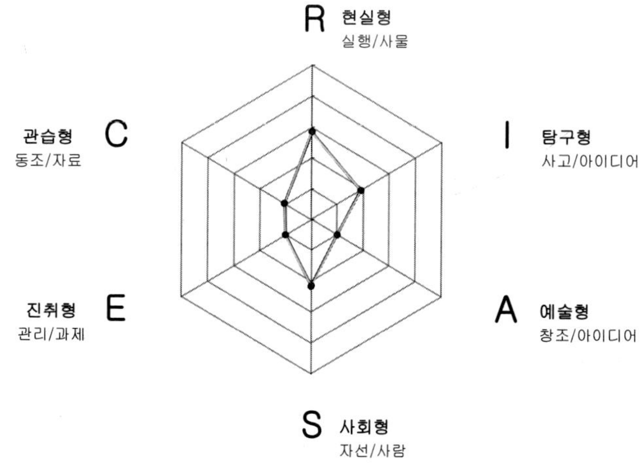

흥미/자신감 비교

같은 흥미 분야라 할지라도 그 분야에 대해 '좋아하는 정도'와 '자신이 있는 정도'는 같을 수도 있고 그렇지 않을 수도 있습니다. 그 분야에 대한 자신감은 여러분의 그동안 쌓은 경험 등에 따라서 영향을 받을 수 있기 때문입니다.

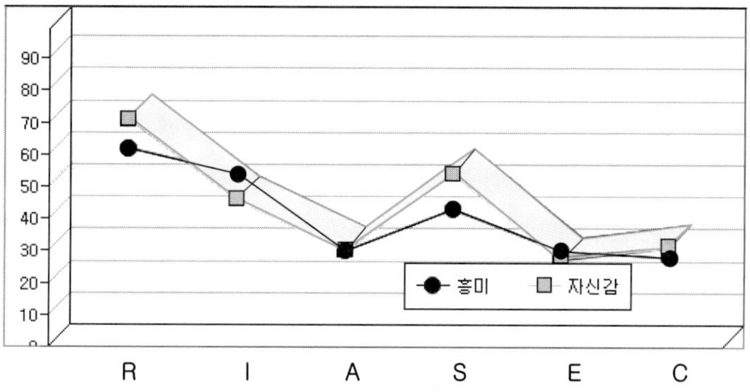

기초흥미 분야의 해석

기초흥미 분야는 일반흥미 유형을 보다 세분화하여 여러분이 어느 분야에 흥미가 있는지 구체적인 정보를 제공해 줍니다.

6개의 일반흥미 유형과 13개의 기초흥미 영역에서의 점수를 상호 비교해 보기 바랍니다.

흥미 유형	특징	T 점수	표준점수 프로파일 (10 20 30 40 50 60 70 80)	흥미 수준	분야별 기초흥미 설명
R (66)	기계·기술	70		최상	기계를 다루거나, 직접 수리하는 활동에 관한 흥미
	사회안전	60		상	치안유지, 보안 및 응급구조 등의 활동에 관한 흥미
	농림	52		중상	곡물 경작 및 화초재배 분야에 대한 흥미
I (49)	과학·연구	51		중상	천문학, 생물학 등 자연현상을 과학적으로 연구하는 분야에 대한 흥미
A (30)	음악	33		최하	다양한 방법으로 음악을 표현하고 감상하는 것에 대한 흥미
	미술	40		하	감정을 미술작품으로 나타내는 일에 대한 흥미
	문학	37		하	사상과 감정을 글을 통해 전달하는 것에 대한 흥미
S (51)	교육	34		최하	교과나 다양한 학습내용을 설명하고 가르치는 일에 대한 흥미
	사회서비스	58		상	사회를 위해 봉사하고 어려운 사람들을 돕는 일에 대한 흥미
E (27)	관리·경영	29		최하	조직을 효율적으로 운영하고 사람들을 지휘하는 일에 대한 흥미
	언론	30		최하	다양한 매체를 통해 의견을 피력하고 주장하는 일에 대한 흥미
	판매	27		최하	상품판매를 위해 고객에게 설명하고 설득하고 다양한 판매전략을 세우는 일에 대한 흥미
C (26)	사무·회계	26		최하	서류나 문서 등을 작성·관리하고 예산을 계획·집행하는 업무에 대한 흥미

직업흥미검사 결과에 기초하여 성격 특성을 정리해 보면, 현실형(R)과 사회형(S)의 성향이 각각 1순위와 2순위로 나타났다. 그중에서 R(현실형)이 가장 높은 점수로 변별되고 표준점수는 66점(최상의 범위)이다. 다음으로, S(사회형)의 경우에는 두 번째로 높은 코드이나 표준점수 51점으로 평균에 가깝다. I(탐구형)의 점수 역시 표준점수 49점으로 평균에 가까우며, 이외에 A(예술형), E(진취형), C(관습형)는 낮은 범위에 속한다. 따라서 선우의 성격 특성을 나타내는 대표적인 변별 코드는 RS라고 할 수 있으며 1순위와 2순위의 코드를 고려할 때 일관성은 낮은 편이다. 대표적인 흥미 코드인 R 코드와 관련된 직업은 농부, 경찰관, 소방수, 기술자, 목수, 운동선수 등으로 제시되었다. 검사 결과를 고려한 추천 흥미 분야는 '기계 · 기술 분야' '사회안전 분야'로 나타났다.

다음으로, '고등학생 적성검사' 결과에 나타난 선우의 적성 능력별 점수 분포를 확인한 결과, 추리력, 수리력, 언어력의 순으로 높은 점수가 나타났고, 공간능력, 집중능력은 상대적으로 낮은 편이었다.

선우 님의 적성능력별 점수

구분	언어력	수리력	추리력	공간능력	지각속도	과학능력	집중능력	색채능력	사고유연성
백분위	72	86	91	50	49	52	49	57	67
변환점수	109	119	123	99	101	100	98	106	107
수준	중상	상	최상	중하	중상	중상	중하	중상	중상

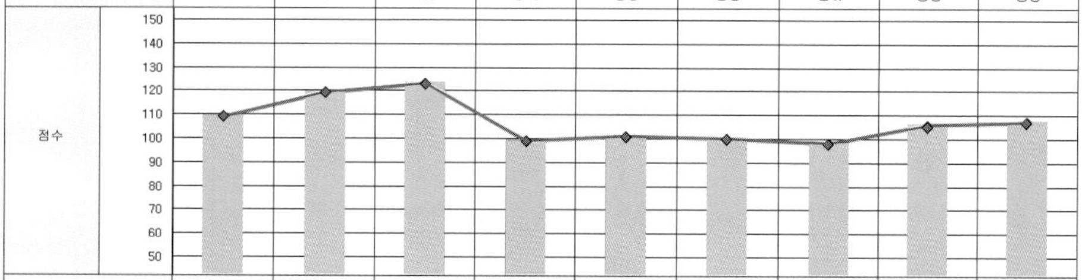

나의 적성능력에 적합한 직업

※ 일치도 : 직업과 개인의 적성 점수 차이로 점수가 작을수록 적합함.

추천 순위	직업명	일치도	관련 직업군	중요적성요인
1	전문의사	21	보건/의료관련직	집중능력,언어력,추리력,과학능력
2	회계사	22	경영/회계/사무관련직	추리력,언어력,집중능력,수리력
3	한의사	22	보건/의료관련직	언어력,집중능력,추리력,과학능력
4	사회과학연구원	23	교육및자연과학/사회과학연구관련직	언어력,추리력,집중능력,사고유연성
5	응급구조사	24	법률/경찰/소방/교도관련직	지각속도,집중능력,언어력,추리/공간
6	증권및외환딜러	24	금융/보험관련직	집중능력,추리력,수리력,언어력
7	기계공학기술자	24	기계관련직	과학능력,추리력,사고유연성,언어력
8	관제사	25	운전및운송관련직	집중능력,공간지각력,언어력,지각속도
9	중등학교교사	25	교육및자연과학/사회과학연구관련직	언어력,추리력,집중능력,사고유연성
10	중등학교교사_인문계열	25	교육및자연과학/사회과학연구관련직	언어력,추리력,집중능력,사고유연성

희망직업과의 비교

o 희망직업 (진한 그래프) : 1. 경찰관(경찰관) / 2. 경호원

o 개인점수 (흐린 그래프)

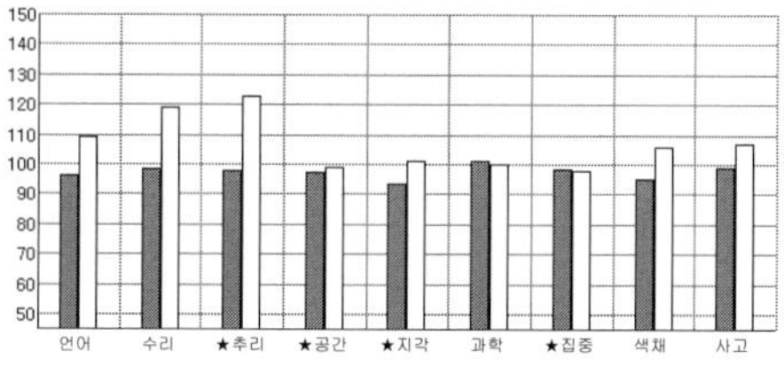

경찰관

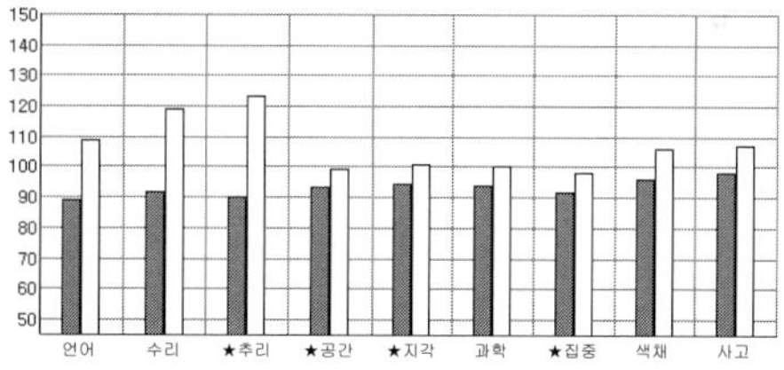

경호원

검사 결과에 기초할 때, 전문의사, 회계사, 한의사, 사회과학연구원, 응급구조사, 증권 및 외환 딜러, 기계공학기술자 등의 1~10순위 추천 직업명이 제시되었다. 또한 선우의 적성검사 결과를 관심 직업인 경찰관의 적성 특성 프로파일과 비교한 결과, 선우가 경찰관이라는 직업에서 요구하는 적성을 고루 갖추고 있는 것으로 평가할 수 있다.

선우의 '직업가치관검사' 결과에서 중요하게 생각하는 가치는 직업 안정, 인정, 봉사이고, 상대적으로 중요하게 생각하지 않는 가치는 실내활동, 지식 추구, 영향력 발휘이다. 가치관검사의 결과를 고려하여 추천된 대표적인 직업은 우편물 집배원과 경

찰관이다.

검사점수의 해석

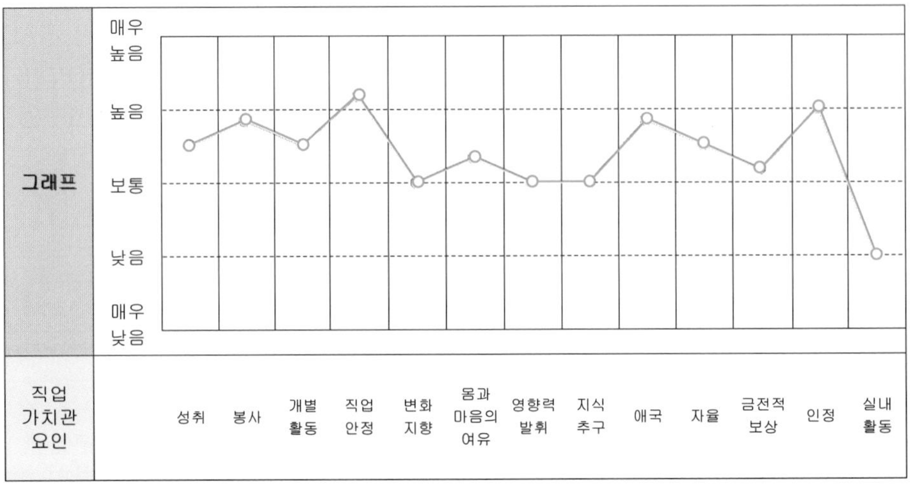

당신에게 적합한 직업은?

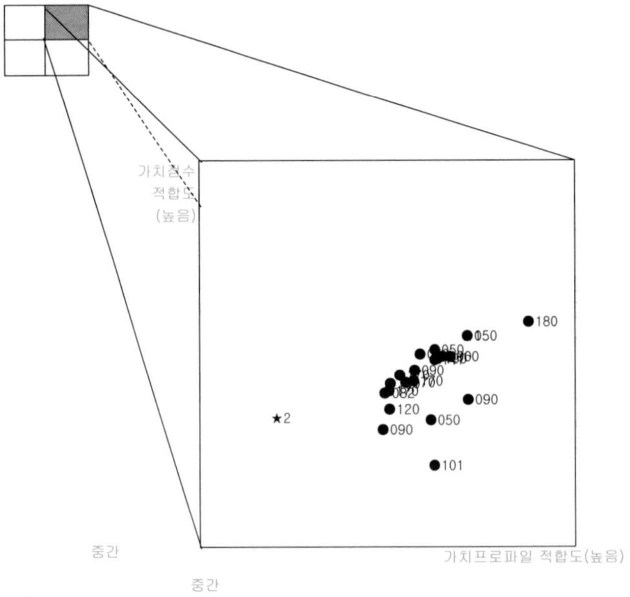

가치점수 적합도
각 직업의 13개 가치점수와 강신의 가치점수 차이가 작은 정도

가치프로파일 적합도
각 직업의 13개 가치점수의 모양과 당신의 가치점수 모양이 유사한 정도

당신의 희망직업을 그래프에 별표(★)로 표시하였습니다. 별표로 표시되지 않았다면 당신의 희망직업과 당신의 직업가치 사이에 차이가 나는 것을 의미합니다.

선우 님께 추천하는 첫번째 직업은 우편물집배원 입니다. 아래 그래프는
선우 님께 추천하는 직업의 가치모양과 본인의 가치모양을 비교한 것입니다.

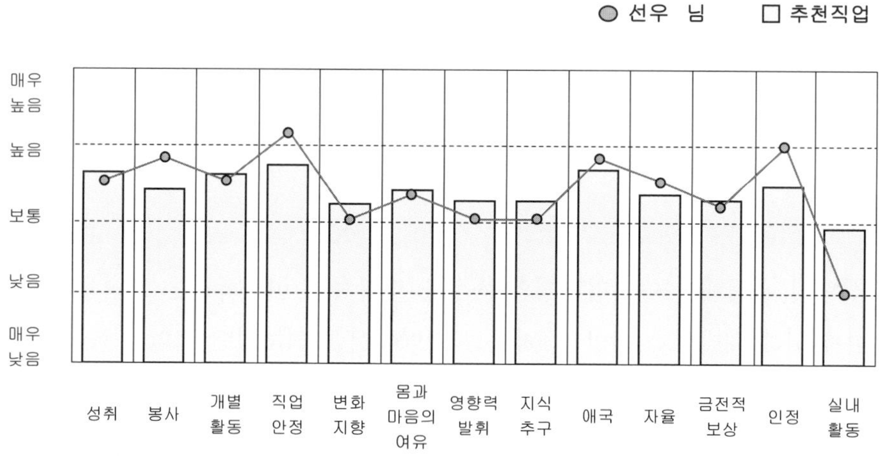

선우 님께 추천하는 두번째 직업은 경찰관 입니다. 아래 그래프는
선우 님께 추천하는 직업의 가치모양과 본인의 가치모양을 비교한 것입니다.

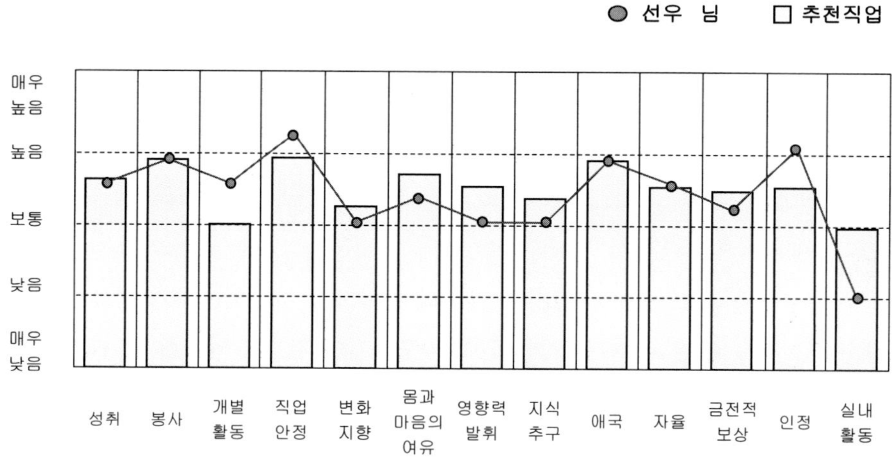

선우가 희망직업으로 기입한 경찰관과 경호원의 가치 특성과 선우의 가치 특성을 비교할 때, 두 번째 희망직업으로 기재한 경호원은 가치점수 적합도와 가치 프로파일 적합도의 측면에서 일치도가 높아 1사분면에 위치한 것을 알 수 있다.

선우의 진로 심리검사 결과를 종합해 볼 때, 선우가 가지고 있는 대표 흥미는 현실형이었으며, 적성 영역에서 추리력, 수리력 등이 높게 나타났다. 또한 직업가치의 영역에서는 직업 안정, 인정, 봉사 등이 높은 우선순위로 나타났다. 이와 같은 세 가지 검사 결과에서 모두 공통적으로 추천하는 직업명을 확인하기에는 어려움이 있었으나

경찰의 직업이 포함된 사회안전 분야, 기계 · 기술 분야의 내용이 자주 등장하였으며 특히 적성검사 결과를 고려할 때 선우가 자신의 역량을 제한하지 않고 관심 분야를 찾아 노력한다면 자신의 강점이 발휘될 수 있는 다양한 영역에서 활동할 수 있을 것이라고 예상할 수 있다.

(3) 분석 및 종합: 내담자가 관심을 두고 있는 직업에 대해 구체적인 정보를 탐색한다

진로선택의 관점에서는 직업환경의 특성을 명확하게 이해하려는 노력을 함께 기울인다. 이를 위해 내담자가 개인 및 가족의 맥락에서 고려하였던 직업의 목록을 확인하고, 해당 직업에 대해 구체적인 정보 파악 이력 및 내용을 확인한다. 이때 구체적인 직업 정보 탐색 경험이 부족한 내담자에게는 정보 탐색의 원천을 소개하고, 관심 있는 직업에 대한 정보를 탐색하는 과정을 상담 중에 함께 진행해 보는 전략을 고려해 볼 수 있다. 이때 직업 정보를 제공하는 다양한 사이트를 활용할 수 있는데, 대표적으로 국내 직업 정보 사이트인 워크넷(www.work.go.kr), 미국의 O*NET(www.onetonline.org) 등을 들 수 있다. 또한 직업 관련 자격증 정보를 탐색하기 위한 사이트, 진학 관련 정보를 제공하는 다양한 사이트를 함께 활용할 수 있다.

상담의 실제에 적용한다면

선우가 관심을 갖고 있는 직업명과 가족의 맥락에서 강조되는 직업명을 종합하여 우선순위 목록을 만든 후, 해당 직업에 대한 구체적인 정보를 탐색할 수 있도록 조력한다.

먼저, 선우가 관심을 보이는 직업 목록 및 영역은 체육 분야, 경찰, 해양경찰, 군인, 경호학과이며, 가족의 맥락에서 강조되는 직업 목록은 공학 계열과 보건 · 의료 계열이다. 이러한 목록을 종합하여 내담자와 함께 경찰, 물리치료사, 경호원, 기계공학자, 체육교사라는 우선순위의 목록을 작성하였다. 이와 같이 작성한 각각의 직업에 대해 정보를 탐색하기로 합의하였다.

직업 정보 탐색활동에서는 선우가 직업 정보를 탐색할 때 활용하는 정보의 출처를 확인하였다. 의논한 결과, 선우는 워크넷, 커리어넷, 어디가 등 사이트의 이름은 알고 있었지만, 구체적으로 자신이 필요로 하는 정보를 찾아본 이력은 없었다. 또한 주변

에 경찰, 경호원 관련 직업을 갖고 있는 사람은 없었으며, 이전에 운동을 하던 선배가 운동을 중단한 후 관련 전공에 입학하였다는 소식을 들은 경험이 있다. 기계공학자라는 직업은 아버지의 일과 관련된 것으로 이해하고 있으나 구체적으로 어떤 일을 하는 것인지, 일반적으로 사회에서의 인식은 어떠하며 어떠한 전문 분야와 관련되어 있는지에 대해서는 자세히 알지 못하였다. 다만, 아버지가 평소에 직장 일로 바쁘게 지내왔던 것과 가족이 먹고살 수 있을 정도의 급여를 받아 온 것으로 이해하고 있다. 물리치료사는 자신이 부상을 당한 이후로 치료를 받는 과정에서 해당 직업을 접한 경험이 있고, 치료사들이 친절하게 자신을 도와주었던 것을 기억하고 있다.

이와 같이 선우의 직업 정보 탐색방법과 선이해 내용을 확인한 후, 선우에게 워크넷, 커리어넷 그리고 어디가 사이트의 활용 방법을 안내하였다. 우선, 워크넷 사이트에서 '직업 정보' 메뉴를 활용하여 각 직업에 대한 일반적 정보를 확인하고, 이를 요약해 보는 활동을 진행하였다. 또한 해당 직업명을 검색할 때 함께 제시되는 '관련 직업'을 확인하고, 해당 목록을 함께 확인하는 상담을 진행하였다. 또한 구체적인 구직 상황을 예상해 보기 위해, 예를 들어 경찰 채용 공고문, 임용고시 공고문 등을 확인하였으며, 주변의 네트워크를 동원하여 관심 직업인과의 인터뷰를 진행할 수 있을지 탐색해 볼 것을 안내하였다.

이러한 직업 정보 탐색의 과정을 각 직업별로 진행하였으며 상담 시간에 한두 가지 직업에 대해 구체적인 탐색과정을 모의 실습해 본 후, 실제 자신이 정보를 탐색하는 과제를 제시하였다. 이러한 직업 정보 탐색은 상담 기간 내내 지속하였다.

(4) 진단 및 예측: 개인의 특성 진단 결과와 직업 정보 탐색 결과를 고려하여 일치도를 확인하고 대안직업의 목록을 마련한다

진로선택의 관점에서는 개인의 특성과 직업환경의 특성이 어느 정도 일치하는지 가늠하고, 일치도가 높은 합리적인 선택을 할 수 있도록 조력한다. 따라서 내담자가 선호하는 직업 목록과 가족의 맥락에서 강조되는 직업 목록을 반영한 우선순위 목록에 대해 개인 특성과의 일치도를 확인하였다. 또한 내담자에 대한 다양한 심리검사 진단 결과로 추천받은 직업 목록과 비교하며 대안적인 직업 목록을 확인하였다.

상담의 실제에 적용한다면

개인의 특성 파악 내용과 직업 정보 탐색 결과를 비교하여 일치도, 적합도의 정도를 확인하고자 하였다. 먼저, 현재까지의 상담을 통해 내담자가 새로 발견한 것은 무엇인지, 관심을 유지하고 있는 직업명은 무엇인지, 스스로 어떤 결론에 도달했는지, 결론의 이유는 무엇인지 등 내담자의 생각을 확인하였다. 이러한 상담 내용을 바탕으로 선우가 고려하고 있는 우선순위 직업 목록을 재확인하고 각 직업 특성과 개인 특성의 일치도를 확인하였다. 일례로 경찰관과 물리치료사라는 직업의 특성을 선우의 특성과 매칭해 본 결과는 다음과 같다.[2)]

선우의 직업흥미검사 결과

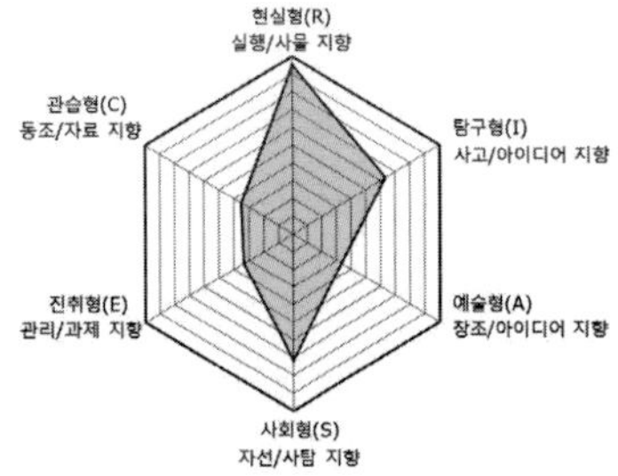

경찰관의 흥미 중요도(직업 간 비교[3)])

흥미 중요도 순위	흥미 유형(백분위 점수)
1	사회형(94)
1	진취형(94)
3	현실형(92)
4	관습형(68)
5	탐구형(65)
6	예술형(19)

선우의 흥미 유형 점수

구분	R(현실형)	I(탐구형)	A(예술형)	S(사회형)	E(진취형)	C(관습형)
원점수	57	38	20	43	20	21
표준점수	66	49	30	51	27	26

선우와 경찰 직업의 일치도 점검

선우가 선호하는 직업의 목록 중에서 경찰관과 선우의 특성 일치도를 살펴보았다. 경찰관의 흥미 중요도를 살펴보면, 사회형(94), 진취형(94), 현실형(92), 관습형(68), 탐구형(65), 예술형(19)으로 S.E.R 코드가 대표적이라 할 수 있다. 이를 선우의 흥미 코드인 RS와 비교해 보면 S와 R의 측면에서 일치도가 있으며 선우에게 E(진취형)의 특성이 낮은 부분은 차이가 있다.

2) 각 직업별 특성으로 설명되는 내용은 워크넷의 직업 정보에 기초하여 제시하였다. (2022. 1. 25. 발췌)
3) 직업 간 비교는 500여 개 직업 종사자들이 자신의 직업에 대해 평가한 성격 관련 항목별 중요도를 직업 간에 비교하여 본 직업에서 상대적 중요성(백분위)이 높게 나타난 항목을 순서대로 제시하였다(워크넷). (2022. 1. 25. 발췌)

또한 경찰에게 요구되는 적성과 선우가 가진 적성을 고려할 때, 경찰에게 요구되는 업무수행능력(신체적 강인성, 반응 시간과 속도, 행동조정, 사람파악, 추리력)을 선우가 어느 정도 갖추고 있는 것으로 평가할 수 있다. 그리고 직업가치관의 경우, 일반적으로 경찰이 가진 애국, 고용안정, 타인에 대한 영향, 이타, 안정 등의 가치 특성과 선우의 가치관이 비교적 잘 매칭되는 것으로 평가할 수 있다. 또한 경찰의 직업 전망에서는 증가(3%), 다소 증가(23%), 유지(57%)로 향후 5년간 고용이 다소 증가할 것으로 전망된다(워크넷).

선우의 직업흥미검사 결과

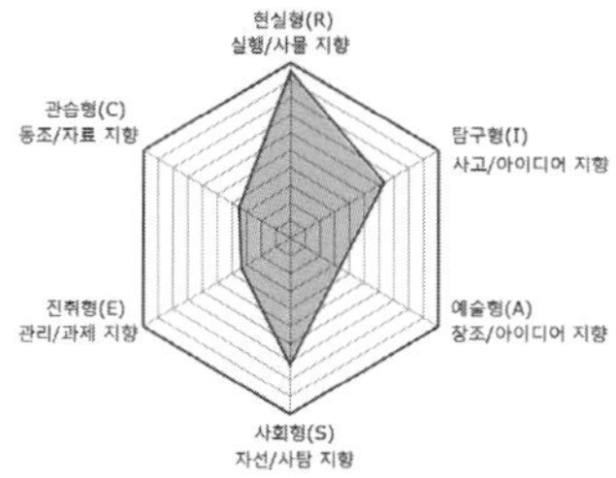

물리치료사의 흥미 중요도(직업 간 비교)

흥미 중요도 순위	흥미 유형(백분위 점수)
1	사회형(95)
2	탐구형(29)
3	예술형(20)
4	현실형(16)
5	진취형(8)
5	관습형(8)

선우의 흥미 유형 점수

구분	R(현실형)	I(탐구형)	A(예술형)	S(사회형)	E(진취형)	C(관습형)
원점수	57	38	20	43	20	21
표준점수	66	49	30	51	27	26

선우와 물리치료사 직업의 일치도 점검

다음으로 물리치료사와의 일치도를 확인해 본다. 물리치료사의 흥미 코드를 살펴보면, 사회형(95), 탐구형(29), 예술형(20), 현실형(16), 진취형(8), 관습형(8)으로 SI 코드가 대표적이며 사회형 코드가 변별되는 코드라고 할 수 있다. 이를 선우의 흥미 코드인 RS와 비교해 보면, 물리치료사의 경우 S(사회형) 코드가 가장 주요한 성격 유형으로 설명되고, 선우의 경우에는 S(사회형)가 두 번째로 높은 성격이지만 표준점수에서 평균의 범위에 해당하는 특성이라는 면에서 차이가 있다.

적성의 측면에서 물리치료사에게는 유연성 및 균형, 신체적 강인성, 서비스 지향, 사람 파악 등의 업무수행능력이 높게 요구되는데, 이는 선우가 가진 적성과 일치도가 높다. 그리고 가치관의 측면에서는 물리치료사의 경우 이타, 개인지향, 고용안정, 다양성, 심신의 안녕이 우선순위인데, 이 부분의 적합도 역시 어느 정도 높은 것으로 평가할 수 있다. 직업 전망의 측면에서는 증가(3%), 다소 증가(32%), 유지(42%)로 향후 5년간 물리치료사의 고용이 증가할 것으로 예상된다(워크넷).

결과적으로, 경찰관은 선우의 흥미, 적성 가치와 일치도가 비교적 높고 물리치료사의 경우에는 적성, 가치의 측면에서는 일치도가 있으나 대표적으로 별별되는 흥미에서의 일치도는 낮은 편임을 알 수 있었다.

이와 같이 높은 우선순위의 직업들과 선우의 개인 특성을 매칭해 보는 과정을 통해 일치도를 확인하고, 선우에게 추천할 수 있는 대안적인 직업의 목록을 추가적으로 제안할 수 있다. 예를 들어, 흥미검사 결과에서 추천하는 기계 · 기술 영역(건축기술자, 토목기술자, 기계공학 기술자, 항공기 정비원 등)과 사회안전 영역(경찰관, 소방관, 교도관 및 보호관, 구급요원 등), 적성검사 결과에서 추천하는 보건 · 의료 관련직(전문의사, 한의사), 경영 · 회계 · 사무 관련직(회계사), 사회과학 연구 관련직(사회과학 연구원) 등과 선우와의 매칭을 고려해 본 결과, 사회안전 영역의 경찰 그리고 공학 영역과 관련된 기술자 또는 연구원으로서의 대안진로 역시 추가적으로 고려해 볼 가능성을 확인하였다. 특히 공학 계열은 가족의 맥락에서 강조되는 직업이었는데, 선우는 이에 대해 관심을 기울이지 않았다. 하지만 선우의 특성에 대한 논의를 바탕으로 이러한 대안 직업에 대한 고려 역시 필요함을 제안할 수 있다.

(5) 상담 및 추수지도: 진로의사결정을 위해 준비해야 할 실천사항을 확인한다

상담 및 추수지도의 단계에서는 현재까지의 자신 및 직업에 대한 정보를 분석-종합-진단-예측한 결과를 바탕으로 바람직한 진로의사결정을 준비하는 과정을 진행한다. 이때의 진로의사결정은 여러 가지 정보 및 상담과정을 통해 파악한 정보를 종합하여 대안적인 직업선택을 준비하는 과정이라고 설명할 수 있다. 상담과정에서 수행하는 활동을 중심으로 몇 가지 예를 제시하면 다음과 같다.

상담의 실제에 적용한다면

진단 결과를 고려하여 내담자가 자신의 진로 준비를 위해 구체적으로 해야 할 일의 목록을 확인하고, 새롭게 발생할 수 있는 문제를 예측해 보기 위해 다음과 같은 과제 및 활동 중심의 상담을 진행할 수 있다.

먼저, 선우가 상담을 통해 목록화한 대안직업에 대해 추가적인 정보를 탐색한다. 이때 인터넷에 기반을 둔 정보 이외에도 직업인의 근무 환경에 대해 알아보거나 직접 직업인을 만나 면담을 수행하는 과정 등을 진행할 수 있다.

다음으로 선우가 우선하는 직업의 목록과 관련하여 대학 및 전공 선택의 관점에서 정보를 조사한다.

출처: 워크넷 학과 검색.

마지막으로 자신이 진학 의사결정까지 남은 기간을 고려한 구체적인 학업 계획 및 전략을 수립하고 이를 실천하는 과정에서 예상되는 어려움 및 대응방안을 살펴본다.

상담을 종결한 이후에 진행되는 추수상담의 과정에서는 내담자가 자신의 계획에 따라 진로를 설계 및 실천하고 있는지 확인하고 추가적으로 발생한 어려움에 어떻게 대처하고 있는지 확인한다.

5) 상담 장면 예시

다음은 직업흥미검사를 해석하는 상담 장면의 축어록이다.

상담자: 오늘은 직업흥미검사 결과[4]를 함께 살펴보자. 혹시 시작하기 전에 궁금한 부분이 있을까?

선우: 네. 제가 고등학교 1학년 때 해 보긴 했는데 잘 기억이 나지는 않아요.

상담자: 음, 그렇구나. 검사 결과지의 전체적인 내용을 보면 홀랜드 유형에 따라 선우의 흥미 유형을 보여 주고 그와 관련된 직업, 학과 정보를 제시해 주고 있어.

선우: 네, 선생님. 그럼 현실형, 사회형이라고 써 있는 것이 저에 대한 설명인가요?

상담자: 맞아. 이 검사는 홀랜드가 설명하는 여섯 가지 성격 유형을 바탕으로 개인의 흥미를 설명하는 검사란다. 여섯 가지 유형 중에 선우가 가지고 있는 대표적인 특성을 R(현실형)과 S(사회형)라고 제시하고 있네. 그럼 일반흥미 유형 해석 내용 중에서 현실형과 사회형에 해당하는 설명 내용을 한번 살펴보렴. 그 내용을 살펴보고 어떤 생각이 들었니?

선우: 저랑 잘 맞는 부분이 있는 것 같아요.

상담자: 그렇구나. 어떤 부분이 잘 맞는다고 생각했을까 궁금한데, 선우를 잘 표현한다고 생각하는 부분에 밑줄을 그어 보렴.

선우: 기계나 도구, 사물을 조작하는 활동을 좋아하는 것과 제가 조금 관심 있었던 경찰관이 대표 직업으로 나온 부분이 잘 맞는 것 같아요. 그런데 현실형에서 혼자 일하는 것을 선호한다는 설명과 사회형에서 다른 사람을 도와준다는 면은 약간 서로 다른 이야기 같아요.

상담자: 그래, 우선 신체 기능을 활용해서 하는 일들에 관심도 높고 잘할 수 있다고 생각하는 것 같구나. 그런데 다른 사람들과의 관계를 설명하는 부분이 서로 다르게 설명되었다고 생각하나 봐. 그럴 수 있단다.

선우: 저는 제가 집중하는 일을 할 때에는 혼자만의 시간이 주어지는 것이 더 좋긴 한데, 평소에는 제가 친한 친구들과 함께 지내거나 엄마와 함께 봉사활동을 하는 것도 좋아하긴 해요. 제가 체력이 좋다 보니 집에서도 도와달라는 일이 많은 편이고요.

상담자: 그렇구나. 현실형에서 혼자서 일하는 것을 선호한다는 부분이 선우를 설명하기도 하지만 다른 사람들을 돕고 싶고 함께하고 싶은 마음이 있는 것을 포함하지 못한다고 생각되겠네. 그럼 이제 사회형의 설명 부분을 한번 다시 읽어 보렴. 그리고 나와 잘 맞는다고 생각하는 표현에 밑줄을 그어 보자.

---

4) 워크넷에서 제공하는 '청소년 대상 심리검사-청소년 직업흥미검사-결과 예시'와 앞서 제시한 선우의 직업흥미검사 결과를 살펴보면 축어록에서 대화의 흐름을 파악하는 데 도움이 될 것이다.

선우: 네. 명랑하고 사교적이라는 표현은 잘 맞지 않는 것 같고, 친절하고 이해심이 있다는 면은 어느 정도 맞는 것 같아요.

상담자: 그래, 알겠어. 선우를 설명하는 대표 코드인 R과 S를 가지고 선우를 설명해 보았는데, 이제는 조금 큰 그림을 살펴보도록 하자. 지금까지 살펴본 RS라는 결과는 선우가 각 문항에 응답한 원점수를 반영하여 높은 점수를 나타낸 결과를 제시한 거야. 각 유형별로 분포되어 있는 문항에 응답한 빈도가 높을수록 원점수는 높게 나온단다. 그림에서 RIASEC라는 6개 코드가 육각형을 이루고 있지? 그 육각형의 중심점을 찾아보자. 육각형의 중심에서 각 코드명까지의 거리를 100이라고 생각해서 높은 점수일수록 바깥으로 더 튀어나온 도형을 그리고 있거든. 그렇다면 여기서 6개의 코드가 골고루 비슷한 점수가 나오면 육각형 모양이 되는데, 지금 선우는 R의 점수가 특히 높고 S, I의 점수가 평균에 가깝게 나왔지. 그리고 A, E, C는 점수가 낮은 편이니 모양이 육각형과 유사하지 않은 거란다. 각 코드를 연결한 도형의 안쪽 넓이를 생각해 볼 때 그 크기가 크면 각 유형별로 흥미가 골고루 발달되었다고 본단다. 흥미가 골고루 잘 발달되어 있으면 좋은 면이 있겠지. 하지만 한편으로는 선우와 같이 고등학교 3학년이면서 모든 영역이 골고루 발달해 있으면 진로와 관련된 의사결정을 할 때 어떤 부분을 선택해야 할지 어려움이 있을 수도 있어. 그래서 우리는 이 중에서 대표적으로 더 변별이 잘 되어 있는 유형을 확인하는데, 그림상으로는 모양이 한쪽으로 더 튀어나와 있는지 또는 움푹 들어가 있는지를 확인한단다.

선우: 네. 제 검사 결과에서는 한쪽이 튀어나와 있어요.

상담자: 그래서 다른 코드보다 상대적으로 튀어나와 있는 R 코드가 변별된다고 이야기한단다. 그럼 이제 표준점수도 한번 살펴보자. 표준점수는 선우의 점수를 다른 친구들과 비교해서 나온 상대적인 비교의 관점을 담고 있단다. 그래서 표준점수 결과는 다른 사람과 비교했을 때, 상대적으로 강점이 되는 흥미 또는 약점이 되는 흥미를 알려 주는 것이란다.

선우: 네. 저는 표준점수로 보았을 때도 R이 가장 점수가 높고 그 다음은 S이네요.

상담자: 맞아. 표준점수로 보면 우선 50점이 평균이라고 생각하고 범위를 나누어서 상대적인 위치를 생각해 볼 수 있단다. 이러한 기준에 따르면 R 코드는 다른 사람과 비교할 때에도 '최상'의 범위에 해당하는 대표적인 특성이라고 평가할 수 있어. 그리고 S는 평균점수인 50점에 가깝고, 그리고 이어서 나오는 I도 평균에 가깝지. 그리고 다른 A, E, C 코드는 낮은 편에 속해. 그래서 표준점수를 기준으로 할 때에도 R

의 특성이 두드러진 것을 알 수 있지. 그럼 이어서 조금 더 살펴볼게. 결과지의 다음 내용을 보면 활동과 자신감을 비교하는 부분이 있는데, 내가 실제 좋아한다고 평가한 정도와 자신이 있는 정도를 비교한 내용이란다. R 코드와 S 코드에 대해서는 실제 흥미보다 자신감이 좀 더 높은 상태이고, I 코드에 대해서는 흥미보다 자신감이 좀 낮은 상태이지. 아마도 선우가 평소에 생각할 때에는 R과 S와 관련된 활동에 대해서 더 편안해하고 자신 있어 하는 것이겠지. 하지만 I와 관련된 활동에 대해서는 흥미에 비해서 자신이 없다고 생각하는 것 같아. 관련된 경험을 많이 해 보았는지의 차이가 있을 텐데 현실형과 사회형 유형과 관련하여 떠오르는 경험들이 있니?

선우: 네. 몸을 쓰는 활동은 어릴 때부터 좋아하기도 했지만, 워낙 유망하다는 이야기를 많이 들었고, 지금은 프로 선수는 아니더라도 일상적인 체육이나 신체 활동들은 그냥 편하게 잘할 수 있어요. 검사 문항에서 물어봤던 활동들은 다 잘할 수 있을 거라는 생각이 들었어요. 그리고 사회형은 엄마가 다른 사람들을 돕는 일을 많이 하신다는 것을 알고 있고, 저도 같이 참여해 본 경험이 조금은 있어서 그 부분도 생각이 나요. 그런데 다른 경험은 별로 생각나는 것이 없네요.

상담자: 맞아. 그럴 수 있지. 어릴 때 하고 싶은 일을 결정하고 한 길만 바라보고 성장하다 보니 다른 활동은 경험할 기회도 없었을 거야. 그리고 경험을 안 하다 보니 새로운 흥미를 발달시킬 기회도 없었던 거지.

선우: 네, 아쉽네요. 다른 일들도 좀 해 볼 걸 그랬어요.

상담자: 아쉬운 생각이 들 수 있어. 하지만 지금은 선우의 특성을 잘 파악해서 현재의 상태에서 최선의 선택을 해 보려는 것이니 조금 더 생각을 해 보자. 그럼 이어서 설명해 줄게. 결과표에서 1순위와 2순위로 나타난 2개의 코드가 R과 S였지. 이때 이러한 두 코드가 서로 인접해 있으면 우리는 일관성이 높다고 표현하는데, 선우의 경우는 R과 S 코드가 서로 대각선에 위치하고 있으니 일관성이 낮은 편이란다. 일관성이 낮으면 흥미검사 결과를 고려하여 진로 방향을 선택할 때 안정감이 낮다고 생각하게 되어 있어. 선우가 오늘 이야기할 때 사람들과의 관계의 측면에서 나는 혼자 있고 싶기도 하고 다른 사람들을 돕고 싶기도 하다고 했던 것과 같이 서로 모순되어 보이는 설명이 나타난 것처럼 말이야. 이 부분을 기초흥미 분야에 나타난 결과로 설명해 보면, 기계 · 기술 영역의 흥미를 가진 사람의 특성은 사회 서비스 영역에 흥미를 가진 사람들과 다른 경우가 많은데, 선우의 경우는 이러한 두 가지 특성을 모두 갖고 있으니 내가 사람들을 도와주는 일에 관심이 있으면서 동시에 내가 집중해서

일하고자 할 때에는 혼자만의 시간이 필요하다는 생각이 들기도 하겠지.

선우: 맞아요, 선생님.

상담자: 하지만 이렇게 서로 대각선으로 나타난 두 가지 홍미를 높게 보이는 경우들도 자주 있으니 걱정하지 않아도 된단다. 그럼 현재의 검사 결과에서 대표 코드와 대표적인 기초홍미 분야를 바탕으로 관련 학과와 관련 직업을 추천해 준 내용을 한번 살펴보도록 하자. 해당 목록을 읽어 보고, 선우가 관심이 있었던 직업명이거나 지금 생각할 때 관심이 생기는 직업명에는 밑줄을 한번 그어 보렴. 어떤 내용들이니?

선우: 제가 관심이 있던 직업은 경찰과 경호원 등이에요. 학과에는 사회안전과 관련된 경찰학과, 경호학과 쪽이 있고요. 그 이외에는 아버지나 형이 일하고 있는 기계 · 기술 영역도 눈에 띄긴 하네요. 특히 공학 쪽은 아버지가 요즘 저에게 계속 말씀하시는 분야인데 제가 외면하고 있었던 것 같아요. 그리고 물리치료사나 간호사 등도 조금 관심은 있어요.

상담자: 그렇구나. 그럼 검사 결과로 추천받은 직업명 중에 우선순위를 정해서 탐색을 좀 해 보면 좋겠구나. 우선 선생님과의 상담 기간 동안 탐색해 보고 싶은 직업명과 학과명을 정리해 보렴. 오늘은 그중에 한 가지 직업을 먼저 예로 들어 살펴보자.

선우: 경찰에 대해서 더 알아보고 싶어요.

상담자: 그래, 선우가 평소에 직업에 대해 궁금할 때에는 정보를 어떻게 찾았니?

선우: 별다른 방법은 없어요. 그냥 검색 엔진에 넣고 물어보거나 TV에서 직업에 대한 내용이 나왔을 때 봤던 것 정도예요.

상담자: 그럼 이번에는 워크넷 사이트의 직업 정보 찾기를 통해 알아보도록 하자. 직업 정보 검색란에 '경찰관'이라는 직업명을 넣어서 검색 결과를 살펴보면 하는 일, 교육/자격/훈련, 임금/직업만족도/전망, 능력/지식/환경 등의 구체적인 자료가 나오거든. 자료를 요약해 보고 새롭게 알게 된 부분이 있는지 생각해 보자.

선우: 네. 임금에 대해서 구체적으로 나와 있는 부분이 신기해요. 그리고 필요한 지식으로, 법에 대한 필요성이 높게 나온 것도 새로워요.

상담자: 그래, 그럼 경찰과 관련된 직업으로 나오는 '해양경찰관' '소방관' '교도관'에 대해서도 한번 살펴보면 어떨까?

선우: 네. 이전에는 경찰관만 생각했고, 관련 직업을 다양하게 생각해 본 적은 없었어요. 그리고 기본 정보도 잘 몰랐던 것 같아요.

상담자: 그래, 그럼 이런 방식으로 자료를 좀 찾아서 네가 새롭게 알게 된 내용을 정리해

오기로 하자. 그리고 우리는 다음 시간에 적성검사 결과와 가치관검사 결과를 해석해 보고, 관심 직업 목록을 더 탐색해 보도록 할게. 다른 검사 결과까지 통합해서 살펴보면 선우에 대해 더 잘 알게 될 거야.

6) 상담에 대한 평가 및 제언

선우의 상담을 진행할 때, 특성-요인이론과 홀랜드의 성격이론 관점을 적용하였다. 이러한 두 가지 관점 모두 개인과 환경을 잘 이해하고 이들의 매칭을 가늠하는 합리적인 절차를 중시하며, 상담자의 전문성에 근거한 지시적이고 상담자 주도적인 상담이 진행되는 특징이 있다. 따라서 상담을 진행할 때 상담자가 내담자에게 적합한 진로 심리검사를 선택하고, 결과를 해석하며, 내담자의 다양한 정보를 종합할 수 있는 역량이 필요하다. 이러한 관점에 따라 선우와의 상담을 진행하는 경우, 내담자가 고등학교 3학년이며 대학 입시를 앞두고 있는 상태에서 비교적 단기간에 진로(진학)의사결정을 하는 데 도움이 될 수 있다는 강점이 있다. 하지만 이 사례와 같이 다양한 흥미를 발달시킨 경험이 부족하고, 전 생애 관점에서 역량을 강화할 필요성이 있는 청소년 집단에 이론을 적용할 때에는 충분하지 않은 정보를 바탕으로 '선택'을 해야 한다는 부담감이 있다. 이러한 결정의 부담을 낮추기 위해서 상담자가 선택한 대안은 선우와 관련된 다양한 정보를 수합하고 종합하려는 노력 그리고 여러 검사를 실시하여 통합적인 이해를 촉진하는 것이었다.

진로선택의 관점에서 사용할 수 있는 대안적인 방법으로는 애먼슨과 포넬(Amundson & Poehnell, 1996; Amundson, Harris-Bowlsbey, & Niles, 2009/2013에서 재인용)의 진로수레바퀴의 양식을 제공하고, 각 항목별로 내담자가 가진 선이해를 확인한 후 더 탐색이 필요한 영역에 집중하여 상담을 진행하는 방식이 있을 수 있다. 이러한 경우, 수레바퀴의 각 항목에 대한 탐색을 마치면 내담자가 자신에게 적합한 진로목표를 수립하고 의사결정을 할 수 있을 것이라는 가이드를 먼저 제공하여 내담자가 활동에 집중하고 적극적인 탐색을 할 수 있도록 독려할 수 있다. 또한 직업카드를 활용하여 자신과 직업세계를 연결하고 정보를 분류하는 작업도 개인과 환경의 연결을 촉진하기 위한 좋은 활동이 될 수 있다.

선택적 관점을 고려하여 상담을 실시할 때 유의할 점은 다음과 같다. 진로상담에서는 홀랜드의 성격이론 구분에 따라 개인과 직업환경을 이해하는 경우가 많다. 하지만 실제 직업명을 탐색할 때, 홀랜드 성격 유형에 따라 직업적 성격이 명시되지 않은 경우도 많고, 직업 정보의 출처에 따라 동일한 직업에 대한 홀랜드 성격 코드가 다르게 부여되는 경우도 있다. 그리고 사회의 변화를 고려할 때 다양한 전문 영역의 융합을 통한 새로운 직업군이 등장하는 최근의 흐름을 이러한 여섯 가지 코드로 표현하는 것은 더욱 어려운 일이 되었다. 이는 어느 한 사람의 직업적 성격을 여섯 가지 코드를 활용하여 표현하기 어렵다는 기존의 한계점 인식과 같은 맥락이다. 따라서 홀랜드 성격이론에 따른 유형 구분은 진로의사결정의 절대적인 기준으로 작용할 수 없음에 유의해야 할 것이다.

한편, 이와 같은 진로선택의 관점에서 상담을 진행하는 경우에 진로포부 변화 이력과 진로설계 과정 중에 경험한 정서적인 어려움, 진로장벽 등을 깊이 있게 다루지 못하는 아쉬움이 있다. 물론 상담의 초반부에 상담자와 내담자의 라포 형성의 과정에서 내담자의 이야기를 경청하고 공감하는 과정은 당연하게 이루어져야 하지만, 상담자 주도적이고 지시적인 특징이 강한 선택적 관점에서는 내담자의 자유로운 탐색이 보장되기 어려울 수 있다. 따라서 이러한 선우의 사례를 다른 이론적 관점에서, 예를 들어 발달적 관점에 따라 전 생애에 걸친 인생의 흐름을 조망하고 현재 자신의 진로 고민을 다양한 역할과의 조화의 관점에서 고려해 보거나, 구성주의적 관점에서 자신만의 이야기를 만들어 보는 과정 등으로 진행할 수도 있음을 인식할 필요성이 있다.

2. 선택적 관점을 적용한 진로상담 활동

1) 직업카드 활동

(1) 직업카드 활동의 이해

직업카드는 직업에 대한 정보가 담긴 카드이다. 직업카드를 활용한 활동은 자신의 흥미, 가치관 등의 특성을 탐색하기 위한 목적 또는 직업세계를 이해하기 위한 도구로서 활용할 수 있는데, 탐색의 과정에서 정서적으로 즐거운 경험을 할 수 있으며 질적인 탐색이 가능하다는 강점이 있다. 직업카드를 활용한 진로지도 프로그램의 효과를 분석한 서현주(2015)의 연구에서는 전체 효과크기가 1.39, U3 값이 91.77%로 큰 효과크기를 갖는다고 하였다.

이러한 카드 분류는 여러 가지 진로 사정의 도구 중에서 주관적인 활동이며, '내담자가 활동과정에서 통찰력과 아이디어에 도달하도록 돕는 상담자의 능력'에 따라 효과가 달라진다(Gysbers, Heppner, & Johnston, 2014).

직업카드는 국내의 여러 기관 및 연구소에서 발간되며, 발간한 기관에 따라 그 수록 내용에서 일부의 차이가 있다. 일례로, 한국고용정보원(2009)의 직업카드의 앞면에는 직업인의 모습과 활동 배경이 그림 자료로 표현되어 있고 직업명이 명시되어 있다. 그리고 뒷면에는 직업명, 하는 일, 업무 수행 능력, 필요 지식, 관련 학과, 향후 전망, 관련 자격증의 내용이 기재되어 있으며, 홀랜드의 성격이론 유형에 따라 카드의 배경 색을 달리 표현하고 있다. 그리고 전도근과 윤소영(2015)의 직업카드는 카드의 앞면에 두 자리로 구성된 홀랜드 코드와 직업명, 직업인과 관련된 그림, 적성/흥미/성격/가치관의 내용이 요약되어 있다. 그리고 뒷면에는 하는 일, 능력, 관련 학과, 관련 직업, 자격증, 진출 분야, 취업 전망, 직업 전망, 보수, 관련 기관 정보가 수록되어 있다. 특히 이 카드는 학교급 또는 학생의 준비도에 따라 사용하는 카드의 수를 100장에서 200장까지 유동적으로 사용할 수 있음을 안내하고 있으며 유망 직업을 포함하고 있다는 특징이 있다. 그리고 한국가이던스(황매향, 이동혁, 2017)에서 발간한 직업카드는 직업을 설명하는 그림 자료의 캐릭터가 중성적인 이미지를 반영하고 있어서 각 직업에 대한 성역할 인식을 제한하지 않는다는 강점이 있다.

직업카드를 활용한 활동은 그 활용의 예가 무척이나 다양하나 일반적으로 '직업카드 분류' 활동을 기초로 한다. 직업카드 분류에는 타일러 직업카드 분류(Tyler Vocational Card Sort: TVCS), 미주리 직업카드 분류(Missouri Occupational Card Sort: MOCS), 직업흥미카드 분류(Occupational Interest Card Sort: OICS) 등이 있다(김봉환, 2011). 이 절에서는 직업카드를 처음 접하는 내담자와 함께할 수 있는 초기 활동을 간략히 설명한 후 미주리 직업카드 활동을 중심으로 소개한다.

(2) 직업카드 활동의 실제

① 직업카드 활동의 예

직업카드 활동은 카드에 친숙해지는 것을 목표로 하는 기초적인 활동에서부터 자신만의 직업카드를 만들어 보는 창의적 활동까지 다양하다. 또한 직업카드 매뉴얼에서 제공하는 활동을 활용할 수도 있지만, 교사, 상담자 또는 내담자가 직접 활동을 구성하는 것도 가능하다. 직업카드 매뉴얼의 예로 한국고용정보원(2009, 2015)의 자료 또는 직업카드를 발간하는 각 기관에서 발행하는 매뉴얼이 있다. 일례로, 한국고용정보원(2015)의 활동 매뉴얼에서는 직업카드와 친해지기, 자기이해, 직업 정보 이해, 진로계획 수립의 네 가지 주제 영역을 구분하고 〈표 8-2〉와 같은 활동을 제안하였다.

〈표 8-2〉 직업카드 매뉴얼 구성 및 제목

주제 영역	활동 제목
직업카드와 친해지기	• 직업 낱말퍼즐 맞추기 • 친구를 통해서 본 나의 직업 • 스피드 직업카드 퀴즈 • 숨겨진 정보로 직업명 맞히기
자기이해	• 색으로 찾아가는 나의 흥미 • 직업카드 분류하기
직업 정보 이해	• 직업나무 가꿔 보기 • 직업에 대한 오해와 진실 • KNOW와 함께 하는 직업카드 정보사냥대회 • 변화하는 직업세계
진로계획 수립	• 직업카드를 활용한 UCC 만들기 • 나만의 진로계획카드 만들기

출처: 한국고용정보원(2015).

〈표 8-3〉에서는 한 가지의 활동이 상담자의 활동목표에 따라서 서로 다른 주제와 연결될 수 있다는 점을 고려하여, 이러한 주제의 구분을 제외하고 활동명과 활동 방법을 안내하였다. 예를 들어, 스피드 직업카드 퀴즈는 직업카드와 친해지기를 목적으로 활용될 수도 있지만, 직업에 대한 기초적인 정보 이해를 목적으로 또는 자신이 관심이 있는 직업카드를 선택하는 자기이해 활동으로도 구현될 수 있다.

〈표 8-3〉 직업카드를 활용한 활동 목록 및 활동 방법

활동명	활동 방법
아는 직업 vs 모르는 직업	직업카드를 자신이 알고 있는 직업과 모르는 직업으로 분류하는 활동
빙고 게임	직업카드의 다양한 직업명을 확인한 후, 빙고 게임을 하는 활동
직업 낱말퍼즐 맞추기*	직업카드에 수록된 직업에 대해 직업 낱말퍼즐을 맞추는 과정을 통해 다양한 직업에 대해 알아보는 활동
스피드 직업카드 퀴즈*	스피드 퀴즈 형식(팀을 나누어 한 사람이 직업에 대한 설명을 하고, 다른 사람이 설명에 해당하는 직업명을 맞히는 게임. 제한 시간 내에 많은 직업을 맞히는 팀이 승리함)으로 직업명 맞히기 게임을 하는 활동
숨겨진 정보로 직업명 맞히기*	직업카드에 기재된 직업 정보를 이용한 연상퀴즈로 학생들이 직업명을 맞히는 활동
친구를 통해서 본 나의 직업*	(자신을 잘 알고 있는) 친구가 자신에게 어울린다고 생각하는 직업을 추천해 주고 그 이유를 들어 보는 활동. 직업카드 중에서 자신이 좋아하는 직업과 친구가 나에게 어울린다고 추천한 직업을 비교해 보는 활동
좋아하는 직업 vs 싫어하는 직업 (관심 있는 직업 vs 관심 없는 직업)	직업카드를 좋아하는 직업과 싫어하는 직업으로 분류하는 활동
잘할 수 있는 직업 vs 잘할 수 없는 직업	자신의 유능감 인식을 바탕으로 자신이 잘할 수 있다고 생각하는 직업과 잘할 수 없다고 생각하는 직업을 분류하는 활동
자신의 성격과 맞는 직업 vs 자신의 성격과 맞지 않는 직업	자신의 성격에 대한 인식을 바탕으로 자신의 성격과 잘 맞는다고 생각하는 직업과 잘 맞지 않는다고 생각하는 직업을 분류하는 활동
가치관과 일치도가 높은 직업 vs 가치관과 일치도가 낮은 직업	자신의 직업가치에 대한 인식을 바탕으로 자신의 가치와 일치도가 높다고 생각하는 직업과 일치도가 낮다고 생각하는 직업으로 분류하는 활동
흥미+적성(효능감) 매트릭스 분석	자신의 흥미에 따른 1차 분류를 실시한 후, 흥미가 있는 직업 중에 잘할 수 있을 것이라고 생각하는 직업과 잘할 수 없을 것이라고 생각하는 직업을 2차 분류하는 활동. 자신에 대한 이해의 측면 중에서 두 가지 이상의 기준을 고려하는 것으로, 다중 기준에 따른 분류 활동(흥미+적성, 흥미+가치, 적성+가치, 적성+성격 등 다양하게 적용 가능)
직업 분류 기준(RIASEC 유형, 한국고용직업분류, 한국표준직업분류, NCS직업분류 등)에 따라 카드 분류하기	직업을 분류하는 기준을 안내한 후, 해당 기준에 따라 직업카드를 분류하는 활동. 예를 들어, 홀랜드의 RIASEC 코드의 의미를 안내한 후 해당 기준에 따라 직업카드를 분류하는 활동

주어진 문제 상황에 관련된 직업 찾기	일상생활에 관련되는 다양한 문제 상황/쟁점을 제시하고, 해당 문제와 관련된 직업명 또는 문제 해결에 기여할 수 있는 직업명을 찾아보는 활동. 예를 들어, 환경 문제, 저출산 · 고령화 문제, 코로나19의 상황을 해결하는 데 도움이 되는 직업을 선택하고 이유 설명하기
미래 유망 직업을 선택하기 (분류하기)	미래 사회에 대한 예상, 사회 변화에 대한 쟁점에 대한 인식을 바탕으로 미래에 유망할 것이라 예상하는 직업과 유망하지 않을 것이라고 예상하는 직업을 분류하고 이유를 설명하는 활동
새로운 직업카드 만들기	자신 및 직업, 사회변화에 대한 이해를 바탕으로 새로운 직업을 만드는 창직 활동을 수행하고 직업카드로 만드는 활동

주: * 표시가 붙은 활동은 한국고용정보원(2015)에서 발췌하여 재진술한 내용이다.

② 미주리 직업카드 분류 활동

직업카드 분류 활동 중 대표적으로 활용되는 사례는 미주리 직업카드 분류이다. 미주리 직업카드 분류 활동에 대한 안내문은 기스버스, 헤프너와 존스턴(Gysbers, Heppner, & Johnston, 2014)에 기초하여 제시하되, 아동 · 청소년을 대상으로 활동을 실시한다고 가정하고 일부 진술문을 수정 및 재구성하였다. 부록 1에 제시된 양식을 활용하여 활동할 수 있다.

〈표 8-4〉 미주리 직업카드 분류 활동 흐름 및 지시문

활동 흐름	지시문
1. 좋아하는 직업의 묶음, 좋아하지 않는 직업의 묶음, 미결정 묶음의 세 가지로 카드 분류하기	여기, 카드 한 세트가 있습니다. 각각의 카드에는 1개의 직업명이 적혀 있습니다. 이 직업들은 기술이 별로 필요하지 않은 직업에서부터 전문직에 이르기까지 다양합니다. 당신은 이 가운데 어떤 직업에는 관심이 있을 것이고, 어떤 직업에는 관심이 없을 것입니다. 카드를 보면서 세 가지 묶음(pile)으로 나누어 보겠습니다. 오른쪽에는(가리키면서) 자신이 실제로 선택할 생각이 있거나 매력적으로 보이거나 자신과 같은 사람에게 어울린다고 생각하는 직업을 넣으세요. 이 묶음은 좋아하는 직업의 묶음(like pile)입니다. 왼쪽에는 관심이 가지 않는, 선택하지 않을 직업, 자신과 같은 사람에게 어울릴 것 같지 않은 직업을 넣으세요. 좋아하지 않는 직업의 묶음(dislike pile)입니다. 중간에 있는 묶음에는 관심이 없는 직업, 좋아하는지를 결정하기에 확신이 없거나 의문이 드는 직업, 좋아하는지 싫어하는지 잘 모르는 직업을 넣으세요. 이 묶음은 미결정, 중립 묶음(undecided/neutral pile)입니다. (이 중간 묶음은 더 이상 사용하지 않을 것입니다.) 그럼 세 가지 묶음으로 분류를 시작하세요.

2. 좋아하지 않는다고 분류한 묶음을 세부 분류하고 세부 묶음의 주제 정하기	이제 좋아하지 않는다고 분류한 묶음에 모아 둔 카드들을 가지고 활동하겠습니다. 다른 2개의 묶음은 잠시 옆으로 옮겨 두세요. 당신 앞에 좋아하지 않는다고 분류한 묶음을 펼쳐 놓고 이러한 직업들을 선택하지 않은 이유들이 같거나 비슷한직업들끼리 묶어 보십시오. 이때 나누는 세부 묶음의 수는 정해져 있지 않고, 자신이 필요한 만큼 묶어 볼 수 있습니다. 다만, 하나의 직업은 하나의 묶음에 속해야 합니다. 직업카드들을 묶어 보십시오. 묶음을 만들어 보았다면, 여러 개의 묶음에 어떤 직업들이 있는지 확인하고, 그 직업들을 묶은 이유를 생각해 보세요. (각 묶음에 대해 다음의 질문들에 답해 보세요.) a. 이 묶음에 속한 직업들의 비슷한 점은 무엇인가요? b. 이 카드들을 좋아하지 않는다고 분류한 이유는 무엇인가요? c. 이러한 직업들에 대해 어떤 점이 마음에 들지 않나요? 최대한 명확하게 작성해 보세요. (a~c의 질문에 대한 답을 살펴보았을 때,) 이러한 의견들은 어떠한 일반성 또는 주제를 제안하나요? 이러한 활동을 하면서 좋아하지 않는다고 분류했던 카드를 좋아하는 카드의 묶음이나 미결정의 묶음으로 옮기기를 원하나요? 정말로 이 묶음에 속하지 않을 직업이 있나요? 바꾸고 싶은 것과 이유를 제시하시오.
3. 좋아한다고 분류한 묶음을 세부 분류하고 세부 묶음의 주제 정하기	좋아한다고 분류한 카드들을 가지고 자신이 선택한 이유가 같거나 유사한 것끼리 묶어 보십시오. 어떤 묶음부터 먼저 시작해도 괜찮습니다. 묶음들을 만든 후에 직업카드명을 다시 검토하고, 필요하다면 바꾸어도 좋습니다. 세부 묶음에 속한 직업명과 분류의 이유를 생각해 보세요. (각 묶음에 대해 다음의 질문들에 답해 보세요.) a. 이 묶음에 속한 직업들의 비슷한 점은 무엇인가요? b. 이 카드들을 좋아한다고 분류한 이유는 무엇인가요? c. 이러한 직업들에 대해 좋아하는 점은 무엇인가요? 최대한 명확하게 작성해 보세요. (a~c의 질문에 대한 답을 살펴보았을 때,) 이러한 의견들은 어떠한 일반성 또는 주제를 제안하나요? 좋아한다고 분류했던 묶음들에서 다른 묶음으로 옮기고 싶은 것이 있나요? 정말로 이 묶음에 속하지 않을 직업이 있나요? 바꾸고 싶은 것과 이유를 제시하시오.
4. 좋아하는 카드 중에서 우선순위 정하기	좋아한다고 분류한 묶음에 속한 직업카드들을 전체적으로 펼쳐 놓고 당신이 좋아하는 직업에 따라 1부터 10까지의 순위를 매겨 보세요(비고: 학생들의 발달 단계, 개인 특성을 고려하여 우선순위 카드의 숫자는 조정 가능함). 순위를 정할 때에는 자신이 직업에 대해 생각할 때 떠올릴 수 있는 '모든' 요인들을 고려하세요.

5. 우선순위 직업의 가치를 생각해 보기	자신이 선택한 10개 직업의 목록을 다시 살펴보세요. 그리고 각 직업의 오른쪽에 '왜 그 직업이 가치 있다고 생각하는지'를 간단한 문장이나 단어로 써 보십시오. 예를 들면, 다음과 같습니다. 변호사: 사회적 지위가 높다. 세세하고 꼼꼼하게 일한다. 간호사: 사람들을 돕는다. 취업이 잘된다. 과학을 활용한다. 선생님: 근무시간이 명확하다. 다른 사람을 돕고 성장시키는 일이다. 예술가: 독립적이다. 손재주를 발휘할 수 있다. 자유롭다.
6. 우선순위 카드에서 공통적으로 자주 등장하는 홀랜드 코드 확인하기	자신이 선택한 10개 직업카드에는 홀랜드 코드가 적혀 있습니다. 대부분의 경우에 홀랜드 코드는 카드에 영문으로 적혀 있거나, 색깔로 구분되어 있습니다. (필요시에 상담자가 안내) 각 직업의 홀랜드 코드를 적어 봅시다. 자신이 선택한 10개 직업 목록에서 각 코드들이 몇 번 나왔는지 세어서 홀랜드 코드를 빈도 순으로 정리해 보세요. 가장 많이 등장한 코드의 순위를 적어 보세요.
7. 직업카드 분류를 통해 생각하게 된 자신의 주제 생각해 보기	이번 활동을 통해 '나'에 대해 알게 된 것을 정리해 봅시다. 예를 들어, 다음과 같은 내용일 수 있습니다. 나는 ~을 추구한다./ 나는 ~를 원하는 사람이다./ 나는 ~ 방향으로 가고 있다. 활동 소감을 공유해 봅시다.

출처: Gysbers, Heppner, & Johnston (2014)을 기초로 일부 재구성.

◆ 참고문헌

김봉환(2011). 진로교육에서 직업카드 활용의 현황과 과제. **열린교육연구, 19**(1), 175-196.

서현주(2015). 직업카드를 활용한 진로지도프로그램의 효과에 대한 메타분석. **진로교육연구, 28**(2), 127-147.

전도근, 윤소영(2015). **직업카드 200: 프리미엄(청소년 대학생 성인)**. 경기: 교육과학사.

최윤정, 김지연, 김하나, 최정아, 이은숙, 이재선, 윤병배, 임효신, 이미지(2014). **진로상담과 연구를 위한 진로상담 척도 핸드북**. 서울: 학지사.

한국고용정보원(2009). 청소년용 직업카드 활용 매뉴얼. 서울: 한국고용정보원.

한국고용정보원(2015). 직업카드 개정 및 활용 매뉴얼 개발 보고서. 충북: 한국고용정보원.

황매향, 이동혁(2017). **MCI 직업카드**. 경기: 한국가이던스.

Amundson, N. E., Harris-Bowlsbey, J. H., & Niles, S. G. (2013). **진로상담 과정과 기법**[*Essential elements of career counseling-processes and techniques* (2nd ed.)]. (이동혁, 황매향, 임은

미 역). 서울: 학지사. (원저는 2009년에 출판).

Gysbers, N. C., Heppner, M. J., & Johnston, J. A. (2014). *Career counseling: Holism, diversity, and strengths* (4th ed.). Alexandria, VA: American Counseling Association.

Williamson, E. G. (1939). *How to counsel students*. New York, NY: McGraw-Hill.

워크넷. https://www.work.go.kr

O*NET OnLine. https://www.onetonline.org

제 9 장

발달적 관점을 적용한 진로상담의 실제

들어가기

이 장에서는 먼저 제2장에서 소개된 보미의 사례를 발달적 관점으로 상담할 때의 사례 이해 및 상담목표와 전략 그리고 상담 장면의 예시를 소개한다. 주로 수퍼의 관점을 바탕으로 보미의 사례를 다루면서, 도움을 받을 수 있는 부분은 갓프레드슨의 제한타협이론을 함께 적용한다. 이어서 이 장의 후반부에서는 수퍼의 발달적 관점을 바탕으로 학교에서 진로상담을 할 때 활용할 수 있는 진로상담 활동들을 소개한다.

학습목표

1. 수퍼와 갓프레드슨의 발달적 관점을 진로상담 사례에 적용하여 사례개념화를 할 수 있다.
2. 발달적 관점을 진로상담 사례에 적용하여 상담목표와 전략을 세울 수 있다.
3. 발달적 관점 기반 진로상담 활동을 다양한 대상과 목적에 맞춰 실시할 수 있다.

1. 개인 진로상담: 보미의 사례

1) 호소문제 이해

중학교 2학년인 보미는 자유학기제 기간을 친구들과 다양한 체험활동을 하며 즐겁게 보냈으나 자유학기제가 끝난 이후로 친구들과 거리감을 느끼고 있다. 친구들은 미래에 어떤 직업을 갖고 싶은지 꿈이 생기고 진로를 준비하기 위해 열심인데, 자신은 관심 있는 직업도 계획도 없어서 혼자 동떨어진 것 같고 외롭다. 친구들과 함께하기 위해 보미 자신도 진로를 준비해야겠다는 생각이 들지만 어떻게 해야 하는지는 모르겠다.

사실 보미는 직업을 갖고 싶지 않고 벌써부터 진로를 준비하는 것도 내키지 않는다. 직업을 갖고 일을 하는 것은 보미에겐 어렵고 힘들게 느껴져서 가능하면 피하고 싶다. 하지만 친구들과 멀어지고 홀로 남겨진 느낌이 싫고, 진로 준비에 의욕이 없는 자신에게 문제가 있나 하는 생각도 들기 시작했다. 친구들과 함께 하려면 진로 준비를 하고 싶지 않은 마음을 긍정적으로 변화시키는 것도 필요하다고 생각한다.

2) 발달적 관점을 적용한 사례개념화

보미는 수퍼(Super)가 제시한 진로발달 5단계 중 주로 성장기의 발달 과업을 다루고 있는 것으로 보인다. 성장기는 흥미, 능력 등에 대한 이해을 바탕으로 자기개념을 발달시키고 직업에 대한 기초적인 이해를 형성하는 시기이다. 보미의 경우, 자신은 친구들과 함께 하는 활동을 좋아한다고 생각한다. 그러나 이러한 흥미가 미래 직업과 어떻게 관련될 수 있는지에 대한 이해는 부족하며, 자신의 흥미, 능력, 가치관, 장점 등을 다양한 경험을 통해 시험해 보지 못하였다. 직업을 갖는 데 있어서 흥미뿐만 아니라 능력이 중요하다는 것을 알고 있지만, 전반적으로 유능감이 낮고 직업에서 어떠한 능력과 교육·훈련을 요구하는지에 대한 현실적인 정보나 다양한 직업 대안들을 알지는 못한다. 보미는 부모님으로부터 성적에 대한 꾸중을 자주 들어 왔으며, 칭찬이나 격려를 받은 경험이 적다. 이는 보미의 유능감이 전반적으로 낮은 데 영향을 미쳤을 것이다.

성장기의 중요한 발달 과업 중 하나가 미래를 조망하는 것인데, 보미는 현재의 학교생활과 진로 준비가 미래의 삶과 어떻게 연관되는지를 분명하게 인식하고 있지 않다.

직업을 갖는 것은 힘든 일이라고 여기며, 직업을 갖고 싶지 않다는 부정적 직업관을 가지고 있다. 이를 생애역할의 관점에서 보면, 보미에게 '직업인'이라는 역할 수행은 힘들고 어려운 것이며, 친구나 가족과 보내는 시간을 빼앗아 가는 것이다. 사람들과 함께하는 것을 좋아하는 보미는 일을 하느라 가족과 보내는 시간이 적은 아버지와 어머니를 보면서 직업이란 바쁘고 사람들과 즐겁게 보낼 시간을 빼앗아 가는 힘든 것이라는 생각을 키우게 되었을 수 있다.

한편, 희망하는 직업에 관한 정보를 찾아보고 꿈을 이루기 위해 학업에 열중하는 친구들을 보면서 보미는 친구들과 멀어졌다고 느낀다. 이 같은 친구들과 자신의 차이에 대한 인식과 서운함은 친구들과 공감대를 형성하고 함께하기 위해 보미 자신도 진로를 알아보겠다는 동기로 작용하고 있다. 동시에 보미는 부정적인 직업관으로 인해 직업을 갖기 싫다고 생각하고 있으며, 진로 준비를 위해 당장 적극적인 노력은 하고 싶지 않다는 거부감을 가지고 있기도 하다. 보미의 낮은 학업 흥미 및 성취와 효능감도 진로 준비에 대한 부정적 마음에 영향을 미치고 있는 것으로 보인다.

갓프레드슨(Gottfredson)의 관점에서 보자면, 보미는 스스로의 학업 능력과 성취를 낮게 평가하고 있기 때문에 경쟁해서 시험을 통과해야 하는 교사와 같은 직업은 자신에게 너무 어려운 목표라고 생각한다. 즉, 보미는 입직을 위해 요구되는 학업 성취나 경쟁을 기준으로 자신이 도달할 수 있다고 생각하는 진로포부의 상한선을 낮게 그어 놓고 있다. 이에 따라 직업의 수용 가능한 영역의 폭이 좁으며, 자신의 정체성에 부합하는지 탐색해 볼 수 있는 직업의 폭이 제한되어 있다.

3) 상담목표

(1) 내담자와 합의한 목표

- 내가 관심 있고 잘할 수 있는 직업을 찾고 싶다.
- 진로를 준비하기 싫은 마음을 좀 더 긍정적으로 바꾸고 싶다.
- 진로를 준비하기 위해 현재 무엇을 해야 하는지 확인하고, 어떻게 할 수 있는지 그 방법을 배우고 싶다.

(2) 상담자가 설정한 이론적 목표

사례개념화를 바탕으로 수퍼의 발달적 관점에서 상담목표를 다음과 같이 세울 수 있다.

- 보미의 흥미, 능력, 가치관 등 자신에 대한 이해를 높이고 긍정적인 자기개념을 형성한다.
- 직업인을 포함한 다양한 생애역할이 현재와 미래에 자신에게 어떤 의미와 중요성을 갖는지 파악한다.
- 현재의 학교생활, 학업, 진로계획과 준비가 미래의 삶에 미칠 영향을 이해한다.
- 직업을 갖고 일하는 것에 대한 부정적인 생각과 정서를 탐색하고, 긍정적인 직업관을 형성한다.
- 자신의 흥미, 능력, 가치관, 생애역할 중요도, 자기개념, 직업세계에 대한 이해 등을 바탕으로 직업 분야를 폭넓게 탐색하고 선호하는 직업 분야를 찾아본다.

갓프레드슨의 이론을 빌려 상담목표를 세워 본다면, 먼저 성역할 유형이나 사회적 지위가 부적절하게 직업포부를 제한하고 있는지 살펴보고, 자신과 직업세계에 대한 이해를 바탕으로 '수용 가능한 직업 대안 영역'을 유연하게 넓히는 것이 필요하다. 또한 다양한 직간접적 경험의 기회를 제공하여 보미가 자신의 진로 흥미, 적성, 가치관 등을 긍정적으로 개발할 수 있도록 해야 한다. 이를 통해 부적절한 제한과 타협을 하지 않고, 자신의 자기개념에 부합하는 직업을 폭넓게 탐색하는 것이 중요한 상담목표가 될 것이다.

4) 상담전략

수퍼는 진로선택이론에서 전통적으로 중시하는 흥미와 능력뿐만 아니라, 내담자의 진로결정에 대한 준비도와 생애역할 중요도, 가치관 등을 체계적으로 평가하고 이러한 정보를 통합적으로 활용하여 진로상담을 진행하는 '진로발달 평가와 상담(Career Development Assessment and Counseling: C-DAC) 모형'을 제안하였다. 또한 이 모형을 적용할 때 활용할 수 있도록 흥미, 가치관, 생애역할 우선순위, 적성, 진로발달 수준 등을 평가할 수 있는 검사도구들을 소개하고, 이 검사들을 여러 가지 순서로 상담에서 활용할 수 있음을 제시하였다(Super, Osborne, Walsh, Brown, & Niles, 1992). 여기서는 C-DAC 모형에 따라 검사도구뿐만 아니라 면담과 진로활동 등 다양한 방식으로 보미의 진로발달 관련 중요한 측면들을 파악하고 상담하는 전략을 4단계로 제시한다.

(1) 진로발달의 수준과 자원에 대해 평가한다

먼저, 보미의 현재 진로발달 수준을 파악함으로써 어떠한 진로발달 과업에 우선순위를 두고 진로상담을 진행할지 구체적인 계획을 세울 수 있다. 진로성숙도검사와 면담을 통해 보미의 진로발달 수준과 활용 가능한 자원을 파악할 수 있다.

커리어넷을 통해 실시한 보미의 진로성숙도검사 결과 그래프가 [그림 9-1]에 제시되어 있다. 보미의 태도와 능력 차원의 하위 영역 점수가 전반적으로 낮아, 수퍼의 진로발달 단계 중 성장기 과업을 먼저 다룰 필요가 있어 보인다. 영역별로 살펴보면, T점수 35점 미만이 낮은 점수로 분류되는데, 보미의 태도 차원 점수는 모두 35점 미만으로 나타났다. 특히 낮은 진로낙관성과 독립성 점수와 관련하여 보미는 미래에 자신이 가질 수 있는 직업이 무엇인지 모르겠다는 막막함을 느끼고 있으며, 진로탐색과 선택을 스스로 할 수 있다고 생각하기보다는 상담 선생님이 무엇을 하면 좋을지 알려 주길 기대하고 있다. 직업에 대한 태도와 계획성도 35점 미만의 낮은 수준을 보였다. 종합해 볼 때 보미가 자신의 삶에서 직업이 갖는 의미를 생각해 보고, 진로를 긍정적으로 만들어 가기 위해서 현재 할 일을 계획하고 준비해야 함을 인식하도록 하는 것이 우선적으로 필요하다. 진로상담 과정에서 대화 나눌 주제를 정하거나 수행할 과제를 정하는 등의 작은 것부터 스스로 선택하고 책임감과 성취감을 느낄 수 있도록 상담하는 것이 보미의 독립성과 계획성을 키우는 데 도움이 될 수 있다.

진로성숙도의 능력 차원에서는 희망직업 지식이 36.12로 보통 수준을 보였고 정보 탐색이 34.34로 그다음으로 높았다. 반면, 합리적 의사결정과 자기이해는 13~14점 내외로 낮았다. 낮은 자기이해 점수는 자신이 좋아하고, 잘하고, 중요하게 생각하는 것이 무엇인지 뚜렷하게 파악하고 있지 못함을 반영하며, 자신에 대해 폭넓게 탐색하는 상담전략이 요구된다. 상담 시간에, 보미가 그동안 학교 수업, 진로체험, 친구들과의 놀이, 가정에서의 생활을 하면서 좋아했던 것과 잘했던 것은 무엇이었는지 등을 돌아보고 이야기해 볼 수 있다. 또한 누구나 장점을 가지고 있음을 알려 주며 보미가 시야를 넓혀서 자신의 긍정적 측면들을 발견할 수 있도록 도울 필요가 있다. 흥미나 능력을 발견하고 키울 수 있는 경험이 제한적인 범위에서만 주어진 것은 아닌지 점검해 보고 다양한 경험의 기회를 제공하는 것도 필요하다. 예를 들어, 갓프레드슨이 제시하듯 돌봄과 같은 전통적으로 여성적인 역할 경험을 주로 해 왔고 기계나 사물을 다루는 활동에 대한 경험은 적은지, 자유학기제 때 진로체험 분야가 다양했는지 등을 검토해 볼 수 있다. 합리적 의사결정과 관련해서는 보미는 아직 진로결정을 해야 하는 단계는 아니지만, 어느 시점에서는 의사결정을 해야 하며 의사결정을 위해서는 자신과 직업에 관한 여러 정보를 수집하고 분석해야 함을 인식할 필요가 있다.

능력 차원에서 상대적으로 점수가 높은 희망직업 지식과 정보 탐색에 대해 보미에게 들어 보니, 진로성숙도검사에 응답할 때 희망하는 직업이 없어서 예전에 관심이 있었던 '선생님'을 희망직업으로 썼으며 학교에서 여러 선생님을 접해 왔기 때문에 교사에 대해 알고 있다고 답했다고 한다. 그러나 지금은 선생님이 되기는 너무 어렵다고 생각하며,

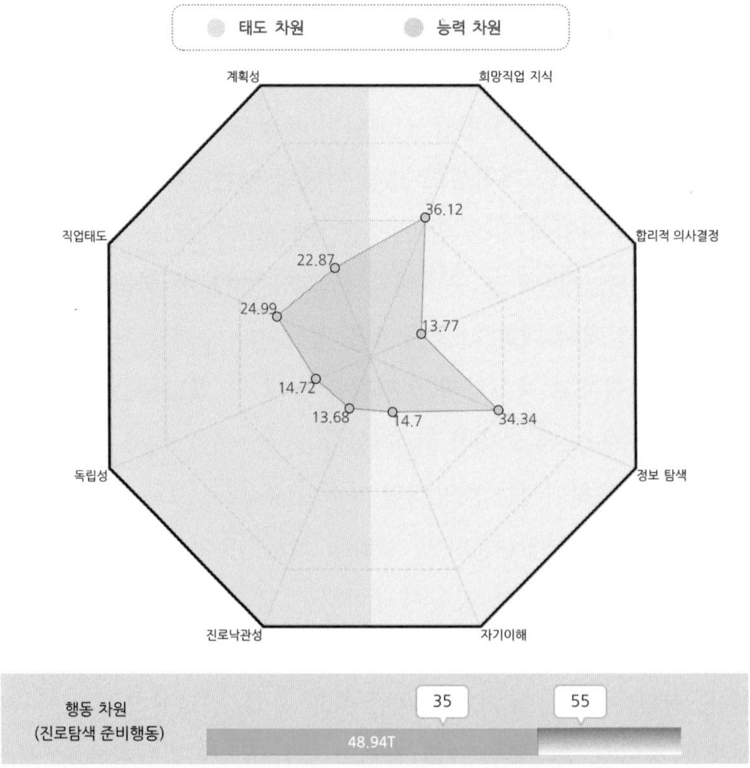

[그림 9-1] 보미의 진로성숙도 결과

출처: 커리어넷 진로성숙도검사 결과 종합 프로파일(https://www.career.go.kr/inspct/web/psycho/grow2/result).

선생님이 되고 싶은지 모르겠다고 한다. 또한 현재 진로정보를 찾아보고 있진 않지만 인터넷에서 정보를 검색하는 것은 할 수 있다는 자신감을 보였으며, 그 외의 정보 탐색 방법에 대해서는 잘 알지 못하였다. 보미가 정보 탐색능력을 활용하여 관심 있는 직업 분야를 찾아보고 관련 정보를 수집하기 위해서는 먼저 진로에 대한 긍정적 관심과 자신에 대한 이해를 높일 필요가 있다. 정보 탐색 단계에서는 구체적이고 다양한 진로정보 탐색 방법을 안내하고 함께 연습해 보는 것이 도움이 될 것이다.

한편, 진로 준비행동은 48.94로 보통 수준으로 나타났다. 진로 준비행동은 최근 1년 이내에 진로탐색, 체험, 설계 등을 해 본 적이 있는지를 묻는 문항으로 구성되어 있다. 보미는 자기주도적인 진로 준비를 하지는 않았지만, 1학년 때 자유학기제를 통해서 다양한 활동을 해 보았기 때문에 긍정 응답을 많이 했다고 하였다. 즉, 자유학기제 경험으로 인해 진로 준비행동 점수가 양호하게 나타났지만 이는 보미의 주도적인 진로 준비행동을 나타내는 것은 아니며, 보미의 경우 진로 준비의 필요성을 인식하는 것이 우선적으로 필요하다.

관찰과 면담을 바탕으로 보미의 진로발달 자원을 파악해 보면, 보미의 성격 특성 중 외향성, 개방성, 친화성은 좋은 자원이 될 수 있다. 보미는 친구들과 잘 어울리고 집단활동을 좋아하며, 새로운 경험에 대한 호기심이 많다. 자유학기제 때 친구들과 함께 다양한 진로체험을 하는 것을 좋아했던 점에 비추어 볼 때 직업에 대해 직접 체험하면서 알아보는 것에 흥미를 보일 가능성이 높고, 혼자 하는 활동보다는 진로탐색 집단상담 프로그램과 같이 다른 친구들과 함께하는 상담 방법이 효과적일 수 있다. 동기적인 측면에서 자신과 친구들의 진로발달 수준의 차이를 느끼고, 자신도 친구들처럼 진로를 준비하는 방법을 배워 보고 싶다고 생각하고 있는 점 그리고 선생님에게 스스로 상담을 요청한 실행력도 긍정적이다. 보미는 진로정보 탐색과 관련한 자원으로 인터넷을 통한 정보 탐색에 대한 자신감을 가지고 있다. 또한 교사라는 직업에 대한 현실적인 정보와 조언을 구할 수 있는 학교 선생님들이 주위에 있으며, 보미의 친화력 있는 성격을 활용하여 직접 면담을 하여 진로정보를 탐색할 수 있다.

(2) 생애역할과 직업 역할의 중요성에 대해 평가한다

직업인 역할을 포함한 다양한 생애역할의 중요성을 평가하기 위한 한 가지 방법으로 생애진로무지개 활동이 있다(252쪽 '생애진로무지개 활동지' 참조). 생애진로무지개를 그려 보고 보미가 현재 수행하고 있는 생애역할들 중 중요한 역할과 덜 중요한 역할은 무엇인지, 미래에는 생애역할과 각 역할의 우선순위가 어떻게 변할지 평가해 볼 수 있다. 이 과정에서 여러 생애역할 중 직업인이 차지하는 의미와 다른 역할들과의 상호작용에 대해 탐색하고 명료화할 수 있다.

생애진로무지개 활동을 통해 파악한 보미의 생애역할의 중요성은 다음과 같다. 현재 보미는 주로 학생, 자녀, 친구로서의 역할을 수행하고 있으며, 이 중 친구와 자녀로서의 역할을 중요하게 여긴다. 학생으로서의 역할 자체에는 관심이 덜하지만, 친구들과 어울리고 부모님의 기대를 충족시키기 위해서 학생 역할을 수행해야 한다고 생각한다. 미래를 그려 볼 때 보미는 가정을 이루고 가족과 행복하게 사는 것에 대한 기대가 크다. 이에 따라 부모와 배우자의 역할이 가장 중요할 것이며 친구와 자녀로서의 역할이 그다음으로 중요할 것이라고 생각한다. 보미에게 아직까지 직업인의 의미는 명확하지 않다. 직업이란 여가를 보내고 가족을 보살피는 데 필요한 돈을 벌 수 있는 수단이지만, 일을 하느라 가족 및 친구들과 보내는 시간이 줄어들 것을 생각하면 직업을 갖기 싫고, 가정과 여가 생활을 자신이 원하는 만큼 할 수 있는 직업이 있는지 의문이다. 이는 앞서 진로성숙도검사 결과에서 직업의 의미와 중요성에 대한 인식(직업태도)과 진로낙관성 점수가 낮았던 것과 같은 맥락이다. 일하느라 바쁘고 힘들어 보이는 부모님, 학년이 올라갈수록 하는 일이 어려워 보이는 선생님들을 접하면서 부정적 직업관을 형성한 것으로 보인다.

상담자는 보미가 다양한 직업의 세계를 접해 보고 일에는 어렵고 힘든 부분도 있겠지만 즐겁고 보람을 느낄 수 있는 점도 있음을 이해하고 통합적으로 일의 세계를 바라볼 수 있도록 도울 필요가 있다. 보미의 직업가치관을 탐색하고, 다양한 직업인의 사례를 통해 돈을 버는 수단 이상의 직업의 의미에 대해 찾아볼 수 있다. 또한 일과 가정, 여가의 조화를 이루는 삶을 보여 주는 직업인 사례를 간접적으로 접하거나 주위에서 찾아서 면담을 해 보는 것이 직업에 대한 부정적 관점을 전환하는 데 도움이 될 수 있다.

(3) 흥미, 능력, 가치관을 파악한다

보미의 직업적 정체성을 이루는 흥미, 가치, 능력 등에 대해 파악하기 위해 면담이나 관찰자료 또는 진로심리검사를 활용할 수 있다. 커리어넷에서는 진로성숙도검사 이외에도 직업흥미검사, 직업적성검사, 직업가치관검사, 진로개발역량검사 등을 제공하며,

각 검사의 소요 시간은 약 20분 내외이다(www.career.go.kr/cnet/front/examen/inspctStd.do). 검사를 마치면 종합적인 결과(적성, 가치관, 흥미, 선호 교과)에 적합한 직업 목록을 제시해 준다. 이 직업 목록을 활용해서, 보미가 관심 있는 직업을 몇 가지 선정하여 좀 더 탐색해 볼 수 있다. 여기서는 검사 결과를 활용하기보다 보미와의 면담과 관찰자료를 바탕으로 흥미, 능력, 가치관을 종합적으로 파악하였다.

직업 흥미 면에서 보미는 다른 사람들과 함께 활동하고, 다른 사람을 돕는 것에 관심이 많은 사회형(S)의 특성이 두드러진다. 또한 예술형(A)의 특성도 보이는데, 이는 새로운 경험을 좋아하고 창의적이고 상상력이 풍부한 특징들로 나타난다.

능력의 측면에서 보미는 무엇보다 대인관계 능력이 좋다. 다양한 친구들과 잘 어울리고, 새로운 사람과 대화를 잘 이어 가고 원활하게 의사소통한다. 반면, 학업에 대한 효능감이 낮기 때문에 높은 교육 수준이나 시험 통과 등을 요구하는 직업은 갖기 힘들 것이라고 생각하고 있다. 상대적으로 좋아하거나 잘하는 과목은 무엇인지, 그 과목의 어떤 점을 좋아하는지 등을 탐색하는 것은 흥미나 적성을 파악하는 데 유용한 정보를 제공할 수 있다. 보미는 사회/역사 과목을 좋아하고, 이 과목의 성적도 우수하다. 특히 세계의 다양한 문화에 대해 배우고 환경이나 사회 문제에 대해 배우고 토론하며 친구들과 팀을 이루어 공통된 내용을 조사하고 발표하는 일이 재미있다고 한다. 이는 보미의 사회형과 예술형 흥미와 일관성이 있으며, 보미가 잘하는 과목이 있음에도 실제의 학업 성취나 능력보다 스스로 평가하는 학업에 대한 효능감이 낮음을 보여 준다.

보미가 직업에서 중요하게 생각하는 것은 여러 사람과 함께 일하는 것이고, 다른 사람에게 도움이 될 수 있다면 좋겠다고 생각한다. 또한 보미에게는 직업 외의 삶도 중요하기 때문에 시간적인 여유를 가질 수 있는 것이 중요하다. 보미는 힘든 일이 싫다고 하는데, 보미에게 힘든 것은 무엇이며 어떤 의미인지 탐색해 볼 필요가 있다.

종합해 보면, 직업을 통해서 그리고 직업 외의 다른 삶의 영역에서도 사람들과 함께하고 다른 사람들에게 도움을 주는 조화로운 삶을 사는 것이 보미에게 중요하며, 새로운 경험과 창의적인 활동을 할 수 있는 직업환경을 선호한다. 인간관계를 바탕으로 하는 활동에 흥미가 높고 가치를 두고 있을 뿐만 아니라, 대인관계를 원활하게 맺고 팀으로 작업하는 능력 또한 갖추고 있다. 초등학교 때 꿈꿨던 학교 교사를 직업 대안 중 하나로 고려할 수 있는데, 보미의 낮은 학업 효능감과 흥미가 교사로서의 진로를 생각하는 것을 방해한다. 보미의 학업에 대한 효능감을 높이고, 교사에 대해 무조건 어렵다고 생각하기보다는 현실적인 정보를 파악할 필요가 있다. 또한 학교 교사 이외에 보미의 직업적 정체감과 잘 맞는 다른 직업들에 대해서도 시야를 넓혀 탐색해 보아야 한다.

(4) 자기개념을 파악한다

수퍼는 자아존중감과 자기효능감을 비롯한 자기개념의 평가가 진로상담에서 중요하다고 하였다(Super, 1990). 보미가 바라보는 자기 자신은 친구를 잘 사귀고, 친구들과 노는 것을 좋아하며, 새로운 것에 대한 호기심이 많고, 새로운 경험을 두려워하지 않는다. 한편, 스스로 공부에 재능도 흥미도 없고, 그렇다고 다른 특별히 잘하는 것도 없다고 여긴다. 또한 어려운 일을 지속하는 끈기가 부족하고, 앞으로 어떤 직업을 가지고 싶은지 관심이 없고, 그래서 친구들보다 뒤처졌다는 부정적인 자아상도 가지고 있다. 학원에 보내 줬는데도 성적이 좋지 않다는 부모님의 말을 내면화하고 있기도 하다. 보미의 원만한 또래관계와 학교생활은 보미가 자신을 긍정적으로 평가하는 데 기여하고 있지만, 보미는 자신의 강점에 가치를 두기보다는 부모님의 기대에 미치지 못하는 학업 성적에 큰 비중을 두며 자신의 가치를 낮게 평가하는 경향이 있다. 이러한 보미의 부정적인 자아상은 보미의 진로포부를 제한하고 있다.

따라서 상담자는 보미가 긍정적인 자기개념을 발달시킬 수 있도록 도와야 한다. 학업 성적만 가치 있는 것이 아니라, 친구들과 잘 어울리고 새로운 경험에 호기심을 가지고 도전하는 것은 직업 분야에서 필요한 훌륭한 강점임을 인식하도록 돕는 것이 필요하다. 또한 보미가 인식하고 있지 못했던 그동안의 성취들을 돌아보고, 상담과정에서 진로에 관한 과제들(예: 자신의 강점에 대한 친구들과 선생님 인터뷰, 직업인 정보 탐색 등)을 수행하며 성취감을 경험하도록 할 수 있다.

5) 상담 장면 예시

다음은 보미와 생애진로무지개를 그려 본 뒤, 상담을 통해 보미의 생애역할 중요도를 탐색하는 장면의 예시이다. 생애진로무지개를 그리기 전에 전 생애와 생애역할이란 무엇인지 설명하고 대화하는 시간을 충분히 가졌다.

상담자: 보미가 그린 생애진로무지개를 보니 지금 보미가 하고 있는 역할 중 친구 역할을

가장 두껍고 진하게 노란색으로 칠했네.

보미: 네! 제가 가장 좋아하는 것은 친구 역할이에요. 저는 친구들과 시간을 보내고 노는 것이 제일 즐거워요. 그래서 친구 역할의 칸을 꽉 차게 색칠했어요.

상담자: 보미한테 친구 역할이 중요하구나. 그런데 요즘 친구들과 함께하는 시간이 줄어서 서운하겠네.

보미: 네, 작년에는 친구들과 함께 하는 활동도 많고 과제도 같이 하고 그랬는데 2학년이 되면서 친구들은 학원도 더 많이 다니고 공부한다고 바빠요. 그래서 저도 친구들과 같이 진로 준비를 하고 싶어서 상담 선생님에게 온 거예요.

상담자: 그래, 잘 왔어. 그래서 지금 생애진로무지개를 그려 보면서 진로에 대해 보미가 어떤 생각을 가지고 있고, 어떻게 진로를 준비하면 좋을지 차근차근 알아보고 있는 거지. 친구 말고 지금 하고 있는 다른 역할들은 뭐가 있나 볼까?

보미: 학생이요. 부모님은 제가 학생으로서 공부를 열심히 하고 좋은 성적을 받아야 나중에 직업도 잘 가질 수 있다고 하세요. 또 제가 매일 학교에 다니고 있으니까 학생 역할도 두껍게 칠한 편이에요. 그렇지만 사실 저는 공부하는 걸 좋아하지 않아요.

상담자: 부모님은 학생의 역할이 공부를 하고 좋은 성적을 받는 것이라고 강조하시지만, 보미는 공부하는 것은 즐겁지 않고 친구들과 노는 시간이 더 좋구나.

보미: 네, 저도 공부를 잘하면 좋겠지만 재미도 없고 잘하지도 못하는 걸요.

상담자: 보미도 공부를 잘하고 싶은 마음은 있는데 그게 잘 안되는 거네. 그런데 학생의 역할이 꼭 교과 공부를 하는 것만 있는 것은 아니고 보미처럼 진로를 고민하고 준비하기 위해 노력하는 것도 중요한 일이야. 보미가 이렇게 진로에 대해 알아보기 위해 선생님에게 찾아온 점이 훌륭하다고 생각해.

보미: 그런가요? (웃음)

상담자: 그럼! 보미가 먼저 선생님에게 찾아와서 진로에 대해 이야기해 보고 싶다고 하니 얼마나 대견하고 반가운지 몰라. 이렇게 먼저 선생님을 찾아오는 것이 쉬운 일이 아니거든. 그리고 공부가 마음처럼 잘되지 않아서 속상하다면, 다음에 시간을 내서 공부와 관련한 고민을 이야기해 볼 수도 있어. 보미 생각은 어때?

보미: 네, 공부는 하기 싫지만 진로 준비에 필요할 수도 있고…… 지금은 말고요, 다음 번에 얘기하는 건 저도 좋아요.

상담자: 그래, 그럼 지금은 다시 무지개 그림으로 돌아와서, 여기 딸과 누나의 역할도 있네.

보미: 네, 집에서는 엄마, 아빠의 딸이고 동생이 있으니까요. 이제 동생이 많이 커서 저랑 잘 놀지도 않고 예전처럼 제가 동생 숙제를 봐 주는 것도 아니라서 누나로서 하는 일은 이젠 많진 않고 딸 역할이 중요한 것 같아요.

상담자: 가족 안에서 보미가 지금 하는 가장 중요한 역할은 부모님의 딸이구나? 보미가 딸로서 해야 하는 일이 뭐가 있을까?

보미: 공부 잘하는 거요. 엄마랑 아빠 두 분 다 저와 동생 키우고 공부시키느라 힘들게 일하시고 집에 늦게 오실 때가 많으세요. 부모님은 제가 공부 잘해서 좋은 대학 가고 좋은 직업을 가지길 바라시는데 제가 잘 못하고 있어요.

상담자: 보미가 느끼기에 성적에 대한 부모님의 기대가 크시구나, 보미가 만족시키기 어려울 정도로.

보미: 네, 맞아요. 부모님은 저한테 힘들게 학원에 보내 주는데 왜 성적은 그거밖에 안 되냐고 하세요.

상담자: 그런 얘기를 들으면 보미 마음은 어떠니?

보미: 음…… 맨날 똑같은 얘기를 들으니까 솔직히 듣기 싫고 답답해요.

상담자: 보미도 속이 상하는구나. 부모님과 성적 얘기하는 것 말고 다른 식으로 시간을 보내고 싶기도 할 텐데 말이야.

보미: 네. 저는 가족끼리 여행도 가고, 맛집도 가고, 공부하라는 얘기 말고 다른 즐거운 얘기도 하고 그랬으면 좋겠어요.

(중략)

상담자: 그럼 우리 학교를 마친 후의 미래를 볼까?

보미: 미래 부분은 잘 생각이 안 나서 너무 어려웠어요. 그렇지만 저는 아이들을 좋아하니까 나중에 결혼해서 아이를 키우면서 행복하게 살고 싶어요. 가족이랑 여행도 많이 가고, 아이들이랑은 친구처럼 지내고요. 그러니까 부모와 배우자의 역할이 가장 중요할 것 같아서 서른 살 이후부터 두껍게 칠했어요. 그리고 친구들이 소중하니까, 부모 역할만큼은 아니어도 미래에도 친구 역할은 중요할 것 같아요.

상담자: 미래를 구체적으로 떠올리기가 쉽지 않지만 결혼해서 가정을 이루고 싶구나. 보미가 꾸린 가족 안에서 부모와 배우자로서의 역할을 하고 지금처럼 친구들과 함께 하는 것을 중요하게 생각하는 거네. 직업인에 대해서는 어떤 생각이 드니?

보미: 그걸 모르겠어요. 전 말씀드린 것처럼 직업을 갖고 싶지가 않아요. 돈 많은 건물주 이런 거 하면 좋겠지만, 제가 금수저도 아니니까 돈을 벌긴 해야겠죠.

상담자: 보미는 직업을 갖고 싶진 않지만 돈을 벌기 위해서 직업이 필요하다고 생각하는구나.

보미: 네, 결혼하면 남편도 돈을 벌겠지만 남편 혼자 버는 걸로 아이들 키우고 여행도 다니고 하기는 어려우니까 저도 직업이 있어야 하지 않을까요? 또 부모님도 스스로 경제력을 갖추는 게 중요하다고 하시고…… 저도 그런 것 같아요. 그런데 엄마, 아빠처럼 일하느라 집에 매일 늦게 오고 그런 건 정말 싫어요.

상담자: 그렇구나. 나중에 보미가 일을 하느라 가족과 시간을 보내지 못한다면 보미는 행복하다고 느끼기 어렵겠구나.

보미: 네, 제가 바라는 건 사랑하는 사람들이랑 행복하게 사는 건데 일만 하느라 시간을 다 뺏긴다면 너무 슬플 것 같아요.

상담자: 정말 그렇겠네. 그럼 보미가 바라는 좋은 직업이란 무엇일까?

보미: 힘들지 않고 일하는 시간은 적고 돈도 부족하지 않게 벌 수 있는 것이요, 엄청 많이 벌 필요는 없어요.

상담자: 음, 힘들지 않고 여가 시간도 많고 돈도 어느 정도 벌 수 있는 직업, 그런 직업이면 다른 건 상관없을까?

보미: 모르겠어요. …… 이왕이면 제가 좋아하는 일을 하면 좋겠죠.

상담자: 좋아하는 일을 하면 좋겠구나. 보미는 뭐 할 때 즐겁고 좋은지 잠깐 이야기해 볼까?

(후략)

(이후 보미의 흥미와 가치관 등에 대해 탐색하는 대화를 이어 가며 직업인의 의미에 대한 인식을 확장할 수 있도록 도울 수 있다. 친구들과 노는 것을 좋아한다고 했으니, 친구들과 함께할 때 무엇이 즐겁고 좋은지 구체적으로 이야기해 보는 것에서부터 흥미 탐색을 시작할 수도 있다.)

2. 수퍼의 전 생애-생애공간이론을 적용한 진로상담 활동

1) 생애진로무지개

(1) 생애진로무지개 활동의 이해

각 생애역할에 부여하는 중요성은 개인마다 다르며, 한 개인 안에서도 생애의 시점에 따라 다르다. 태어나서 죽을 때까지 개인이 수행하는 생애역할들과 각 역할의 중요성을 생애진로무지개 모형에 나타낼 수 있다(Super, 1980). 생애진로무지개를 그려 보는 활동은 학생들의 진로에 대한 관점을 넓히는 데 유용하다. 즉, 진로설계를 전공이나 직업선택으로 한정하는 것이 아니라 다양한 생애역할 간 조화와 균형을 이루는 삶을 설계하는 것으로 확장할 수 있다. 학생들은 생애진로무지개 활동을 통해 여러 생애역할 중 직업인이 차지하는 의미와 비중은 어떠하며 자신은 어떤 직업가치관을 가지고 있는지, 그에 따라 삶에서 생애역할들을 어떻게 수행하며 살고 싶은지를 정리해 볼 수 있다.

개인이 각 생애역할에 부여하는 중요성은 개인이 속한 집단의 문화와 밀접한 관련이 있다. 예를 들어, 국가나 지역, 가족의 문화에 따라 여성에게 기대하는 딸로서의 역할, 직업인의 역할, 가정을 돌보고 아이를 키우는 역할이 다를 수 있다. 집단의 문화와 기대가 자신의 가치관과 생애역할에 부여한 의미에 어떻게 영향을 미치는지 생애진로무지개 활동을 통해 탐색할 수 있다.

(2) 상담 사례 또는 활동 예시

생애진로무지개 활동은 보미의 사례에서처럼 개인상담에서 활용할 수도 있고, 집단으로도 실시할 수 있다. 활동에 앞서 생애역할이 무엇이며 생애 단계에 따라 수행하는 생애역할과 각각의 우선순위가 어떻게 달라질 수 있는지 예를 들어 설명하여 학생들이 개념에 친숙해지고 자신에게 적용해 볼 수 있도록 돕는 것이 좋다. 특히 미래를 조망하는 능력이 충분히 발달하기 전의 아동이나 초기 청소년들은 미래에 수행할 생애역할들과 그 의미를 생각하는 것이 어려울 수 있다. 따라서 생애진로무지개를 그리기 전에, 앞으로 펼쳐질 삶에서 일어날 수 있는 중요한 사건들은 무엇이 있으며, 그러한 사건들을 겪으며 어떤 생애역할을 수행하게 될지 학생들과 이야기하는 시간을 충분히 갖는 것이 도움이 될 것이다. 또한 현재 수행하는 역할은 무엇이며 앞으로는 어떤 역할을 수행할지 떠올릴 수 있도록 학생의 눈높이에 맞는 질문을 던지고, 각 역할에 얼마큼의 시간을 쓰며 어떤 기대를 가지고 있는지 등에 대해 대화하며 생애진로무지개 활동지를 작성하는 과정을 함께할 수 있다.

집단으로 실시한다면, 학생들이 서로의 생애역할 종류와 중요성에 어떠한 공통점과 차이점이 있는지 이야기해 보며 가치관과 문화의 차이에 따른 진로발달의 다양성을 인식하도록 도울 수 있다. 서로 다른 생애진로무지개 그림을 보면서 학생들은 학교를 졸업한 이후 삶의 모습이 저마다 다르게 펼쳐질 것임을 이해하고, 다양한 삶의 모습과 가치관을 존중하는 것을 배울 수 있다. 또한 자신이 생각해 보지 못한 생애역할이나 가치관 등에 대해 집단 내 다른 학생들을 통해 접하고 탐색해 볼 수 있다.

다음의 생애진로무지개 활동지에 제시된 질문은 학생의 연령이나 발달 단계, 활동 목적과 시간에 따라 일부 질문을 생략하거나 변형하여 활용할 것을 권장한다. 학생들이 각 생애역할에 부여한 의미를 탐색하도록 돕기 위해 다음과 같은 질문들을 활용할 수도 있다(Niles & Harris-Bowlsbey, 2009).

- 각 생애역할이 자신에게 얼마나 중요한가요?
- 미래의 삶에서 지금보다 더 중요해질 생애역할은 무엇인가요?
- 각 생애역할 수행을 위해 얼마나 시간을 쓰고 싶나요?
- 각 생애역할에서 무엇을 성취하고 싶나요?
- 부모님은 학생이 각 생애역할에서 무엇을 성취하길 기대하나요?
- 이러한 부모님의 기대는 자신에게 어떻게 영향을 미치나요?
- 각 생애역할 간에 예상되는 갈등이 있나요?
- 예상되는 갈등이 있다면 어떠한 조정이 필요할까요?

학생들이 생애역할들을 바로 작성하기 어려워한다면, 생애진로무지개 활동에 앞서 255쪽에 제시한 '나의 생애 사건과 역할' 활동지를 사용하여 학생들이 미래에 수행할 생애역할들을 떠올리는 것을 도울 수 있다. 졸업, 취업, 결혼, 출산 등 앞으로의 삶에서 예상되는 생애사건을 떠올려 보고 직업인, 배우자, 부모 등 관련된 생애역할들을 적어 보도록 하는 활동지이다.

생애진로무지개 활동지

생애진로무지개

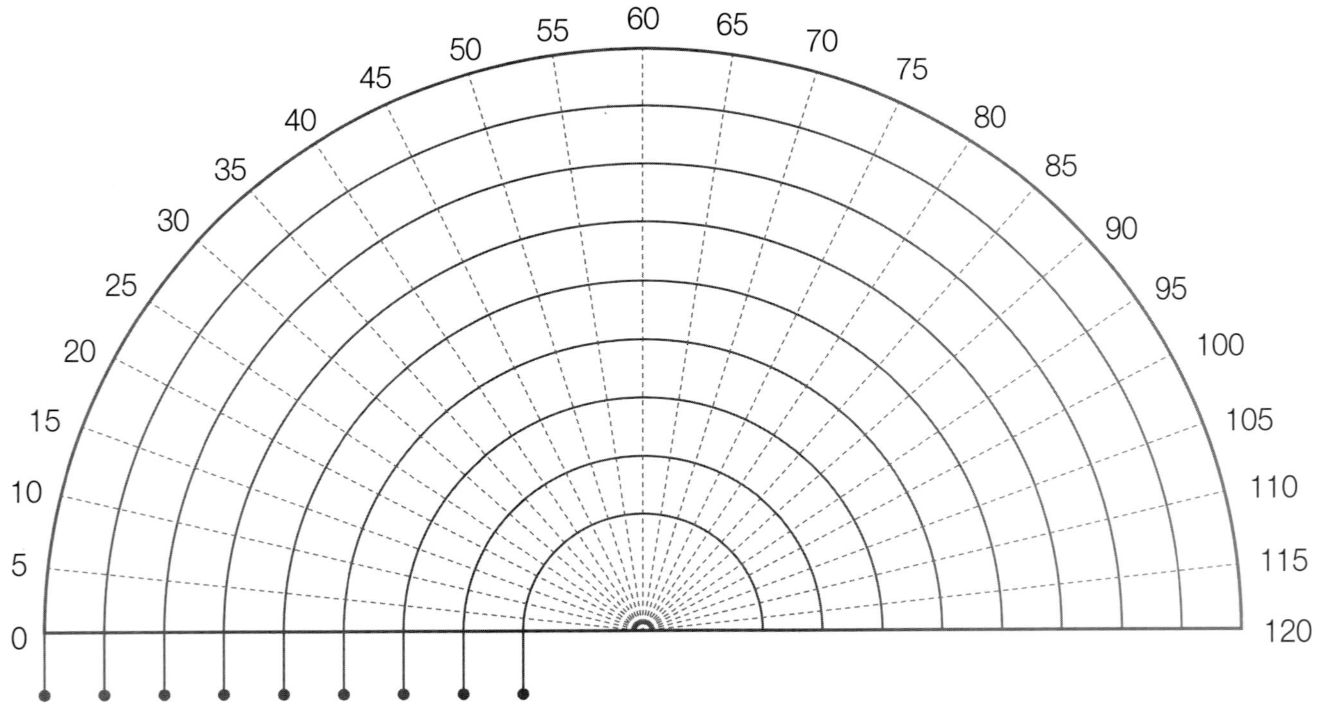

생애역할:

나의 생애진로무지개

1. 무지개의 바깥쪽에는 0세부터 120세까지의 나이가 적혀 있습니다. 이 중 현재 나이의 위치를 ○로 표시해 보세요. 또한 지금부터 20년 후의 나이에 ☆로 표시해 보세요.

2. 현재 내가 하고 있는 역할들을 떠올려 봅시다. 학생, 자녀 등 어떤 역할을 하고 있나요? 각 역할을 무지개의 가로축의 맨 앞 칸부터 하나씩 적어 보세요. 앞으로 살아가면서 새롭게 맡게 될 역할에는 무엇이 있을까요? 이어서 한 칸에 하나씩 적어 보세요.

3. 나이에 따라 각 생애역할이 나에게 중요한 정도를 무지개의 해당 칸에 색칠해 보세요. 그 생애역할을 중요하게 생각하는 만큼 칸에 꽉 차도록 두껍게 칠하고, 덜 중요할수록 얇게 칠합니다. 어느 나이대에 그 생애역할을 수행하지 않는다면 그 부분은 칠하지 않습니다.

4. ○로 표시한 현재 나이에 수행하고 있는 생애역할의 중요도를 어떻게 색칠했는지 살펴봅니다.
   - 가장 중요한 역할부터 순서대로 세 가지를 꼽으면 무엇인가요? 그 역할들이 중요한 이유는 무엇인가요?

- 현재 생애역할들을 조화롭고 만족스럽게 수행하고 있나요? 역할 간 갈등이 있다면 무엇이 있을까요?

5. ☆로 표시한 20년 후에 수행할 생애역할의 중요도를 어떻게 색칠했는지 살펴봅니다.
   - 20년 후 중요한 생애역할을 순서대로 세 가지를 꼽으면 무엇인가요? 그 역할들이 어떤 점에서 중요한가요?

   - 미래에 다양한 역할을 조화롭게 수행하는 데 어떤 어려움이 있을까요? 그 어려움을 극복하는 방법에는 무엇이 있을까요?

6. 앞으로 수행할 역할 중 '직업인'의 역할은 얼마나 중요한가요? 미래의 직업인 역할은 현재 수행하고 있는 역할들과 어떻게 관련이 될까요?

7. 생애진로무지개를 그려 보고 나서 새롭게 생각해 본 점이나 배운 점은 무엇인가요?

나의 생애 사건과 역할 활동지

나의 생애 사건과 역할

앞으로 나의 삶에서 일어날 중요한 사건들을 떠올려 보고 '구름' 모양에 하나씩 적어 봅시다. 그리고 그 사건들으로 인해 내가 수행하게 될 생애역할에 대해 생각해 보고 구름 주위의 동그라미에 하나씩 적어 봅시다. 빈 공간을 활용하여 다양하게 표현해도 좋습니다.

2) 진로성숙도검사

(1) 진로성숙도검사의 이해

진로성숙은 개인의 연령 단계에서 요구되는 진로발달 과업에 대한 준비도를 의미한다. 커리어넷의 진로성숙도검사를 활용하여 진로성숙도의 영역별 수준을 확인할 수 있다. 커리어넷의 검사는 진로성숙도를 "중 · 고등학생의 진로발달 단계에 맞는 진로 관련 문제를 해결하고 대처해 나갈 수 있는 준비도로서, 자신의 진로선택과 결정에 대한 태도, 능력, 행동을 갖춘 정도"라고 정의한다(서미 외, 2019a). 구체적으로, 커리어넷의 중 · 고등학생용 진로성숙도검사는 3개 차원, 9개 영역의 총 63문항으로 구성되어 있다. 태도(계획성, 직업에 대한 태도, 독립성, 진로낙관성), 능력(자기이해, 정보 탐색, 합리적 의사결정, 희망직업에 대한 지식), 행동(진로탐색 준비행동) 차원의 문항내적 일관성 신뢰도와 9개 하위 영역의 의미를 〈표 9-1〉에 제시하였다. 중학생과 고등학생에게서 모두 태도, 능력, 행동 영역의 문항 내적 일관성 신뢰도는 .7 이상으로 양호하였으며, 특히 태도와 능력의 8개 하위 영역 각각의 신뢰도는 모두 .9 이상이었다(서미 외, 2019b).

커리어넷의 진로성숙도검사는 2001년에 개발되어 2012년에 개정된 후, 2019년 시대의 변화를 반영하여 재개정되었다(서미 외, 2019a). 9개 영역의 T점수가 검사 결과로 제공되며, 35점 미만은 낮음, 35점 이상에서 55점 미만은 보통, 55점 이상은 높음으로 수준이 구분된다. 태도와 능력에 해당하는 8개 영역 T점수는 8각형의 그래프로, 행동 차

〈표 9-1〉 커리어넷 진로성숙도검사 영역별 의미와 신뢰도

영역	하위 영역	의미	신뢰도	
			중학생	고등학생
태도	계획성	자신의 진로 방향을 설정해 보고 직업결정을 위한 계획을 수립해 보는 태도	.910	.913
	독립성	진로결정에 있어서 스스로 진로를 탐색하고 선택하려는 태도		
	직업에 대한 태도	직업이 갖는 의미와 중요성에 대한 올바른 인식 정도		
	진로낙관성	미래의 직업 및 진로환경에 대한 낙관적이고 긍정적인 태도		

능력	자기이해	능력, 흥미, 가치, 신체적 조건, 환경적 제약 등 개인이 진로선택에서 고려해야 할 개인적 특성을 이해하는 능력	.941	.952
	합리적 의사결정	자신의 진로를 합리적으로 선택할 수 있는 능력		
	정보 탐색	자신의 진로와 관련된 정보를 활용할 수 있는 능력		
	희망직업에 대한 지식	자신이 관심을 갖는 직업에 대해 구체적인 정보를 알고 있는 능력		
행동	진로탐색 및 준비행동	자신의 진로를 적극적으로 탐색하고 준비하는 능력	.768	.762
수검태도		응답의 신뢰성과 해석의 타당성을 확인하기 위한 1개 문항 별도 구성	-	-

출처: 서미 외(2019a) pp. 4-6에서 영역별 의미 일부 수정 · 보완.

원의 점수는 가로 막대 그래프로 제시된다(242쪽 [그림 9-1] '보미의 진로성숙도 결과' 참조). 하위 영역별 검사 결과 해석과 함께, 수준이 '낮음'인 영역에 대하여는 〈표 9-2〉의 예시와 같이 해당 영역을 개발하기 위한 몇 가지 활동이 안내된다. 결과지의 맨 마지막 장에는 검사 결과에 대한 자신의 생각과 앞으로의 진로개발계획을 간략히 정리해 볼 수 있는 활동지가 제시된다.

〈표 9-2〉 진로성숙도 결과 '직업태도'의 수준이 '낮음'인 경우 결과 예시

결과 해석

평소 직업이 삶에서 어떤 의미인지, 또는 직업에 대해 어떤 태도를 가지고 있었는지에 대해 고민해 본 시간이 부족했을 수 있습니다. 진로와 직업이 무엇이고, 삶에 어떠한 영향을 미치는지 생각해 볼 필요가 있습니다. 지금부터라도 나는 직업에 대해 어떤 태도를 가지고 있는지 생각해 보도록 합니다. 직업이 삶에서 얼마나 중요하고 내가 어떠한 인식을 가지고 있는지 알기 위해서 나에게 직업이 갖는 의미와 평소에 다양한 직업군에 대해서 어떠한 생각과 느낌을 가지고 있었는지에 대해 스스로 질문해 보는 것이 필요합니다.

이렇게 해 보아요

1. 개인의 인생에서 왜 직업이 필요한지, 자신은 어떤 직업에 대하여 관심이 있는지 적어 봅시다.
2. 직업 현장체험을 통해 관심이 있는 직업에 대한 이해를 얻고 일의 소중함에 대해서도 생각해 봅시다.
3. 주변에서 가장 행복한 직업인을 1명 찾아 직업의 중요성과 직업선택의 이유에 대해 인터뷰한 후 자신의 생각을 정리해 보세요.

출처: 커리어넷(https://www.career.go.kr/inspct/web/psycho/grow2/result).

참고로, 워크넷의 '청소년 진로발달검사'를 통해 청소년들의 진로발달 수준을 평가할 수도 있다. 워크넷의 진로발달검사는 진로성숙도검사와 진로미결정검사의 두 가지로 이루어져 있으며 각각 57문항, 40문항이다. 진로성숙도검사는 진로 관련 태도(계획성, 독립성, 태도), 지식(자신, 직업, 학과에 대한 지식), 그리고 행동의 정도를 파악하기 위한 문항으로 구성되어 있다. 진로미결정검사를 통해서는 진로결정의 어려움을 가져오는 요인들을 파악할 수 있다. 실시 대상은 중학교 2학년부터 고등학생까지이다.

(2) 진로성숙도검사의 실제

진로상담에서 커리어넷의 진로성숙도검사를 활용하는 방법의 예를 제시하고자 한다. 진로성숙도검사는 진로와 관련한 태도, 능력, 행동 차원에서 학생의 준비도가 어느 정도이며 진로설계와 결정을 위해 개발이 필요한 영역은 무엇인지를 파악하고자 할 때 유용하게 활용할 수 있다. 반면, 학생의 흥미, 능력, 가치관 등을 파악하거나 학생의 특성에 맞는 학과나 직업을 알아보기 위한 목적의 검사는 아니다. 진로성숙도검사를 비롯한 진로 · 심리검사는 분명한 목적을 가지고 검사에 대한 명확한 안내와 함께 시행되어야 하며, 검사 결과에 대한 해석상담이 뒤따라야 한다.

검사의 시작

상담자는 먼저 진로성숙도가 무엇인지, 진로성숙도검사를 통해서 어떤 도움을 받을 수 있는지를 학생에게 안내한다.

예시: 진로를 결정하고 결정을 실행하기 위해서는 여러 가지 태도, 능력, 행동적인 면에서 준비가 필요합니다. 진로성숙도란 이러한 진로발달 과업들에 대하여 준비되어 있는 정도를 의미합니다. 약 20분 정도 시간을 내어 진로성숙도검사의 문항에 솔직하게 응답해 주세요. 응답을 마치면 바로 결과가 제공되며, 검사 결과를 바탕으로 자신의 진로에 대한 준비 정도가 또래 청소년들에 비해 영역별로 어느 정도 수준인지를 점검해 볼 수 있습니다. 진로 준비가 잘되어 있는 부분은 무엇이며, 어떤 부분을 더 노력하고 개발해야 하는지 파악하고 이를 바탕으로 진로개발 목표와 계획을 세울 수 있습니다.

다음의 질문들을 적절히 활용하여 학생과 검사에 대해 준비할 수 있다.

- (진로성숙도에 대한 설명 전에) 진로성숙도가 무엇인지 접해 본 적이 있나요?
- (진로성숙도의 개념과 진로성숙도검사에 대해 설명하고 나서) 진로성숙도검사를 해 보고 싶은 마음이 드나요? 검사를 통해 어떤 점이 기대되나요? 검사가 망설여지거나 검사를 해 보고 싶지 않다면 어떤 점에서 그런가요?
- 검사를 실시하기에 앞서 더 궁금한 점이나 걱정되는 점이 있다면 무엇인가요?

① 검사 실시

맞고 틀린 답이 있는 것이 아니며, 자신의 진로발달에 대한 준비도를 정확하게 파악하기 위해서 솔직하게 응답하는 것이 중요함을 안내한다. 검사 문항 중 '희망직업 지식'에 대한 문항은 학생이 희망하는 직업을 쓰게 하고 그 직업에 대해 얼마나 알고 있는지를 묻는다. 따라서 희망하는 직업이 뚜렷하게 없는 경우 이 부분에 답변하는 것이 어려울 수 있다. 이때에는 분명하게 목표로 정한 직업이 아니더라도 관심이 있거나 생각해 본 적이 있는 직업 중 한 가지를 선정하여 답해도 괜찮다고 안내하고, 추후 해석 단계에서 이 문항에 답하기 어려웠던 점, 이 직업을 쓴 이유 등이 무엇인지를 함께 탐색해 볼 수 있다.

② 검사 결과의 해석

커리어넷 진로성숙도 결과지의 첫 페이지에는 '주요 결과'가 요약되어 있다. 학생 개인 내에서 상대적으로 높은 영역 2개와 낮은 영역 2개를 보여 주고 각 영역별 T점수와 반응일관성 결과가 제시된다. 두 번째 페이지에는 상세 결과가 제시되어 있으며, '태도-능력 차원별 결과'와 함께 '종합프로파일'의 팔각형 그래프와 막대그래프를 통해 아홉 가지 영역에 대한 결과를 한눈에 확인할 수 있다. 이어서 하위영역별 해석이 제공된다.

검사 결과지의 구성 순서에 따라 결과를 해석하는 절차와 활용팁은 진로성숙도검사 활용 도움서(서미 외, 2019a)에 상세하게 안내되어 있으므로, 여기서는 검사 결과지의 '종합프로파일'에 제시된 검사 결과 그래프를 중심으로 해석할 때 참고할 수 있는 내용을 제시하였다. 학생이 진로와 관련하여 적극적으로 자신을 탐색하고 이해하도록 돕기 위해 상담에서 활용할 수 있는 질문과 방식의 예를 보여 주는 것이며, 절대적인 지침은 아니다. 내담자의 특성과 발달 수준, 상담자의 선호 등에 따라 다른 상담 방식과 접근을 취할 수 있다.

결과 해석에 앞서, 상담자는 먼저 주요 결과에 제시된 응답의 일관성을 확인할 필요가 있다. 반응 일관성 결과는 높음, 보통, 낮음 세 수준으로 구분되며, '높음'으로 나타난 경우 결과 해석을 진행할 수 있다. 결과가 '낮음'인 경우는 문항에 대한 응답의 일관성이 낮다는 의미이며, 검사 결과를 신뢰하기 어려울 수 있다. 이 경우에 학생이 검사에 응답할 때 어려움이 있었는지 등을 확인해 보아야 하며, 학생이 검사에 성실히 응하지 않았거나 답변에 어려움을 겪었다면 그것 자체가 상담의 주제가 될 수 있다. 반응 일관성 결과가 '보통'이라면 학생이 대체로 성실히 응답했다고 볼 수 있고 검사 결과를 해석할 수 있지만, 검사 결과에 대해 학생과 함께 확인할 것을 권한다(서미 외, 2019a).

학생과 함께 종합프로파일 그래프(242쪽 [그림 9-1] 참조)를 보면서 검사 결과를 검토할 때, 상담자는 다음의 설명과 질문을 활용할 수 있다.

- 진로발달의 아홉 가지 영역에 대해 또래 친구들과 비교했을 때 ◯◯의 상대적 위치가 어떠한지 이 그래프에 나타나 있어요. 여기서 가장 점수가 높은 것을 찾아서 동그라미 쳐 봅시다. 검사 결과, 지금 동그라미 친 것이 아홉 가지 진로개발 영역 중 ◯◯가 가장 잘 준비되어 있는 부분으로 나타났어요. 이 결과에 대한 ◯◯의 생각은 어떤가요?
- 여기서 가장 점수가 낮은 영역을 찾아볼까요? 이 영역은 상대적으로 다른 영역보다 준비가 덜 되어 있는 것으로 나타났는데, 이 결과에 대해 ◯◯는 어떻게 생각하나요?'
- 이 영역에 대해 ◯◯는 어떤 경험을 가지고 있나요?
- 팔각형의 그래프가 붉은색과 파란색으로 구분되어 있는데, 붉은색은 진로에 대한 태도를 나타내고 있고, 파란색은 자신과 직업에 대해 정보를 모으고 이해하고 의사결정을 잘할 수 있는지와 같은 능력의 정도를 나타내고 있어요. 붉은색 부분과 파란색 부분에 있어서 차이가 있거나 눈에 띄는 점이 있다면 무엇일까요?
- 다음의 막대 그래프는 최근 1년간 진로를 준비하기 위한 다양한 활동을 하고 있는가를 나타내고 있어요. T점수 35점 미만은 또래에 비해 '낮음', 55점 이상은 '높음'으로 분류됩니다. 진로탐색 준비행동의 정도가 또래에 비해 (높게/보통으로/낮게) 나타

낫는데, ◯◯는 진로를 준비하기 위해 어떤 활동을 하고 있나요?

- 전체적으로 살펴보니 검사 결과가 ◯◯의 진로 준비 정도를 잘 반영하고 있다고 생각하나요? ◯◯의 생각과 다른 점이 있다면 무엇일까요?
- 검사 결과를 함께 검토해 보고 난 후 더 궁금한 점이 있나요?
- 검사 결과를 통해서 진로 준비에 대해 생각해 본 점이나 배운 점이 있다면 무엇이 있을까요?

검사 결과의 해석에 앞서서 각 9개 영역이 의미하는 바를 학생에게 설명하고, 학생 스스로의 생각을 먼저 들어 볼 수도 있다. 예를 들어, '진로성숙도의 9개 영역에 대해 설명을 듣고 나니 ◯◯의 생각에 가장 잘 준비되어 있는 영역은 무엇인 것 같나요? 가장 개발이 필요하다고 생각되는 영역은 무엇인가요? 어떠한 점에서 그렇게 생각하나요?'와 같은 질문을 통해 스스로의 탐색을 촉진하고, 이후 검사 결과와 비교해 보며 검사 결과에 대한 학생의 생각을 탐색해 나갈 수 있다. 이러한 방식으로 접근하면, 학생이 검사 결과를 절대적인 것으로 받아들이기보다는 자신의 진로발달 수준과 과제를 점검하면서 진로개발계획을 세우기 위해 검사 결과를 의미 있게 활용하도록 도울 수 있다.

검사 결과의 종합적인 프로파일을 해석할 때에 각 영역 간 관계에 대해서도 고려할 필요가 있다. 예를 들어, 희망직업 지식과 합리적 의사결정, 정보 탐색의 점수가 높지만 자기이해와 독립성의 수준이 낮은 경우, 학생이 작성한 희망직업이 자신에 대한 이해를 바탕으로 스스로 희망하는 직업인지, 혹은 숙고와 탐색을 거치지 않고 부모님 등 외부의 메시지를 받아들여서 희망직업을 정해 버린 상태인지 등을 탐색해 보는 것이 필요하다.

또한 중요한 것은 진로성숙도검사 점수는 절대적인 불변의 점수가 아니라 현재의 준비도를 뜻한다는 점을 안내하는 것이다. 현재 잘 준비되어 있는 부분과 보완이 필요한 부분을 검사 결과를 통해 점검해 보고, 보완해야 할 부분에 대해 관심을 가지고 진로개발을 위한 활동을 하고 준비한다면 진로성숙도가 향상될 수 있음을 설명해야 한다.

◆ 참고문헌

서미, 김동일, 이동혁, 차주환, 양미진, 소수연, 유준호, 김지혜, 이지은, 이태영, 이준원, 김재은 (2019a). **진로성숙도 검사 활용 도움서(중학생용)**. 교육부, 울산광역시교육청, 한국청소년상담복지개발원.

서미, 김동일, 이동혁, 차주환, 양미진, 소수연, 유준호, 김지혜, 이지은, 이태영, 이준원, 김재은 (2019b). **2019년 진로심리검사 도구 개발**. 교육부, 울산광역시교육청, 한국청소년상담복지개발원.

Niles, S. G., & Harris-Bowlsbey, J. (2009). *Career development interventions in the 21st century* (3rd ed.). Upper Saddle River, NJ: Prentice Hall.

Super, D. E. (1980). A life-span, life-space approach to career development. *Journal of Vocational Behavior, 16*, 282-298.

Super, D. E., Osborne, W. L., Walsh, D. J., Brown, S. D., & Niles, S. G. (1992). Developmental career assessment and counseling: The C-DAC model. *Journal of Counseling & Development, 71*(1), 74-80.

커리어넷의 진로성숙도검사 결과 종합 프로파일. https://www.career.go.kr/inspct/web/psycho/grow2/result

제 10 장

인지적 관점을 적용한 진로상담의 실제

들어가기

이 장에서는 인지적 관점의 이론을 적용하여 상담 실제에 대한 이해를 돕고자 한다. 제2장에서 제시한 모의상담 사례를 선정하여 인지적 과점의 이론을 적용하여 상담을 진행할 때 상담자가 고려해야 할 내용을 구체적으로 살펴본다. 개인상담 사례로 제2장에서 제시한 보미의 사례를 예를 들어 사례개념화를 계획하고 상담 진행을 시도한다. 사회인지진로이론을 적용한 보미의 가상 상담과정에서 상담자가 사례를 이해하고 상담을 진행할 때 고려한 내용을 구체적으로 소개한다. 또한 진로지도 활동에서는 진로발달 및 진로선택에 영향을 미치는 환경적 요인을 진로지지 요인과 진로장벽 요인 측면에서의 접근 방법을 소개한다.

학습목표

1. 사회인지진로이론의 주요 개념을 보미의 진로발달 특성이나 상황에 적용하여 각각 설명할 수 있다.
2. 보미의 특성을 종합적으로 이해하고 인지적 관점의 이론을 각각 적용해서 설명할 수 있다.
3. 인지적 관점의 이론을 적용하여 진로지도할 때 구체적인 접근 방법을 더 모색하여 실천해 볼 수 있다.

1. 개인 진로상담: 보미의 사례

1) 호소문제 이해

(1) 보미의 호소문제

내담자의 친구들은 자유학기제가 끝난 뒤 미래의 진로에 대해 계획을 갖고 하고 싶은 활동들이 생겨서 학업과 동아리 활동 등을 하는 데 바쁘다고 한다. 친구들은 진로를 준비하기 위해 학업에 열중하는 것 같은데, 자신은 관심 있는 직업도, 진로계획도 없어서 동떨어진 느낌이 들고 외로움을 느낀다고 호소한다. 보미 자신도 진로를 준비하며 친구들과 예전처럼 함께 시간을 보내고 싶다고 한다.

직업을 갖는 것은 힘든 일이기 때문에 직업을 갖고 싶지 않고, 진로 준비와 공부도 하기 싫다고 한다. 진로를 준비해야 한다는 것은 알지만 좋아서 하기보다 그냥 해야 할 것 같고, 미래의 진로를 위해 준비할 수 있으면 좋겠다고 생각한다.

(2) 호소문제에 대한 전반적 이해

보미는 진로를 준비해야 하는가, 그리고 어떻게 준비해야 하는가와 같이 진로에 대해 고민하는 것을 힘들어한다. 진로를 공부와 연결하는 것도 싫고, 목표나 방향 등이 전반적으로 명확하지 않으며, 준비하고 싶은 마음이 없다고 한다. 그 와중에 친구들과 함께 하는 시간이 좋았는데 친구들은 학업에 열중하며 진로를 준비하는데, 자신은 그렇지 못하고 친구들과 소원해지기까지 해서 친구관계 개선과 진로에 대한 준비를 함께 다뤄야 할 상황이다. 이와 같이 보미의 사례에 대해 보다 종합적으로 살펴보면 크게 두 가지 영역으로 구분해 볼 수 있다. 첫 번째로 보미가 가장 불편하게 생각하는 것은 아마도 친구들과 소원해지는 것이고, 친구관계가 예전 같지 않아 친구들과 공유하는 시간과 경험이 다르다고 느낀다. 두 번째는 친구들과 공유하는 시간과 경험의 차이를 보면, 친구들은 학업과 진로에 점차 집중하는데 보미는 그렇지 못하고 있다는 것이다. 이러한 두 가지 측면에서 상담자가 중요하게 고려할 부분이 또래관계, 진로발달, 학업적응 등의 영역이라고 할 수 있다. 또한 학업과 진로 영역에서 친구들과 많은 것을 공유할 수 있으면 친구관계가 지금보다는 많이 개선이 될 것으로 기대한다.

2) 사회인지진로이론을 적용한 사례개념화

사회인지진로이론의 주요 개념과 모형을 적용하여 보미의 호소문제와 처한 상황 등을 살펴보고자 한다. 여기에서 보미의 자기효능감, 결과기대, 목표의 선택, 환경적 변인, 흥미발달에 대해 구체적으로 분석해 본다.

보미는 중학생이고 아직 어린 학생이므로 많은 생활 경험을 가지고 있지 않다. 가족과 학교 친구들과의 관계가 주요 생활 경험이라고 할 수 있다. 보미는 맞벌이하는 부모님 밑에서 동생과 많은 시간을 보내고 있고, 친구들과 시간을 보내는 것을 좋아한다. 보미에게 부모님을 대신해서 동생을 돌보는 것이 중요한 경험이라고 할 수 있다. 부모님 대신 동생의 식사, 숙제 등을 돌본다는 것이 어린 보미에게는 상당히 큰 역할을 요구하는 것인데, 보미는 크게 불편을 호소하지 않고 잘 수행한 것으로 보인다. 또한 보미는 친구들과 좋은 관계를 유지하고, 친구들과 함께 시간을 보내는 것을 좋아한다. 구체적으로 어떤 활동에 초점을 두기보다 친구들과 함께하는 것을 좋아하는 것으로 보여, 타인과의 관계 속에서 긍정적인 감정을 느낀다는 것을 알 수 있다. 그래서 보미는 관계, 돌봄과 같은 영역에서 자기효능감이 높을 수 있다.

보미의 흥미와 목표를 살펴보면 뚜렷하게 흥미라고 할 만한 것은 거의 없다. 보미가 흥미를 느끼는 부분을 추측해 보자면 게임하는 것과 친구들과 함께 노는 것, 자유학기제 때 경험한 진로체험활동이라고 할 수 있다. 그러나 구체적으로 어떤 영역의 직업 체험이 더 흥미 있었다기보다 친구들과 함께 여러 체험을 하는 것이 더 즐거워 보인다. 흥미발달모형을 중심으로 본다면 보미는 타인과의 관계 측면에서 자기효능감이 있는 것으로 보이고, 친구들과 즐거운 시간을 보내고자 하는 결과기대에 관심이 있다.

이러한 자기효능감과 결과기대 영역이 구체적인 흥미로 연결되지는 못했고, 보미가 스스로 자신이 타인과의 관계를 중요시하며 대인관계 측면에서 효능감이 있다는 것을 인식하지 못하고 있는 것 같다. 자유학기제 기간에 친구들과 함께 즐겁게 시간을 보냈다는 것이 자신의 특성과 어떻게 연결되는지를 알지 못하는 듯하다. 결과적으로 완전한 흥미발달로 볼 수는 없지만 보미의 또래관계 특성 등을 종합해 보면 이와 같은 해석이 가능할 것으로 보인다.

발달 단계의 관점으로 보미를 봤을 때 아직 진로에 대해 명확한 인식과 구체적인 계획이 없을 수 있다. 흥미발달모형에서도 진로와 관련된 구체적인 흥미나 활동 목표 등은 확인할 수 없지만 보미의 개인 특성, 또래관계 특성, 자유학기제에서의 체험 및 경험 등을 통해 보미의 흥미를 구체적으로 탐색하고 진로목표, 결과기대, 향후 활동의 선택 등을 중심으로 상담을 진행할 필요가 있다. 선택모형에 입각해서 본다면 보미가 앞으로 자신의 흥미를 탐색하고 확인하는 등의 노력과 목표 선택, 활동 선택을 할 수 있도록 촉진하고, 이러한 과정 속에서 개인적 배경과 환경적 배경, 학습 경험을 보다 구체적으로 이해할 필요가 있다. 또한 기타 환경의 영향을 충분히 검토하고 보미가 진로에 대한 긍정적 인식을 가지며, 자신의 흥미를 탐색하고, 이것이 결과기대와 진로목표로 이어질 수 있도록 상담의 방향을 설정해야 한다.

3) 상담목표

(1) 내담자와 합의한 목표

보미가 상담실에 찾아온 계기와 보미의 내적 요구를 고려해 보면 다음과 같은 주요 내용을 보미가 생각하는 상담목표로 제안해 볼 수 있다. 또한 내담자가 희망하는 상담목표를 상담자와 내담자가 합의한 목표로 이끌어 가는 것이 중요하다.

여기에서는 가상 사례를 중심으로 내담자와 합의한 목표를 제안하지만 실제 사례에서는 내담자의 주관적인 판단이 개입이 되기 때문에 다음 내용을 참고하여 목표를 설정하는 것을 권장한다. 이 사례에서 상담자와 내담자가 합의한 상담목표는 예를 들어 보면 다음과 같다.

- 좋아하거나 조금 관심이 있는 직업들을 알아보고 관련 정보를 찾는다.
- 진로를 준비하는 것에 대해 느끼는 부담감을 알아보고 생각을 긍정적으로 바꾸어 보자.
- 진로를 준비하기 위해 필요한 것을 알아보고, 공부를 왜 해야 하는지, 그리고 무엇을 할 수 있는지 등을 알아본다.
- 친구들을 이해하고 예전처럼 친구들과 함께할 수 있는 방법을 알아본다.

(2) 상담자가 설정한 이론적 목표

사례개념화를 할 때 사회인지진로이론을 적용하여 상담목표를 세워 보고자 한다. 사회인지진로이론에서 제시한 주요 개념과 모형을 중심으로 보미 사례에서 고려해야 할 이론적 목표를 다음과 같이 제시할 수 있다.

- 보미의 자기효능감과 결과기대 그리고 흥미발달에 미치는 요인을 확인한다.
- 보미가 자신의 흥미를 찾을 수 있도록 흥미발달을 촉진한다.
- 보미가 잠정적인 진로목표를 설정할 수 있도록 촉진한다.
- 잠정적 진로목표를 정한 후 이에 따라 활동을 선택하고 활동을 통해 성취감을 맛보게 한다.

이에 따라 크게 두 가지 단계로 구분하여 상담목표를 설정해 볼 수 있다. 첫째, 보미의 자기효능감과 결과기대 그리고 흥미발달에 미치는 요인을 확인하고, 보미가 자신의 흥미를 찾을 수 있도록 흥미발달을 촉진한다. 둘째, 진로목표를 설정하고 목표에 따른 활동을 통해 성취감을 맛보게 한다.

4) 상담전략

(1) 흥미발달의 영향 요인을 확인한다

보미는 자신의 흥미와 적성을 충분히 알지 못한 상태이며, 또한 진로와 관련된 생각을 충분히 해 보지 않은 것 같다. 특히 보미는 자신이 어떤 관심 영역이 있는지를 전혀 알지 못하는 것 같다. 친구들이 진로를 준비하니 자신도 뭔가 해야 할 것 같지만 진지하게 진로에 대해 고민하고 준비해야겠다는 필요는 크게 느끼지 못한 상태이다. 보미의 흥미발달이 잘 이루어지지 못하고, 흥미발달에 어떤 영향 요인이 있는지를 파악할 필요가 있다. 예를 들어, 좋아하는 일, 어떤 친구와 함께하는 것이 좋은지, 무엇을 할 때 즐거움을 느끼는지, 아니면 타인과 함께하는 것 자체가 가장 큰 즐거움인지에 대한 구체적인 확인이 필요하다. 동생을 챙기는 것, 친구들과 같이 활동하는 것, 이러한 보미의 생활 속의 활동들이 흥미발달에 영향을 주는지, 어떤 영향을 주는지를 탐색할 필요가 있다.

흥미발달에 영향을 미치는 요인으로는 자기효능감과 결과기대가 중요한데, 보미는 진로에 관한 자기효능감을 충분히 갖지 못한 것으로 보인다. 보미는 자기효능감과 결과기대 부분에서 취약할 수 있기 때문에 흥미발달이 아직 충분하지 않을 수 있다. 또래들에 비해 자신의 흥미나 적성에 대한 이해와 자신이 무엇을 좋아하는지, 그리고 친구들이 진로를 준비하거나 학업에 매진하는 모습에 대한 이해가 부족한 것으로 보인다. 이런 측면에서 자기효능감이 낮다는 것을 알 수 있다. 다만, 친구들과 잘 어울리고 좋은 관계를 맺는 것이나 동생을 챙기는 모습을 보면 대인관계에서는 자기효능감이 상대적으로 높을 수 있다.

(2) 보미의 흥미발달을 촉진한다

보미의 흥미가 구체적으로 어떤 것이라고 인식하기는 아직 이른 단계인 것 같다. 흥미발달을 촉진하고 보다 명확한 흥미를 인식하고 진로를 준비할 수 있도록 촉진하는 것이 필요하다. 앞에서 살펴본 바와 같이 보미는 친구들과 함께하는 것을 좋아하고, 구체적인 활동 내용을 선호하는 것도 있겠지만 타인과 활동을 함께 하는 것을 좋아하는 것 같다. 이러한 점들을 주목하여 구체적으로 어떤 활동을 좋아하는지, 아니면 단지 친구들과 함께 무엇이든 하는 것을 좋아하는지 등을 자세히 탐색할 필요가 있다. 타인과의 관계를 주목해야 할지, 활동 내용에 초점을 둘지, 또한 두 가지 모두 중요한지 등을 보다 종합적으로 파악해야 하며, 이에 따라 탐색적 개입을 하는 것이 적절하다. 상담자는 적극적 개입을 통해 보미가 자신의 흥미를 인식할 수 있도록 촉진하는 역할을 제공할 수 있다.

보미는 진로와 관련된 결과기대가 매우 취약한 것으로 보인다. 어떠한 특정 행동을 했을 때 나타날 수 있는 결과에 대해 구체적으로 생각해 본 것 같지 않다. 좋아하는 것과 즐거움을 느끼는 것이 친구들과 함께하는 것인데, 친구들과의 즐거운 시간 외에는 특별히 어떤 행동과 연결된 결과기대는 없는 것으로 보인다. 특히 진로에 대한 보미의 자기효능감이 낮은 것과 비슷하게 결과기대 또한 확인할 수 있는 구체적인 내용이 없다고 할 수 있다. 실제 어떠한 행동을 통해 어떤 결과를 얻고자 하는 의욕이나 노력이 보이지 않은 것이 보미의 특성이라고 할 수 있다. 학업에서든, 진로 준비에서든 특별한 노력을 하거나 자기효능감이 보이지 않아 결과에 대한 기대 또한 보이지 않다. 이와 같이 결과기대에 대한 모습이 보이지 않다는 것을 보면 진로에 대한 가치관조차 형성되지 않은 것을 추론해 볼 수 있다. 더 나아가서 보미는 진로와 미래의 삶의 대해 약간의 부정적인 생각을 하고 있는 것으로 보일 수도 있다. 예를 들어, 보미는 직장생활은 힘들다고 생각해서 직업을 가지기 싫다는 생각을 갖고 있다.

(3) 잠정적 진로목표를 설정하고 활동을 촉진한다

이 사례에서 보미가 자신의 진로목표를 설정하고 이에 따라 목표를 달성하기 위해 필요한 활동들을 탐색하여 구체적인 활동을 할 수 있도록 하는 것이 중요하다. 보미가 자신의 흥미나 적성을 탐색한 후 이에 따른 구체적인 직입이나 향후 방향을 고려하여 설정하도록 한다. 진로목표가 왜 필요한지, 어떤 목표를 설정할지 등이 보미에게는 매우 어려운 일일 수 있다. 그래서 상담에 대해 기대와 흥미를 갖게 하고, 상담을 통해 탐색과 잠정적 진로의사결정 과정을 경험하게 한다. 이때 중요한 것이 바로 잠정적 진로목표의 설정인데, 자신의 진로목표에 대해 기대와 설렘을 갖는 것이 보미에게는 중요하다. 진로 준비가 왜 중요한지 등에 대해 의미 부여를 하지 않고 소극적인 태도, 심지어 약간의 부정적인 태도를 보이는 부분에 대해 상담자는 중요하게 인식해야 하고, 보미를 상담할 때 그것을 함께 고려하고 다뤄야 한다.

진로목표는 개인이 자신의 미래와 관련하여 얻고자 하는 결과이며, 그 결과에 대해 기대하고 꼭 이루고자 하는 의도는 동기와 행동으로 이어진다. 이 과정에서 개인의 인지적 판단, 의도, 행동 방향 설정 등이 이루어지며, 이것이 목표 설정 및 목표 달성 행동으로 나타난다. 특히 중요한 가치를 부여하고 즐거움과 만족감을 경험했을 때 기대와 열망, 행동의 강도와 지속성이 더 높아질 것이다.

잠정적 진로목표를 설정하기 위해 더 구체적으로는 진로목표를 가지는 것이 어떤 의미가 있는지, 잠정적 진로목표가 생기면 어떻게 하고 싶은지, 진로목표를 설정하는 방법을 함께 이야기 나누고, 앞으로의 계획을 세울 수 있도록 안내하고 촉진하는 것이 필요하다. 진로목표 설정 방법이 다양하지만 보미에게 적용해 볼 수 있는 방법을 고려해 볼 필요가 있다. 보미의 현재 상태와 진로발달 수준을 고려했을 때, 역시 사회인지진로이론의 주요 개념을 적용하여 상담전략을 세워 볼 수 있다. 그 외에도 일반적으로 목표 설정에서 중요하게 고려하는 단계적 목표 설정 방법 또한 보미에게는 필요하다.

① 결과기대를 통한 목표 설정

청소년기에는 많은 꿈과 희망을 품고 미래를 상상한다. 이러한 청소년기의 주요 특성을 고려하여 보미가 자신의 미래에 대해 꿈을 가질 수 있도록 상담하는 것이 필요하다.

자신의 미래를 긍정적으로 상상하면 설렘과 기대가 높아질 수 있다. 이러한 특성을 고려하면서 보미에게 진로와 관련하여 미래의 꿈을 가지게 하고 꿈을 실현하기 위해 구체적으로 준비하여 이에 따른 긍정적인 결과를 기대하도록 한다. 예를 들어, 다음과 같이 보미의 결과기대를 확인하고, 흥미를 명확히 하여 진로목표를 설정하도록 한다. "보미는 지금 학교생활을 열심히 하고, 자신의 미래를 위해 진로에 대해 생각하고 노력한 덕분에 20년 뒤에 멋진 모습의 어른이 되었어요. 20년 뒤에 어느 날을 상상해 보면 보미는 어디에서 무엇을 할까요?" 이런 주제에 대해 구체적으로 상담을 진행해 볼 수 있다. 여기에서 좀 더 초점을 명확히 할 부분을 정리해 보면 다음과 같다.

- 학교생활에서 학업과 진로를 위해 구체적으로 어떤 수행이 있었는가?
- 수행이 어떤 보상이나 강화로 이어질 수 있는가?
- 수행을 잘 해내면서 얻게 된 보상과 강화가 구체적으로 어떤 진로목표로 이어질 수 있는가?

보미가 학교생활에서 학업, 진로 등의 영역에서 어떻게 하고 있는지, 무엇을 잘하고 있는지를 상담자가 긍정적으로 인정해 주고 칭찬해 주면서 수행에 대한 결과기대로 이어 가도록 한다. 여기에서 적절한 결과기대를 갖게 하는 것이다. 수행과 이어지는 결과를 정확히 이해하는 것이 필요하고, 자신의 욕구나 가치를 충족시켜 줄 수 있는 결과기대를 하도록 한다. 내적으로 자신의 기대와 욕구 등이 명확하지 않거나, 외적으로 직업정보가 정확하지 않고, 달성 방법을 알지 못할 때 결과기대를 촉진하는 것은 어려워질 수 있다.

수행의 결과가 어떤 보상이나 강화로 이어질 수 있는지를 생각해 보는 것은 보미에게 매우 큰 즐거움과 힘이 될 수 있다. 20년 후의 어느 멋진 날에 자신의 모습을 상상하게 하는 것은 노력과 결과를 강력하게 연결시켜 주는 접착제가 될 수 있다. 꿈과 희망, 포부를 보다 구체화시키고 연결시키는 작업은 동기를 향상시키고, 진로계획 및 목표의 설정을 위해 능동적인 모습을 촉진할 수 있다.

결과기대를 통해 상상했던 모습을 진로목표와 연결해 보도록 하면서 잠정적 진로목표를 두세 가지 설정해 보는 연습을 한다. 잠정적인 진로목표이기에 결정에 대한 부담을 주지 않는 것이 좋다. 그리고 앞으로도 충분히 더 많은 목표가 생길 수 있다는 점, 목표가 변경되거나 한동안 방황할 수 있다는 점까지도 충분히 이야기해 주면서 잠정적 진로목표를 설정하는 것이 필요하다. 방황과 혼란은 청소년기의 특권이고 이 과정이 있어야만 자신의 생각을 더 명확히 정리할 수 있기 때문에 희망과 상상으로 이어진 결과기대와 진로목표라는 점을 상담자와 내담자 모두 인식할 필요가 있다. 예를 들어, [그림 10-1]은 하나의 예시로 보미와 이야기를 이끌어 가기 위해 사용할 수 있는 자료이다. 진로목표에서 Y자 모양으로 세 가지 방향을 가정한다면 각각 어떤 목표가 있을지 질문하고 제안해 볼 수 있다. 특히 이 과정에서 보미의 진로 가치관을 살펴보며 보다 바람직한 진로 가치관을 형성할 수 있도록 돕고, 가치관을 충족시킬 수 있는 결과를 기대하도록 할 필요가 있다.

[그림 10-1] 20년 후의 멋진 모습

상담자: 보미야, 지난번에 어른이 되면 어떤 모습일지 궁금하다고 했지? 오늘 그 이야기를 좀 더 자세히 해 보자.

보미: 어떻게요? 아직 아무것도 모르는데요.

상담자: 그렇지, 아주 정확하게 파악하고 있네(인정과 칭찬). 지금은 아무것도 알 수 없다는 말이 맞아. 하지만 상상하거나 기대하는 모습은 있지?

보미: 자세하게는 모르겠지만 멋진 모습이면 좋겠어요.

상담자: 맞아, 그거야, 멋진 모습을 충분히 기대할 수 있지. 선생님도 아주아주 기대된단다. 그리고 기대하는 모습으로 어른이 되려면 어떻게 하면 되는지를 알아보자. 방법을 알면 그렇게 해서 멋진 어른이 될 수 있을 것 같구나.

보미: 네, 어떤 모습인지 저도 궁금해요. 어떻게 하면 그런 모습이 될 수 있는지는 별로 생각해 보지 않았어요. 어떻게 하면 될 수 있어요? 공부만 열심히 하면 다 된다고 하시지 않을 거죠?

상담자: 하하, 어른들이 '공부 공부' 하는 소리가 듣기 싫었구나. (웃으면서) 그 마음은 이해해. 하지만 어떤 일인지에 따라 학교 공부가 방법일 수도 있고, 아닐 수도 있단다. 이것은 나중에 더 알아보고, 먼저 기대하는 멋진 모습과 그 방법을 알아보자.

보미: 네.

(중략)

보미: 좀 이해한 것 같아요. 사람들이 시간이 지나면서 생각이 바뀌고 원래 결정한 것과 다른 새로운 것을 결정하기도 하는 것 같아요.

상담자: 선생님이 설명해 준 내용을 아주 잘 이해한 것 같네. 보미는 경청을 잘하고 이해력도 정말 좋구나(인정과 칭찬).

보미: 네. (쑥스럽게 웃음)

상담자: 그래서 여기에 보면 Y자 모양이 있지? 이 Y자를 중간점에서 뻗어 나가는 3개의 길로 볼 수 있니?

보미: 네, 그럴 수 있죠.

상담자: 바로바로 잘 이해하네(인정과 칭찬). 이것이 시간과 길의 방향이라고 생각해 보자. 중 · 고등학교 때는 이 중간점에 있다고 볼 수 있는데, 시간이 지나면서 이 중 한 가지 방향으로 가고 있을 거야. 그러면 나중에 그 길로 쭉 갈 가능성이 높단다.

보미: 아, 그러면 대학생이 되거나 스무 살이 되면 그중에 한 가지 길로 가고 있을 수 있겠네요. 그 길이 제 직업이라는 말씀이시죠?

상담자: 보미가 선생님이 하고 싶은 말을 아주 정확하게 말해 줘서 고마워. 진로를 준비하려는 보미의 생각과 노력들이 느껴지네(인정과 칭찬).

보미: 그런데 어느 길로 갈지 어떻게 알아요?

상담자: 그래서 이제 가상세계 체험처럼 모두 가 보는 거야.

보미: 네? (신기하고 놀란 듯) 가상세계 체험이요?

상담자: 음, 재밌을 것 같지?

보미: 네, 제 미래를 알 수 있으면 완전 신나죠.

상담자: 보미가 여러 방향을 모두 가 볼 수 있단다. 각각의 방향에서 좋아하는 것을 열심히 하고 있을 거야. 열심히 한 결과로 멋진 어른이 되는 거란다. 어디서 무엇을 열심히 해서 어떤 멋진 모습이 되는지 알아보자(결과기대를 가지게 함). 여기 여러 가지 방향이 있으니 한 번씩 다 가 볼까?

보미: 네, 좋아요. 어디로 갈까요?

상담자: 아주 즐거워하고 신이 난 보미의 모습이 정말 활기차고 예쁘네. 자, 1, 2, 3번이라고 먼저 표시하고, 이 중에서 한쪽 방향을 먼저 정해서 상상하면서 가 보자.

② 자기효능감 증진을 통한 목표 설정

자기효능감은 무엇을 잘할 수 있다고 자신에 대해 갖는 믿음이다. 보미에게는 자기효능감이 높은 영역이 뚜렷하지 않다. 앞에서 살펴본 것과 같이 보미는 친구들과 활동하는 것을 좋아한다. 여기에서 모호한 점은 특정한 활동을 좋아하고 잘하는 것인지, 아니면 친구들과 함께 있다는 것이 좋고 즐거운 것인지인데, 이에 대한 더 추가적인 확인이 필요하다. 그리고 동생을 잘 챙겨 준다는 점 등을 종합해 보면 보미가 자기효능감을 느끼는 영역이 명확하지는 않지만 특정 활동이나 대인관계 영역에서 상대적으로 조금 자기효능감이 높은 것 같다. 이러한 점을 고려해서 우선 자기효능감을 증진시키는 노력이 필요하고, 자기효능감 증진을 통해 잠정적 목표를 설정하는 것이 필요하다.

먼저, 자기효능감을 높일 수 있는 영역, 관련 활동, 경험들을 탐색하고 아무리 작은 수행이나 결과라도 자기효능감을 높일 수 있는 방법으로 활용하고 자기효능감과 연결짓는다. 보미의 일상생활 속에서 여러 활동, 경험, 생각 등을 폭넓게 탐색하고 자기효능감을 느낄 수 있는 영역에 대해 지속적·긍정적 피드백을 제공한다. 예를 들어, 보미는 여러 영역 중에서 상대적으로 대인관계 영역이 다른 영역보다 자기효능감을 높이기 쉬울 수 있다. 보미가 친구들과 함께 있는 것을 좋아하고 동생을 잘 챙기는 것을 보면 다른 영역보다 대인관계 영역에서 역량이 있는 것으로 보인다. 여러 사람과 관계를 맺고,

사람을 돌보고 함께한다는 의미에서 보미의 수행을 적극적으로 칭찬하고 매우 잘하고 있다는 것을 인식시킬 필요가 있다. 특히 아직 어린 중학생인데 사람을 돕고 협력하는 태도와 능력을 갖췄다는 것은 어려운 일인데도 매우 잘하고 있다는 것을 알려 줄 필요가 있다.

대인관계 영역뿐만 아니라 자기효능감을 향상시킬 수 있는 다른 영역을 발견하고 가능한 한 여러 영역에서 자기효능감을 향상시키는 것이 바람직하다. 예를 들어, 친구들과 진로체험활동을 하는 것을 즐거워했다고 하는데, 구체적으로 어떤 체험활동이 즐거웠는지, 인상적인 활동이나 결과 혹은 잘했다고 생각했던 활동 및 칭찬받았던 일, 친구들이 부러워했던 것 등 다양한 방식으로 보미의 수행을 확인하고 자기효능감과 연결시키는 노력을 해 볼 수 있다. 이와 같이 다양한 방법으로 보미의 특성을 더 구체적으로 탐색하고, 사회인지진로이론에서 강조하는 자기효능감의 개념을 활용하며, 자기효능감 증진을 통해 잠정적 진로목표와 연결시키는 노력을 해 볼 수 있다.

상담자: 보미가 친구들과 진로체험활동을 할 때 즐겁고 좋았다고 했는데, 이번에는 그때 이야기를 좀 해 보자. 보미가 무엇을 좋아하고 앞으로 하고 싶은 일과 어떻게 연결시켜 볼 수 있는지 알아보자.

보미: 친구들과 무엇을 해도 다 즐거웠어요. 진로체험활동은 교실에서 공부하는 게 아니라서 더 즐거워요.

상담자: 보미는 친구들이랑 정말 친하게 잘 지내고 있구나. 친구들이랑 있으면 어떤 점이 그렇게 좋니?

보미: 친구들과 같이 있으면 서로 최근에 있었던 일을 이야기해요. 그리고 동생이 있는 친구들이 몇 명 있는데, 동생들에 대해서도 서로 이야기하고 동생의 예쁜 점과 미운 점 등을 같이 이야기하다 보면 재밌고 동생 때문에 받은 스트레스도 풀리고 좋아요.

상담자: 친구들과 자주 만나서 그때그때의 일들을 이야기하는구나. 스트레스 받는 일도 들어 주고 위로해 주고 그러는 거니?

보미: 네, 친구들과 이야기하면 스트레스 풀리는 것 같아요.

상담자: 친구들이 보미의 이야기를 많이 들어 주는 거니? 아님 보미가 친구들의 이야기를 많이 들어 주는 편이니?

보미: 제가 좀 더 들어 주는 것 같아요. 그래서 친구들이 저랑 같이 있으면 이야기 많이

하게 된다고 해요.

상담자: 아, 보미가 이런 훌륭한 능력이 있구나. 사람들의 이야기를 듣는 게 어려운 일인데 친구들의 이야기를 다 들어 주고 있으니 친구들이 당연히 보미를 좋아할 것 같네.

보미: 특별히 더 잘하려고 한 것은 아닌데요. 특히 잘하는 것 같지 않아요.

상담자: 보미가 자신의 장점을 장점으로 생각하지 않는 것 같네. 어떤 사람에게는 배우거나 노력해도 잘 안되는 부분일 수 있는 큰 장점이란다. 근데 보미는 특별히 노력하지 않았는데도 아주 잘하는 것 같은데…… 정말 멋진 모습이구나.

보미: 정말요? 그것도 장점이에요? 장점이라고 생각하지 않았어요.

상담자: 아주 큰 장점이야. 선생님이 확실히 말할 수 있어. 이것은 보미만의 큰 장점인 것 같아.

보미: 선생님이 칭찬해 주시니까 그런 것도 같고, 아직 잘 모르겠어요.

상담자: 그럴 수 있어. 그동안 생각해 보지 않았던 것이라 차차 이 장점을 더 크게 발휘할 것 같구나.

보미: 이런 장점을 직업선택과 연결 지을 수 있다는 거죠?

상담자: 당연하지, 이런 비슷한 장점을 또 찾아보자. 보미에게는 이런 장점이 정말 많은 것 같구나.

보미: 이런 장점이 있으면 어떤 직업을 할 수 있는지 궁금해요.

상담자: 맞아, 그래서 선생님이랑 이런저런 장점과 연결된 직업을 알아보는 거야.

③ 단계적 목표 설정 및 실천 전략

보미의 경우, 진로목표를 명확히 설정하는 것보다 아직 중학생인 점을 고려해서 단계적 목표와 잠정적 진로목표를 설정하도록 하는 것이 더 바람직할 수 있다. 그렇기에 앞의 결과기대를 통한 진로목표 설정을 촉진하고, 자기효능감 증진을 통해 진로목표를 설정하는 등의 노력을 하는 것이 필요하다. 진로목표를 설정할 때 보미의 가치관과 결과기대를 고려해서 단계적으로 성취할 수 있는 것을 고려하고, 단계적 목표와 성취의 결과를 통해 자기효능감을 증진시키기 등 선순환의 구조를 고려하면서 단계별 목표 설정과 실천을 촉진할 수 있다.

목표 설정 및 실천에서 가장 작은 목표부터 점차 큰 목표로, 또는 단기 목표에서 중기 및 장기 목표까지 점진적으로 목표를 정하고 실천해서 성취감을 느끼는 것이 중요하다. 가장 작은 목표라면, 예를 들어 한 가지 진로정보를 찾아보기와 같이 당장 할 수 있고 성과가 바로 나올 수 있는 것을 목표로 정하는 것이다. 그리고 그 실천 방법을 함께 알아보고 바로 실천해서 결과를 보고 느끼고 뿌듯한 성취감을 느끼게 한다. 더 나아가서 주 단위, 월 단위, 학기 단위 등을 고려해서 점차적으로 어려운 목표를 정하고 실천하게 한다. 목표 설정 후에 구체적인 실천을 할 수 있도록 돕는 것이 무엇보다 중요하면서도 어려울 수 있다. 목표 설정과 계획수립은 학습 경험을 통해 곧 잘할 수 있을 것이다. 그러나 행동 및 실천으로 옮기는 것은 무엇보다 중요하기 때문에 실천할 수 있도록 행동 특성과 행동에 대한 점검 등을 통해 결과로 이어지게 하는 것이 가장 효과적이다. 이러한 노력은 분명히 크고 작은 성과로 이어질 수 있기 때문에 내담자의 자기효능감을 충분히 증진할 수 있다.

목표 설정을 한 후 가장 어려운 것이 실천 행동이라고 할 수 있다. 진로목표나 잠정적 진로목표를 설정하는 것은 매우 많은 탐색과 고민의 결과이다. 이러한 노력의 결과가 더 가치 있게 성과로 이어지기 위해서 구체적인 수행을 통해 실천해야만 목표를 달성할 수 있다. 또한 행동이 지속되면서 목표 달성 가능성을 예측할 수 있을 것이다. 목표를 실제 달성하지는 않았지만 그 과정은 희망과 기대, 행동에 동력을 촉진하기 때문에 결과에 대한 기대를 갖게 한다. 결과적으로 결과기대는 자기효능감과 목표에 긍정적인 영향을 미칠 수 있으며 긍정적인 학습 경험으로 인식될 수 있다.

④ 목표 달성을 위한 실천 전략 개발활동

'목표 여행 떠나기' 활동(〈표 10-1〉 참조)을 통해 진로목표를 설정하고 이를 실천할 수 있도록 단계적 · 체계적 전략을 세우도록 한다. 개개인이 목적지가 다르듯이 실천 전략 또한 다를 수 있기 때문에 획일적이고 자신의 특성에 맞지 않은 전략보다는 개인적 특성에 따라 스스로 세울 수 있는 전략을 검토하여 목표를 달성하게 한다. 이를 위해 구체적으로 다음과 같은 내용과 과정을 검토하고 세부적인 계획을 세워 실천해 보도록 한다. 이를 통해 계획과 전략에 대해 능동적 태도와 책임감 있는 자세를 기대할 수 있으며 실천 가능성을 더 향상시킬 수 있는 장점이 있다.

재차 강조하지만 목표 설정 후 실천이 가장 어렵다. 인내심과 모호함을 견디는 내적 자원부터 효율적 행동으로 구체적인 성과를 내는 것까지 개인의 전반적인 자기관리 능력과 통제 능력이 필요하다. 구체적인 계획과 전략을 세우고 어떻게 효율적으로 행동할

〈표 10-1〉 목표 여행 떠나기

목표 여행 달성 전략			
순서	진행 내용	세부과정	진행 초점
1	최종 목적지를 정한다.	• 최종 목적지가 어디인가? • 목적지 설정 이유는 무엇인가? • 목적지 설정이 적절한가?	장기목표
2	단계적 목표는 긴 여정 속에 구간 구간의 목적지이다.	• 구간 목적지는 어디인가? • 각각 필요한 시간은 얼마인가?	중기 · 단기등 단계적 목표
3	필요한 준비물, 장비, 도구는 무엇인가?	• 무엇이 필요한가? • 언제 필요한가? • 왜 필요한가? • 잘 갖춰졌는가? • 어떻게 갖춰야 할까?	실행 준비 및 실천
4	방해 요소나 어려운 상황은 없는가?	• 방해 요소가 무엇인가? • 상황적 어려움은 없는가? • 극복할 것인가? • 피해서 갈 것인가? • 도와줄 사람이 있는가?	실행 및 도전
5	준비물과 단계적 목표가 잘 구축되었는가?	• 단계적 목표에 필요한 준비물은 무엇인가? • 해당 구간에서의 장애물 극복 방법이 있는가?	점검 및 평가

것인지, 또한 단기적 성과가 나타나지 않을 때 행동을 지속할 동기를 어떻게 유지할 것인지가 목표 설정 이후에 검토해야 할 중요한 부분이다. 이에 따라 좀 더 구체적으로 행동적 전략을 촉진할 수 있는 방법을 고안해야 한다.

행동을 지속하기 어려운 이유가 여러 가지 있지만, 가장 어렵고 또 가장 효과적인 것이 습관화라고 할 수 있다. 작심삼일(作心三日)이 습관 만들기의 적이라고 할 수 있지만, 역으로 작심삼일을 전략적으로 사용해 보는 것도 추천한다. 작심삼일이 반복적으로 일어나면 30일이 되고 또 300일이 될 수 있는 것이다. 예를 들어, 작심삼일을 활의 주기로 생각해 보자. 활을 한 번 당길 때 3일이 지속될 것이고, 그리고 당연히 무척 열심히 할 것이다. 그러면 활을 한 번 풀어 주는 기간을 1~2일로 정하고 다시 작심삼일로 또 시작하는 것이다. 장기간 지속하기 어렵다면 이러한 방식으로 반복적인 작심삼일 방법을 사용하는 것이다. 이것은 의지가 부족하다는 것보다 개인의 행동 지속성 특성에 맞게 변경해서 적용하는 것이다. 또한 이러한 과정을 통해 행동이 장기적으로 지속 가능할 때 당연히 습관이 되고 내적 동기나 자기조절이 가능한 동기로 발전할 수 있다.

더 구체적으로 작심삼일을 잘하기 위해 작은 행동목표를 설정하고 이에 맞는 행동 계획과 전략을 사용한다. 특히 과제 분석과 같은 방법으로 하나의 작은 목표라도 여러 작은 목표나 단계적 목표로 분할하고, 각각의 작은 목표를 달성하고 평가하는 과정을 거친다. 이와 같은 행동 전략에서는 하나의 목표로 간주하는 것이 아니라 개별적인 목표로 분할하고, 각각의 목표에 대한 성과 달성 정도로 평가하는 것이 중요하다. 결과적으로 단계적 행동목표가 모여서 하나의 중간 단계의 목표가 달성되고, 더 나아가서 더 큰 목표가 달성되는 순차적 전략을 사용하는 것이다. 결국 작은 목표 달성에 따른 비교적 쉽고 가시적인 작은 성과들은 더 큰 성과를 예측하는 데 긍정적인 영향을 미칠 것이고, 이러한 과정은 성과 달성뿐만 아니라 자기효능감 증진에도 긍정적인 영향을 줄 것이다.

2. 사회인지진로이론을 적용한 진로상담 활동

사회인지진로이론에서 환경적 요인은 개인의 진로발달과 선택에 중요한 영향을 미치는 요인이다. 환경적 요인은 미시적 환경부터 거시적 환경까지 영향은 매우 다양하다. 환경적 요인의 영향은 결국 개인의 심리적 변인에 영향을 미치게 된다. 결과적으로 학습 경험, 자기효능감, 결과기대 및 흥미 등의 내적 변인에 영향을 미치며 또한 상호작용으로 인한 영향을 미치게 된다. 그렇기 때문에 환경적 요인의 영향을 이해하고, 긍정적인 요인과 부정적인 요인에 대한 종합적인 이해가 필요하며, 적극적 활용 및 대처 능력을 갖추는 것이 중요하다. 학급이나 집단을 대상으로 진로 관련 활동을 계획할 때 이러한 영향 요인과 관련된 주제로 시도해 볼 수 있다.

1) 사회적 지지 확인 및 활용

(1) 활동의 이해

사회적 지지는 개인의 진로발달에 중요한 영향을 미치고 이를 잘 알고 활용하는 것이 매우 중요하다. 같은 환경적 요인이더라도 개인이 얼마나 인식하고 활용하는지에 따라

받는 영향이 다르고 영향의 정도가 다를 수 있다. 사회적 지지의 영향을 인식하고 활용하는 방법을 제안하고자 한다. 자원의 영역과 활용 방법들을 구체적으로 살펴보면 〈표 10-2〉와 같다.

〈표 10-2〉 자원 영역 확인 및 활용 방안

자원의 영역		자원	활용 방안
부모	가정	부모님의 심리적 지원, 부모님의 직업적 특성, 역량 등	일에 대한 긍정적 생각, 중요한 가치, 필요한 역량을 알아보기
가족, 친지		주변 어른들의 직업적 특성, 역량, 조언 등	다양한 직업에 종사하는 사람을 접해 보면서 다양한 직업에 대한 이해를 증진시키고, 조언을 받을 수 있음
학교 친구 및 친구의 가족	학교	또래 집단 및 주변 인물의 자원 및 특성	또래들의 진로발달 수준과 진로 준비 행동을 인식하고, 자신의 진로의사결정에 반영할 수 있도록 활용. 또래 및 주변 인물을 통한 대리 경험 활용
지역사회	지역사회 및 사회	지역사회에서 다양한 직업에 종사하는 사람들, 관련 기관 등	수많은 직업에 종사하는 주변 사람을 관찰할 수 있고, 다양한 직업에 종사하는 사람을 인터뷰하는 등 여러 방법을 활용할 수 있음

(2) 활동 내용

특정 인물을 1명이나 몇 명을 정하고, 해당 인물과 관련된 자원을 확인하고 활용하는 방법을 찾는다. 예를 들어, 보미는 동네의 치과 병원에서 진료를 받으면서 병원에서 일하는 사람들과 하는 일에 대해 궁금증이 생겼다. 이러한 궁금증을 풀기 위해 〈표 10-3〉와 같은 활동을 제안해 볼 수 있다. 조사나 인터뷰를 더 구체적으로 하면 더욱 직접적인 경험이 될 수 있다. 상담자는 이러한 경험들이 내담자(학생)의 진로 특성을 이해하거나 직업적 포부, 가치관 및 목표 설정에 어떤 영향을 주는지를 더 적극적으로 탐색하고 촉진적인 방법을 고민할 필요가 있다.

〈표 10-3〉 치과 병원 관련 직업 탐색

사람	하는 일 이해	직업에 대한 이해	자신의 진로 특성
치과 의사	환자들의 구강, 치아를 검진 및 치료함	• 직업 정보 • 필요한 역량 • 필수 자격 • 업무 특성 등	
간호사	의사를 보조하여 치료에 조력 역할을 함		
치위생사	치아 건강, 구강 위생 관리 및 교육		
병원 사무원	출납, 필요한 의약품, 용품 관리 및 물품 구입 등		

여기에서 몇 가지 강조할 점을 생각해 볼 수 있다. 주변에 중요한 자원이 많다는 점과 이를 잘 활용할 수 있는 방법을 고안해야 한다는 점이 가장 중요하다. 이를 기반으로 점차적으로 다양한 활동 방법을 찾아보는 것이 그다음으로 중요하다. 이에 따라 다음 각 항목에 대한 점검을 시도해 볼 수 있다.

- 중요한 자원이라고 할 수 있는 사람은 누구인가?
- 중요한 자원이라고 할 수 있는 환경은 무엇인가?
- 어떤 점에서 나에게 중요한 사람과 환경인가? 왜 그렇게 생각하게 되었는가?
- 중요한 자원이 나에게 도움이 되는 부분은 무엇인가?
- 어떤 점에서 도움이 될 수 있는가?
- 도움이 되기 위해 어떻게 노력할 것인가?
- 이러한 경험이 나한테 무엇을 의미하게 되었는가?

2) 진로장벽 극복

(1) 진로장벽 극복의 이해

진로장벽은 사회인지진로이론에서 중요하게 다루는 개념 중의 하나이다. 개인의 진로 발달은 주변의 환경적 영향을 많이 받는데, 여러 차례 강조하였듯이 환경적 영향은 긍정적 요소와 부정적 요소를 모두 포함하고 있다. 여기에서 개인의 진로에 영향을 미치는 부정적 요소가 바로 진로장벽이다. 진로장벽은 개인의 진로선택에 여러 가지 형태로 영향을 미친다. 즉, 어떤 진로장벽은 결정적으로 극복할 수 없는 것으로 작용해서 진로선택의 방향을 변경해야 하고, 어떤 진로장벽은 극복할 수 있거나 시간이나 환경이 달라지면서 자연스럽게 영향력이 작아질 수 있다. 그렇기 때문에 진로장벽이 개인에게 미치는 영향력은 동등하지 않고 아주 특수한 극복 불가능한 것을 제외하고는 여러 가지 극복 · 대처 방법을 마련할 수 있다. 달리 말해, 어떤 진로장벽을 직면했을 때 그것을 극복할지에 대해 선택할 수 있는 것도 하나의 대처가 될 수 있다. 다음은 여러 차원에서 예상 가능한 진로장벽에 대해 정리해 보고, 개인에게 장벽이라고 할 수 있는 영역을 확인하면서 극복 방안을 제안해 볼 수 있다.

〈표 10-4〉 진로장벽 영역의 확인 및 대처 방안

자원의 영역	진로장벽	대처의 초점	대처 방안
개인 특성	능력, 신체적 조건 등	선택의 중요성을 인식하기	• 한계를 인정하고 포기할 것인가? • 한계가 있지만 그래도 그 한계를 안고 견디면서 할 것인가?
사람 및 관계	돌봄이 필요한 가족 등	어느 정도의 역할을 할 것인지 파악하기	• 돌봄 역할이라면 어느 정도 그 역할을 수행할 것인가? • 자신의 진로개발에 있어서 각각의 비중을 어떻게 설정할 것인가?
심리적 환경	지지적 · 조력적 환경의 부재	지지적 자원의 부재로 인한 부정적 영향 인식하기	• 지지적 자원이 없다는 것이 정서적으로 어떤 부정적인 영향을 미치는지를 알고 있는가? • 지지적 자원이 없을 때 자신의 진로 관련 사고, 행동에 미치는 영향을 최소화하는 방안은 무엇인가? • 부정적인 심리적 영향에서 벗어나 적절하게 대처할 수 있는가?
물리적 환경	경험의 제약, 발전 가능성 확인 불가 등	극복할 수 있는 환경과 그렇지 못한 환경을 구분하고 대처하기	• 부정적인 물리적 환경을 피할 수 있는가? • 피할 수 없다면 결정적인 영향을 미치는가? • 부정적인 물리적 환경의 영향을 최소화하는 방법은 무엇인가?
경제적 상황	경제적 지원이 필요한 활동을 할 수 없음	경제적 지원의 절대적 중요성에 따라 선택하기	• 경제적 지원이 결정적으로 중요한가? • 결정적으로 중요하다면 사회적 자원(장학금 등)을 활용하는 방안이 없는가? • 경제적 자원이 부족하다면 보완책은 무엇인가?

(2) 활동 내용 및 예시

〈표 10-4〉에서 제안한 방식으로 개인이 직면하게 되는 여러 진로장벽을 확인하고 대처 방안을 마련하는 것이 중요하다. 결과적으로 진로장벽이란 근본적으로 해결할 수 없는 문제가 있다 하더라도 개인이 어떻게 대처하는지에 따라 그 장벽이 개인에게 미치는 영향은 매우 다를 수 있다. 여기에서의 초점은 장벽을 완전히 해결할 수 없다면 그 영향력을 감소시키고자 하는 것이다. 그러한 과정에서 무엇보다도 개인의 심리적 자원이 중요하고 이를 통해 많은 진로장벽을 극복할 수 있음을 강력하게 설득하고자 한다.

다음은 개인이 직면한 진로장벽을 정리해 보고, 〈표 10-5〉에서 제안한 내용으로 진로장벽을 극복하는 방법을 모색해 보기를 제안한다.

진로장벽 목록 작성

1. ______________________________

2. ______________________________

3. ______________________________

4. ______________________________

5. ______________________________

〈표 10-5〉 진로장벽의 이해 및 극복 방법

진로장벽 이해	극복 방법
무엇이 문제인가? 어려운 점이 무엇인가?	총체적으로 이해하기 방안을 찾기 위해 노력하기
그 문제를 각각 작은 문제로 나눠 보면 어떤 문제들이 있는가?	문제를 분석하고 세분화시키기 단계별 또는 영역별 문제를 분석하기
각각 작은 문제를 해결하기 위한 방안은 무엇인가?	세분화한 문제에 대해 각각의 해결 방안을 제시하기
각 해결 방안의 장단점이 무엇인가?	해결 방안의 장단점을 비교 · 분석하기

실현 가능한 방안과 그렇지 않은 방안은 무엇인가?	각각의 해결 방안의 현실적 가능성을 분석하기
해결 방안의 구체적 실천계획은 어떤가?	해결 방안의 실천계획을 세우기
해결 방안 실천을 잘 하고 있는가?	해결 방안 실천 정도, 방법, 성과 등을 평가하기

◆ 참고문헌

김봉환, 강은희, 강혜영, 공윤정, 김영빈, 김희수, 선혜연, 손은령, 송재홍, 유현실, 이제경, 임은미, 황매향(2013). 진로상담. 서울: 학지사.

임은미, 강혜영, 고홍월, 공윤정, 구자경, 김봉환, 손은령, 손진희, 이제경, 정진선, 황매향(2017). 진로진학상담 기법의 이론과 실제. 서울: 사회평론.

제 11 장

관계적 관점을 적용한 진로상담의 실제

들어가기

이 장에서는 관계적 관점을 고려한 진로상담 이론을 실제 진로상담 사례에 가상으로 적용해 보고, 모의상담 과정을 제시한다. 먼저, 제2장에서 소개된 초등학교 5학년 준서의 사례에 대해 부모-자녀 관계이론에 대한 관점과 발달-관계적 모델의 관점에서 사례 이해 및 모의 진로상담 과정을 소개한다. 다음으로 학교 진로상담에 관계적 관점을 고려한 진로상담 및 개입의 방향을 제안한다. 마지막으로 관계적 관점을 적용하여 개인상담 혹은 학급 또는 소집단 단위로 실시할 수 있는 진로활동을 소개하고 집단별 개입 사례를 제시한다.

학습목표

1. 관계적 관점을 진로상담 사례에 적용한 사례개념화를 이해할 수 있다.
2. 관계적 관점을 진로상담 사례에 적용하여 상담목표와 전략을 세울 수 있다.
3. 관계적 관점을 적용한 진로상담 활동을 적용할 수 있다.

1. 개인 진로상담: 준서의 사례

1) 호소문제 이해

(1) 준서의 호소문제

준서는 미래의 꿈에 대해 생각해 보는 활동에서 옆 친구를 따라 컴퓨터 프로그래머로 적고 활동을 했지만, 컴퓨터 프로그래머가 자신에게 잘 맞는 직업인지 모르겠고 미래에 자신이 어떤 직업을 가지고 싶은지 잘 모르겠다고 호소한다. 지난 학기 초에 희망직업을 적을 때에는 되고 싶은 직업이 없어서 어머니가 약사가 안정적이고 좋은 직업이니 약사를 적어서 내라고 해서 약사를 적은 적이 있지만, 자신이 약사가 되고 싶은지도 잘 모르겠다고 한다.

어머니가 추천한 약사가 되려면 공부를 잘해야 하는데, 자신은 공부를 어떻게 잘할 수 있는지도 모르겠고 잘할 자신이 없다고 한다. 친구들과 컴퓨터 게임을 하는 것이 좋지만, 자신이 컴퓨터 프로그래머로 잘할 수 있을지에 대한 자신도 없다고 호소하여 자신에게 잘 맞고 자신이 잘할 수 있는 직업을 찾기를 기대한다.

(2) 호소문제에 대한 전반적 이해

준서는 반 친구들과 달리 자신이 무엇이 되고 싶은지, 자신에게 잘 맞는 직업이 무엇인지 잘 모르겠다고 한다. 어머니가 약사를 추천해 주었고, 같이 컴퓨터 게임을 하는 친구처럼 컴퓨터 프로그래머라는 직업도 생각해 보았지만, 어떤 직업이 자신에게 잘 맞는지, 그리고 자신이 잘할 수 있는 직업이 무엇인지 잘 모르고 확신이 없는 상태이다. 준서가 좋아하는 것과 잘할 수 있는 것이 무엇인지 등 준서 자신에 대한 이해가 매우 필요한 상황이다. 이러한 준서의 사례에 대해 보다 종합적으로 살펴볼 때 준서는 그동안 자신이 무엇을 좋아하고, 무엇을 잘하는지, 진로에서 어떤 직업을 갖고 싶은지 등을 충분히 생각해 볼 기회가 없었던 것으로 보인다. 그래서 상담자는 준서의 진로발달을 위해 자기이해, 부모관계, 진로탐색의 영역을 중요하게 고려하는 것이 필요하다. 특히 상담을 통해 준서가 부모, 친구 등 주변 사람들과의 관계에서 진로발달이 지연될 수 있었던 원인을 이해하고 부모, 교사 등과 협력하여 준서 자신에 대한 이해와 진로탐색을 촉진시킬 수 있을 것으로 기대한다.

2) 부모-자녀 관계 관련 이론, 발달-관계적 모델을 적용한 사례개념화

초등학교 5학년인 준서는 2학년 때 부모님의 이혼 이후 현재의 학교로 전학을 와서 외할머니, 어머니, 형과 함께 살고 있다. 준서 어머니는 학원 선생님이라 저녁에 수업을 해야 해서 준서가 숙제를 했는지에 대한 간단한 점검 외에 준서의 학교생활이 어떠한지, 원하는 꿈이 무엇인지 등에 대해 이야기를 나눌 시간이 부족하다. 아버지도 이혼 후에는 한 달에 한 번 정도 비정기적으로 식사를 할 정도라서 아버지가 무슨 일을 하는지조차 모른다. 고등학교 1학년인 형도 학교 적응이 어려워 기숙형 대안학교를 다니고 있기 때문에 자주 보지 못한다. 준서는 대부분의 시간을 외할머니와 보내고 있어 가족 안에서 준서의 진로발달을 위한 상호작용이 부재한 상황이다.

특히 준서가 학교에서 주도적으로 아이디어를 내거나 적극적으로 이끄는 적이 거의 없다는 담임교사의 보고 내용을 토대로 볼 때, 준서의 진로미결정 상태는 부모의 이혼과 오랫동안 지속되었던 갈등 상황 속에서 준서가 부모와 안정적인 애착을 형성하기 어려워 준서 자신을 둘러싼 외부 세계와 직업세계를 탐색하기 위한 모험과 도전을 기꺼이 감수하기 어려운 데에서 기인한 것으로 보인다. 준서는 어려서부터 가족과 주변 사람들에게 말하기 어려워 혼자 해결해야 하는 상황에 있었기에 자신이 어떤 진로를 선택해야 하는지 잘 모른다. 준서는 적극적으로 자신이 원하는 직업이 무엇인지 탐색하지 않고, 어머니가 적어 준 약사라든지, 친구가 적은 직업인 컴퓨터 프로그래머라고 적으면서 회피하려는 성향으로 보아 불안정애착 유형 중 회피형으로 보인다. 어머니 역시 불안정-회피 애착 유형으로, 이혼 후에 혼자 생계를 책임지느라 자녀를 돌볼 심적 여유가 없고 우울하여 학교 적응에 문제를 보이는 고등학교 1학년인 형을 기숙형 대안학교에 보내게 되었다. 준서에게도 숙제 점검 등의 단순한 대화만 하여 친밀하고 협력적인 정서 교류를 제공해 주고 있지 못한 것으로 보인다. 또한 필립스 등(Philips, Christopher-Sisk, & Gravino, 2001)의 발달-관계 모델에 따르면, 준서의 어머니는 준서의 관심이나 욕구에 상관없이 부모 경험에 기초하여 약사란 직업을 권유해 주었지만 구체적인 정보와 방법을 제공해 주지 않고 준서의 진로의사결정 과정에 전혀 관여하지 않는 상태이다. 준서는 자신의 진로의사결정에서 주변 사람들에게 도움을 구하거나 활용하는 자기지향성 수준도 매우 낮은 것으로 보인다.

초기 청소년기에 진입하는 준서의 발달 단계상 친구 및 또래와의 애착관계 속에서 온

라인 게임을 같이 하는 학교 친구들이나 컴퓨터 프로그래머의 꿈을 가진 친구와의 관계에서 컴퓨터 관련 직업에 대한 흥미를 조금 가지게 되었을 가능성이 높다. 그러나 진지하게 자신의 진로에 대해 생각해 본 적이 없기에 자신에게 잘 맞는 직업이 무엇이고, 어떤 직업을 갖고 싶은지 잘 모르는 상태이다. 따라서 진로상담에서 준서 자신에 대한 이해를 촉진하고, 이를 통해 준서가 좋아하고 원하는 진로 대안을 다양하게 탐색해 갈 수 있도록 조력해 나가고자 한다. 또한 어머니와의 부모상담을 병행하여 실시하여 준서가 진로탐색 과정에서 어머니와 다른 가족 구성원들의 도움을 잘 받을 수 있도록 준서 부모님의 진로 관여와 준서의 자기지향성을 높일 수 있도록 조력해 나갈 것이다.

3) 상담목표

(1) 내담자와 합의한 목표

① 무엇을 좋아하고 잘하는지 등 자기 자신을 이해한다.
② 자신이 원하고 잘 맞는 직업이 무엇인지 다양하게 탐색한다.

(2) 상담자가 설정한 이론적 목표

사례개념화를 바탕으로 관계적 관점에서의 상담목표는 다음과 같다.

① 준서의 흥미, 능력/적성, 성격, 가치관 등 자기이해를 촉진한다.
② 진로탐색 과정에서 부모와 타인의 도움을 받을 수 있도록 준서의 자기지향성을 높인다.

4) 상담전략

관계적 관점에서의 진로상담 이론에서는 진로발달 과정에서 가족 및 주요 타자의 영향을 살펴보는 것을 강조하고 있지만, 실제적인 진로상담에서 구체적으로 어떻게 적용해야 하는지 상담 절차나 전략을 제공해 주지 못하는 한계를 지닌다. 이에 관계적 관점 이론들 중 런보그(Lunneborg)가 로(Roe)의 직업선택이론을 적용한 4단계 진로상담 과정 및 애먼슨(Amundson)과 페너(Penner)의 5단계 부모 관여 진로탐색(PICE)을 토대로 부모상담을 병행하여 진로상담전략을 제시해 보고자 한다.

(1) 평가하기

관계적 관점을 적용한 진로상담에서는 우선적으로 내담자와 협력적인 라포를 형성하는 것이 중요하다. 초기 단계에서 상담자는 내담자와 라포 형성과 함께 내담자의 주 호소문제를 파악하고 진로와 관련된 내담자의 욕구를 파악하고 평가하게 된다.

> 상담의 실제에 적용한다면
>
> 진로상담에서 준서는 그동안 자신의 진로에 대해 진지하게 고민해 본 적이 없다고 이야기하였다. 즉, 어떤 직업을 갖고 싶은지, 어떤 직업이 자신에게 잘 맞는지 잘 모르는 상태이다. 어머니가 5학년 학기 초에 적어 준 약사란 직업은 어떠한지에 대해 물어보니 그건 어머니가 추천해 준 직업이어서 자신은 약사가 되고 싶은지 잘 모르겠다고 하였다. '내가 꿈꾸는 나의 미래 활동' 시간에 옆 친구를 따라서 적은 컴퓨터 프로그래머란 직업도 어떤 직업인지 잘 모르며 자신한테 잘 맞을지 모르겠다고 하였고, 좋아하는 게 무엇인지에 대해서도 잘 알지 못한다고 하였다. 그래서 진로상담에서 준서는 자신에게 잘 맞고 좋아할 수 있는 직업을 찾아보고 싶다고 하였다.
>
> 준서가 무엇을 잘하는지, 무엇을 좋아하는지에 대해 알아보기 위해서 상담 선생님은 준서에게 어머니와 같이 상담하는 것을 제안하였고, 준서도 이에 동의하여 부모상담도 같이 진행하였다. 어머니는 준서가 상담자와 진로상담을 받기로 했다는 것을 들었지만 어떤 문제로 상담을 받고 있는지는 잘 몰랐다고 했다. 이에 상담 선생님은 준서가 자신에게 잘 맞고 좋아할 수 있는 직업을 탐색하는 데에 어머니의 도움이 필요하다고 이야기하면서 상담을 시작하였다.

(2) 자기이해 및 직업과 관련된 여러 가지 정보 수집하기

내담자가 갖게 된 진로 욕구가 어떻게 형성되었는지를 살펴보는 과정을 통하여 내담자 자신에 대한 이해를 높이고 자신의 진로 욕구를 충족시켜 줄 직업에 대한 정보를 수집하는 단계이다.

첫째, 상담자는 사람 지향/회피에 대한 내담자 욕구에 적합한 직업군별 하위 직업을 탐색하는 것을 도울 수 있다. 이 단계에서 학생의 진로 욕구를 탐색할 수 있는 진로가치관검사 및 직업카드분류 활용도 가능하다(임은미, 2019). 진로가치관검사를 통하여 사람 지향/회피에 대한 내담자의 욕구뿐만 아니라 개인의 진로결정 과정에서 노력하여 얻을 만한 중요한 직업가치가 무엇인지를 고려하는 것은 매우 중요하다. 직업가치관 카드를 통하여 건강, 돈, 사회적 인정 등 사람들 누구나 원하는 가치 말고도 인생에서 내담자가 직업을 통해 정말 하고 싶고 달성하고 싶은 것이 무엇인지를 살펴볼 수 있다. 초등학생의 경우 진로가치관검사 대신에 진로가치관 카드를 통해 선호하는 가치들을 탐색해 보고, 주니어 커리어넷(www.career.go.kr/jr/navigation/elementary)에서 저 · 고학년 진로흥미탐색검사를 통해 어떤 분야에 흥미가 있는지를 함께 탐색해 볼 수 있다.

둘째, 학교 상담자는 내담자의 진로에 대한 부모의 영향과 관여 정도를 알아보기 위하여 우선적으로 부모-자녀 관계를 탐색할 수 있는 다음의 질문을 활용하여 진로에 대한 부모의 영향을 살펴볼 수 있다.

- 부모님은 나에게 어떠한 존재인가?
- 부모님은 나에게 어떠한 기대를 하고 있는가?
- 어릴 때부터 부모님이 진로와 관련하여 자주 하던 이야기는 무엇인가?
- 부모님은 나의 장점, 약점, 성격, 흥미에 대해서 어떻게 생각하는가?
- 부모님은 내가 어려움에 처했을 때 어떻게 도와주는가?

또한 부모의 영향과 관련하여 부모의 양육 태도와 애착 유형을 살펴볼 수 있다.

〈표 11-1〉 애착 유형별 특성

부모 애착	자녀 애착
안정된/자율적인	친밀감, 자율, 편안함
• 일관되고 협력적인 대화 • 애착을 중시하고, 애착과 관련된 경험을 일관되게 보고함 • 충분히 현재에 머무르고 사려 깊고, 감정에 열려 있음	• 부모에게 안정적으로 애착되어 있는 유형 • 활발하게 잘 놀고, 주위를 탐색하기 위해 부모와 쉽게 떨어지고 부모와 함께 놀 때는 밀접한 관계를 유지함 • 부모와 짧게 분리되었다가 재회 시 적극적으로 접촉을 시도하고 곧바로 안정을 찾고 다시 놀이에 몰두함

무시하는	친밀감 거부, 독립
• 일관되지 않는 대화, 답변의 길이가 매우 짧음 • 애착 관련 경험과 관계를 무시함(아동기 경험이 기억나지 않는다거나, 이상화된 경험으로 보고) • 회상되는 사건들에 대해 일반화된 표현(아주 훌륭한, 대단히 정상적인, 아주 좋은 어머니)로 경험을 정상적인 것으로 묘사하고, 그 이유에 대해서는 기억나지 않음	• 부모에게 불안정하게 애착되어 있고 부모를 회피하는 유형 • 부모와 재회 시 부모를 회피하고 어머니와의 두 번째 분리 시 회피 행동이 더 강하게 나타남 • 부모가 자녀를 안아 주면 대체로 안기려 하지 않음
미해결된/혼란스러운	불안정/양가적 행동/혼란스러운
• 상실이나 학대에 대한 대화 시 현저하게 혼란을 보임 • 오랜 침묵이나 찬사 일색의 이야기를 하기도 함	• 부모에게 불안정하게 애착되어 있고 부모에게 저항하는 유형 • 부모와 분리 후 재회 시 자신을 두고 떠난 부모에 대하여 화를 내면서도 부모와 가까이 있고 싶어 하고 접촉하려고 시도하지만, 부모가 안아 주면 뿌리치고 밀어내는 양면성을 보이며 쉽게 안정감을 찾지 못함 • 부모와 함께 있을 때 혼란스럽고 해리된 듯한 행동을 보임
집착하는	집착, 친밀 두려움, 사회 회피
• 애착에 관한 대화가 일관적이지 않음 • 과거 애착관계나 경험에 집착하고 있거나 말하는 동안 화가 나 있거나, 수동적이고 두려워하는 것처럼 보임 • 긴 문장을 사용하여 답변하고 문법에 맞지 않거나 모호한 표현을 많이 사용 • 자녀의 자율성을 단념시키게 됨	• 불안정애착의 가장 심한 형태로, 회피애착과 혼란애착이 복합된 유형 • 오로지 부모에게 집착하고, 부모와 재회 시 진정되지 않고 계속해서 우는 행동을 보임 • 매달리고 화를 내면서 저항하거나 침울하고 무기력한 모습을 보임

출처: Wallin (2010).

다음으로, 애먼슨과 페너의 PICE를 적용하여 부모와 함께 내담자 패턴을 탐색할 수 있다. 부모와 함께 내담자의 여가활동, 선호하는 과목과 성적, 앞으로의 교육과 노동시장 가능성 및 기회에 관하여 내담자의 이야기를 듣는다. 그다음 부모의 기대와 욕구, 가족의 가치 등에 대한 부모의 피드백을 듣는 과정을 통하여 내담자의 패턴을 규명하고 진로선택과 연결시켜 살펴본다.

상담의 실제에 적용한다면

먼저, 상담 선생님은 준서의 기본적인 진로 욕구를 알아보기 위해서 주니어 커리어넷의 고학년 진로흥미탐색검사를 실시하고 진로가치관 카드를 통하여 준서가 중요하다고 생각하는 가치들을 알아보았다.

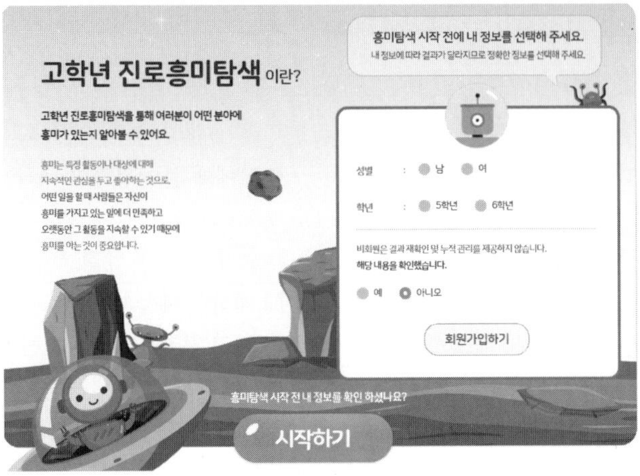

진로흥미탐색을 통해 나타난 여러분의 흥미 유형과 각 유형별 점수를 확인해 봅시다. 진로흥미탐색 결과를 통해 알아본 나의 대표적인 흥미 유형은 C-R형으로, 여섯 가지 흥미 유형 가운데 관습형, 현실형 흥미가 높은 것으로 나타났습니다.

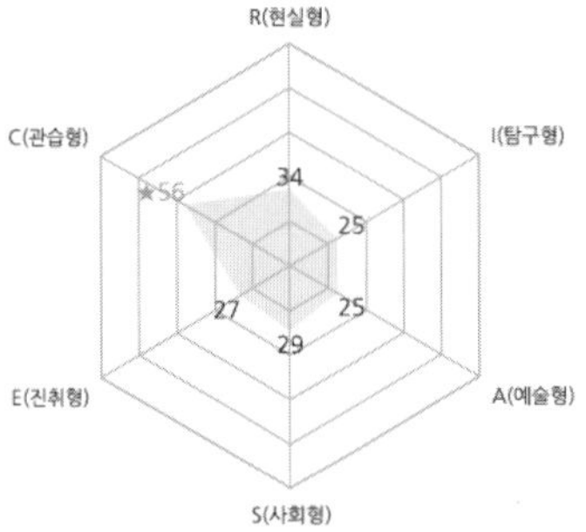

R 유형	I 유형	A 유형	S 유형	E 유형	C 유형
34	25	25	29	27	56

※ T점수는 각 흥미유형에 대한 여러분의 흥미도가 다른 친구들과 비교해서 상대적으로 어느 수준인지 확인시켜주는 수치입니다.
T점수의 평균은 50점이고, 다음과 같이 해석할 수 있습니다.

· 64점 이상: 매우 높은 흥미 · 57~63점: 높은 흥미 · 43~56점: 보통 흥미 · 36~42점: 낮은 흥미 · 35점 이하: 매우 낮은 흥미

준서의 진로흥미탐색검사 결과

진로흥미탐색검사 결과에서 준서는 C(관습형)-R(현실형)형으로 자신에게 맡겨진 일을 독립적으로 하기를 좋아하고 성실하고 높은 책임감을 바탕으로 활동을 수행하는 일에 흥미가 있는 것으로 나타났다. 창의성을 발휘하는 일이나 다른 사람을 이끌어 가는 활동보다 잘 짜여진 규칙 안에서 일하는 것을 좋아하고, 추천 직업으로 공무원, 회계사, 약사, 법무사 등의 직업에 잘 어울리는 것으로 나타났다. 진로가치관 카드 활동에서는 가족, 안정, 재미를 꼭 필요한 직업가치관으로 생각하는 것으로 나타났다(부록 2 참조). 준서는 자신이 흥미 있는 직업에 어머니가 추천해 준 약사가 포함되어 있는 것을 보고, 자기한테 약사가 잘 안 맞는다고 생각했는데 관심이 있는 직업으로 나와서 놀랐다고 하였다.

다음으로, 상담 선생님은 준서의 어머니와 함께 진로상담을 진행하였다. 준서는 초등학교 2학년 때 부모님이 이혼을 한 후, 어머니와 외할머니와 함께 살고 있고 아버지는 한 달에 한 번 정도만 만나서 아버지에 대해 잘 모른다고 하였다. 어머니는 준서가 어릴 때부터 부모의 갈등과 이혼을 겪느라 그저 밝게 지냈으면 한다고 했다. 준서의 어머니는 영어 선생님이고 저녁까지 수업을 해서 집에 늦게 오며, 바빠서 준서가 학교를 알아서 잘 다니길 기대한다고 했다. 준서는 어머니가 자신에게 가장 특별한 존재이고 가장 영향을 크게 받은 사람이라고 했지만, 준서의 진로에 대해서도 어머니와 별로 이야기를 나눠 본 적도 없고, 약사를 추천해 준 것이 전부라고 했다. 준서가 보고한 내용을 바탕으로 살펴볼 때 준서도 어머니를 특별한 존재라고 찬사하는 표현을 하지만, 어머니와 깊이 있는 친밀함이 있어 보이지는 않는다. 어머니의 애착 면접 유형도 불안정애착 유형 중 회피형에 해당하고, 준서도 회피형에 해당하는 것으로 보였다. 상담 장면에서 준서 어머니와 준서는 함께 있었지만 다소 어색해 보이기도 하였다.

또한 준서의 어머니는 준서의 의사결정 과정에서 선혜연(2008)의 부모 관여 방식 중 부모 관여 정도가 자녀의 관심 여부보다 부모로서 자신의 경험이나 잘 아는 사람들의 경험에 비추어 자녀에게 그 분야를 선택하도록 권유하는 '부모 경험에 기초한 권유'의 역할을 했지만, 이에 대한 자세한 정보를 제공해 주지는 않는 상태였다. 어머니는 준서가 학교에서 공부를 잘할 수 있도록 방과 후 수업과 영어, 수학 학원을 보내는 정도로 관여하고 있다고 했다. 어머니가 영어 선생님이라 준서가 어릴 때부터 영어에 관심이 많았고, 지난 학기에 영어로 일기 쓰기 대회에서 우수상을 받은 것을 이야기하면서 준서가 영어 과목을 좋아하고 잘하는 것 같다고 하셨다. 준서도 영어가 재미있고, 수학과 과학은 어렵고 재미없다고 하였다. 어머니가 추천해 준 약사란 직업은 공부를 잘해야 할 수 있는 직업인 거 같은데, 수학이 재미도 없고 어려워서 약사가 자신에게 안 맞을 것 같다는 생각이 들었다고 했다. 요즘은 친구들과 방과 후에 학원을 갔다 와서 저녁 먹고 온라인 게임을 하는 게 재미있고, 컴퓨터 프로그래머 되고 싶은 친구들의 이야기를 들으면서 컴퓨터 프로그래머란 직업도 괜찮을 것 같다는 생각이 들었지만, 어머니는 약사를 추천해 주어 컴퓨터 프로그래머란 직업을 어머니가 좋아할지 잘 모르겠어서 고민이 되었다고 했다. 준서의 어머니는 준서의 이야기를 듣고, 준서에게 수학이 재미없고 어렵다는 것을 몰랐다면서 아직 시간이 많으니 준서가 좋아하고 잘할 수 있는 직업들을 더 찾아보면 좋을 거 같다고 했다. 상담 선생님은 준서가 가족, 안정, 재미를 중요하게 생각하고, 관습형이어서 약사나 법무사, 공무원 등의 직업도 잘 맞는다는 것을 안내하였다. 준서의 어머니는 준서가 좋아하는 영어와 관련된 직업들도 더 찾아볼 수 있으니 집에서도 준서와 진로 이야기를 많이 해 보겠다고 했다. 부모와 함께하는 진로상담으로 준서는 진로의사결정을 위해 부모와 상담 선생님에게 자신에 대한 정보를 구하고, 타인의 의견을 숙고하는 경험을 통해 필립스 등(2002)의 자기지향성 수준을 높일 수 있었던 것으로 보인다. 그리고 마지막으로 상담 선생님은 어머니와 함께 준서가 더 알아보고 싶은 직업들을 생각해 오라는 과제를 주었고, 다음 상담에서 이야기를 나눠 보자고 하였다.

(3) 탐색적 면담하기

이 단계에서 상담 선생님은 내담자가 탐색한 학과나 전공 혹은 구체적인 직업을 갖고 있는 사람들을 만나 면담을 하도록 한다. 직업인 인터뷰를 통해 내담자는 자신이 선택한 학과나 직업이 자신이 기대하는 구체적인 욕구를 충족시켜 줄 수 있는지, 자신이 생각했던 것과 일이 일치하는지, 어떤 사람들이 이 분야에서 성공하는지, 보수 및 복지나 앞으로의 장래 비전은 어떤지를 확인함으로써 최종적인 진로선택을 할 수 있도록 돕는다.

상담의 실제에 적용한다면

이번 회기에서는 이전 회기에서 상담 선생님이 과제로 내 주었던 더 알아보고 싶은 직업에 대해 이야기를 나누게 되었다. 준서는 어머니와 함께 더 알아보고 싶은 직업으로 '컴퓨터 교사, 약사, 영어 교사'를 정했다고 했다.

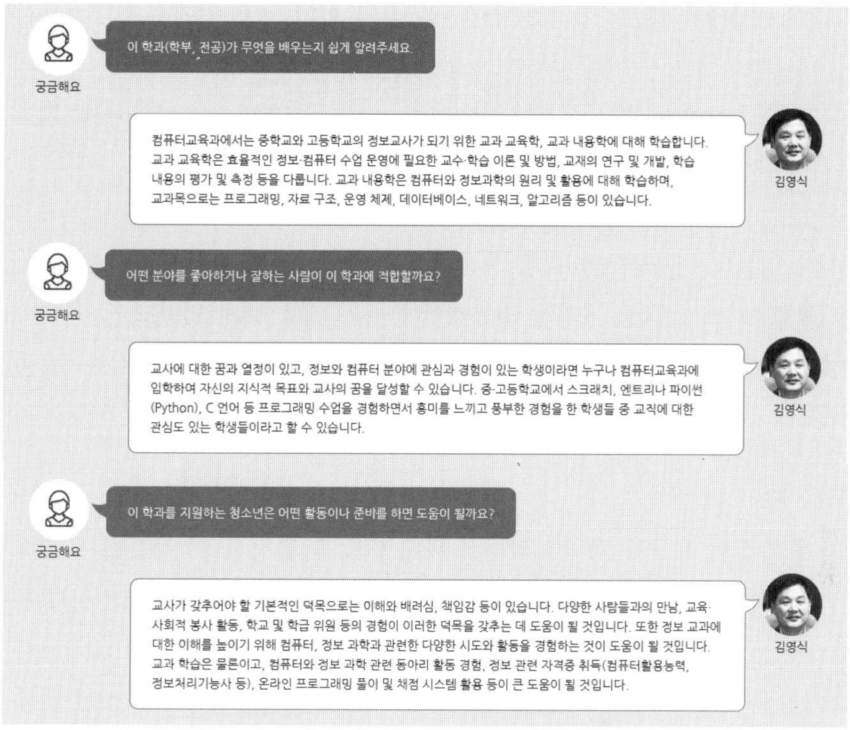

커리어넷을 통한 컴퓨터교육과 학과 인터뷰

출처: 커리어넷(https://www.career.go.kr/cnet/front/base/major/FunivMajorInterviewView.do?INTV_SEQ=369).

직업인 인터뷰에 앞서 먼저 상담 선생님은 준서와 함께 커리어넷에 있는 학과 인터뷰와 직업인 인터뷰를 찾아보았다. 준서가 먼저 컴퓨터 교사에 대해 알아보고 싶다고 해서 커리어넷의 학과 정보에 있는 학과 인터뷰 중 컴퓨터교육과 인터뷰를 찾아보았다. 준서는 컴퓨터교육과에 진학하며 중 · 고등학교 정보교사가 될 수 있다는 사실을 알게 되었고, 인공지능, 드론, 빅데이터 등 컴퓨터와 관련된 학문과 정보교육을 접목할 수 있는 장점이 더 좋아 보인다고 했다. 그러나 커리어넷에 정보교사에 대해서는 직업인 인터뷰 내용이 없어서 직접 컴퓨터 선생님을 인터뷰하기로 결정했다.

다음 진로상담 회기에서 준서는 방과 후 수업에서 코딩을 가르쳐 주는 컴퓨터 선생님을 인터뷰해 보기로 하고, 직업인 인터뷰를 준비하기 위해 필요한 질문 내용을 상담 선생님과 같이 작성해 보았다.

① 컴퓨터 선생님이 되기로 한 특별한 이유가 있으셨나요?
② 컴퓨터 선생님이 되기 위해 어떤 과정을 거치셨는지 궁금합니다.

③ 컴퓨터 선생님이라는 직업의 가장 큰 장점은 무엇이고, 또 단점은 무엇인가요?
④ 이 일을 하면서 가장 크게 보람을 느끼는 순간은 언제인가요?
⑤ 컴퓨터 선생님을 꿈꾸는 학생들에게 가장 필요한 자질과 역량은 무엇이라고 생각하시나요?

준서는 컴퓨터 선생님 인터뷰를 통하여 컴퓨터 선생님이 되기 위해서는 대학에서 컴퓨터공학 또는 컴퓨터교육과를 전공해야 한다는 것을 알게 되었고, 준서 어머니와 상의해서 실제 중 · 고등학교에서 컴퓨터 선생님으로 있는 분을 더 인터뷰하기로 했다.

(4) 활동 계획 및 구축하기

내담자가 자신의 욕구를 충족시키는 학과나 직업을 결정한 후 목표에 도달하기 위한 구체적인 계획과 진로활동 계획을 세울 수 있도록 한다. 이 단계는 PICE 상담에서 '교육과 노동시장 기회에 대한 관점 토의'와 '활동 계획하기'에 해당한다. 이 단계에서 내담자는 미래 노동시장 동향, 직업에 대한 유연한 태도의 필요성, 노동시장 진입 이전 단계에서 할 수 있는 준비 활동, 미래에 대한 불안, 입학 절차와 기준 등의 미래교육이나 노동시장에 대한 선택지들을 고려하면서 논의하게 된다. 이때 학교 상담자는 부모를 참여시켜 노동시장의 변화에 대한 부모의 관점과 대응 전략에 대한 추천을 제안하도록 요청할 수 있다. 또한 학교 상담자는 내담자와 부모에게 학교 및 지역사회 자원들에 대한 정보와 진로탐색 워크북을 제공해 줄 수도 있다(임은미 외, 2017).

상담의 실제에 적용한다면

상담자는 준서에게 컴퓨터 관련 학과 및 직업에 대한 정보를 제공해 주었고, 준서는 컴퓨터 관련 진로정보를 살펴보고, 부모님과의 대화를 통해 컴퓨터 교사가 되는 것으로 직업을 결정하였다. 준서는 대학에서 컴퓨터교육과로 진학해 정보교사가 되어 학생들에게 컴퓨터를 가르치는 일을 하는 게 제일 재미있을 것 같고 자신에게 잘 맞을 것 같다고 했다. 준서 어머니도 준서의 꿈을 적극적으로 도와주시기로 해서, 앞으로 준서가 컴퓨터 자격증을 취득할 수 있도록 방과 후에 컴퓨터 관련 수업을 수강하고 컴퓨터 관련 자격증을 지속적으로 취득해 나가기로 했다.

5) 상담 장면 예시

이번 상담 회기에서는 두 번째 단계로, 준서 자신에 대한 이해와 직업과 관련된 여러 가지 정보 수집을 위하여 어머니와 함께 진로상담을 진행한다.

상담자: 준서 어머니, 안녕하세요. 바쁘신데 시간 내주셔서 감사합니다.

준서 어머니: 준서가 선생님께서 저와 같이 상담을 하시고 싶다고 하셨다고 해서, 준서에게 어떤 문제가 있는지 궁금했어요.

상담자: 준서가 미래의 꿈을 생각하는 시간에 어떤 직업을 적을지 고민을 좀 하더라고요. 컴퓨터 프로그래머로 적어서 내긴 했는데, 준서한테 잘 맞는 직업이 어떤 건지 모르겠다고 해서 지금까지 두 번 정도 진로에 관하여 상담을 해 왔습니다.

준서 어머니: 선생님, 준서를 위해 상담해 주셔서 감사드립니다. 제가 바쁘기도 하지만, 그냥 준서가 알아서 학교 잘 다니고 있는 줄 알았습니다.

상담자: 준서가 이제 자신과 미래의 꿈에 대해서 생각하기 시작해서 어머니와 함께 준서의 성격이나 장점, 흥미가 무엇인지 같이 알아보면 좋을 거 같았습니다. 그래서 어머니와 같이 상담하자고 제안을 드렸습니다.

준서 어머니: 저는 준서가 어릴 때부터 많이 힘든 일을 겪어서 그저 밝게 지냈으면 하는 마음뿐입니다. 준서가 초등학교 2학년 때 제가 이혼을 해서 그때부터 저랑 준서 그리고 외할머니랑 같이 살게 되었거든요. 제가 계속 밤늦게 퇴근해서 준서랑 이야기할 시간도 없었네요. 신경을 좀 썼어야 했는데, 그렇게 되었습니다.

상담자: 네, 어머님의 무거운 마음 이해가 됩니다. 지금부터라도 준서의 진로에 대해서 같이 생각해 주시는 게 준서가 자신을 이해하고 원하는 직업을 탐색하는 데 매우 도움이 될 것이라 생각합니다.

상담자: 준서야, 준서한테 가장 특별한 사람이 누구인지 이야기해 줄 수 있니?

준서: 엄마요.

상담자: 어머니가 어떤 점에서 준서에게 특별한 분이시니?

준서: 우리 엄마는 영어도 엄청 잘하시고, 저한테도 영어를 잘 가르쳐 주세요.

상담자: 아, 지난번에 준서가 영어로 일기 쓰기 대회에서 우수상을 받았지? 그래서 준서가 영어를 잘하는구나.

준서: 엄마가 그때 많이 도와주셨어요. 영어로 일기 쓰는 법도 알려 주시고요.

상담자: 그랬구나, 준서한테 어머니가 정말 특별한 분이시네.

준서 어머니: 준서가 어릴 때부터 영어를 잘했어요. 좋아하기도 했고요.

상담자: 준서한테 1학기 때 어머니께서 준서의 장래희망으로 약사를 적어 주셨다고 들었는데요.

준서 어머니: 맞아요. 준서가 안정된 직업을 가졌으면 좋겠는데, 보니까 약사가 좋을 거 같더라고요. 자주 가는 약국에 남자 선생님이 있는데, 엄청 친절하시고 잘 설명해 주셔서 준서도 그런 약사 선생님이 되면 좋겠다는 생각이 들었어요.

상담자: 그러셨군요. 준서는 어머니께서 추천해 주시는 약사에 대해 어떻게 생각하니?

준서: 근데 약사가 되려면 공부를 엄청 잘해야 하는데, 제가 수학을 잘 못해서 약사가 되기 어려울 거 같아요.

준서 어머니: 아직 초등학교 5학년이니 이제부터 공부하면 되지. 엄마가 도와줄게, 노력해 보자.

상담자: 준서가 그런 생각을 했구나. 선생님은 지난 시간에 준서가 미래의 꿈을 적을 때 컴퓨터 프로그래머라고 적었던 걸 기억하는데, 어떻니?

준서: 그냥 옆 친구 따라서 적긴 했는데요. 엄마는 제가 약사가 되길 원하셔서 안 좋아하실 거 같아요.

상담자: 준서는 컴퓨터 프로그래머가 되고 싶은 생각도 있는 거니?

준서: 잘은 모르는데, 제가 컴퓨터 좋아하니깐 괜찮을 거 같아요.

상담자: 어머님, 준서가 컴퓨터 프로그래머가 되고 싶은 마음도 들었다는데, 어머니께서는 어떻게 생각하세요?

준서 어머니: 저는 준서가 좋아하고 맘에 드는 직업을 가졌으면 해요. 이전에 약사를 추천해 준 것은 준서가 잘 모르겠다고 해서 이야기해 준 거라서요. 컴퓨터 프로그래머도 좋고, 준서가 차근차근 되고 싶은 직업을 생각해 봤으면 좋겠어요.

상담자: 준서야, 어머니의 이야기를 들으니 어떠니?

준서: 좋아요. 저는 엄마랑 이런 이야기를 하고 싶은데 엄마가 바빠서 이야기할 시간이 없었거든요.

준서 어머니: 우리 준서가 이제 정말 많이 컸구나. 엄마가 이야기를 같이 못해 줘서 미안하다.

상담자: 선생님은 준서가 어머니와 함께 자신이 정말 원하는 직업을 찾으면 좋겠어요. 참고로 어머니와 준서한테도 미리 이전 상담에서 이야기해 준 내용인데요. 준서는 직

업가치로 가족, 안정, 재미를 중요하게 생각하는 것으로 나타났고, 직업흥미검사 결과에서도 관습형으로 나와 약사, 법무사, 공무원 등의 직업도 잘 맞는 거로 나타났어요.

준서 어머니: 우리 준서가 가족, 안정, 재미를 중요하게 생각하는 점을 몰랐네요. 준서가 해야 할 것을 성실하게 잘하는 편이라 약사나 공무원 직업도 잘 맞을 거 같다는 생각을 이전부터 해 왔는데 신기하네요. 우리 준서한테 잘 맞을 직업이 어떤 직업인지 준서랑 이야기를 많이 해 봐야겠다는 생각이 들었어요. 준서가 영어도 잘하고 좋아하니 영어와 관련된 직업들도 찾아보면 좋겠다는 생각이 들었어요. 집에서 준서와 진로 이야기를 많이 해 보도록 하겠습니다.

상담자: 준서 어머니의 이야기를 들으니 준서가 어머니와 함께 진로를 잘 정해 나가겠다는 생각에 안심이 됩니다. 앞으로 준서가 어떤 직업을 선택할지 기대가 됩니다. 준서야, 어머니와 잘 고민해 보고, 다음 주에 선생님한테 이야기해 줬으면 좋겠다.

준서: 네, 선생님. 감사합니다.

준서 어머니: 선생님, 바쁘신데 시간을 내 주셔서 감사합니다.

6) 상담에 대한 평가 및 제언

관계적 관점을 적용한 학교 진로상담은 부모-자녀 관계가 자녀의 진로발달과 진로선택에 매우 영향을 미치고 있으면서 집단주의적 문화로 주변 사람들과의 관계가 매우 중요한 우리나라 상황에서 관계적 측면에서 내담자의 진로발달을 살펴보는 것이 필요하다는 시사점을 제공해 준다. 또한 부모의 양육 방식과 애착 유형에 따라 자녀의 심리적 욕구가 형성되고, 이렇게 형성된 욕구가 내담자의 진로발달에 영향을 준다는 사실을 상담자가 고려할 수 있게끔 도와줄 수 있다는 장점을 지닌다. 그리고 내담자의 진로탐색 및 결정을 위해 주변 관계들을 활용하는 역량인 자기지향성을 높이도록 하고, 실제적으로 직업인을 인터뷰해 봄으로써 실제적인 진로정보를 획득할 수 있도록 하는 데 도움이 될 수 있다.

관계적 접근을 적용한 진로상담은 내담자의 진로발달 지연이나 진로탐색의 부재에 대한 원인이 무엇인지, 그 이유가 무엇인지에 대해 부모-자녀의 관계, 주요 타자와 내담자의 관계를 살펴봄으로써 내담자의 진로발달에 대한 사례개념화와 진로를 탐색할 때 주변 사람을 활용하는 역량을 증진시키는 데에는 도움이 된다. 하지만 실제적이고 구체적인 진로상담 과정을 제공해 주지 못하기에 상담자는 다른 관점의 이론들과 통합하여 진로상담을 진행할 필요가 있다. 따라서 상담자는 내담자의 진로발달과 관련한 사례개념화를 위해 관계적 관점을 적용하고 다른 이론적 접근과 통합하는 역량을 지속적으로 개발할 필요가 있다.

2. 관계적 관점을 적용한 진로상담 활동

1) 활동 1: 진로가계도

(1) 진로가계도 활동의 이해

진로가계도(career genograms)는 가족치료에서 사용하는 가계도를 진로상담에 적용한 방법으로 진로상담의 '정보 수집' 단계에서' 사용할 수 있다. 가계도(genogram)은 가족상담 분야에서 맥골드릭, 거슨과 셀렌버거(McGoldrick, Gerson & Shellenberger, 2008)에 의해 최초로 개발되어 내담자 가족의 역동과 유형을 파악하는 도구로 유용하게 사용되어 왔다. 오키시(Okiish, 1987)가 진로상담에 가계도를 처음으로 활용하면서 진로가계도가 소개되었다. 이후 진로상담의 한 기법으로 진로가계도를 적용하여 그 효과성도 입증되었다(Penick, 2000; Sharf, 2005).

진로가계도를 통해 가족 구성원의 직업을 함께 생각해 보고, 가족 구성원이 진로선택에 어떠한 영향을 주었는지 확인해 볼 수 있다. 가족 구성원의 다양한 직업을 탐색하고 가족의 직업을 파악하는 것은 진로인식에 매우 중요한 요소이다(오인수, 2008). 특히 현 직업에 만족하는 부모의 자녀들이 미래에 부모와 같은 직업을 갖고 싶어 하거나, 가족 구성원과의 친밀도에 따라 그 가족의 직업에 대한 호불호가 결정될 수도 있다(Trice & Tillapaugh, 1991). 예를 들어, 친밀한 가족 구성원의 직업에 대해 호감을 보이고, 갈등적 관계에 있는 가족의 직업에 대해 반감을 느낄 수 있다. 아버지와 갈등관계를 겪는 자녀는 아버지의 직업에 대해 부정적 이미지를 투사하여 인식할 수도 있다. 진로가계도를 그린 후 가족 구성원의 직업에 대한 질문들(예: 가족 구성원이 내담자의 진로선택에 대해서 어떤 생각을 가지고 있는가? 내담자에게 긍정적 혹은 부정적 영향을 준 가족 구성원은 누구이며,

그 이유는 무엇인가?)을 생각해 보게 하여, 가족과의 상호작용을 통해서 내담자가 직업가치관, 직업에 대한 의미를 어떻게 발달시켜 왔는지 생각해 볼 수 있다.

진로가계도 활동은 3단계로 구성된다. 1단계에서는 내담자에게 진로가계도 활동을 하는 이유에 대해서 설명하고 이해하도록 한다. 2단계에서는 내담자에게 진로가계도 그리는 방법을 설명하고 작성하도록 한다. 3단계에서는 작성한 진로가계도를 바탕으로 질문하고 내담자에게 자신의 가족이 내담자의 진로에 어떠한 영향을 주었는지를 파악하도록 한다(임은미 외, 2017).

(2) 진로가계도 활동의 실제

진로가계도 활동은 먼저 학생이 [그림 11-1]과 같이 가족의 진로가계도를 작성하도록 돕는 것부터 시작된다. 진로가계도는 할아버지, 할머니 세대부터 부모님 세대, 자기 세대까지 3세대의 직업을 적고, 부모의 형제들과 사촌형제들까지 다 포함하여 작성하게 한다. 가족 구성원이 아닐지라도 자신의 진로선택에 영향을 준 주변 사람들(교사, 선배, 또래 친구 등)이 있다면 진로가계도 옆에 추가로 표시할 수 있다. 학급에서의 집단활동으로 진로가계도를 작성하게 할 수도 있고, 과제의 형태로 가정에서 부모와 함께 진로가계도를 작성해 오도록 할 수 있다. 이 경우 부모의 도움으로 보다 정확하고 자세하

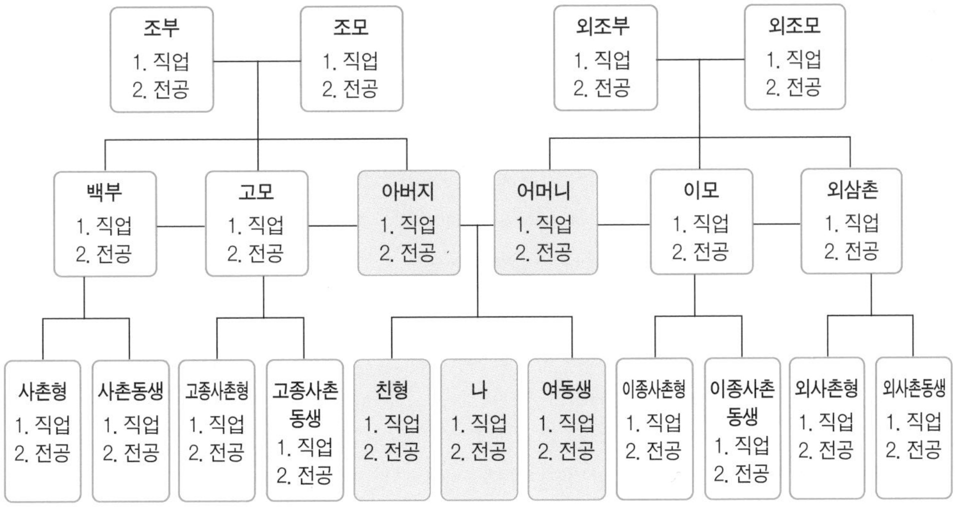

[그림 11-1] 진로가계도의 예시

출처: 한겨레(2013. 4. 15.).

게 가족과 친척의 직업 정보를 얻을 수 있다(Gibson, 2005).

다음으로, 내담자가 그린 진로가계도를 바탕으로 학교 상담자는 내담자의 진로인식을 향상하도록 돕는 활동을 진행한다. 이때 맬럿과 매그너슨(Malott & Magnuson, 2004)이 제시한 질문을 바탕으로 오인수(2008)가 제안한 '진로인식 탐색을 위한 질문'을 활용할 수 있다. 이를 통해 직업의 종류와 유형, 직업의 특징, 가족의 일과 직업가치관, 직업선호도, 직업과 성역할을 탐색하도록 도울 수 있다. 그리고 '가족의 직업들을 몇 가지로 묶어 본다면 어떻게 묶을 수 있을까?' 등의 질문을 통해 가족 구성원들의 직업을 확인하

〈표 11-2〉 진로가계도 활동 시 진로인식 탐색 질문의 예시

1. 직업의 종류와 유형	• 가족의 직업 중에서 가장 많은 직업은 무엇인가요? • 가족의 직업 중에서 공통적인 점이 있다면 무엇인가요? • 가족의 직업들을 몇 가지로 묶어 본다면 어떻게 묶을 수 있을까요? • 가족의 직업이 직업에 대한 나의 생각에 어떤 영향을 주었나요?
2. 직업의 특징(특정 직업에 대해)	• 가족의 직업 중에서 관심이 가는 직업은 무엇인가요? • 그 직업의 장점과 단점은 무엇인가요? • 그 직업에 대해 더 알고 싶으면 어떤 방법으로 찾아볼 수 있을까요? • 내가 좋아하는 직업과 내가 좋아하는 가족 구성원 사이에는 어떤 관계가 있을까요? • 내가 싫어하는 직업과 내가 싫어하는 가족 구성원 사이에는 어떤 관계가 있을까요?
3. 가족의 일과 직업가치관	• 가족은 자신의 직업에서 어떤 점들이 좋다고 생각하나요? • 가족은 다양한 직업 중 어떤 직업이 좋다고 생각하나요? • 가족은 어떤 사람을 성공한 사람이라고 생각하나요?
4. 직업선호도	• 가족은 내가 미래에 어떤 직업을 가졌으면 좋겠다고 생각하나요? • 앞의 대답에 영향을 미친 가족이 있다면 누구이며, 그 직업의 어떤 면들을 특히 좋다고 말하였나요?
5. 직업과 성역할	• 가족이 남자로서 좋은 직업과 여자로서 좋은 직업이 있다고 생각한다면 어떤 직업들을 이야기했나요?
6. 가족과의 관계 유형	• 가족 중에서 누가 친근하게 혹은 멀게 느껴지나요? • 가족이 너무 많은 것을 기대하거나 요구한다고 생각한 적이 있나요? 만약 그렇다면 언제, 누구한테 그런 느낌을 받았나요? • 가족은 내가 요구하는 것을 잘 들어주나요? • 가족은 내가 하는 것에 대해 칭찬과 격려를 해 주나요?

출처: 오인수(2008).

고 공통점과 유형을 발견하도록 도울 수 있다. 진로가계도를 소그룹 혹은 집단 활동으로 활용할 경우, 진로가계도 및 질문을 활동지 형태로 제작하여 사용할 수 있다(부록 3 참조).

2) 활동 2: 직업인 인터뷰

(1) 직업인 인터뷰 활동의 이해

직업인 인터뷰는 알아보고자 하는 직업에서 종사하고 있는 직업인이나 종사했던 사람과의 면담을 통해 직업에 대한 정보를 수집하는 활동을 말한다. 직업인 인터뷰는 간접적인 진로체험 프로그램으로 초등학생부터 고등학생 대상 진로교육 프로그램에서 자주 활용되는 방법이다. 초등학생 대상 진로체험 교육 자료로서 직업인 인터뷰는 '직업체험' 영역의 하위 활동으로서 직업 현장을 찾아가 직업인이 하는 일을 관찰하고 간단한 업무를 체험하며 직업인을 인터뷰하는 체험활동 중 하나로 제시되고 있다. 초등학생들은 직업인 인터뷰를 통하여 해당 직업을 갖기 위한 과정, 직업의 장단점, 직업의 보람차거나 힘든 점, 직업 윤리 등을 파악할 수 있게 된다(이승건, 정남용, 2014; 조효정, 황매향, 2014). 또한 김소라와 황영준(2016)의 연구를 보면, 고등학생 대상으로도 진로체험 방법 중 특정 직업인과의 만남 및 인터뷰가 31%로, 시청각 자료를 통한 진로체험과 진로 관련 전시 견학 다음으로 세 번째로 많이 이루어지고 있다. 이는 고등학생의 계획성, 독립성, 직업태도 및 진로탐색 행동에 높은 긍정적 영향을 주는 것으로 나타났다.

(2) 직업인 인터뷰의 실제

직업인 인터뷰는 크게 역할 모델 탐색과 인터뷰 준비 및 계획, 인터뷰 실시 및 정리의 3단계로 이루어진다(서울대학교 경력개발센터, 2020).

첫 번째 단계로, 각 학생들의 진로 관심 분야 및 희망하는 직업과 관련된 역할 모델이나 직업인을 찾아보게 한다. 본인의 역할 모델이 없는 경우 다양한 영역과 방법으로 찾아볼 수 있도록 안내한다. 직업인에 대한 기사, 뉴스 및 동영상 등이나 자서전 등을 참고하여 해당 직업에 대한 정보를 수집할 수도 있다. 구체적으로 커리어넷에서 학과 인터뷰와 직업인 인터뷰 내용과 동영상 인터뷰 등의 자료들을 활용해 볼 수도 있다.

두 번째 단계는 인터뷰 준비 및 계획 단계이다. 이 단계에서는 관심 직업 및 관련 직업 종사자에 대한 질문을 정리하고 실제 인터뷰를 실행하기 위한 계획을 세우는 단계이다. 인터뷰 대상의 선정에서부터 섭외, 실제 인터뷰 진행을 위한 세부적인 내용까지 준비 · 계획할 수 있도록 한다. 그리고 직업 인터뷰를 위한 자기소개 내용과 인터뷰 질문 목록을 작성한다. 학교 상담자는 학생들에게 조별로 생각한 인터뷰 질문을 돌아가면서 발표하도록 하고, 미처 생각하지 못했던 중요한 질문이나 정보를 보완하도록 한다. 그리고 개인별/조별로 인터뷰 대상자, 섭외 방법, 섭외 내용, 인터뷰 영역, 날짜 등에 대한 구체적인 계획을 세우고 인터뷰 실행계획을 작성하도록 한다. 특히 섭외하기 위한 다양한 방법(예: 선생님 및 부모, 친척 소개, 도서관 정보 이용, 직업 현장 방문 등)을 함께 생각해 보도록 한다.

세 번째 단계는 실제 인터뷰를 수행하는 단계이다. 인터뷰는 직업 현장에 방문하여 현장에서 근무하고 있는 직업인을 인터뷰할 수도 있고, 주변의 지인을 소개받아 직접 만나서 인터뷰할 수도 있다.

구체적으로 직업인 인터뷰 활동의 진행 단계를 정리하면 다음과 같다(서울대학교 경력개발센터, 2020).

① 인터뷰할 직업인 정하기

인터뷰 대상자(직업인이나 직업멘토)를 정한다.

② 인터뷰 준비 및 계획

먼저, 일시, 장소, 섭외 방법을 정한다. 그리고 질문 내용을 준비한다. 예시 질문은 최대한 자세히 제시되어 있으므로 필요한 질문들을 추려서 질문 내용을 준비하는 것이 필요하다. 그 이후에 직업인에게 연락하여 인터뷰 허락을 받고 면담일을 정한다.

〈표 11-3〉 직업인 인터뷰 질문

1. 진로결정 계기	• 이 직업을 꿈꾸게 된 특별한 이유가 있었나요? • 어떻게 이 분야와 이 직업에 관심을 가지게 되었나요?

2. 준비과정	• 관심을 가진 이후 어떻게 준비했나요? • 준비 기간은 얼마나 되었나요? • 이런 일을 하기 위해 대학에서 어떤 전공을 하는 게 좋을까요? • 이 일을 하기 위해 갖추어야 할 자격증이 있나요? • 준비과정 시 힘드셨던 점은 무엇인가요? • 고려했던 다른 직업은 무엇이었나요? 그 직업을 선택하지 않은 이유는 무엇인가요?
3. 입사과정	• 어떤 경로를 통해 이 회사에 입사하게 되었나요? 혹은 이 분야에 종사하는 분들은 대체로 어떤 경로로 입사하나요? • 실제 서류전형과 면접과정을 겪으면서 조언하고 싶은 것이 있다면 말씀해 주세요.
4. 실제 업무 내용 및 업무 환경	• 이 직업의 가장 큰 장점은 무엇이고, 단점은 무엇인가요? • 이 일을 하면서 가장 보람을 느끼는 점은 무엇입니까? • 일과 생활의 균형은 어떤가요? • 실제 근무할 때 분위기가 어떤가요? 같은 부서 사람들과의 소통은 어떤가요? • 이 직업의 전망에 대해서 어떻게 생각하시나요?
5. 기타	• 이 직업을 꿈꾸는 학생들에게 가장 필요한 자질과 역량은 무엇이라고 생각하시나요?

인터뷰 대상자와의 연락 시 유의점

- 이메일, 전화 접촉 후 면담에 걸리는 시간과 면담 질문을 미리 안내한다.
- 약속 시간은 반드시 지킨다.
- 인터뷰 후 감사의 표시로 드릴 수 있는 간단한 선물을 준비한다.
- 돌아와서는 감사 메일을 보낸다.
- 녹음이나 사진 촬영, 비디오 촬영 등에 대해서는 사전에 알리고 허락을 구한다.
- 인터뷰를 하기 전 미리 해당 직업 및 회사에 대한 정보를 수집한다.

③ 직업인을 면담하고 직업인 인터뷰 보고서 작성하기

직업인 인터뷰 보고서에는 만난 직업인, 면담 일시 및 장소, 인터뷰 내용 및 직업 정보 그리고 느낀 점을 적도록 한다(부록 4 참조). 결과 보고서는 활동지에 작성하도록 해도 되고, 프레젠테이션 자료로 만들어 발표하게 할 수도 있다. [그림 11-2]에 제시한 것은 구체적인 직업인 인터뷰 사례로서 과학 교사를 인터뷰한 직업인 인터뷰 보고서를 일부 발췌하였다.

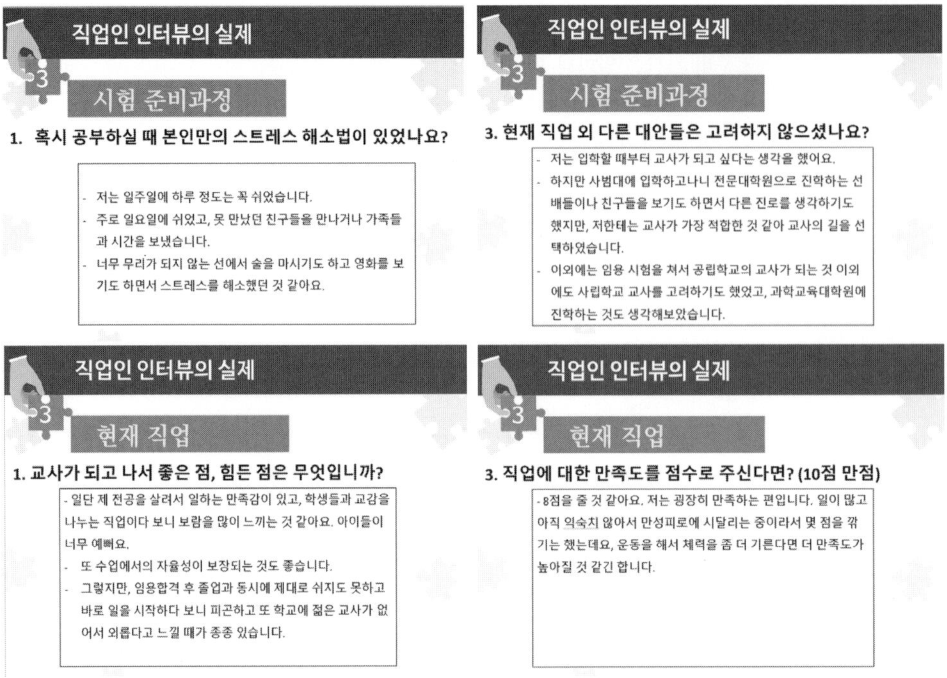

[그림 11-2] 직업인 인터뷰의 예시

◆ 참고문헌

김소라, 황영준(2016). 고등학생 진로체험과 프로그램 평가가 진로성숙도에 미치는 영향. 진로교육연구, 29(2), 167-190.

서울대학교 경력개발센터(2020). 진로설계 집단상담 지도자 매뉴얼.

오인수(2008). 초등학생 진로교육의 새로운 접근: 가계도를 활용한 진로상담. 초등교육연구, 21(2), 49-73.

이승건, 정남용(2014). 창의적 체험활동을 위한 진로교육 프로그램이 초등학생의 진로발달에 미치는 영향. 한국실과교육학회지, 27(1), 101-115.

임은미, 강혜영, 고홍월, 공윤정, 구자경, 김봉환, 손은령, 손진희, 이제경, 정진선, 황매향(2017). 진로진학상담 기법의 이론과 실제. 서울: 사회평론아카데미.

조효정, 황매향(2014). 직업체험중심 진로프로그램이 초등학교 학습부진아의 진로성숙도 및 학습동기에 미치는 영향. 아시아교육연구, 15(4), 285-312.

한겨레(2013. 4. 15.). 직업 가계도를 그려라. 진로가 보인다.

Gibson, D. M. (2005). The use of genograms in career counseling with elementary, middle, and high school students. *Career Development Quarterly, 53*, 353-362.

Malott, K. M., & Magnuson, S. (2004). Using genograms to facilitate undergraduate students' career development: A group model. *Career Development Quarterly, 53*, 178-186.

McGoldrick, M., Gerson, R., & Shellenberger, S. (2008). *Genograms: Assessment and intervention* (3rd ed.). New York, NY: Norton and Company.

Okiishi, R. W. (1987). The genogram as a tool in career counseling. *Journal of Counseling and Development, 66*, 139-143.

Penick, N. (2000). The genogram technique: A therapeutic tool for the career counselor. In N. Peterson & R. C. Gonzalez (Eds.), *Career counseling models for diverse populations: Hands-on applications by practitioners* (pp. 137-149). Belmont, CA: Wadswort.

Phillips, S. D., Christopher-Sisk, E. K., & Gravino, K. L. (2001). Making career decisions in a relational context. *The Counseling Psychologist*, 29(2), 193-214.

Sharf, R. S. (2005). *Applying career development theory to counseling* (4th ed.). Pacific Grove, CA: Wadsworth.

Trice, A. D., & Tillapaugh, P. (1991). Children's estimates of their parents' job satisfaction. *Psychological Reports, 69*, 63-66.

Wallin, D. J. (2010). 애착과 심리치료(*Attachment in psychotherapy*). (김진숙, 이지연, 윤숙경 역). 서울: 학지사. (원저는 2007년에 출판).

제 12 장

최신 이론을 적용한 진로상담의 실제

들어가기

이 장에서는 최신 진로이론, 특히 진로구성주의이론과 우연학습이론을 실제 진로상담 사례에 적용한다고 가정하고, 모의상담의 흐름을 제시하고자 한다. 먼저, 제2장에서 소개된 선우의 사례에 대해 진로구성주의 접근 및 주요 기법을 적용하여 모의상담 과정을 일부 소개한다. 추가적으로 우연학습이론을 적용한 진로상담 활동을 제안한다.

학습목표

1. 진로구성주의이론의 관점을 바탕으로 사례개념화를 어떻게 할 수 있을지 설명할 수 있다.
2. 진로구성주의이론의 주요 상담전략에 대해 이해하고 이를 어떻게 적용하는지 설명할 수 있다.
3. 우연학습이론을 적용한 진로상담 활동의 주안점에 대해 설명할 수 있다.

1. 개인 진로상담: 선우의 사례

1) 호소문제 이해

고등학교 3학년인데 구체적인 진로목표가 없어서 불안하다. 진로를 어떻게 준비해야 할지에 대해 도움을 받고 싶다.

선우는 고등학교 3학년으로 대학 및 전공 결정을 앞두고 있다. 선우의 호소문제를 정리해 보면, 초등학교 때부터 프로 야구선수라는 꿈을 가지고 야구부가 있는 중·고등학교에 진학하였고, 고등학교 1학년 때까지는 이러한 진로목표에 흔들림이 없었다. 그런데 고등학교 1학년 겨울방학 훈련 중 예기치 않은 부상을 당한 뒤로 고민 끝에 야구선수라는 희망직업을 포기하게 된 상황이다. 선우는 야구 훈련이 힘들었지만 자신이 성공할 수 있는 일이라고 믿음을 가지고 힘든 야구 훈련을 견뎌 왔는데 예기치 않은 상황으로 부상을 입고 기량이 낮아져 야구를 관두게 된 것에 대해서 아직도 복잡한 감정을 느끼고 있다. 부모님은 얼른 다른 진로를 정했으면 하시는 눈치이고 운동과 관련된 일은 이제 하지 않았으면 하는데, 선우는 무엇부터 시작을 해야 할지 막막하기도 하고 또 실패하지는 않을지 두려운 마음도 든다.

2) 진로구성주의이론을 적용한 사례개념화

선우의 호소문제를 진로구성주의의 중심 개념을 활용하여 이해하자면, 선우는 운동선수라는 꿈을 중심으로 자기 자신에 대한 이해를 쌓아 왔으며 어려운 훈련을 이겨 내고 야구선수로 성공하는 생애진로 주제(life career theme)를 꿈꾸며 지내왔다. 선우는 스스로 자신의 목표를 설정하고, 자신이 정한 할당량의 훈련은 스스로 해낼 정도로 목표의식도 강하고 독립적인 면이 있었는데, 그럴 때마다 지금은 힘들어도 나중에 야구선수로 성공할 수 있다며 의미 부여를 하고는 했다. 그러나 예기치 못한 사고로 운동을 갑자기 그만두게 되면서 선우가 자신의 진로에 의미를 부여하고 유지해 왔던 방식에 큰 변화가 생기게 되었다. 부상 이후로 좌절 경험이 지속되자 자신이 뭘 좋아하는지, 운동 외에 무엇을 잘할 수 있는지, 누구에게 조언을 구할 수 있을지, 다른 고등학교 3학년 친구들보다 너무 뒤처진 것은 아닌지, 예기치 않은 일이 생겼을 때 잘 적응할 수 있을지에 대한 고민이 많아진 상태이다.

진로적응의 단계(적응 준비-적응 자원-적응 반응-적응 결과)를 살펴보면, 선우는 변화하는 상황에 대처해서 적응 자원을 활용하고 적응 반응과 적응 결과를 이끌어 내야 하는 단계에 있다. 그러나 선우는 자신의 적응 자원을 활용하여 적응 반응과 적응 결과를 이루는 데 어려움을 겪고 있는 것으로 보인다. 선우는 여전히 자신의 진로발달에 관심을 지니고 있고, 진로목표를 새롭게 정하는 것의 중요성은 인식하고 있으며, 노력을 통해 자신의 진로목표를 이루고자 하는 기본적인 책임감도 지니고 있지만, 운동 외에 다른 분야에 호기심을 가져 본 적이 많지 않고, 갑자기 주어진 상황을 어떤 식으로 타개해야 할지에 대한 자신감도 떨어져 있어 변화한 상황에 적응하는 데 어려움을 겪고 있다. 즉, 선우의 관심(concern)은 높고, 자기조절(control)은 보통이지만, 호기심(curiosity)과 자신감(confidence)은 다소 부족한 상태여서 전체적인 진로적응력 역시 높지 않아 진로발달 과업이나 진로전환으로 인해 발생한 어려움을 해결하는 데 어려움을 겪고 있는 상태로 이해할 수 있다.

〈표 12-1〉 선우의 진로적응력 평가

영역	평가	근거
관심	높음	선우는 자신의 관심사와 특성에 대한 이해를 바탕으로 스스로 진로목표를 정하고, 그러한 진로목표를 이루기 위해 노력해 온 경험이 있다. 운동선수라는 진로목표를 포기하고 새로운 진로목표를 탐색하는 것이 중요하다고 인식하고 있으며, 자신이 좋아하는 일을 찾아서 노력하고자 하는 동기가 있다.
자기조절	보통	과거에 높은 자기조절력을 발휘하며 진로목표를 이루기 위해 매진해 왔지만 현재는 진로목표의 전환을 앞두고 무엇을 해야 할지 다소 막막한 상태이다. 그럼에도 불구하고 자신에게 맞는 진로결정을 내리기 위해 다시 노력해야 한다는 책임감을 지니고 있다.
호기심	낮음	오랫동안 운동선수라는 목표만 보고 지냈기 때문에 다른 직업세계에 대해 알아보고자 한 적이 별로 없다. 운동이 아닌 다른 측면에 있어서 자신의 특성에 대해서도 생각해 본 적이 없다.
자신감	낮음	갑자기 예기치 않은 사고로 목표를 포기한 경험에 대한 아쉬움, 속상함 등이 남아 있고, 다른 고3 친구들보다 뒤처져 있다는 생각도 들어 위축된 마음이 많이 든다. 새로운 목표를 정한다고 해도 또 다른 장벽을 만나서 목표를 못 이루면 어쩌지 하는 두려움도 가지고 있다.

진로구성주의이론을 적용한 상담에서는 선우의 생애 주제를 탐색하고 명료화하고, 선우의 진로적응력 발달을 촉진하여 선우가 적절한 진로목표 전환을 이루어 낼 수 있도록 지지할 필요가 있다. 진로에 대한 관심과 책임 있는 태도에 대해서는 지지하고 격려해 줌과 동시에 선우의 호기심이나 자신감 발달을 촉진하는 개입이 진행될 수 있다. 특히 운동 외에 다른 분야에 대해서 탐색해 본 경험이 많지 않고, 자기이해도 운동을 중심으로 발전시켜 온 선우에게 운동 외의 영역에서의 자신의 특성이나 직업세계에 대해 폭넓게 탐색해 보도록 하는 전략이 활용될 수 있을 것이다. 또한 오랫동안 노력해 온 진로목표를 포기해야 했던 선우의 상실감에 대해 공감하고 타당화하며, 이러한 위기를 극복하고 새롭게 성장할 수 있는 용기를 낼 수 있도록 격려하는 접근이 중요할 것이다.

3) 상담목표

(1) 내담자와 합의한 목표

- 나에 대해서 잘 알고 싶다.
- 내가 잘할 수 있는 일을 찾고 싶다.
- 나에게 적합한 진로목표를 세우고 진학 준비를 잘하고 싶다.

(2) 상담자가 설정한 이론적 목표

진로구성주의 관점을 고려하여 다음과 같은 상담목표를 세울 수 있다.

- 내담자가 자신의 진로 경험에 어떠한 의미를 부여하고 있는지 이해한다.
- 내담자의 경험에서 드러난 생애진로 주제를 탐색하고 명료화한다.
- 내담자의 진로적응 단계를 확인하고 진로적응력 발달을 촉진한다.
- 향상된 진로적응력을 바탕으로 미래 지향적인 방향을 설정하여 성공적인 전환을 이루고 새로운 이야기를 만들어 낼 수 있도록 지지한다.

4) 상담전략

(1) 상담에 대한 기대 및 목표를 탐색하며 상담관계 형성하기

상담에 대한 내담자의 기대를 탐색하여 목표를 명료화하고 내담자와 라포를 형성하는 일은 어떠한 이론적 접근의 상담을 진행하든 가장 중요한 일 중 하나이다. 진로구성주의이론을 활용한 상담에 있어서도 상담자는 내담자의 이야기에 호기심과 경청하는 태도를 보이며 내담자가 현재 느끼고 있는 감정과 생각에 다가갈 필요가 있다. 특히 진로구성주의이론에서는 상담자가 진로상담의 과정을 처음부터 주도하기보다는 내담자에게 우선 진로상담을 어떻게 의미 있게 활용하고 싶은지 묻는 접근을 강조하고 있다.

상담의 실제에 적용한다면

선우는 약속된 시간에 정확히 상담실에 도착하였다. 간단히 인사를 하고는 머뭇거리는 모습을 보였다. 상담 선생님은 선우에게 편안하게 자리에 앉도록 하였다.

상담자: 선우는 상담실에 처음 와 보지?

선우: 네

상담자: 처음 상담실에 와서 어색하고 낯설기도 하겠다.

선우: 네, 조금요.

상담자: 그래도 선우가 이렇게 상담을 신청해 준 걸 보면서 선생님은 선우가 정말 멋진 어른이 되려고 노력하고 있구나 싶어서 반가운 마음이 많이 들었어.

선우: 그런가요?

상담자: 그럼. 선우가 여기에 온 것만으로도 이미 뭔가 바뀌기 시작한 게 아닐까 하는 생각이 들어. 아무튼 너무 잘 왔어, 선우야.

선우: 네.

상담자: 선생님이랑 앞으로 어떤 대화를 나눌 건지, 어떻게 하면 이 시간이 선우에게 도움이 될 수 있을지 잠깐 설명을 해 줄게. (상담에 대한 기본 규칙과 절차에 대해 설명함) 혹시 방금 선생님이 설명한 내용 중에 잘 이해되지 않거나 궁금한 점이 있니?

선우: 아니요.

상담자: 선우가 궁금한 점이 있으면 언제라도 선생님한테 물어보렴. 그럼 이제 우리가 본격적으로 이야기를 나눌 준비가 된 것 같은데 선우가 상담신청서에 쓴 내용을 보니깐 진로상담을 받고 싶다고 썼네.

선우: 네.

상담자: 진로 고민은 정말 중요한 고민이지. 선우에게 의미 있는 일을 찾아가는 과정이니까. 선우는 상담에서 어떤 도움을 받고 싶어?

선우: 제가 잘할 수 있는 일을 좀 찾고 싶다는 생각이 들어요.

상담자: 선우가 잘할 수 있는 일을 찾고 싶구나. 그건 정말 중요한 목표네.

선우: 네. 이제 고3이니깐 얼른 진로를 정해야 할 것 같은데 좀 막막해요.

상담자: 막막하기도 하고 답답하기도 하겠네.

선우: 네. 다른 친구들은 다 진로를 정한 것 같은데 저만 뭘 하면 좋을지 잘 몰라하는 것 같고 그래요.

상담자: 선우가 친구들보다 좀 뒤처진 것 같아서 속상한 마음도 있구나.

선우: 네.

상담자: 선우가 진로 고민을 계속해 온 것 같은데 진로와 관련해서 어떤 생각들을 해 봤니?

선우: 원래 초등학교 때부터 야구선수가 꿈이었어요. 그래서 저는 운동 말고 다른 진로를 생각해 본 적이 없어서 그냥 막막해요. 운동 말고는 어떤 일을 하면 좋을지 알 수 있으면 좋을 것 같아요.

(2) 진로유형면접(진로구성 인터뷰)을 통한 생애진로 주제 탐색

내담자가 자신의 진로 경험에 의미를 부여한 방식을 이해하고, 내담자의 생애진로 주제를 파악하기 위하여 진로유형면접(진로구성 인터뷰)을 활용할 수 있다. 진로유형면접은 반구조화된 면담 방식으로 진행되며 진로 영역에서 내담자의 정체감, 삶의 의미, 전략, 동기, 성격적 특성 등이 드러난 방식을 탐색하여 내담자의 생애진로 주제를 명료화하는 데 도움을 준다(진로유형면접에 대한 자세한 설명은 제7장 참조).

진로유형면접을 진행하는 과정에서 유의할 점은 다음과 같다. 첫째, 일부 질문의 경우 현재의 한국 사회의 청소년들에게는 다소 낯설게 느껴지는 내용(구독하는 잡지, TV 프로그램에 대한 질문)을 묻고 있으므로 이를 맥락에 맞게 수정할 수 있다. 예를 들어, 구독

하는 유튜브 채널이나 블로그, 즐겨 찾는 인스타그램 해시태그 등에 대한 질문으로 바꾸어서 활용할 수 있다. 둘째, 초기 기억에 대한 질문의 경우 아들러 상담에서 초기 기억에 대한 탐색을 중요시하듯 내담자가 세계를 이해하는 방식을 보여 주는 주요 질문으로 다루어지는데, 이 과정에서 내담자가 어떠한 사실을 기억하는가보다는 '왜' 여러 기억 중에 이 기억은 잊히지 않고 내담자에게 남았으며, 내담자는 '왜' 이 기억을 떠올렸는가에 주목할 필요가 있다. 또한 이때 내담자의 주변인들이 어떠한 일을 했는가보다는 내담자가 이 상황에서 무엇을 하였는가를 중점으로 기억을 탐색하는 것이 더 유용하다. 초기 기억에 대한 탐색은 일정 수준의 상담 기술이 필요하므로, 일부 학자는 전문상담가나 상담심리학자들만 초기 기억에 대한 질문을 다루어야 한다고 주장하기도 한다. 셋째, 질문에 대한 답변을 이해하는 데 있어서 주목해야 할 것은 무엇(what)을 내담자가 답하는가보다는 내담자가 특정 인물을 존경하는 이유, 특정 과목을 좋아했던 이유처럼 왜(why) 그러한 특성을 보이는가이다. 따라서 진로유형면접을 진행하면서 상담자는 지속적으로 내담자의 생애 이야기가 드러나는 방식을 이해하고, 다른 영역에서 공통적으로 드러난 생애진로 주제들을 서로 연결하며, 내담자의 현재의 고민과 내담자의 생애진로 주제를 종합하여 정리할 필요가 있다.

내담자를 생애진로 주제를 통합해 나가는 과정에서 홀랜드 검사의 코드(RIASEC)의 주요 키워드들을 활용할 수도 있다(Barclay & Wolff, 2012). 예를 들어, 내담자의 이야기에서 드러난 주제들이 홀랜드 코드의 실재형과 연결되는 지점들이 있다면 실재형의 특성들(예: 손발을 활용하여 하는 활동에 대한 흥미, 신체를 활용하여 과제를 수행하는 것 선호, 문제 해결에 있어 직접 행동에 옮기는 것 선호)을 활용하여 내담자의 생애진로 주제를 명료화할 수 있을 것이다. 다만, 진로구성주의적 접근에서는 내담자의 주관적 경험과 의미 부여 방식 자체에 주목하므로, 양적 검사 결과를 우선적으로 제시하고 이에 대한 일방적인 해석을 제공하는 방식은 지양한다.

마지막으로, 청소년을 대상으로 진로구성 인터뷰를 실시할 때 활동에 대한 흥미를 불러일으키고 적극적인 참여를 촉진하기 위하여 인터뷰에 시각화 작업을 함께 활용할 수도 있다(Taylor & Savickas, 2016). 예를 들어, 마이 커리어 스토리 콜라주 만들기, 마이 커리어 스토리 동화책 만들기, 포트폴리오 만들기 등의 미술활동과 결합된 활동을 진행할 수 있다.

상담의 실제에 적용한다면

상담자: 오늘은 진로구성 인터뷰라는 것을 함께 할 텐데, 이 활동은 선우가 이전에 어떠한 삶을 살아왔고 또 앞으로는 어떤 삶을 살고 싶은지 선우의 과거, 현재, 미래를 모두 이어서 선우만의 진로 이야기를 함께 만들어 보는 활동이야. 선우 생각은 어때?

선우: 흠, 제 진로 이야기를 만든다는 게 어떤 건지 잘 모르겠어요.

상담자: 예를 들어, 우리가 만화나 영화를 보면 어떤 인물이 있잖아. 그리고 각각의 인물은 자신만의 캐릭터가 있고 자신만의 사연이 있고 자신만의 이야기가 있지. 예를 들어, 어떤 변호사가 영화 속에 등장하면서 "늘 논리와 정답을 추구하는 학생이었다. 부모님이 지인에게 사기를 당하는 피해를 입은 뒤 부조리한 현실에 고통받는 사람들을 돕기 위해 변호사가 되었다." 이런 식으로 그 인물에 대한 소개가 있을 때가 있잖아. 그런 것처럼 선우는 어떤 사람으로 자신을 이해하고 있고, 선우라는 인물에게 어떤 이야기가 있는지 한번 찾아보는 거야.

선우: 네, 내 이야기를 한다는 게 어떤 건지 조금 알 것 같아요.

상담자: 그래. 궁금한 점이 있으면 계속해서 선생님께 물어보렴. 선우가 지난 회기에 상담을 통해서 잘할 수 있는 일을 새로 찾고 싶다고 했지. 또 상담을 통해서 자기 자신에 대해서도 좀 더 알고 싶고, 목표를 세워서 대학 진학 준비하는 데 도움을 받고 싶다고 했는데, 선생님이 정리한 내용이 맞니?

선우: 네, 그런 것 같아요.

상담자: 오늘 함께해 볼 활동은 선우가 이전에 어떤 경험들을 해 왔는지 살펴보면서 선우가 진짜 어떤 사람인지 함께 이해하는 데 도움이 될 것 같아. 선우만의 캐릭터를 찾는 느낌의 활동이 될 거야. 어떻게 생각해?

선우: 네, 저는 사실 운동 외에는 제가 뭘 하면 좋을지 잘 모르겠어서 제가 뭘 좋아하는지, 뭘 잘할 수 있는지 좀 더 알게 되면 좋을 것 같아요.

상담자: 음, 그렇구나. 이번 활동이 선우가 앞으로 잘할 수 있는 일을 발견하는 데 도움이 될거야. 그럼 첫 번째 질문부터 함께 시작해 보자.

선우: 네.

상담자: 선우가 어릴 때 가장 닮고 싶었던 사람이 누구였는지 세 사람을 떠올려 보자. 실제 인물이어도 되고, 동화책이나 만화책 속 상상의 인물이어도 좋아. '이

사람 진짜 멋있다, 나도 이 사람처럼 되고 싶다.'라고 느꼈던 사람을 세 사람 생각해 보는 거야.

선우는 잠시 생각한 뒤에 세 사람을 떠올려서 말했다. 첫 번째 인물은 이순신 장군이었는데, 이순신 장군이 멋있다고 생각한 이유는 불리한 전쟁에서 백성들을 구한 점, 말만 하는 것이 아니라 실전에서 싸운 점, 거북선 같은 새로운 무기를 발명한 점이라고 말했다. 다음으로 야구선수 ○○○을 닮고 싶었다고 말했는데, 그 이유는 ○○○ 선수가 유명한 홈런왕은 아니지만 항상 팀에 필요한 플레이를 해 주는 없어서는 안 될 선수였기 때문이라고 했다. 마지막으로 닮고 싶었던 인물은 아이언맨이라고 했다. 아이언맨을 동경했던 이유는 돈이 많아서 원하는 것을 다 살 수 있는 점, 멋진 수트나 장비가 많은 점, 여러 번 지구를 구한 점이라고 했다.

상담자는 이 세 인물에서 나타난 공통점에 대해서 물었다. 선우는 처음에는 공통점을 찾기 어려워했으나 '사람들에게 도움이 된 점'을 꼽았고, '그때그때 필요한 일을 해낸 점'이 공통점인 것 같다고 답했다. 선우의 역할 모델을 탐색하는 활동을 통해 드러난 선우의 지향점 또는 가치관 중의 하나는 누군가에게 실질적인 도움이 되는 사람이 되는 것으로 정리하였다.

즐겨 보는 영상, 매체, TV 프로그램 등에 대해 탐색했을 때 선우는 게임 방송과 레고 유튜브를 즐겨 본다고 답했다. 게임 방송을 보면서는 새로운 아이템이 추가될 때마다 신기하고 새로운 아이템 조합법 이런 것들이 재밌게 느껴진다고 했다. 레고 유튜브 역시 새로운 레고 모델이 나오면 신기해서 계속 보게 된다고 했다. 즐겨 보는 영상을 이야기하면서 선우는 사람보다는 사물에 관심이 있으며, 새로운 도구를 조작하는 데 홍미가 있음이 나타났다.

좋아하는 영화 또는 책에 대한 탐색이 있어서는 선우는 아이언맨을 꼽았다. 아이언맨 이야기를 좋아하는 이유로는 원래는 자신만 생각하는 이기적인 인물이었다가 전 인류를 여러 번 구하는 영웅으로 변한 점이라고 했다. 아이언맨이 영화 내에서 역경을 이겨 낸 방식에 대해서 질문하자 처음에는 도망치거나 회피하려고 했다가도 결국에는 자신의 책임을 받아들이고 새로운 전략으로 문제를 돌파해 내는 모습이 기억에 남는다고 하였다. 아이언맨이 위기를 극복해 내는 과정을 탐색할 때

시련이나 실패가 오히려 새로운 성장의 기회가 되기도 한다는 점을 말하며, 선우가 부상으로 꿈을 포기하였지만 아이언맨처럼 오히려 새로운 일에 도전하고 사람들을 도울 수도 있을지 모른다는 이야기 등을 나누었다.

여가, 취미와 관련해서는 선우는 지금은 프로를 바라보면서 운동을 하는 것은 아니지만 여전히 친구들과 함께 축구나 농구를 하는 것을 좋아한다고 답했다. 지금은 고등학교 3학년이라서 가족과 여가를 잘 보내지 못하지만 예전에 가족과 캠핑을 간 적이 있고 부모님보다도 선우가 오히려 텐트를 더 잘 쳐서 텐트 치는 게 재밌다고 답하였다. 실내 공간보다는 야외활동을 선호하는 흥미, 신체활동이나 도구를 다루는 활동을 선호하는 흥미 등이 다시 확인되었다.

좋아하는 명언, 좌우명, 모토로는 예전에 코치님에게 들었던 말이 "한 번 포기하면 버릇이 되니까 절대 포기하지 말자."여서 늘 좌우명으로 삼았다고 했다. 운동할 때 훈련이 힘드니깐 한 번만 대충 할까 이런 생각이 들기도 했는데 그때마다 한 번 포기하면 버릇이 된다는 말을 생각하면서 끝까지 해냈다고 했다. 이 이야기를 하며 선우는 그렇게 대충 안 하고 열심히 했는데 부상으로 운동을 접을 때는 세상이 무너지는 것 같았다며 속상한 마음을 내비쳤다. 상담자는 선우의 상실감에 대해 충분한 공감을 표현하면서도 선우가 포기하지 않고 노력하는 마음을 실천한 것은 큰 재능이자 강점이라며 선우에게 용기를 북돋아 주고자 하였다. 지금은 예전의 좌우명을 떠올리면 어떤 마음이 드냐고 물었더니 꼭 운동은 아니더라도 내가 잘하고 좋아하는 일이 있을 수도 있으니깐 쉽게 포기하지 말아야겠다는 생각이 든다고 말하였다. 선우가 진로탐색에 대해서 포기하지 않고 긍정적인 태도를 유지하는 것에 대해 충분히 격려해 주었다.

선우의 학교생활을 탐색하면서는 운동부 활동에 전념하기 이전인 초등학생 시기의 활동도 함께 탐색하였다. 초등학교 때 좋아하던 과목으로는 과학을 선택했다. 과학이 재밌었던 이유는 곤충 관찰도 좋아했고 과학 실험도 좋아했기 때문이라고 답했다. 다시 한번, 자연활동과 구체적인 사물에 대한 관심사가 드러났다. 초등학교 때 기억에 남는 성공 경험으로는 야구부에서 활약한 일을 우선 말하였다. 기억에 남는 에피소드를 묻자 무승부 상황이었는데 자신이 안타를 쳐서 이긴 기억을 떠올리며, 무엇보다 자신이 안타를 쳤을 때 기뻐하던 친구들의 모습이 기억에 남는다고 말했다. 야구와 관련되지 않은 에피소드로는 교내 발명 대회에서 혼자 사시는 할아버지와 할머니들을 위한 비상벨 만들기 아이디어로 상을 받은 일에 대해서 말했다. 성공 경험을 탐색하며 드러난 선우의 특성으로는 자신이 무언가 구체적인 기여를 해서 사람들을 기쁘게 해 주거나 사람들에게 도움이 될 때 뿌듯함을 느꼈다는 점이었다. 싫어했던 과목으로는 국어를 선택했고, 독후감 쓰기와 시 쓰기 같은 활동은 좋아하지 않았다고 답했다. 글을 통해 예술적 · 창의적으로 자신을 표현하는 데에는 흥미를 잘 느끼지 않는 선우의 특성을 보여 주는 것으로 보인다.

마지막으로, 선우의 생애 초기 기억을 탐색하였다. 선우는 어릴 때 일은 잘 기억이 안 나지만 할머니댁에 놀러가서 형과 사촌들이랑 레고 박스를 가지고 논 기억이 난다고 말했다. 사촌들이랑 다 같이 각자 가져온 레고를 큰 통에 모은 다음에 각자 신기한 자동차 같은 걸 만들었던 기억을 떠올렸다. 또래였던 사촌들이 선우가 만들었던 자동차를 좋아해서 재밌게 가지고 논 것이 기억난다고 했다. 또 공원에 아버지와 형이랑 놀러 가서 새로운 운동기구를 타는 법을 배우고 할 때가 재밌었다고 말했다. 선우의 초기 기억에서 드러나는 선우의 이야기로는 다른 사람들이 선우가 만든 것을 보고 즐거워했다는 이야기, 새로운 기구 · 도구 사용법을 배우는 것에 호기심이 많았다는 이야기 등이 있다. 상담자는 이러한 선우의 생애 초기 기억을 들으며, 앞서 나온 주제들과 연결하여 사람들은 자신의 구체적인 행동이 누군가에게 기쁨을 가져올 때 뿌듯함을 느낀다는 점, 새로운 기구 · 도구를 다루는 활동을 좋아한다는 점 등을 확인하였다.

진로구성 인터뷰를 하면서 새롭게 알게 된 점에 대해서 묻자, 선우는 어릴 때부터 야구만 해서 야구와 관련된 기억만 있을 줄 알았는데 사실 자신이 발명 대회에서 상을 받았던 것이나 새로운 기구, 도구를 다루는 일을 좋아한다는 것을 생각해 내서 좋았다고 답했다. 또 아이언맨 이야기를 하면서 아이언맨이 늘 성공만 하던 사람이 아니라 정말 예상치 못한 어려움이 있었을 때 그런 어려움을 전략적으로 극복해 낸 점을 생각하니 나도 포기하지 말고 계속 부딪혀 봐야겠다는 생각이 든다고 했다.

(3) 내담자의 내러티브 심화시키기

진로구성주의 상담의 목적은 사람들이 자신의 내러티브를 효과적으로 통합하면서 자기 생애 이야기의 작가(author)로서 정체감을 발달시키고, 환경에 적응하며, 다음 이야기를 써 내려갈 수 있게 하는 것이다(Del Corso & Rehfuss, 2011). 따라서 진로구성주의 상담에서는 내담자의 내러티브를 탐색하고 심화시키는 과정 자체를 잘 이해하고 활용하는 것이 중요하다. 진로상담의 과정에서 내담자의 내러티브는 다음과 같은 방향으로 긍정적으로 변화할 수 있다(Rehfuss & DiFabio, 2012). 첫째, 일반적인 내용이 구체적인 내러티브로 변화하는 것이다. 예를 들어, 일반적인 바람(예: 사람들에게 도움이 되고 싶다)에서 구체적인 방향(예: 사람들이 내가 만든 물건을 씀으로써 편리함을 느끼면 좋겠다)으로의 변화, 일반적인 흥미에서 구체적인 흥미로의 변화, 구체성이 부족하던 진술에서 세부적인 진술로의 변화 등이 나타날 수 있다. 또한 방향이 없거나 모호하던 내용이 방향이 생기거나 초점이 생기는 것으로 변화하는 것 또한 긍정적인 변화로 여겨진다. 마지막으로, 망설이거나 위축되어 있던 태도에서 희망찬 태도로의 변화, 유연하지 못하고 고정된 성향이 개방적인 태도로 바뀌는 등의 변화가 관찰될 때는 긍정적인 변화가 나타난 것으로 이해하고 내담자를 격려하고 용기를 북돋아 줄 수 있다.

상담의 실제에 적용한다면

상담자: 선우의 이야기 속에는 사람들에게 도움이 되고 싶다는 마음이 드러나는 부분들이 있는 것 같아. 선우는 언제 사람들에게 도움이 된다고 느끼니?

선우: 흠, 제가 쓸모 있다는 느낌이 들 때요. 제가 뭔가를 했는데 그것 때문에 뭔가 일이 풀리거나 그럴 때요.

상담자: 예를 들어서 한번 설명해 줄 수 있을까?

선우: 예전에 제 친구가 타격 자세를 한번 바꿔 보려고 한 적이 있어요. 제가 보다가 이렇게 하면 좋겠다고 의견을 내서 친구가 한번 해 봤는데 그때 친구 기록이 좋아졌어요. 그때 제가 해 준 조언이 쓸모가 있구나 느꼈어요.

상담자: 그럼 선우한테 누군가에게 도움이 된다는 건 그게 꼭 도움을 줘서 칭찬을 받거나 내가 선행을 하고 있어서 뿌듯하기보다는 구체적으로 누군가의 기록을 좋게 만들거나 어떤 결과가 확실히 있을 때, 그럴 때 더 의미 있게 다가오는구나.

선우: 네, 결과가 눈에 보이면 좋은 것 같아요.

상담자: 선생님이 이해하기로는 선우는 내가 어떤 구체적인 행동을 해서 그 행동이 다른 사람의 성적이 좋아지거나 기록이 좋아지거나 이런 구체적인 도움이 되는 것을 볼 때 뿌듯함을 느꼈던 것 같아. 사람들을 돕는 직업은 매우 다양한데, 선우는 누군가 돕고자 할 때 말만 하는 것이 아니라 직접 행동하는 것을 잘하고, 또 구체적인 행동으로 누군가에게 도움을 줄 수 있는 일을 선호하는 것 같아.

선우: 네, 저한테 그런 점이 있는 것 같아요.

(4) 진로적응력 발달 촉진하기: 관심, 호기심, 자기조절, 자신감 키우기

진로구성주의 상담에서는 내담자의 진로적응력을 발달시키고자 하며, 이를 위해 내담자의 관심, 호기심, 자기조절, 자신감 향상을 촉진하고자 한다. 따라서 내담자의 이야기 속에서 내담자의 진로에 대한 관심이 꾸준히 유지되고, 다양한 직업세계와 자신의 특성에 대한 호기심이 활발해질 수 있도록 개입하는 것이 중요하다. 또한 내담자가 목표 달성을 위해 필요한 일들을 책임감 있게 수행할 수 있도록 지지하고, 내담자의 강점이나 성공 경험에 주목함으로써 내담자의 자신감을 끌어내고자 한다. 따라서 내담자의 생애 이야기에 새로운 제목을 붙여 주거나, 성공 경험에 대한 내러티브가 풍부해지도록 이끌거나, 내담자의 책임감 있는 태도에 대해 격려해 주는 등의 개입을 실시할 수 있다.

상담의 실제에 적용한다면

상담자: 선우가 처음에 상담을 시작할 때는 운동을 포기했다는 말을 많이 했고 '포기한 사람'으로 자신을 바라보는 느낌이었어. 그런데 상담하면서 좌우명 이야기할 때나 아이언맨 이야기를 할 때는 포기하면 안 된다든지, 계속 부딪혀 봐야겠다든지 이런 이야기를 많이 했어.

선우: 흠, 그런가요? 이야기하다 보니깐 저는 운동밖에 모른다고 생각했는데 또 다른 면들도 있구나 하는 생각이 들기는 했어요.

상담자: 맞아. 운동을 잘하고 열심히 했던 모습도 선우의 모습이었지만 한편으로는 사람들에게 도움을 줄 수 있는 행동을 했을 때 뿌듯해하는 모습도 선우의 모습인 것 같아.

선우: 네. 운동이 아니더라도 내가 몸을 쓰거나 뭔가를 해내서 사람들에게 도움이 된

다면 좋을 것 같은 생각이 들어요.

상담자: 만약 이런 선우의 캐릭터에 선생님이 새로 설명을 단다면 '어려움이 와도 포기하지 않고 사람들을 돕기 위해 발로 뛰는 사람'이라고 설명을 붙이고 싶을 것 같아.

선우: 그런 사람이 되면 좋을 것 같아요.

5) 상담에 대한 평가 및 제언

선우는 운동선수라는 꿈을 예기치 않은 사고로 포기하게 된 후, 새로운 상황에 적응하고 진로목표를 전환하는 데 어려움을 겪고 있었다. 진로구성주의이론을 적용한 상담의 과정에서는 진로구성인터뷰를 활용하여 선우가 자신의 다양한 경험에 어떠한 의미를 부여해 왔는지 이해하고, 선우의 흥미, 능력, 가치관 등을 중심으로 선우의 생애진로 주제를 탐색하였다. 이 과정에서 선우는 과거 경험 속의 이야기들을 해체하고, 자신의 자아정체감이나 생애진로 주제를 보다 명료하게 인식하고 묘사해 나갈 수 있었다. 또한 선우가 자신의 인생의 주인이자 저자로서 인생의 다음 이야기를 실천하기 위해 어떠한 방향으로 나아갈지 그려 볼 수 있었다. 그 결과, 선우는 막막하고 위축되어 있던 상태로부터 보다 명료한 자기이해를 바탕으로 미래에 대해 낙관적이고 희망적인 태도를 지니는 상태로 변화할 수 있었다. 이렇듯 진로구성주의이론을 활용한 상담은 내담자가 다양한 경험에 의미를 부여하는 방식을 확인하고, 자신의 생애진로 주제를 바탕으로 의미 있는 진로 이야기를 만들어 나가는 과정을 조력할 수 있다.

진로구성주의적 접근을 활용한 상담은 변동 가능성과 불확실성이 커진 오늘날의 사회에서 변화하는 상황에 대해 내담자가 어떻게 적응을 하고 만족스러운 삶을 이어 나갈지에 대한 다양한 아이디어를 제시한다. 또한 진로 심리검사와 같은 양적 검사에서는 잘 드러나지 않는 내담자의 풍부한 이야기, 경험, 이들을 관통하는 주제 등을 탐색할 수 있다는 점에서 내담자에 대한 종합적인 이해를 구성해 나갈 수 있다. 내담자가 선호하는 전공 또는 직업을 결정하는 등의 일회적인 진로의사결정 이상으로 내담자가 삶의 나침반을 재정립할 수 있게끔 도와줄 수 있다는 점에서 장점이 있다.

다만, 단회상담을 기대하는 내담자에게는 진로상담의 과정이 다소 길거나 낯설게 느껴질 수도 있다. 또한 문제 해결 지향적인 내담자들은 진학목표 선택이나 희망하는 직업선택에 직접적으로 관련되지 않는 질문(예: 초기 기억에 대한 탐색)에 대해 다소 수동적으로 임할 가능성도 있다. 더불어 진로 · 직업 정보를 찾는 법 등 직업세계에 대한 탐색 기술을 충분히 가지지 못한 내담자에게는 자신이 정한 방향성을 어떠한 방식으로 구체화해 나갈 수 있을지 좀 더 안내하는 과정이나 구체적인 실행계획을 수립하는 과정 등이 추가로 필요할 것으로 보인다.

진로구성주의적 접근에서 내담자의 내러티브를 탐색하는 방식은 일정 수준의 상담 기술을 요구한다. 내담자의 답변과 반응에 충분히 공감하고 반영하며, 적절한 추수질문을 통해 탐색을 심화하고, 개별적인 이야기들을 하나의 주제로 통합하는 등의 전문적인 상담 기술을 요한다. 따라서 개인상담 경험이 많지 않은 상담자는 심도 있는 탐색과 통찰을 위해 상담 기술을 활용하는 데 어려움을 겪을 수도 있다. 따라서 개인상담 경험이 많지 않은 상담자는 추가적인 수련이나 수퍼비전 등을 통해 내담자에게 중요한 주제들을 탐색하고 통합하는 역량을 추가적으로 개발할 필요가 있다.

2. 우연학습이론을 적용한 진로상담 활동

1) 우연학습이론 적용 개요

우연학습이론에서는 일회적인 진로의사결정에 초점을 두기보다는 내담자가 더 만족스러운 삶과 일을 만들어 나가기 위해 필요한 행동을 취할 수 있도록 돕는 것을 강조한다. 따라서 내담자가 변화하는 상황 · 기회에 새롭게 유연하게 적응하도록 돕는 것이 상담의 방향이 될 것이다. 이러한 우연학습이론의 접근을 학교 진로상담이나 교육 상황에 적용하자면 특정 선택이나 결정을 고집하기보다는 변화 가능성을 열어 두고 다양한 상황, 변화, 정보에 대응하는 회복탄력성과 적응력을 키워 나가는 구체적인 실행 방안을 모색하는 접근으로 활용될 수 있다.

학생 내담자를 대상으로 한 진로상담에 우연학습이론을 적용한다면, 과거에 계획하지 않았지만 우연히 더 좋은 경험을 한 경험, 우연히 좋은 기회를 만났던 경험 등을 탐색하며 내담자가 계획되지 않은 사건들에 대한 개방성을 가질 수 있도록 조력할 수 있다. 또한 우연히 일어난 사건이 좋은 기회와 결과로 이어졌을 때 도움이 되었던 내담자의 관점, 태도, 행동 등을 떠올려 보게 하고, 예상하지 못하게 일어난 일들을 어떻게 좋은 기회로 활용할 수 있을지에 대한 대화를 나눠 볼 수 있다. 또한 인생에서 예상하지 못한 기회들은 언제 어디에서든 찾아올 수 있으므로 개방성과 호기심을 가지고 주변 환경과 인물을 탐구하도록 이끌 수 있다. 그리고 구체적인 행동의 중요성을 강조하며 이 모든 것이 내담자가 만족스러운 삶을 살기 위한 학습의 과정이 됨을 성찰할 수 있다.

2) 진로상담 활동 예시 1: 우연을 기회로 바꾸는 능력 찾기[1]

우연을 기회로 바꾸는 능력 찾기 활동은 계획하지 않은 일이나 우연히 일어난 일의 부정적인 면은 최소화하고 긍정적인 면을 최대화하기 위해서는 어떻게 할 수 있을지를 탐색하는 활동이다. 연습활동을 통해 여러 우연한 사건의 긍정적인 면과 부정적인 면을 탐색해 보고, 이 경험을 통해 새롭게 배울 수 있는 점은 무엇인지 생각해 본다. 그 후 자신의 경험을 떠올려 보며 과거에 우연히 일어난 일들을 다뤄 본 경험으로부터 배울 수 있는 점은 무엇인지 정리해 본다. 이를 통해 부정적인 우연 사건을 긍정적인 기회로 바라볼 수 있는 관점을 함양하고, 긍정적인 기회를 만들 수 있는 태도와 전략 등에 대해서 인식해 볼 수 있다.

도입질문

우리 삶에는 항상 예상치 못한 사건들이 일어납니다. 다음 예시를 보고 예상치 못하게 일어난 일의 긍정적인 면과 부정적인 면을 모두 찾아봅시다. 또한 긍정적인 면과 부정적인 면을 모두 고려하여 이 상황을 새로운 관점으로 바라본다면 어떠한 결론을 낼 수 있을지 생각해 봅시다. 또한 이 일을 통해 새롭게 배운 점, 이 일이 이끌 또 다른 기회 등을 떠올려 봅시다.

1) 본 활동은 신상수(2017)의 「대학생 진로상담프로그램의 개발 및 효과: 계획된 우연 이론을 중심으로」(광운대학교 대학원 박사학위논문)에서 나온 활동을 재구성하였다.

예시

예시 1. 청소년 댄스크루에 멤버로 지원했는데 탈락하였다.	
부정적인 면	하고 싶어 하던 댄스크루에 떨어져서 속상하고 자존심이 상했다.
긍정적인 면	댄스크루에 가입했으면 댄스크루 활동 때문에 부모님과 다툼이 있었을 것 같다.
새로운 결론	댄스크루는 대학에 가서도 할 수 있으니 지금은 학교생활에 집중하는 것이 낫다.
이 일을 통해 배운 점	댄스크루에서 춤을 추고 싶긴 하지만 춤을 출 수 있는 방법은 여러 가지이니 춤을 추거나 음악을 할 수 있는 기회를 계속 찾아본다.

예시 2. 친하던 친구와 말다툼을 하였다.	
부정적인 면	친구가 이 일로 멀어지지 않을지 걱정된다.
긍정적인 면	이번 일로 친구가 내가 평소 아무렇지 않게 하던 말에 상처받았던 것을 깨달았다.
새로운 결론	친구랑 계속 오래 잘 지내기 위해서는 친구가 상처받은 마음을 나한테 털어놓는 일도 필요한 것 같다.
이 일을 통해 배운 점	이 친구랑 멀어질 수도 있지만 앞으로도 가까운 사람에게 더 잘해 주고 위해 주도록 노력해야겠다.

연습

상황 1. 코로나19로 대면 학교생활에 제한이 많이 생겼다.	
부정적인 면	
긍정적인 면	
새로운 결론	
이 일을 통해 배운 점	

상황 2. 예전에 관심 있어 하던 일에 흥미를 잃었다.	
부정적인 면	
긍정적인 면	
새로운 결론	
이 일을 통해 배운 점	

다음 활동지에는 자신의 경험을 돌이켜 보며 상황을 적어 보고 이 경험을 통해 어떻게 새롭게 배울지 적어 봅시다.

상황 1.	
부정적인 면	
긍정적인 면	
새로운 결론	
이 일을 통해 배운 점	

상황 2.	
부정적인 면	
긍정적인 면	
새로운 결론	
이 일을 통해 배운 점	

부정적인 사건을 긍정적인 기회를 변화시킬 수 있는 능력은 무엇일지 정리해 봅시다. 어떻게 이러한 능력을 가질 수 있을지 자신의 생각을 적어 봅시다.

3) 진로상담 활동 예시 2: 행운의 열쇠 카드 만들기

행운의 열쇠 카드 만들기 활동은 계획하지 않은 일이 일어나는 것은 누구나 피할 수 없는 부분이라는 이해를 바탕으로, 우연히 일어난 사건이 새로운 기회로 활용될 수 있도록 하는 태도, 마음가짐, 행동습관 등을 구체화할 수 있는 활동이다. 다음과 같은 질문을 활용하여 행운의 열쇠 카드 만들기 활동을 진행할 수 있다.

도입질문

- 내가 계획하지 않은 대로 일이 진행되었는데 오히려 좋았던 적을 떠올려 봅시다.
- 예상하지 못한 어려움, 장벽을 만났으나 잘 극복했던 경험을 떠올려 봅시다.
- 우연히 접하게 된 일이 내가 계획하고 예상했던 일보다 더 좋았던 경험에 대해서 이야기해 봅시다.
- 우연히 알게 된 사람, 친구와 가까워지고 좋은 영향을 주고받은 기억에 대해서 이야기해 봅시다.

앞선 질문을 통해 그 누구도 예상한 대로만 인생을 살 수는 없음을 이야기하며, 우연히 일어난 일이라고 꼭 부정적인 것은 아님을 이야기한다. 계획하지 않았던 사건들에 대해 잘 대처하는 사람들이 여러 어려움을 극복하고 만족스러운 삶을 살 수 있음을 말한다.

진행질문

- 예상하지 못한 어려움을 잘 극복했을 때 어떻게 그렇게 할 수 있었나요?
- 내가 예상하지는 않았지만 우연히 좋은 기회가 생겼을 때 나는 어떻게 해서 그 일을 좋은 기회로 만들 수 있었나요?
- 앞으로도 우연히 일어난 일들을 좋은 기회로 많이 만들려면 어떻게 행동하면 좋을까요?
- 내 계획과 달리 예상하지 못한 어려움이나 장벽을 만났을 때 어떠한 행운이 필요할지 생각해 봅시다.
- 나에게 필요한 행운들을 생각해서 행운의 열쇠 카드에 적어 봅시다.

마무리질문

- 행운의 열쇠 카드를 보면서 어떠한 마음이 들었나요?
- 어떤 상황에서 행운의 열쇠 카드를 쓰고 싶어질까요? 행운의 열쇠 카드는 어떤 도움을 줄까요?
- 이 행운의 열쇠 카드가 여러분이 예상치 못한 어려움을 만날 때마다 행운을 가져다주기를 바랍니다.

[그림 12-1] 행운의 열쇠 카드 예시

실수는 잊어라.
실패도 잊어라.
지금 이 순간 할 일 말고는 모든 것을 잊고
지금 이 순간 해야 할 일을 하라.
오늘은 행운이 가득한 날이다.

-윌 듀란트(Will Durant)

4) 상담에 대한 평가 및 제언

우연학습이론을 적용한 활동은 기존의 진로상담에서 잘 다루지 않았던 우연 요소를 다루어 예상치 못한 사건으로부터 새로운 학습 기회를 만들어 낼 수 있다는 점에서 강점이 있다. 또한 예상치 못하게 발생한 사건을 다루는 구체적인 행동 전략을 이야기할 수 있다는 점에서도 내담자의 진로목표 달성에 도움이 되는 행동을 촉진할 수 있다. 급변하는 환경에 맞게끔 유연하게 대처하는 능력은 오늘날을 살아가는 모든 학생에게 필요하므로 학급 전체를 대상으로 다양한 우연 기술(호기심, 지구력, 유연성, 낙관성, 위험 부담)을 함양하기 위한 학습활동을 전개할 수도 있을 것이다.

다만, 일부 선행 연구에 따르면 우연적 사건의 긍정적인 측면을 지각하는 것이 오히려 우연에 과도하게 의존하게 하거나 목표를 이루기 위한 계획 수립에 다소 부정적인 영향을 미칠 수도 있다는 점이 제기된 적 있으므로, 학생들이 과도하게 우연이나 행운에 기대지 않도록 적절히 중재해 줄 필요가 있다. 우연학습이론에서는 추상적인 계획에 몰입하기보다는 구체적인 실천과 행동을 강조하고 있으므로 자신의 목표를 탐색하는 활동, 이러한 목표를 달성하기 위한 구체적인 행동, 실천을 이뤄 나가는 법에 대한 학습은 여전히 중요하다는 점을 강조할 수 있다. 또한 다양한 이유로 만성적인 우울감이나 무기력감, 동기 저하 등을 느껴 온 학생에게 부정적인 사건 속에서의 새로운 가능성과 잠재력을 끌어내도록 하는 우연학습이론을 통한 문제 해결 전략은 다소 어렵게 느껴질 수도 있을 것이다. 이런 경우 학생의 심리적 문제나 장벽을 우선적으로 다루거나 학생이 작은 성공 경험을 경험하게 한 뒤 우연학습이론을 적용한 상담을 실시하는 것도 고려해 볼 수 있다.

◆ 참고문헌

신상수(2017). 대학생 진로상담프로그램의 개발 및 효과: 계획된 우연 이론을 중심으로. 광운대학교 대학원 박사학위논문.

Barclay, S. R., & Wolff, L. A. (2012). Exploring the career construction interview for vocational personality assessment. *Journal of Vocational Behavior, 81*(3), 370-377.

Del Corso, J., & Rehfuss, M. C. (2011). The role of narrative in career construction theory. *Journal of Vocational Behavior, 79*(2), 334-339.

Rehfuss, M. C., & Di Fabio, A. (2012). Validating the future career autobiography as a measure of Narrative Change. *Journal of Career Assessment, 20*(4), 452-462.

Taylor, J. M., & Savickas, S. (2016). Narrative career counseling: My career story and pictorial narratives. *Journal of Vocational Behavior, 97*, 68-77.

부록 1

미주리 직업카드 활동지 양식

(Gysbers, Heppner, & Johnston, 2014)

1. 다음과 같이 세 가지로 분류해 보세요.

좋아하지 않는 (dislike)	미결정 (undecided/neutral)	좋아하는 (like)

2. 좋아하지 않는 카드 묶음으로 주제 정하기

(가) 좋아하지 않는 카드 묶음 중, 묶은 이유가 비슷하거나 같은 직업명을 같은 칸에 써 보세요.

(나) (가)에서 고른 각 묶음의 직업들을 좋아하지 않는 카드로 분류한 이유는 무엇인가요?

구분	(가) 직업명	(나) 이유
1묶음		
2묶음		
3묶음		
4묶음		
5묶음		*세부 묶음의 수는 활동지의 예시보다 많거나 적을 수 있습니다.

좋아하지 않는 카드들의 종합적인 주제(키워드):

3. **좋아하는 카드 묶음으로 주제 정하기**

(가) 좋아하는 카드 묶음 중, 묶은 이유가 비슷하거나 같은 직업명을 같은 칸에 써 보세요.

(나) (가)에서 고른 각 묶음의 직업들을 좋아하는 카드로 분류한 이유는 무엇인가요?

구분	(가) 직업명	(나) 이유
1묶음		
2묶음		
3묶음		
4묶음		
5묶음		*세부 묶음의 수는 활동지의 예시보다 많거나 적을 수 있습니다.
좋아하는 카드들의 종합적인 주제(키워드):		

4. 좋아하는 카드 묶음 내에서 우선순위 'Top 10' 정하기

순위	직업	가치	홀랜드 코드
1			
2			
3			
4			
5			
6			
7			
8			
9			
10			

직업카드 분류 활동을 통해 탐색한 나의 생애 주제는 무엇인가요?	홀랜드 순위
	1순위:
	2순위:
	3순위:

5. 직업에 관한 주제 예시

성취, 발전 기회, 자율성, 장점, 도전/무료함, 창의성, 다양성/반복, 초기 영향, 요구되는 노력, 재미, 지리적 범위, 진실됨/부조화, 직업시장, 인생 스타일, 의미 있는/의미 없는, 금전적 보상, 일의 페이스, 과거 경험, 공포/혐오, 힘, 필요한 준비, 명성, 책임, 안전/건강, 자기판단, 스트레스, 선입관, 구조, 여행, 진리, 이해, 작업환경, 개념을 다루는 일

부록 2

진로가치관 카드
(커리어넷 직업가치관검사 활용안내서 참조)

가치관검사 카드 활용 자료

출처: 커리어넷(https://www.career.go.kr/cnet/front/examen/examenMain.do).

- 청소년들의 여덟 가지 대표 직업가치(능력 발휘, 자율성, 보수, 안정성, 사회적 인정, 사회봉사, 자기계발, 창의성) 중 개인의 상대적 중요도를 알아볼 수 있도록 구성되었다.
- 직업가치관 카드 활용 방법: 24장의 가치관 카드 중 직업생활 중 '꼭 필요하다'고 생각하는 가치관 카드 3장과 '필요하다'고 생각하는 가치관 카드 3장, 총 6장을 고르고 그 이유 생각해 본다.

대표직업가치관 관련카드

- 내 능력을 충분히 보여 줄 수 있다
- 다른 사람과 경쟁을 한다
- 무언가를 성취한다

- 명예로운 일을 한다
- 높은 지위에 오른다
- 남으로부터 인정받는다

- 일하는 방식이 자유롭다
- 근무시간이 자유롭다
- 나 혼자 독립적으로 일한다

- 더 나은 세상을 만든다
- 사회와 국가에 도움이 되는 일을 한다
- 다른 사람을 돕는 일을 한다

- 보너스를 많이 준다
- 연봉이 높다
- 월급외에 많은혜택을 제공해 준다

- 항상 새로운 것을 배운다
- 배울 수 있는 기회가 많다
- 나 스스로가 발전해 나간다

- 경쟁이 적다
- 정년까지 일할 수 있다
- 큰 변화 없이 규칙적인 일을 한다

- 독특한 아이디어가 필요한 일을 한다
- 새로운 것을 만들어낸다
- 창조적인 시도를 한다

부록 3

진로가계도 활동지 양식

진로가계도 활동지 이름:

1. 다음의 진로가계도 예시에서 여러분의 3대에 걸친 가족과 친척들의 직업과 전공을 각각 적어 보세요(예: 조부, 1. 직업: CEO, 2. 전공: 고졸).

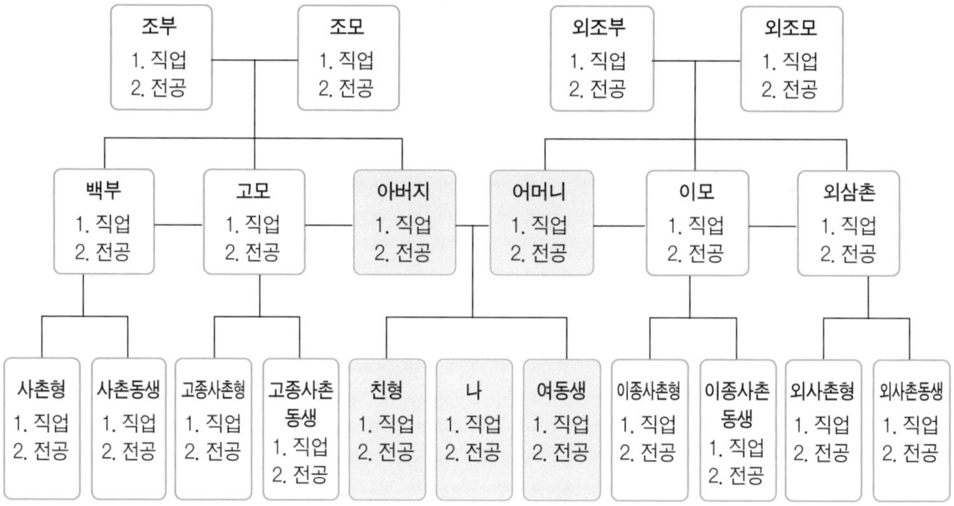

2. 진로가계도를 보고 다음의 질문에 답해 보세요.

질문		나의 답변
1. 직업의 종류와 유형	가족의 직업 중에서 가장 많은 직업은 무엇인가요?	
	가족의 직업 중에서 공통적인 점이 있다면 무엇인가요?	
	가족의 직업들을 몇 가지로 묶어 본다면 어떻게 묶을 수 있을까요?	
2. 직업의 특징 (특정 직업에 대해)	가족의 직업들 중에서 관심이 가는 직업은 무엇인가요?	
	그 직업의 장점과 단점은 무엇인가요?	
	그 직업에 대해 더 알고 싶으면 어떤 방법으로 찾아볼 수 있을까요?	
3. 가족의 일과 직업가치관	가족은 자신의 직업에서 어떤 점들이 좋다고 생각하나요?	
	가족은 다양한 직업들 중 어떤 직업이 좋다고 생각하나요?	
	가족은 어떤 사람을 성공한 사람이라고 생각하나요?	
4. 직업선호도	가족은 내가 미래에 어떤 직업을 가졌으면 좋겠다고 생각하나요?	
	앞의 대답에 영향을 미친 가족이 있다면 누구이며, 그 직업의 어떤 면들을 특히 좋다고 말하였나요?	
5. 직업과 성역할	가족이 남자로서 좋은 직업과 여자로서 좋은 직업이 있다고 생각한다면 어떤 직업들을 이야기했나요?	

6. 가족과의 관계 유형	가족 중에서 누가 친근하게 혹은 멀게 느껴지나요?	
	가족이 너무 많은 것을 기대하거나 요구한다고 생각한 적이 있나요? 만약 그렇다면 언제, 누구한테 그런 느낌을 받았나요?	
	가족은 내가 요구하는 것을 잘 들어주나요?	
	가족은 내가 하는 것에 대해 칭찬과 격려를 해 주나요?	

3. 나의 진로가계도를 작성하고 난 후 새롭게 깨달은 점은 무엇인가요?

부록 4

직업인 인터뷰 보고서 양식

직업인 인터뷰 보고서	이름:
내가 만난 직업인 (직업명)	
인터뷰 일시	
인터뷰 장소	
인터뷰 내용	
직업 정보	
느낀 점	

찾아보기

인명

내용

저자 소개

김지연(Kim Jiyeon)

서울대학교 교육학과 교육상담전공 박사

현 경기대학교 일반대학원 상담학과 및 교육대학원 상담교육전공 조교수

〈주요 저서 및 논문〉

『대학생의 행복한 삶을 위한 진로심리학』(공저, 학지사, 2020)

『진로상담과 연구를 위한 진로상담 척도 핸드북』(공저, 학지사, 2014)

「진로전담교사의 전문성 발달과정 연구: 근거이론적 접근」(2021)

고홍월(Gao Hongyue)

서울대학교 교육학과 교육상담전공 박사

현 충남대학교 자유전공학부 교수

〈주요 저서〉

『생애개발상담』(공저, 학지사, 2020)

『상담연구방법론』(2판, 공저, 학지사, 2019)

『학교 생활지도와 상담』(공저, 학지사, 2017)

김영화(Kim Young Hwa)

미국 메릴랜드 대학교 상담심리전공 박사

현 서울교육대학교 초등교육과 조교수

〈주요 논문〉

「주관적 사회계층과 여대생의 교육포부 간의 관계: 도전성향과 진로장벽의 매개효과를 중심으로」(2021)

「Assessing Women's Career Barriers Across Racial/Ethnic Groups: The Perception of Barriers Scale」(2018)

이혜은(Lee Hyeeun)

서울대학교 교육학과 교육상담전공 박사

현 서울대학교 대학생활문화원 전문위원

〈주요 저서 및 논문〉

『대학생의 행복한 삶을 위한 진로심리학』(공저, 학지사, 2020)

「상담자의 진로결정과정-우연한 관계 경험을 중심으로」(2018)

인효연(In Hyoyeon)

미국 펜실베이니아 주립대학교 대학원 상담자교육전공 박사

현 공주대학교 교육학과 조교수

〈주요 저서 및 논문〉

『초등학교 진로교육의 실제』(공저, 사회평론아카데미, 2018)

「중고등학생의 진로개발역량 잠재프로파일 분류와 예측요인」(2020)

학교 상담자를 위한

진로상담의 이론과 실제

Theory and Practice of Career Counseling for School Counselors

2022년 5월 20일 1판 1쇄 발행
2024년 1월 25일 1판 2쇄 발행

지은이 • 김지연 · 고홍월 · 김영화 · 이혜은 · 인효연
펴낸이 • 김진환
펴낸곳 • (주) 학지사
04031 서울특별시 마포구 양화로 15길 20 마인드월드빌딩
대표전화 • 02)330-5114 팩스 • 02)324-2345
등록번호 • 제313-2006-000265호

홈페이지 • http://www.hakjisa.co.kr
인스타그램 • https://www.instagram.com/hakjisabook/

ISBN 978-89-997-2611-8 93180

정가 20,000원

저자와의 협약으로 인지는 생략합니다.
파본은 구입처에서 교환해 드립니다.